Ignaz Goldziher

Die Zâhiriten, ihr Lehrsystem und ihre Geschichte

Beitrag zur Geschichte der mohammedanischen Theologie von Ignaz Goldziher

Ignaz Goldziher

Die Zâhiriten, ihr Lehrsystem und ihre Geschichte
Beitrag zur Geschichte der mohammedanischen Theologie von Ignaz Goldziher

ISBN/EAN: 9783743309463

Hergestellt in Europa, USA, Kanada, Australien, Japan

Cover: Foto ©Lupo / pixelio.de

Manufactured and distributed by brebook publishing software
(www.brebook.com)

Ignaz Goldziher

Die Zâhiriten, ihr Lehrsystem und ihre Geschichte

DIE ẒÀHIRITEN,

IHR LEHRSYSTEM UND IHRE GESCHICHTE.

BEITRAG

ZUR

GESCHICHTE DER MUHAMMEDANISCHEN THEOLOGIE

VON

DR. IGNAZ GOLDZIHER.

LEIPZIG
OTTO SCHULZE
11. Quer-Str. 11.
1884.

MEINEM VEREHRTEN FREUNDE

HERRN

BARON DR. VICTOR v. ROSEN

IN

ST. PETERSBURG

ALS ZEICHEN FORTDAUERNDER TREUE

ZUGEEIGNET.

Vorwort.

Mit der Bearbeitung einer zusammenhängenden Studienreihe aus dem Gebiete der Entwickelungsgeschichte der muhammedanischen Religion beschäftigt, habe ich aus dem Rahmen derselben einige die Theologie des Islâm betreffende Fragen ausscheiden müssen, deren eingehende Behandlung einerseits für das grössere Publikum nicht geeignet schien, die ich aber andererseits zur gründlichen Kenntniss des Islâm für nicht unwichtig erachtete. Mit vorliegender Arbeit, von welcher ein kurzer Abriss in der muhammedanischen Section des sechsten Orientalistencongresses in Leiden vorgelegt wurde, habe ich mir erlaubt, eine dieser speciellen Untersuchungen meinen Fachgenossen zu übergeben. Ich bin dabei von der Ueberzeugung ausgegangen, dass ein Eingehen auf das sogenannte Fiḳh, namentlich wenn man die Erkenntniss der geschichtlichen Entwickelung desselben im Auge hat, einen unerlässlichen Theil unserer Studien über den Islâm bilden muss.

Und nicht dem gegebenen kanonischen Rechte des Islâm und seiner positiven Gesetzgebung allein — also den sogenannten Furû‘, — ist diese Bedeutung zuzueignen, sondern noch in erhöhtem Masse der Methodologie dieser Disciplin, den Regeln der Deduction der Furû‘ aus den kanonischen Quellen des Gesetzes. Nur mangelhaft würden wir die Institutionen des Islâm kennen, wenn wir dieselben lediglich daraufhin untersuchen wollten, wie die Nachfolger des Propheten über die einzelnen Vorkommnisse des kirchlichen und socialen Lebens urtheilten. Um über den Geist des Islâm zu urtheilen, müssen wir das Verhältniss der Entwickelung desselben zu seinen Quellen abschätzen um zu erkennen, inwiefern in dieser Entwickelung Freiheit oder Sklavensinn, die Tendenz zum Fortschreiten oder das Hangen am Veralteten, aktives geistiges Arbeiten oder träges gedankenloses Verharren waltete. In der Reihe der Untersuchungen, auf die eine solche Abschätzung gegründet sein muss, nimmt neben der inneren Geschichte der Interpretation des Korân und des Ḥadiṯ, das Studium der Uṣûl al-fiḳh in ihrer geschichtlichen Entfaltung eine hervorragende Stelle ein. Von dieser Ueberzeugung ausgehend habe ich es gewagt, meinen Fachgenossen einige Theilnahme an einer Monographie, deren grösserer Theil sich mit den Uṣûl al-fiḳh beschäftigt, zuzumuthen.

Es möge gestattet sein, in dieser Vorrede noch einiges über äusserliche Momente der nachfolgenden Arbeit vorauszusenden.

Bei den citirten Handschriften und Editionen ist, wo irgend nöthig, die nähere Bezeichnung angegeben. Mit Bezug auf öfter angeführte Bücher, bei denen dies nicht geschehen ist, lasse ich hier die nähere Bezeichnung folgen:

„Mafâtîḥ" = Fachr al-din Al-Râzi's Mafâtiḥ al-ġejb in 8 Bden. (Bûlâḳ 1289). — Die Bezeichnung „Al-Nawawî" bezieht sich auf den Commentar dieses Gelehrten zu dem Ṣaḥîḥ des Muslim: Text und Commentar sind citirt nach der Kairoer Ausg. in 5 Bden. (1284). Desselben Verfassers durch Wüstenfeld herausgegebenes Werk citire ich nach dieser Ausgabe als: Tahḏib. — Mit „Al-Ḳasṭalânî" ist dieses Verfassers Werk Irśâd al-sâri li-śarḥ Ṣaḥîḥ Al-Buchârî (Bûlâḳ 1285 in 10 Bden). bezeichnet. — „Al-Ḥuṣrî" bezeichnet des Verf.'s Zahr al-âdâb (ein für die Literaturgeschichte noch nicht genügend ausgebeutetes Werk) Marginalausgabe zum Kitâb al-ʿiḳd, Bûlâḳ 1293 in 3 Bden. — „Al-Śaʿrânî" ist dieses Verfassers Kitâb al-mîzân ed. Kairo, Castelli 1279, in 2 Bden. — Al-Damiri's Ḥajât al-ḥejwân ist nach der 2. Bûlâker Ausgabe in 2 Bden. vom Jahre 1284 angeführt. — „Ibn al-Mulaḳḳin" bezeichnet dieses Gelehrten Ṭabaḳât der śâfiʿitischen Schule u. d. T. Al-ʿiḳd al-muḏahhab fî ṭabaḳât ḥamalat al-maḏhab (Hschr. der Leidener Univ. Bibl. Leg. Warner. Nr. 532). — „Al-Ǵâḥiẓ" bezeichnet das Kitâb al-ḥejwân dieses Muʿtaziliten (Hschr. der kais. Hofbibliothek in Wien. N. F. Nr. 151). — „Waraḳât" ist das so betitelte Uṣûlwerk des Imâm al-Ḥaramejn mit dem Commentar des Ibn al-Firkâḥ (Hschr. der herzogl. Bibliothek in Gotha Nr. 922).

Die Bezeichnung „Ibn Ḥazm" bezieht sich auf dieses Verf.'s Kitâb al-milal w-al-niḥal (Leidener Hschr. Leg. Warner. Nr. 480). Mit „Ibṭâl" ist desselben Verf.'s Ibṭâl al-ḳijâs w-al-ra'j w-al-istiḥsân w-al-taʿlîl bezeichnet (Hschr. der herzogl. Bibliothek in Gotha Nr. 640). Da ich es für geboten hielt, hier die Gelegenheit zu benützen, um ein Bild von der theologischen und schriftstellerischen Eigenart Ibn Ḥazm's, des merkwürdigsten Vertreters der von mir in dieser Arbeit behandelten theologischen Schule, zu bieten, findet der Leser in nachfolgenden Blättern reichliche Auszüge aus jenen beiden Werken, von welchen das an zweiter Stelle genannte hier zu allererst benutzt worden ist. Es hat mir oft grosse Schwierigkeit bereitet, Textmittheilungen aus diesen Werken nach je einer einzigen Hschr. zu bieten. Entbehrt schon die Hschr. des Milal der diakritischen Punkte oft in sehr empfindlicher Weise, so ist dies noch in gesteigertem Masse bei dem Ibṭâl der Fall mit seinem „verschlungenen Neschi, dem die diakritischen Punkte bis auf sehr seltene Ausnahmen gänzlich fehlen“ wie Pertsch den graphischen Charakter dieser Hschr. beschreibt. Unter solchen Umständen war es in vielen Fällen ein wirklich schwieriges Unternehmen, einen erträglichen Text gewinnen zu wollen, und es ist denn auch, namentlich im Ibṭâl, manches dunkel geblieben oder durch einleuchtende Conjecturen erklärt worden [1]. Zuweilen sind auch Ergänzungen des, wie es scheint, mangelhaften Textes (unter eckigen Klammern) nothwendig geworden, während andererseits durch runde Klammern angedeutet werden sollte, dass ein Wort aus dem Texte zu tilgen sei. Trotz dieser Mängel des mir vorgelegenen Materials habe ich es in Anbetracht der Sache zweckmässig gefunden, grössere Auszüge aus dem Text des Ibṭâl mitzutheilen, weil dieselben in die Acten des Streites zwischen der traditionellen Schule und ihren Gegnern einen gründlichen Einblick ermöglichen. Von dem eben erwähnten Gesichtspunkte aus, der mir bei der Mittheilung der Ibn Ḥazm'schen Texte vorschwebte, habe ich es vorgezogen, das Original sprechen zu lassen, während ich an den bezüglichen Stellen meiner Abhandlung den Inhalt dieser Texte zumeist nur kurz angedeutet oder in freier Weise resumirt habe. Für eine wörtlich treue Uebersetzung, von welcher ich auch mit Rücksicht auf den Kreis meiner Leser absehen konnte, ist die weitläufige scholastische Art dieses Schriftstellers völlig ungeeignet. Ich habe die Erfahrung

1) Ich will hier darauf hinweisen, dass zwischen meiner Conjectur zu 209, Anm. 11 und 215, 4 v. u. nur scheinbar ein Widerspruch obwaltet. An ersterer Stelle wird nicht Šuʿba selbst, sondern bloss die Thatsache, dass jener Ausspruch mit der Autorität seines Namens angeführt wird als ضعيف bezeichnet. Man bemerkt, dass der fragliche Satz durch Šuʿba sowohl im Namen des ʿÂṣim (vgl. Ṭab. Ḥuff. IV, 46), als auch des Ḥaǧǧâǧ tradirt wird. Es ginge nicht an, الحجاج zu lesen).

gemacht, dass Ibn Ḥazm gerade an solchen Stellen, in denen er in seiner weitläufigen Darstellungsweise schwelgt auch das syntaktische Gefüge der Rede etwas laxer behandelt. Ich habe nirgends corrigirt, wo ich auf freiere Bewegung der Ibn Ḥazm'schen Ausdrucksweise nicht aber auf evidente Versehen des Abschreibers folgern zu dürfen glaubte. Manche selbstverständlich scheinende Verbesserung ist stillschweigend vollzogen worden; für einige Stellen will ich jedoch die durch mich verbesserten fehlerhaften Lesarten der Hschrr. in der Anmerkung nachträglich erwähnen [1]), so wie ich andererseits in Bezug auf einige Worte, wo ich mir dem Text der Hschr. gegenüber — vielleicht mit Unrecht — Zurückhaltung auferlegte, weiter unten unter den Corrigendis meine Emendationen folgen lasse.

Die Charakteristik von Ibn Ḥazm's Jurisprudenz könnte jetzt gründlicher entworfen werden, als es zur Zeit der Drucklegung meiner Arbeit möglich war. Unter den arabischen Schätzen, welche der den Besuchern des sechsten Orientalistencongresses in freundlicher Erinnerung bleibende muhammedanische Gelehrte Śejch Amîn aus Medîna nach Leiden brachte und jetzt durch die Munificenz der holländischen Regierung den muhammedanischen Apparat der Leidener Universitätsbibliothek schmücken, befindet sich ein Band von Ibn Ḥazm's riesigem Werke Al-Muḥalla (vgl. SS. 118. 185), ein Unicum — wenigstens in Europa [2]). Durch die Güte meines Freundes Hrn. Dr. Landberg, der eben damals mit der Katalogisirung dieser Handschrr. beschäftigt war, konnte ich während meines Aufenthaltes in Leiden jene Hschr. durchsehen und das mir wichtig Scheinende excerpiren. Dieses Werk ist ein juristisches Seitenstück zum Kitâb al-milal; Stil, Methode der Darstellung, ja auch die schroffe, rücksichtslose Art des Verfassers mit Ḥanefiten und Mâlikiten umzugehen, lassen auf den ersten Blick den schneidigen ẓâhiritischen Polemiker erkennen, der seine Gegner hier mit denselben derben Epithetis und Schmähungen überschüttet, die den Lesern des Milal geläufig sind und fort und fort dieselben theologischen Grundsätze und Argumente wiederholt, denen wir in seiner

1) 132, 3 بيذه (Cod. هذه; die in den Text aufgenommene Emendation hat Hr. Prof. Fleischer vorgeschlagen). — 165, Anm. Z. 15 Cod. لانها. — 167, 8 وفي Cod. في. — 208, 3 Cod. هذه. — 212, 12 Cod. نذكر به. — 217, 4—7 فاجمعاهم Cod. فاجمعتهم.

2) C. Landberg, Catalogue de Mss. arabes provenant d'une bibliothèque privée à El-Medina (Leiden, Brill, 1883) p. 177 Nr. 646

dogmatischen Polemik unausgesetzt begegnen. Ich mag diese Vorrede nicht mehr mit Excerpten aus diesem Buche — so interessant dieselben auch zur Vervollständigung unserer Darstellung wären — belasten, und will nur soviel hervorheben, dass die einzelnen Bemerkungen, die ich in meiner Arbeit über Ibn Ḥazm's Stellung in der Rechtswissenschaft beigebracht habe, durch das Muḥalla bestätigt werden und dass im Allgemeinen die Charakteristik, die ich hier von Ibn Ḥazm's Methode des Fiḳh aufgestellt habe, in den aus dem Muḥalla zu schöpfenden Einzelnheiten ihre Bekräftigung findet. Einiges, was hier nach dem Milal als Grundanschauung des Ibn Ḥazm bezeichnet wurde (z. B. S. 124), fand ich im Muḥalla öfters wiederholt.

Die Verhältnisse, unter denen ich mit dieser Abhandlung beschäftigt war, werden manchen Mangel in der Ausarbeitung und manche Flüchtigkeit in der Correctur derselben entschuldigen müssen und ich darf in dieser Beziehung die Nachsicht der Leser und Beurtheiler beanspruchen. Einiges soll noch hier berichtigt werden: 4, 3 l. nicht nur chronologisch. — 22, Anm. Z. 7 l. اعرض. — 24, Anm. Z. 2 st. ثلاثة l. ثلاثة. — 33, Anm. 1 l. منكرو. — 39, 18 l. Ẓâhiriten. — 40, Anm. 4 l. المزني. — 66, Anm. 1 ist in der Definition واجب statt فرض zu setzen und umgekehrt. — 67, Anm. Z. 4 l. والتفريط. — 88, 2 l. Mudabbar. — 92, Anm. Z. 10 statt تعدّى der Hschr. l. تعدّ. — 93, 10 l. 45 st. 46: Z. 22 ist die Koranstelle XLII 8: Z. 8 v. u. l. 98 st. 97. — 98, 7 und 100, Anm. Z. 2 l. يزاورون. 99, Anm. 7 l. تتبين und نزل (Sure XVI v. 46). — 105, 1 l. صلعم يقول ان. — 113, 18, 20 l. Sind. 115, 10, 12 ist die Anführung aus Itḳân zu tilgen, welche sich auf den spätern Ḳurṭubî (Abû ʿAbdallâh Muḥammed) bezieht. Baḳî b. Muchlid's Tafsîr ist mir aus Citaten bekannt. — 116, Anm. Z. 12 l. محدث. — 122 u. 124, Anm. 1, Z. 4 l. احدًا. 125, 9 l. انتم صنتون. — 127, 31 l. Chindafi. — 131, 12 l. وصدقته. 142, Anm. Z. 2 wird zwischen die Worte تلك und الاربعة wohl die Einschaltung eines Nennwortes verlangt, etwa [الاشياء] und im selben Satze erhalten wir einen bessern Sinn, wenn wir منه in به emendiren dürfen. — 146, 6 v. u.

„worauf — selbst“ l. die er liebt, worauf ihn dann der Prophet selbst seiner Liebe versichern liess. — 150, 10 muss nach جائزًا ein sic nachgetragen werden. In der Hschr. steht es so, resp. حائزًا, was aber besser in den Nominativ verändert wird; es liegt das vorausgesendete chabar eines neuen Nominalsatzes (جائزٌ إطلاقُه =) vor.
185, 17 l. Futûḥât. — 205, Anm. 3 l. يجوز.

Da theologische Stücke in unseren arabischen Chrestomathien in der Regel nicht zu finden sind, habe ich es für zweckmässig erachtet, ohne durch dieses Vorhaben übermässig viel Raum zu verschwenden, geeignete Textstücke, namentlich aus nicht überall zugänglichen Bûlâḳer Drucken, auf welche in der Arbeit selbst Bezug genommen wird, im Originale mitzutheilen, wodurch auch dem Studierenden Gelegenheit geboten werden soll, an der Hand der durch die Disposition der Abhandlung gegebenen Anleitung sich in die eigenthümliche Sprache und das scholastische Wesen der muhammedanischen Gesetzwissenschaft einzulesen, und die Aneignung einer Kenntniss zu befördern, welche auch für die Beschäftigung mit der nicht theologischen Literatur der Muhammedaner, in welcher sehr häufig auf theologische Begriffe Bezug genommen wird, nicht unwichtig ist.

Schliesslich habe ich noch meinen innigsten Dank für die Ermöglichung des freien Gebrauchs manches für diese Arbeit benützten handschriftlichen Materials Ausdruck zu geben den Herren Prof. Pertsch in Gotha, Prof. de Goeje in Leiden, Prof. v. Rosen in St. Petersburg (er hat mir die Auszüge aus Al-Sam'âni mitgetheilt). Prof. J. Derenbourg in Paris hatte die Güte, die aus Ibn Ṡuhbah benützten Stellen für mich abschreiben zu lassen, und Dr. Neubauer in Oxford, sich mit der Abschrift und Collationirung der Biographie Dâwûd Al-Ẓâhirî's aus den Oxforder Handschriften des Subkî für mich zu bemühen. — Herr Prof. Fleischer hat sich um die Correctur der ersten $5^1/_2$ Bogen in der zuvorkommendsten Weise bemüht und es bedarf nicht der Hervorhebung dessen, wie viel jener Theil der nachfolgenden Arbeit durch die Mühewaltung meines hochverehrten Lehrers gewonnen hat.

Budapest im November 1883.

Ign. Goldziher.

Die Richtung innerhalb der Entwicklung der muhammedanischen Theologie, welche den Gegenstand unserer nachfolgenden Studie bildet, ist in der theologischen Literatur des Islâm unter dem Namen Madhab al-Ẓâhir oder Madhab Dâwûd bekannt. Einen Einzelnen, der sich zu den Grundsätzen derselben bekennt, nennt man Ẓâhirî oder Dâwûdi; die Gesammtheit Ahl al-Ẓâhir oder Al-Ẓâhirijja [1]).

Am Anfange unsers Jahrhunderts [2]) wussten europäische Orientalisten noch sehr wenig über Wesen und Tendenz des Madhab al-Ẓâhir. Es genüge, dies betreffend darauf hinzuweisen, dass derjenige Gelehrte, der den Inbegriff und die Summe aller Kenntnisse von dem muhammedanischen Orient in Europa zu jener Zeit repräsentirt, Silvestre de Sacy, bei Gelegenheit der in seiner arabischen Chrestomathie edirten Biographie des Maḳrîzî ganz unverhohlen bekennt: „je ne saurais dire précisément ce que c'est que cette secte nommée madhab al-ẓâhir". In seiner Uebersetzung der Stelle, in welcher Maḳrîzî ẓâhiritische Neigung zum Vorwurfe gemacht wird, macht er jedoch den Versuch folgender Auslegung: „on lui attribua les dogmes de la secte, qui fait consister toute la vertu dans les pratiques extérieures", und stellt diese „doctrine extérieure" in Gegensatz zu Madhab al-bâṭin d. i. „doctrine intérieure" [3]), eine Antithese, die — wie man seitdem weiss einem wesentlich verschiedenen Kreise der theologischen Lehre angehört. Dieser Angabe von De Sacy scheint im Jahre 1835 Freytag sein „مذهب الظاهر cogitandi ratio eorum,

1) Nicht Al-Ẓâhirûna wie Houtsma, De strijd over het dogma in den Islam tot op el-Ash'ari, p. 85.

2) um nicht auf eine frühere Zeit zurückzugehen. Wir erwähnen nur eines Datums aus älterer Zeit, um die Verwirrung zu zeigen, welche in Bezug auf die ersten Elemente unserer Frage herrschte. Mouradgea d'Ohsson (Tableau général de l'empire Ottoman, Paris 1788) I p 17 nennt Davoud Tayi Eba Suleyman mort en 165 (781) neben Sufjân al-Tauri als Gründer eines sechsten orthodoxen Ritus, und kann über denselben nur so viel mittheilen: „Comme ils n'ont eu l'un et l'autre qu'un certain nombre d'adhérens, leurs opinions particulières évanouirent presque à leur naissance". Es wird hier Dâwûd Al-Ṭâ'i (Ibn Kuteybâ, Ma'ârif p. ٢٥٧) mit Dâwûd Al-Ẓâhiri verwechselt.

3) Chrestomathie arabe 1 Auflage II p. 411. 422 ff. 2. Auflage p. 113. 122 ff.

quibus externus religionis cultus praecipua res esse videtur“ ohne Angabe der Quelle entnommen zu haben; und noch im Jahre 1877 wird in Adolf Wahrmund's „Handwörterbuch der arabischen und deutschen Sprache“ die fehlerhafte Erklärung des alten Freytag, noch obendrein als: „مذهب ظاهر äusserlicher Wandel“ fortgepflanzt.

Unter den europäischen Orientalisten hat, wenn wir von Reiske's Uebersetzung einer hierher gehörigen Stelle des Abulfedâ absehen, zu allererst über die Ahl-Al-Ẓâhir einiges Licht zu verbreiten gesucht Quatremère (1840) in einer jener zahlreichen, für die Fortschritte unserer orientalischen Kenntnisse so wichtigen Anmerkungen und Excurse, welche seine Bearbeitung des Makrîzî zu einer unschätzbaren Fundgrube der orientalischen Sprach- und Sachkunde machen [1]). Qu. constatirt, dass „ce qui concerne cette secte encore fort obscur“ ist, und bietet in seiner genügend bekannten Weise eine stattliche Reihe von Stellen aus handschriftlichen Werken der Pariser Nationalbibliothek [2]), in welchen der Ẓâhirschule und einiger ihrer Anhänger Erwähnung geschieht. Mit dieser Anmerkung Quatremère's wäre der erste Anstoss zu näherem Eingehen auf das Wesen, das System und die Geschichte der Ẓâhirschule (— dieselbe eine Secte zu nennen, wäre ebenso unrichtig, als wenn wir von den Anhängern der vier orthodoxen Schulen im Verhältniss zu einander den Ausdruck Secte gebrauchen wollten —) gegeben gewesen. Diese Anregung veranlasste aber Niemand unter den Erforschern des Islâm zu specielleren Untersuchungen. In neuerer Zeit haben die ausgezeichneten Fachschriftsteller, welche über die Entwicklung des Islâm theils umfassende, theils specielle Werke und Abhandlungen lieferten, der Ẓâhirschule gelegentlich in kurzen Worten gedacht. Wir nennen v. Kremer [3]), Houtsma [4]), Spitta [5]). Sie bieten jedoch über die in Rede stehende theologische Richtung nur ganz kurze Notizen. Eine eingehende Darstellung derselben, ihres Lehrsystems und der Stellung ihrer Vertreter innerhalb des orthodoxen Islâm ist bisher nicht geliefert worden. Nachfolgende Blätter wollen versuchen, zur Ausfüllung dieser Lücke in unseren Kenntnissen von der Geschichte der muhammedanischen Theologie beizutragen.

---

1) Histoire des Sultans Mamlouks de l'Égypte etc. Bd. I. Abth. 2 p. 269—270.

2) Die aus der arab. Hschr. nr. 687 der genannten Bibliothek angeführten Stellen haben wir nach nochmaliger Vergleichung in unserem VIII. Abschnitte für die Geschichte der Ẓâhiritischen Bewegung im VIII. Jhd. benutzt.

3) Culturgeschichte des Orients unter den Chalifen I p. 500 Anm. 3.

4) A. a. O. Wir kommen auf Houtsma's Darstellung weiter unten zurück.

5) Zur Geschichte Abu-l-Ḥasan Al-Aš‘ari's p. 80.

I.

Von Abû Bekr b. 'Ajâš, einem muhammedanischen Traditionsgelehrten des II. Jahrhunderts (st. 193) wird der Ausspruch überliefert: „Die Anhänger der Tradition sind in jedem Zeitalter (im Verhältniss zu den übrigen Gelehrten) so, wie die Anhänger des Islâm im Verhältniss zu den Bekennern anderer Religionen" [1]). Dieser Ausspruch ist gegen jene Art der Handhabung der muhammedanischen Gesetzeskunde gerichtet, nach welcher in der Erkenntniss dessen, was nach den Grundsätzen des Islâm Rechtens ist, nicht blos die geschriebenen und überlieferten Quellen Autorität besitzen, also der Korân und die Traditionen von Muhammed und seinen Genossen, sondern auch, was die individuelle Einsicht des Rechtsforschers oder Rechtsprechers, in wirklicher oder scheinbarer Anlehnung an jene unbestrittenen Quellen, als aus dem Geiste derselben folgende Wahrheit erkennt. Die Vertreter der letzteren Anschauung sind unter dem Namen Ahl oder Aṣḥâb al-ra'j bekannt. Die Anfänge dieses Zwiespaltes in der ältesten Geschichte der muhammedanischen Gesetzeswissenschaft sind durch v. Kremer [2]) und Sachau [3]) so umfassend gezeichnet worden, dass es ein vergebliches Unternehmen wäre, für dieses Kapitel der Entwicklungsgeschichte des Islâm neue Gesichtspunkte auffinden zu wollen. Nach den Nachweisungen des letztgenannten Gelehrten kann man nicht daran zweifeln, dass sich die beiden Benennungen Ahl-al-ḥadîṯ und Ahl-al-ra'j ursprünglich auf die Richtung der Beschäftigung der Gesetzesgelehrten mit dem muhammedanischen Gesetze beziehen: erstere beschäftigen sich mit dem Studium der überlieferten Quellen, letztere mit der praktischen Handhabung des Gesetzes. Erst später markiren die beiden termini den Gegensatz zwischen den Methoden der Rechtsdeduction, einen Gegensatz, der wie wir sehen konnten, im II. Jhdert. schon ganz geläufig war.

Die sogenannten orthodoxen Rechtsschulen (مذاهب الفقهاء) sind in den frühesten Stadien ihrer Entwicklungsgeschichte von einander durch das Maas unterschieden, in welchem sie dem Ra'j Einfluss gestatten auf die Feststellung des muhammedanischen Gesetzes in einzelnen gegebenen Fällen. Die beiden äussersten Endpunkte in dieser Beziehung sind Abû Ḥanîfa und Dâwûd Al-Ẓâhirî,

1) Al-Ša'rânî I p. ٦٣ اهل الحديث فى كل زمان كاهل الاسلام مع اهل الاديان والمراد باهل الحديث فى كلامه من يشمل اهل السنة من الفقهاء وان لم يكونوا حفاظ.

2) Culturgeschichte des Orients unter den Chalifen I p. 470—500.

3) Zur ältesten Geschichte des muhammedanischen Rechts Wien 1870 (Sitzungsberr. der phil. hist. Kl. der kais. Akad. d. WW. Bd. LXV).

von denen der erstere dem Ra'j die weitgehendsten Concessionen macht, der letztere — wenigstens in seiner älteren Lehre — jede Berechtigung abspricht. Zwischen diesen beiden folgen (nicht chronologisch genommen, sondern in ihrer Würdigung des Ra'j): Mâlik b. Anas, Al-Śâfi'î, Aḥmed b. Ḥanbal. In dem weiteren Entwicklungsgange dieser Schulen hat dieser Unterschied durch allmälige Zugeständnisse an scharfer Abgrenzung eingebüsst, so dass in der geschichtlichen Literatur grosse Verwirrung herrscht in der Zuzählung jeder dieser Schulen zu einer der beiden Klassen: Ahl-al-ḥadîṯ oder Ahl-al-ra'j. Ibn Ḳuteyba zählt sämmtliche Schuloberhäupter mit Ausnahme des Aḥmed b. Ḥanbal, den er nicht nennt, und Dâwûd, den er noch nicht kannte, zu den Aṣḥâb al-ra'j, während er unter Aṣḥâb al-ḥadîṯ bloss berühmte Traditionsverbreiter erwähnt [1]); bei Al-Muḳaddasî sind die Anhänger Aḥmed b. Ḥanbals, zusammen mit denen des Isḥâḳ b. Râhwejhi, eines berühmten Śâfi'iten, Aṣḥâb al-ḥadîṯ und zählen gar nicht zu den Maḏâhib al-fiḳh, zu welchen Ḥanefiten, Mâlikiten, Śâfi'iten und Ẓâhiriten [2]) zu zählen sind [3]), während bei demselben Verfasser an einer anderen Stelle die Śâfi'iten im Gegensatz gegen die Anhänger Abû Ḥanîfa's Aṣḥâb ḥadîṯ genannt werden [4]), und um die Verwirrung zu vervollständigen, werden an einer dritten Stelle [5]) Al-Śâfi'î im Verein mit Abû Ḥanîfa im gemeinsamen Gegensatz gegen Aḥmed b. Ḥanbal zum Ra'j gezogen. In der Ausschliessung Aḥmed b. Ḥanbals aus der Reihe der Begründer von Maḏâhib al-fiḳh scheint Al-Muḳaddasî älteren Ansichten zu folgen. So wissen wir nämlich, dass der berühmte Abû Ǵa'far al-Ṭabarî viel Anfeindungen über sich ergehen lassen musste, weil er in seinem Werke über die „Unterscheidungslehren der Fuḳahâ" auf die Lehren des Imâm Aḥmed keine Rücksicht nahm, dieses Vorgehen damit motivirend, dass dieser Imâm kein Faḳîh, sondern ein Traditionarier gewesen sei [6]). Bei Ibn 'Asâkir finden wir: احمد بن

1) Kitâb al-ma'ârif p. ٢٢٨—٢٥١ vgl. Sachau a. a. O. p. 16.

2) Mit Unrecht, glaube ich, hat de Goeje im Glossarium zur Bibl. geogr. arab. p. 243 hieraus gefolgert, dass die Dâwûditen اصحاب الرأى seien. Nichts Gegensätzlicheres könnte gedacht werden, als das Madhab Al-Zâhir und Ra'j. Dem Muḳaddasi ist eben die Identität zwischen فقه = رأى nicht mehr geläufig.

3) Descriptio imperii moslemici ed. de Goeje p. ٣٧, 5—7.

4) Von Abû Muḥammed Al-Sîrâfi ibid. p. ١٢٧, 3.

5) Ibid. p. ١٤٣, 11.

6) Abulfeda, Annales ed. Reiske II p. 344. Ibn Ḥanbal gilt unter den älteren Autoritäten der Traditionsgelehrsamkeit als derjenige, der aus den Traditionen die meiste Nutzanwendung für die Rechtsgelehrsamkeit zog: أفقههم فيه Abû-l-Maḥâsin Annales ed. Juynboll I p. ٧١٠.

حنبل وغيرهم من اهل الحديث: die anderen Schulen werden nicht nach dem Gesichtspunkte der Rechtsmethode, sondern nach dem der Landsmannschaft eingetheilt [1]). Bei Al-Sahrastânî finden wir Mâlik, Al-Sâfi'î, Aḥmed und Dâwûd unter den Aṣḥâb al-ḥadiṯ, während unter den Aṣḥâb al-ra'j von den Stiftern erhalten gebliebener Rechtsschulen nur Abû Ḥanîfa figurirt [2]). Diese Eintheilung hat auch Ibn Chaldûn angenommen, mit dem Unterschiede, dass bei ihm Dâwûd b. 'Alî an der Spitze einer besonderen, dritten Klasse steht [3]).

Zur Kennzeichnung der Stellung, welche Dâwûd und die durch ihn begründete, nach ihm benannte theologische Schule innerhalb des Widerstreites des starren Traditionalismus gegen jene zu immer grösserm Einfluss gelangende Richtung einnimmt, deren Anhänger v. Kremer mit gutem Takte spekulative Juristen (Aṣḥâb al-ra'j) [4]) nennt, müssen wir einige Bemerkungen über die Stellung des Ra'j innerhalb der muhammedanischen Gesetzeswissenschaft voraussenden.

II.

Die Anwendung des Ra'j entwickelte sich in der muhammedanischen Jurisprudenz als unabweisbares Postulat der Vorkommnisse des praktischen Rechtslebens in der Ausübung des richterlichen Amtes. Der theoretische Kanonist konnte recht bequem die Gültigkeit des Ra'j als berechtigter Rechtsquelle zurückweisen: er studirte das geschriebene und überlieferte Wort, mit den

1) Exposé de la réforme de l'Islamisme p. 91. 15.

2) Kitâb al-milal ed. Cureton p. ١٦٠—١٦١ vgl. Sachau a. a. O. p. 15.

3) Muḳaddima ed. Bûlâḳ p. ٣٧٤ ff. Die drei Klassen zusammen sind die مذاهب الجمهور.

4) Es mögen hier einige Curiositäten in Bezug auf die verschiedenartige Uebersetzung dieses Ausdruckes zu verschiedenen Zeiten Platz finden. Joh Fr. Gmelin giebt in seiner Uebersetzung von Alexander und Patrick Russel's Nachrichten von dem Zustande der Gelehrsamkeit zu Aleppo (Göttingen 1798) „Vernunftgläubige" als Verdolmetschung dieses zu seiner Zeit allerdings noch nicht richtig erkannten terminus. Consiliarii finden wir leider in Flügel's Ḥâǵi Chalfa IV p. 47 ما وقع فى كتب اهل الرأى: quae in libris consiliariorum occurrunt. Aber das Wunderlichste bietet der deutsche Lexicograph der arabischen Sprache, Ad. Wahrmund, mit seinem Orakel: اصحاب الرأى „Metaphysiker, Idealisten" (folgerichtig wären dann die اصحاب الحديث: Naturforscher, Materialisten!! Und dies nachdem die richtige Definition dieses Ausdruckes mindestens durch Lane's betreffenden Artikel (1867) in die europäische Lexicographie des Arabischen bereits eingedrungen war!

wechselvollen Ereignissen des täglichen Lebens hatte er nichts zu schaffen. Ein ausübender Richter aber in ʿIrâḳ oder einer andern, dem Scepter des arabischen Islâm unterworfenen Provinz reichte in der Ausübung seines Amtes mit den ḥigâzenischen Quellen nicht aus, welche über alle in den verschiedenen Ländern alltäglich auftauchenden Fragen, die nicht in den Gesichtskreis jener Quellen fielen, unmöglich gehörigen Bescheid ertheilen konnten. Die Thatsache, welche Al-Śahrastânî mit den Worten kennzeichnet „dass die geschriebenen Texte begrenzt, die Vorfälle des täglichen Lebens aber unbegrenzt sind, das Grenzenlose aber von dem Begrenzten nicht umschlossen sein kann“ [1]), gab also den Anstoss zur Einführung speculativer Elemente in die Deduction des Rechtes. Walteten doch, um nur eines zu erwähnen, in den neu eroberten Provinzen des Islâm von den ḥigâzenischen wesentlich verschiedene privatrechtliche Verhältnisse ob, theils in den agrarischen Traditionen des Landes wurzelnde, theils aber durch die Thatsache der Eroberung erzeugte; wie hätte nun ein von ganz anderen Voraussetzungen ausgehender Codex auf die aus jenen neuen Verhältnissen sich ergebenden Rechtsfragen Antwort ertheilen können? Solche und ähnliche Erscheinungen, namentlich auch jene, dass die vorhandenen Rechtsquellen keinen geschlossenen Kreis beschrieben, sondern nur gelegentliche Entscheidungen boten, welche nicht einmal in Hinsicht auf das Territorium, in welchem sie entstanden für alle Rechtsfragen ausreichten, drängten den praktischen Richtern die Nothwendigkeit auf, sich die Competenz zuzutrauen, im Geiste des vorhandenen, geheiligten Materials und in Uebereinstimmung mit demselben, ihre subjective Wohlmeinung, ihre Einsicht, als berechtigte Instanz für die richterliche Entscheidung walten zu lassen in concreten Fällen, für welche das überlieferte Gesetz keine Entscheidung enthielt. Wie tief das Bedürfniss nach einer solchen Ergänzung der Rechtsquellen gefühlt wurde, ersehen wir auch daraus, dass selbst starre Traditionarier mit Unwillen zwar, aber dem Zwange der Thatsachen weichend, sich zur Zulassung des Ra'j verstehen mussten. Sie gingen jedoch bis an die äusserste Grenze ihres Systems, indem sie, um für jeden concreten Fall eine traditionelle Entscheidung in Bereitschaft zu haben, welcher sie in der Praxis folgen könnten, nach der Beglaubigung des Traditionssatzes oft gar nicht fragten, wenn es sich darum handelte, für die richterliche Entscheidung eine traditionelle Autorität nachzuweisen. Durch diese Selbsttäuschung sollte wenigstens der Form Genüge geschehen. Abû Dâwûd — so erfahren wir — nahm die „schwächste“ Tradition in seine Sammlung auf, wenn für einen bestimmten Paragraphen des Rechtes keine besser beglaubigte vorfindlich war. Gar manche

1) Al-Śahrastânî p. ١٥٤ والنصوص اذا كانت متناهية والوقائع غير متناهية وما لا يتناهى لا يضبطه ما يتناهى.

Traditionsfälschung mag ihren Ursprung in diesem grundsätzlichen Bestreben haben, dem Ra'j, scheinbar wenigstens, so lange als möglich zu entgehen. Denn jene fingirten Traditionssätze waren ja doch nichts anderes als in die Form der Traditionsaussprüche gehülltes Ra'j. Dem Sa'bî wird der Ausspruch zugeschrieben: „Das Ra'j ist dem Aase gleich; man gebraucht es nur im äussersten Nothfalle zur Nahrung“ [1]). Und in der That finden wir auch hin und wieder die Notiz, dass selbst praktische Richter sich der Anwendung des Ra'j störrig entgegenstemmten. Gar gross wird aber die Anzahl derer nicht gewesen sein, welche wie der im Jahre 209 gestorbene Ḥafṣ b. 'Abdallâh al-Nîsâbûrî von sich sagen konnten, dass sie zwanzig Jahre das richterliche Amt verwalteten, ohne auch nur eine einzige Entscheidung auf Grund des Ra'j zu fällen [2]).

Die Anhänger des Ra'j fanden den Rechtstitel für die Einführung subjectiver Momente in die Rechtsdeduction in dem Geiste des überlieferten göttlichen Gesetzes. Sie berufen sich — es kann allerdings nicht ausgemacht werden, ob auch schon in der älteren Periode — z. B. darauf, dass das göttliche Gesetz die Aussage zweier Zeugen und den Eid als gerichtlichen Beweis gelten lässt. Nun aber ist es nicht ausgeschlossen, dass die Zeugen bona oder mala fide eine lügenhafte Aussage deponiren, dass der Eid zur Bekräftigung einer falschen Behauptung abgelegt wird. Dennoch wird der obschwebende Rechtsfall auf Grundlage derselben, nach bester Einsicht des Richters entschieden [3]). Dann werden auch aus der ältesten Geschichte der richterlichen Praxis im Islâm Belege

---

1) الرأى بمنزلة الميتة اذا اضطررت اليه اكلتها. Vgl. den Text des Gorgâni, dem obige Notizen entnommen sind, Journal of American Orient. Society Bd. VII p. 116.

2) Ṭabaḳât al-ḥuffâẓ ed. Wüstenfeld VI nr. 46.

3) Ibṭâl Bl. 6a. Ibn Ḥazm widerlegt diese Auffassung mit folgenden Worten: „Gott hat uns die Beurtheilung der Zeugenaussagen und des Eides nicht zur Pflicht gemacht. Der Richter hat dieselben nicht auf ihre Wahrhaftigkeit oder Lügenhaftigkeit zu prüfen. Thäte er dies, so wäre, fürwahr, seiner individuellen Einsicht in der Rechtsentscheidung ein weites Feld eingeräumt. Davor behüte uns Gott! Vielmehr, setzen wir den Fall, dass vor uns zwei streitende Parteien ständen, von welchen die eine ein frommer, gottesfürchtiger, glaubwürdiger Muslim, die andere hingegen ein Christ wäre, der drei Personen in der Gottheit anerkennt, von dem es bekannt ist, dass er der Gottheit und den Menschen Lügen andichtet, und der dabei noch in seinem Privatcharakter ein leichtfertiger frivoler Mensch ist; der Muslim nun forderte von dem Christen die Bezahlung einer Schuldsumme, gleichviel ob dieselbe gross oder klein ist, deren Berechtigung der Christ in Abrede stellt; oder umgekehrt, der Christ wäre der Kläger und der Muslim der Angeklagte, welcher gegen die Forderung des christlichen Klägers protestirt. Ginge es nun nach der persönlichen Einsicht des Richters, welche im Gegensatze zur Gewissheit steht, so müsste der Muslim gegen den Christen Recht behalten. Aber es ist kein Streit darüber, dass wir nicht unserer Ansicht zu folgen haben, sondern unsere Entscheidung nach den durch Gott festgesetzten Rechtsbeweisen treffen müssen, wonach der

— freilich Traditionen von vielfach bezweifelter Glaubwürdigkeit — dafür angeführt, dass man in Ermanglung überlieferter Decisionen das Ra'j als unbestrittenes Auskunftsmittel gelten liess. Alle „Genossen" die vor die juristische Praxis gestellt waren, sollen es so gehalten haben, und die ersten Chalifen billigten ihr Vorgehen; und doch wird Niemand ihre Rechtgläubigkeit in Zweifel ziehen oder sie der Einführung von Neuerungen verdächtigen, welche Gott verboten hätte. So wird bereits von Abû Bekr erzählt, dass er, wenn zwei streitende Parteien sein richterliches Urtheil anriefen, vorerst das Gottesbuch einsah; fand er darin eine Entscheidung für den obschwebenden Fall, so fällte er das durch Gott offenbarte Urtheil; fand er keine, so suchte er dieselbe in der Sunna des Propheten; fand er auch dort keine bestimmte Entscheidung, so fragte er die Genossen, ob ihnen eine Entscheidung des Propheten bekannt sei, die auf den vorhandenen Fall Anwendung zulasse. Schlug auch dieser Versuch fehl, so hielt er Rath mit den Oberhäuptern der Gemeinde und traf die Entscheidung nach der Ansicht, in welcher sie sich allesammt einigten. Ebenso soll es auch 'Omar gehalten haben. Desgleichen wird von Ibn Mas'ûd[1]) überliefert, dass in Fällen wo weder aus dem Buch, noch aus der Sunna, noch aus den Reden und Handlungen der Frommen Entscheidungen zu holen sind, der Richter seine Einsicht in selbstständiger Weise walten lasse „ohne zu sagen: 'so ist meine Ansicht, aber ich fürchte dieselbe zur Geltung zu bringen': denn das Erlaubte ist klar, und das Verbotene ist auch klar, aber zwischen beiden giebt es zweifelhafte Fälle; lass nun dasjenige, woran du zweifelst, von dem bestimmen, woran du keinen Zweifel hegst" [2]). Aber das Wichtigste und am meisten Verbreitete sind die Instructionen, welche bereits der Prophet und später 'Omar den in die eroberten Provinzen entsendeten Richtern mitgegeben haben sollen; es sind dies die gewichtigsten Argumente der Vertheidiger des Râ'j, welche bestrebt waren, der Gültigkeit desselben in die älteste Zeit des Islâm zurückreichende Autorität und eine alte Tradition anzudichten. Mu'âḏ b. Ǵabal, der im Auftrage des Propheten nach Jemen ging, eröffnete seinem Sender, auf die Frage, nach welchen Grundsätzen er in seinem Wirkungskreise das Recht handhaben werde, dass er nach seinem Ra'j entscheiden werde in Fällen, für welche er in der Schrift und in der Tradition keine Entscheidung vorfinde. Der Prophet billigte

---

Kläger seine Forderung durch Beibringung von glaubwürdigen Zeugen, der Angeklagte seine Leugnung durch den Schwur zu erhärten habe. Die „Vermuthung" aber müssen wir ganz und gar von uns werfen". Ibṭâl Bl. 18b.

1) Ibn Ḥazm erkennt, gegen seine Gewohnheit, die Glaubwürdigkeit dieser Tradition an, deutet aber die Worte فليجتهد رأيه dahin, dass man mit Fleiss und Emsigkeit nach authentischen Traditionen weiter forschen müsse, wenn sie nicht nach der ersten Umschau auf der Hand liegen.

2) Ibṭâl Bl. 5b.

dieses Vorhaben mit den Worten: Gott sei Dank dafür, dass er dem Abgesandten des Propheten Gottes zu jener Einsicht verhilft, an welcher der Prophet Gottes Wohlgefallen findet" [1]). Und 'Omar soll dem als Richter bestellten Šurejḥ folgende Instruction mitgegeben haben: „Wenn du etwas im Buche Allâh's findest, so frage weiter niemand; wenn dir etwas aus dem Buche Allâh's nicht klar wird, so folge der Sunna; findest du es aber auch in der Sunna nicht, so folge selbstständig deiner eigenen Ansicht" [2]). Es wären noch andere, allem Anscheine nach apokryphe Richterinstructionen zu erwähnen, welche an den Namen 'Omar's geknüpft sind, namentlich eine, in welcher dem Abû Mûsâ al-Aš'arî die Handhabung des Ḳijâs empfohlen wird, freilich in dem Sinne, wie die Zulassung desselben in den zwischen dem starren Traditionalismus und der speculativen Richtung vermittelnden Schulen formulirt wird. Dort heisst es: . . . . „Deinen Verstand, deinen Verstand (nimm zusammen) bei Dingen, die in deinem Innern schwankend sind, wenn du im Buche Gottes und in der Tradition seines Propheten nichts darüber findest. Nimm Kenntniss von den Analogien und Aehnlichkeiten, und vergleiche die Dinge in deinem Geiste; dann halte dich an das, was Gotte und seinem Propheten am liebsten und was am wahrscheinlichsten ist" [3]) In diesen aus einer längeren Richterinstruction ausgehobenen Worten finden wir die Terminologie des Ḳijâs, wie sie erst in späterer Zeit gäng und gäbe wurde. Wären jene Erzählungen, in welchen den Richtern die Anwendung des Ra'j empfohlen wird, authentisch, so würde die Opposition der conservativen Traditionarier gegen das Ra'j, der Autorität Muḥammed's und 'Omar's gegenüber, unbegreiflich sein. Aber eben die Bestreitung ihrer Authenticität und der Nachweis davon, dass das Isnâd der

---

1) Vgl. die Stellen bei Sachau l. c. p. 6. Al-Mâwerdi Constitutiones politicae ed. Enger p. ١١١, 1 ist رسول الله in رسول رسول الله zu corrigiren. Ibṭâl Bl 6a scheint die älteste Version dieser Erzählung erhalten zu haben. Dort sagt Mu'âd اجتهد رأيي ولا آلو; die beiden letzten Worte fehlen in den übrigen Versionen des Berichtes.

2) Kitâb al-aġâni XVI p. ٣٢: وبعث به قاضيا ثمّ قال ما وجدته في كتاب الله فلا تسأل عنه احدا وما لم تستبن في كتاب الله فالزم السنّة وان لم يكن في السنّة فاجتهد رأيك.

3) Al-'Iḳd I p. ٣٣: ثم الفهم الفهم عند ما يتلجلج في صدرك مما لم يبلغك به كتاب الله ولا سنّة نبيّه صلعم اعرف الامثال والاشباه وقس الامور عندك ثمّ اعمد الى احبّها عند الله ورسوله واشبهها بالحقّ

betreffenden Berichte den Gesetzen der Traditionskunde nicht entspricht, ist die hauptsächlichste Waffe, mit welcher die Beweiskraft derselben von den Gegnern bekämpft wird. Und in der That muss sich auch eine kritische Betrachtung dieser Instructionen für die Unächtheit derselben entscheiden. Sie enthalten Begriffe und Termini für dieselben, welche in dieser scharfen Ausprägung erst einer späteren Zeit angehören. Bei Al-Belâḏorî (p. ٦٩—٧٥), wo die dem Mu'âḏ b. Ǵabal mitgegebenen Instructionen ausführlich mitgetheilt werden, findet sich die oben angegebene nicht erwähnt. Bei der mangelhaften Beglaubigung dieser Argumente der Ra'j-Freunde konnten dann die Gegner auch weiter das Bewusstsein von der unvortheilhaften Bedeutung pflegen, welche sie dem Worte Ra'j als theologischem terminus beilegten. Al-ra'j, welches (an sich, ohne ein die gute Bedeutung aufhebendes Adjectiv) in dem gewöhnlichen arabischen Sprachgebrauch ein Wort von vortheilhafter Bedeutung ist [1]) und als gute, besonnene, richtige, vernünftige Ansicht dem هَوًى = unüberlegtem Entschluss, Eingebung der irrenden Leidenschaft, entgegengesetzt wird [2]), ist für das Gefühl des conservativen Traditionariers ein Wort mit entschieden übler Nebenbedeutung [3]) und im theologischen Sprachgebrauch jenem هوى beinahe gleichbedeutend geworden [4]). Soviel

1) z. B. Aġânî X p. ١٠٩, 18 in einem Lobgedichte des Abû 'Ali al-'Abli auf die omajjadischen Chalifen:

يقطعون النّهار بالرّأى والحزم ويحيون ليلهم بالسجود

2) Z. B. ein Sprichwort إذا نُصِمَ الرّأىُ بَطَلَ الهوى Al-Mejdâni (ed. Bûlâḳ) I p. ٥١.

3) الرّأى = ketzerische Ansicht, Al-Buchâri, Kitâb al-adab nr. 79 وفينا رجل له رأى; willkürliche Ansicht. Tafsir nr. 15 zu II v. 192 نزلت آية المتعة فى كتاب الله ففعلناها مع رسول الله صلعم ولم ينزل قران يحرّمه ولم ينه عنه حتّى مات قال رجل برأيه ما شآء.

4) Vgl. Al-Gazzâli, Iḥjâ I p. ٢٧٩, wo er zur Erklärung des bekannten Traditionssatzes من فسّر القرآن برأيه فليتبوّأ مقعده من النّار die Ansicht ausspricht, dass das Wort الرّأى, lexicalisch betrachtet, sowohl in günstigem als auch in ungünstigem Sinne verstanden werden könne, dass aber der theologische Sprachgebrauch der Wendung in malam partem den Vorzug gebe:

wird aber auch von den extremen Vertretern der traditionellen Richtung zugegeben, dass das Ra'j schon in der ersten Generation der muhammedanischen Geschichte, in der patriarchalischen Periode der „Genossen“ angewendet wurde, freilich mit der Klausel, dass „Jeder der es anwendete sich gegen das Zugeständniss der Beweiskraft desselben energisch verwahrte und eine solche Zumuthung seinerseits zurückwies“ [1]). In dieser ersten Periode der muhammedanischen Geschichte war die Entscheidung nach Massgabe der individuellen Einsicht noch ganz unbestimmt, ohne positive Direction, ohne eigentliche Richtung und Methode aufgetreten: in dem nachfolgenden Zeitalter erst gewann das Ra'j eine bestimmte Gestaltung und beginnt, sich in einer festen Richtung zu bewegen. Das Ra'j nimmt nun die logische Form der Analogie, Ḳijâs, an. Sagte man früher: Dort, wo kein geschriebenes oder überliefertes positives Gesetz vorfindlich ist, mag der vor ein im Gesetz nicht vorgesehenes Verhältniss gestellte Richter seine eigene Einsicht anrufen, so sagte man von nun ab: Dieses Walten der eigenen Ansicht hat sich im Rahmen der Analogie zu bewegen, welche der freien Willkür der subjectiven Einsicht die Richtung vorzeichnet, in welcher sie zur Geltung kommen darf. In Hinsicht auf die Definition und Anwendungsart des Ḳijâs haben sich — nach Ibn Ḥazm's Darstellung — zwei Methoden neben einander herangebildet. Darin stimmen beide überein, dass Fälle, die aus dem geschriebenen und überlieferten Gesetz nicht entschieden werden können, durch Vergleichung mit einer in jenen anerkannten Quellen vorkommenden Entscheidung beurtheilt werden müssen. Nur in Betreff des auf speculativem Wege zu ergründenden tertium comparationis gehen die beiden Methoden auseinander. Während die eine nach einer materiellen Aehnlichkeit der mit einander in Beziehung gesetzten Rechtsfälle, des geschriebenen und des neuerdings aufgetauchten, zu suchen vorschreibt, fordert die andere Methode dazu auf, die Ursache, die ratio (عِلّة) des zur Vergleichung herangezogenen überlieferten Gesetzes zu ergründen, den Geist des Gesetzes zu erforschen und zuzusehen, ob das frei herausgefundene Causalitätsverhältniss, in welchem das Gesetz zu einem ungeschriebenen Principe steht, den neuerlich aufgetauchten Fall mit einschliesst oder nicht. Wir werden hievon in einem späteren Kapitel concrete Beispiele sehen, welche uns diese Methode in ihrer

ويكون المراد بالرأى الرأى الفاسد الموافق للهوى دون الاجتهاد الصحيح والرأى يتناول الصحيح والفاسد والموافق للهوى قد يُخَتَّص باسم الرأى‘. Vgl. noch Anmerkung 1).

1) Ibṭâl Bl. 2b, 3a.

praktischen Anwendung zeigen werden. Hier sei nur noch soviel vorausgeschickt, dass die Frage, ob nach den Gründen eines göttlichen Gesetzes geforscht werden dürfe, die spätere Theologie sehr lebhaft beschäftigte, und dass sie auch in den analogiefreundlichen Schulen nicht immer bejahend beantwortet wurde [1]).

War nun durch die Einführung des Ḳijâs dem frei waltenden Ra'j eine formelle Schranke gesetzt, so wurde dieselbe wieder durch das Istiḥsân zu Gunsten des ungezügelten Ra'j durchbrochen. Das Wort Istiḥsân sagt uns, um was es sich bei dessen Anerkennung handelt: „das für besser Erachten“; es ist, wie Abû Bekr al-Sarachsî definirt: „das Verlassen des Ḳijâs und die Berücksichtigung dessen, was für die Menschen bequemer ist“ [2]).

Bei dem Mangel an unparteiischen Quellen für die Geschichte der ältesten Entwicklung des muhammedanischen Rechtes, bei der tendentiösen Färbung der — zum grossen Theile ad hoc erdichteten — Daten, auf welchen eine solche auferbaut werden könnte, ist es schwer, die chronologische Stelle genau zu bestimmen, welche die Einführung der oben gekennzeichneten Rechtsquellen des Islâm im Laufe jener Entwicklungsgeschichte einnimmt; es kann kaum bestimmt werden, wie weit der Gebrauch jener Decisionsquellen zur Zeit Abû Ḥanîfa's gediehen war, und worin die neuen Momente bestanden, welche er zu der Praecisirung der Rechte des Ra'j und Ḳijâs in der muhammedanischen Gesetzeswissenschaft hinzufügte. Ja sogar auch darüber herrscht Ungewissheit, welchen Gebrauch Abû Ḥanîfa von den speculativen Elementen der Rechtsdeduction machte, welchen Grad von Berechtigung er ihnen neben den traditionellen Rechtsquellen zugestand? Die Gegner seines Rechtssystems wollen behaupten, dass er der Tradition überhaupt keine grosse Wichtigkeit beilegte, sondern in erster Reihe die Thätig-

1) Al-talwiḥ ila kašf ḥaḳâ'iḳ al-tanḳiḥ von Sa'd al-dîn al-Taftazânî (Hdschr. der Kais. Hofbibliothek in Wien A. F. 167 [251] Bl. 181a)

الاصل فى النصوص عدم التعليل، اختلفوا فى ذلك على اربعة مذاهب فقيل الاصل عدم التّعليل حتّى يقوم دليل التّعليل، وقيل الاصل التّعليل بكلّ وصف صالح لاضافة الحكم اليه حتّى يوجد مانع عن البعض، وقيل ان الاصل التعليل بوصف لكن لا بدّ من دليل يميّزه من بين الاوصاف ونسب ذلك الى الشافعى رحمه اللّه، وقد اشتهر فيما بين اصحابه ان الاصل فى الاحكام هو التّعبّد دون التّعليل والمختار ان الاصل فى النصوص التعليل،

2) bei Pertsch, Die arabischen Handschriften der herzogl. Bibliothek zu Gotha II p. 253 ad nr. 997.

keit der freien Speculation in der Rechtsdeduction betonte: sie geben die geringe Anzahl von Traditionssätzen genau an, welche er im Aufbau seines Rechtssystems zur Verwendung brachte. Zu seiner Zeit waren noch vier „Genossen" am Leben, und er bestrebte sich nicht, von diesen Autoritäten Traditionen zu hören [1]). Seine Vertheidiger weisen diese Anklage zurück und wollen bestimmt wissen, dass er das Ra'j nur dann eintreten liess, wenn die geschriebenen und überlieferten Quellen versagten. Es werden sogar Aussprüche von Abû Ḥanîfa angeführt, in welchen er sich über die gerade ihm zugeschriebene Richtung verwerfend äussert: „In der Moschee zu uriniren ist nicht so verwerflich, wie manches ihrer Ḳijâse". Und zu seinem Sohne soll der Imâm einmal gesagt haben: „Wer die Anwendung des Ḳijâs in der Gerichtsversammlung nicht unterlässt, ist kein Rechtskundiger [2]). Um zwischen diesen Parteien zu entscheiden, müsste ein tieferer Einblick in die Schulräume des Abû Ḥanîfa gegönnt sein, als er bei dem Zustande der Quellen möglich ist. Was wir wissen können ist zweierlei. Erstens: dass bereits vor Abû Ḥanîfa die speculative Rechtsgelehrsamkeit, welche dem traditionellen Quellenmaterial keine vorwiegende Wichtigkeit zuerkannte, zur Blüthe gelangt war. Der unmittelbare Vorläufer Abû Ḥanîfa's in 'Irâḳ scheint Ḥammâd ibn Abî Suleymân zu sein (st. 119 oder 120), der als der grösste Rechtsgelehrte in 'Irâḳ galt, und von dem erzählt wird, dass er der erste war, der einen „Kreis um sich sammelte zur Beschäftigung mit der Wissenschaft". Unter seinen Schülern wird auch Abû Ḥanîfa genannt [3]). Dieser Ḥammâd nun war sehr schwach in der Kenntniss der Tradition, war aber — wie berichtet wird — „afḳah" d. h. in der Rechtsgelehrsamkeit der bedeutendeste seiner Zeitgenossen [4]). Zweitens: dass Abû Ḥanîfa den ersten Versuch machte, nach diesen Vorarbeiten das muhammedanische Recht auf Grundlage des Ḳijâs zu codificiren; dies war bis zu seiner Zeit nicht geschehen. So wie nun eine systematische Darstellung des auf dem Grunde der Analogie auferbauten muhammedanischen Rechtes gegeben war, so war auch erst jetzt eine systematische Opposition gegen das Princip des Ḳijâs und dessen Anwendung in dem positiven Rechte möglich. Ibn 'Ujejna soll gesagt haben: „Von zwei Dingen hätte ich nie vermuthet, dass sie sich über die Brücke von Kûfa hinaus verbreiten könnten: von der Art Ḥamza's den Koran zu lesen und von

1) Tahdib p. ٩٩٨.

2) Ibṭâl Bl. 15b.

3) Abu-l-Maḥâsin Annales ed. Juynboll I p. ٣١٦.

4) Ṭabaḳât al-ḥuffâẓ IV nr 12. Auch von einem anderen Lehrer des Abû Ḥanîfa, dem 'Aṭâ b. Abi Muslim (st. 135), der die Rechtsgelehrsamkeit in Chorâsân vertrat, Abulmaḥ. ib. ٣٦٦ (فقيه اهل خراسان) wird gesagt: كان رديء الحفظ كثير الوهم Ṭabaḳât ḥuff. ib. nr. 37.

der Gesetzeswissenschaft des Abû Ḥanîfa; und siehe da, beide haben die Runde um die Welt gemacht" [1]).

Und in der That, es war eine sehr geringschätzige Aufnahme, welche die wissenschaftliche That des Abû Ḥanîfa bei den conservativen Zeitgenossen fand. Sehr characteristisch für die Gesinnung der Zeitgenossen ist folgender Bericht über die Art der Verbreitung der Lehren des Imâm der Analogisten. Als er nämlich den einen seiner beiden Apostel, Zufar, von Kûfa nach dem benachbarten Baṣra entsandte, um dort für die neue Richtung in der Gesetzeswissenschaft Propaganda zu machen, da trat ihm überall heller Widerspruch entgegen, und sobald er die neue Lehre im Namen Abû Ḥanîfa's vortrug, wendete man sich von ihm ab. Als er darüber dem Lehrer Bericht erstattete, soll diesser folgende Aeusserung gethan haben: „Du bist in der Art und Weise, wie man Propaganda machen muss, sehr wenig bewandert. Kehre nur ruhig nach Baṣra zurück, trage den Leuten die Lehrmeinungen ihrer Imâme vor und lege gleichzeitig die Schwächen derselben dar. Hernach sage ihnen, dass es noch eine andere Lehrmeinung giebt, welche so und so lautet und sich auf diese und jene Argumente stützt. Hat nun dies Neue in ihren Seelen Wurzel gefasst, dann erst theile ihnen mit: es ist die Lehre Abû Ḥanîfa's. Nun werden sie sich schämen, dieselbe zurückzuweisen" [2]). Selbst ein Dichter, Zeitgenosse des Abû Ḥanîfa und Einwohner von Kûfa, wie der Imâm auch, bemächtigte sich des neuen Systems zum Zwecke epigrammatischen Spottes; es war der Dichter Musâwir [3]). Es ist dies ein Symptom der öffentlichen Meinung; denn nicht sobald hat sich die dichterische Muse um die Spitzfindigkeiten der Juristerei gekümmert [4]). In späterer Zeit hat man dann noch apokryphe Erzählungen erdichtet, um die Opposition der gelehrten und frommen Zeitgenossen gegen Abû Ḥanîfa darzustellen. Die bemerkenswertheste unter ihnen ist wohl folgende, welche wir bei Al-Damîrî [5]) nach einer älteren Quelle [6]) in breiter Umständlichkeit aufbewahrt finden. Ibn Šubrama — der selber dem Fiḳh anhing,

1) Abu-l-Maḥâsin I p. ۴۰٥.

2) Mafâtiḥ VIII p. ٩١٧.

3) Kitâb al-aġânî XVI p. ١٣٩. Vgl. auch meine Beiträge zur Literaturgesch. der Šî'a p. 65.

4) Wir finden auch poetische Lobpreisungen des Abû Ḥanîfa, Fihrist p. ٢٠٢, ferner des Mâlik ibn Anas bei Al-Ḥuṣri I p. ٦٩, Al-Ġâḥiẓ Bl. 181a von dem Dichter 'Abdallâh b. Sâlim gen. Ibn Al-Chajjâṭ; der sieben Fuḳahâ von Medîna in einem Liebesgedicht Aġânî VIII p. ٩٣.

5) Ḥajât al-ḥejwân II p. ١٢۴ s. v. ظبى.

6) Auch Ibn Ḥazm kennt diese Erzählung, Ibṭâl Bl. 15b.

ohne sich viel mit den Traditionen abzugeben [1]) — erzählt: Ich und Abû Ḥanîfa besuchten einmal den Ǵa'far b. Muḥammed al-Ṣâdiḳ; ich stellte meinen Begleiter als Gesetzesgelehrten aus 'Irâḳ vor. Da sprach Ǵa'far: Vielleicht ist es jener, der in der Religion nach seinem eignen Ra'j Analogien aufstellt (يقيس الدين برأيه): ist's vielleicht Al-No'mân b. Tâbit?" Ich selbst – fügt der Erzähler hinzu — erfuhr seinen Namen erst durch diese Frage. „Ja wohl, entgegnete Abû Ḥanîfa —, der bin ich. Gott möge mir Gelingen verleihen!" Da sprach Ǵa'far: „Fürchte Gott und wende in der Religion keine Analogie an nach deiner willkürlichen Meinung; denn Iblis war es, der zuerst einen Analogieschluss aufstellte!" Nun folgen Bemerkungen, aus welchen die Unzulänglichkeit der Speculation in religionsgesetzlichen Dingen hervorgehen soll. „Sage mir einmal, was ist ein schwereres Verbrechen vor Allâh: Mord oder Ehebruch?" „Ohne Zweifel ist Morden ein grösseres Verbrechen" entgegnete Abû Ḥanîfa. „Und dennoch wird der Mord auf Grund der Aussage zweier Zeugen abgeurtheilt, während Ehebruch erst durch die Aussage von vier Zeugen als erwiesen betrachtet wird. Wie besteht hier deine Analogie?" „Und was ist verdienstlicher vor Allâh: Fasten oder Beten?" „Entschieden ist das Gebet verdienstlicher" antwortet Abû Ḥanîfa. „Und dennoch muss die Menstruirende das Fasten unterbrechen, während ihr ‚Gebet in diesem Zustande nicht untersagt ist. [2]). Fürchte Gott, o Diener Gottes! und stelle nicht willkürliche Analogieschlüsse in der Religion auf; denn sowohl wir als auch unsere Gegner können morgen vor den Richterstuhl Gottes gestellt werden. Wir werden dann sagen: ‚Allâh hat gesagt, der Prophet Allâh's hat gesagt': du aber und deine Genossen werden sagen: ‚So haben wir gehört, so haben wir vermuthet'. Allâh aber wird mit uns und mit euch nach seinem Willen verfahren".

Auch müssige Spitzfindigkeiten hat man zuweilen dem Gründer der „speculativen" Schule angedichtet. So wird erzählt, dass als der Traditionarier Ḳatâda, der namentlich in biblischen Legenden sehr bewandert war, nach Kûfa kam, sich ein grosser Kreis von Menschen um ihn sammelte, um den vielgerühmten Baṣrier kennen zu lernen. Auf sein Anerbieten, über jede beliebige Frage ex abrupto Aufschluss zu geben, drängte sich der damals noch jugendliche Abû Ḥanîfa mit der Frage heran: „Welchen Geschlechtes war wohl die Ameise Salomo's (Sûre XXVII)?" Der gelehrte Ḳatâda war hierdurch in Verlegenheit gesetzt und erklärte, diese Frage nicht beantworten zu können. Da gab der jugendliche Frager selbst

---

5) Abu-l-Maḥâsin I p. ٣٩.

6) Dieser Einwurf gegen die Analogie findet sich auch bei Al-Buchâri Kitâb al-ṣaum nr. 41.

die Antwort: „Es war eine weibliche Ameise. Heisst es doch v. 18 ‚Ḳâlat (sie sprach) eine Ameise‘. Wäre es ein Männchen gewesen, so hätte bei dem Umstande, dass namla gen. epic. ist, die Masculinform (ḳâla) gebraucht werden müssen“ [1]). Charakteristisch für die Meinung, welche man nicht lange nach ihrem Entstehen von der Schule Abû Ḥanîfa's hegte, ist auch folgende Anekdote. Ḥammâd b. Salama erzählt: Es war ein Wegelagerer zur Zeit des Heidenthums, der das geraubte Hab und Gut der Pilger mittels eines Krummstabes zu sich heranzuziehen pflegte. Des Raubes angeklagt, pflegte er die Entschuldigung zu gebrauchen: Nicht ich, sondern dieser Krummstab hat sich fremdes Gut angeeignet. Ḥammâd sagt: Lebte dieser Mann noch heute, so gehörte er gewiss zu den Genossen Abû Ḥanîfa's [2]). Und von Ḥafṣ b. Ǵijâṯ (st. 177) wird folgendes Urtheil überliefert: Abû Ḥanîfa ist der bestunterrichtete Mensch über Dinge, die nie gewesen sind, der unwissendste aber über Dinge, die wirklich gewesen sind“ d. h. er ist ein scharfsinniger Casuist, aber kein gelehrter Gesetzkundiger [3]). In allen diesen Erzählungen [4]) und Urtheilen wird, wie wir sehen, der casuistische, auf Spitzfindigkeiten gerichtete Geist der Rechtsmethode des Abû Ḥanîfa und seiner Schule theils feiner theils gröber verspottet. Während die Traditionsschulen ihr Augenmerk auf das Gegebene, Concrete richteten, worüber sie wieder auf Grundlage concret gegebener historischer Rechtsdaten urtheilten, gefielen sich die Anhänger des Ra'j in casuistischen Spitzfindigkeiten, die jedes actuellen Interesses entbehrten. Auch jene Theologen, welche mehr die ethische Seite der Religion pflegten, wendeten sich mit Widerwillen von der juristischen Casuistik ab. Unter vielen Aussprüchen, die zur Characterisirung dieses Gegensatzes angeführt werden könnten, erwähne ich hier nur den Ausspruch eines frommen Theologen von Kûfa, ‘Amr b. Ḳejs al-Malâ'î (st. 146): Ein Traditionssatz, durch welchen mein Herz wohlwollend gestimmt wird und durch den ich meinem Gotte näher gebracht werde, ist mir lieber als funfzig Rechtsentscheidungen des Šurejḥ [5]).

Die Formel für Fragen der Rechtscasuistik scheint: „ara'ajta“ (von رأى als verbum cordis: videturne tibi? quid tibi videtur?

1) Al-Damîrî II p. ۴۳۲.

2) Al-Ǵâḥiẓ Bl. 121 a.

3) ibid. Bl. 62 a وسُئل حفص بن غياث عن فقه ابى حنيفة فقال اعلم الناس بما لم يكن واجهلهم بما كان.

4) Dahin ist auch Tausend und eine Nacht, 296—7 N. zu zählen, wo die Auswüchse der ḥanefitischen Casuistik und Spitzfindigkeit in der Person des Abû Jûsuf zum Gegenstande spasshafter Komik gemacht werden (Bûlâḳ 1279. II p. ۱۵۹—۱۶۰).

5) Abu-l-Maḥâsin I p. ۳۹۹.

in dieser Anwendung aber s. v. a.: was meinst du in Betreff eines vorausgesetzten Falles so und so?) gelautet zu haben, und die Traditionarier verpönen demnach diese im Verkehre der Casuisten gewöhnliche Ausdrucksformel. Von Ibn Mas'ûd z. B. überliefern sie folgenden Ausspruch: „Hütet euch vor dem „ara'ajta, ara'ajta“, denn die vor euch waren, sind durch „ara'ajta ara'ajta“ zu Grunde gegangen: vergleichet nicht eine Sache mit einer andern (vermittels der Analogie), damit euer Fuss nicht strauchle, nachdem er fest gestanden; und wenn Jemand von euch um eine Sache gefragt wird, über die er nichts weiss, so sage er: „Ich weiss es nicht“, denn „dies ist das Drittel der Wissenschaft“ [1]). Und von Al-Ša'bî wird neben anderen höchst geringschätzigen Aeusserungen über Ra'j ein Fluch gegen dieses ara'ajta überliefert [2]), obwohl nachgewiesen werden könnte, dass diese Formel auch aus dem Munde des Propheten selbst [3]) und seiner frommen Genossen gehört ward [4]). Welchen Widerwillen die Traditionarier reinsten Wassers gegen die blosse Casuistik hegten, von welcher her ihnen die Gefahr des Nachweises drohte, dass gar manche logisch mögliche Rechtsfrage in den traditionellen Quellen nicht behandelt sei und nur auf speculativem Wege entschieden werden könne, ist aus folgender dem Masrûk zugeschriebenen Aeusserung ersichtlich. Wenn diesem nämlich eine Frage vorgelegt wurde, so pflegte er zu dem Fragsteller zu sagen: „Ist dieser Fall auch schon vor-

1) Ibṭâl Bl. 13 b.

2) ibid. Bl. 10b قال الشعبى نعن اللّه ارأيت وقال صالح بن مسلم سألت الشعبى عن مسئلة من النكاح فقال إن اخبرتك برأى فَبُلْ عليه.

3) Ġazâ'al-ṣejd (Buch.) nr. 22 أرأيت لو كان على امك دين أكنت قاضيته; hier ist aber keine Anfrage, über welche Aufschluss verlangt wird. Maġâzî nr. 12 legt Mikdâd b. 'Amr al-Kindi dem Propheten eine casuistische Frage vor und beginnt den Vortrag derselben mit أرأيت إن لقيت رجلا الخ. In der Parallelstelle Dijât nr. 1 fehlt dieses أرأيت. aus dessen Vorhandensein an der andern Stelle Al-Kasṭalânî (X p. ٣٨) gegen andere Erklärer die Ansicht begründet, dass jene Frage eine casuistische, keine actuelle gewesen sei

4) Kitâb al-wuḍû' nr 34 (35) انه (زيد بن خالد) سأل عثمن ابن عفان أرأيت اذا جمع الرجل فلم يُمْنِ الخ.

gekommen?" Wenn diese Frage verneint wurde, so sagte dann Masrûk zum Fragsteller: „So erlasse mir denn die Antwort auf dieselbe, bis sich ein solcher Fall auch wirklich ereignen wird" [1]). Der im nächsten Abschnitt als ra'jfreundlicher und deshalb nicht recht anerkannter Śâfi'it zu erwähnende Abû Taur al-Bagdâdî legte einem anderen Rechtsgelehrten die folgende Frage vor: „Jemand nimmt von zwei Leuten je ein Ei und steckt beide Eier in seinen Aermel; nun zerbricht eines der beiden Eier und wird ganz unbrauchbar. Welchem von den beiden Eigenthümern muss nun Schadenersatz geleistet werden?" Der Befragte nahm dem Abû Taur diese Frage sehr übel und sagte: „Man muss warten, bis überhaupt Anspruch auf Schadenersatz erhoben wird." „Du bekennst also — entgegnete Abû Taur — du wissest hierin keinen Bescheid?" „Ich sage — erwiderte jener — entferne dich; denn wir haben Rechtsbescheide zu ertheilen, nicht aber Neugierige zu unterrichten" [2]).

Ausser solchen, mehr spöttischen als auf die Principien eingehenden Einwendungen gegen die speculative Richtung begegnen wir auch aus der unmittelbar auf die Feststellung von Abû Ḥanîfa's System folgenden Zeit der ernsten Beschuldigung desselben, dass es durch die willkürliche Vernachlässigung der positiven Rechtsquellen zu Gunsten der speculativen Neuerung (بِدْعَة) die Grundlagen des Gesetzes zerstöre und für Ehebruch und Unzucht gegen Korân und Sunna Rechtstitel biete [3]).

Die Methode nun, die man in den ältesten Ra'jkreisen befolgte und welche dann Abû Ḥanîfa in ein System brachte, die Tendenz, sich mit der Constatirung, Bearbeitung und Verwendung des vorhandenen überlieferten Materials nicht zu begnügen, sondern darüber hinausgehend alle gegebenen und casuistisch erdenklichen Erfordernisse der richterlichen Praxis zu verfolgen, nannte man im Gegensatze zu 'Ilm al-ḥadîṯ mit dem besonderen Namen Fiḳh. Sachau hat das genetische Verständniss dieses Gegensatzes klar gelegt, und ich verweise hier auf seine treffende Auseinandersetzung [4]). Fiḳh ist auch seiner ursprünglichen Bedeutung nach ein Synonym von Ra'j; auch jenes bedeutet: Einsicht, Ver-

1) Al-Śa'rânî I p. ٦٣ وكان مسروق اذا سئل عن مسئلة يقول للسائل هل وقعت فان قال لا قال أعفني حتى تكون.

2) Ibn al-Mulaḳḳin Bl. 2a.

3) Ibn Kuteyba, Kitâb al-ma'ârif p. ٢٤٩ فكم من فرج محصنة عفيف أحل حرامه بابي حنيفة

4) Zur ältest. Gesch. des muhamm. Rechts p. 15 ff.

ständniss [1]). Bevor aber das Wort Fiḳh in der theologischen Terminologie zum Gegensatz von Ḥadît specialisirt wurde, ist es noch durch eine allgemeine Bedeutung hindurchgegangen. Diese allgemeine Bedeutung ist aus einer Stelle der Tradition ersichtlich, der ältesten Stelle, glaube ich, die man für die theologische Anwendung des Wortes nachweisen kann: اذا ولغ الكلبُ فى اناء ليس له وَضوء غيره يتوضّأ وقال سفيان هذا الفقه بعينه يقول الله تعالى فلم تجدوا ماء فتيمّموا وهذا ماء. Hier [2]) hat الفقْه den Sinn: die massgebende, dem Koran gemässe, in der Praxis durchzuführende Auffassung, und zwar eben die, welche sich dem Wortlaute des Korans anschliesst, ohne anderen Rücksichten in der Entscheidung zu folgen; es bedeutet auch demgemäss das richtige Religionsgesetz [3]). Erst später wird Fiḳh zum Gegensatz von Ḥadît, so dass wir in der älteren Literatur- und Gelehrtengeschichte auf Schritt und Tritt der Bemerkung begegnen: N. N. war der grösste Faḳîh seines Landes, im Ḥadît war er klein, und umgekehrt. Aḥmed b. Sahl (st. 282) sagt: Wäre ich Ḳâḍî, so würde ich beide einkerkern lassen: den, welcher Ḥadît treibt ohne Fiḳh, und den, welcher dieses betreibt ohne jenes; während der Ausdruck اهل الحديث والفقه die Gesammtheit aller kanonischen Gelehrten bedeutet. Erst nachdem die Kämpfe der beiden Schulen überwunden waren, schwindet wieder dieses antithetische Verhältniss der beiden termini und Fiḳh wird zur Rechtsgelehrsamkeit im Allgemeinen [4]). Wenn man dann die traditionelle Richtung der Rechtsgelehrsamkeit be-

1) Muslim (Ṣifât al-munâfiḳîn) V p. ٣٢٦ اجتمع عند البيت ثلاثة نفر قرشيّان وثقفى او ثقفيّان وقرشى قليل فقه قلوبهم كثير شحم بطونهم. Bemerkenswerth ist noch folgender Traditionssatz: قِصَرُ الخُطْبَة وطول الصّلاة مَئِنّة من فقه الرجل bei Ibn al-Sikkît, Kitâb al-alfâẓ (Leidener Hschr. Warner) nr. 597 p. 414. Zu beachten ist: Ibn Hišâm ed. Wüstenfeld p. ١٠١٣, 6 فأُمْهِلْ حتى تقدم المدينة فتنيب دار السنّة وتَخْلُصَ بأهل الفقه واشراف الناس الخ: hier kann Ahl fiḳh als: einsichtsvolle Leute, ebenso wie in der Bedeutung: Leute, welche das Religionsgesetz kennen, gefasst werden. Der Context der Stelle setzt allerdings eine Zeit voraus, in welcher das Traditionswesen bereits ziemlich entfaltet war.

2) Al-Buchârî Wuḍû' nr. 33.

3) z. B. Al-Balâdorî p. ٣٧٧, 2 وصيّره على تعليم النّاس الفقه والقرآن.

4) auch Gesetz, sogar Sprachgesetz, —regel. Man kennt den Buchtitel فقه اللغة von Ibn Fâris und Al-Ṯa'âlibî. Vgl. Ibn Ja'îš ed. Jahn p. ٧١, 3

zeichnen wollte, so musste man sagen: تفقه الحديث. Ja man sagt von Jemandem, der sich in der Gesesetzeswissenschaft der schroffsten Schattirung der antianalogistischen Richtung anschliesst:

تفقّه على مذهب داود الظاهرى.

III.

In Al-Sâfi'î feiert die Rechtsgeschichte des Islâm jenen Imâm, dessen denkwürdigstes Werk die Schöpfung eines Correctivs ist, welches sich, angesichts der mit Abû Ḥanîfa's System um sich greifenden subjectiven Tendenz des Fiḳh dem traditionellen Standpunkte gegenüber, als dringendes Bedürfniss erwies. Die Muhammedaner betrachten, unbeschadet der Verdienste des Mâlik b. Anas [1]) in dieser Richtung, mit Recht den Imâm Al-Sâfi'î als Vindex des Traditionalismus, und aus seiner Schule ist auch die letzte kräftige Reaction des Traditionalismus gegen das Ra'j und seine Consequenzen hervorgegangen. „Ich vergleiche das Ra'j des Abû Ḥanîfa am besten mit dem Faden einer Zauberin, welcher, je nachdem sie ihn auf die eine oder andere Weise auszieht, gelblich oder röthlich erscheint" — mit diesen Worten soll Al-Sâfi'î die willkürliche Anwendung des Ra'j, wie es vor seinem Auftreten in der Fiḳh-Schule geübt ward, verspottet haben [2]). Ḳijâs war aller-

---

mit Bezug auf Diptota: والفقه فيه ما ذكرناه = die Regel hierüber ist das was wir erwähnt haben. In dem Sprichworte خيرُ الفقهِ ما حاضرتَ به Al-Mejdânî I p. ٢١٣ hat فقه die allgem. Bedeutung: Kenntniss, Wissenschaft.

1) Die Traditionsanhänger zählen Mâlik beharrlich zu den Anhängern des Ra'j. Aḥmed b. Ḥanbal sagt von 'Abdallâh b. Nâfi' (st. 206) „er war kein Ṣâḥib ḥadîṯ sondern Anhänger des Ra'j des Mâlik" (Tahdîb p. ٣٧٤). Für das Verhältniss der älteren sâfi'itischen Schule zu Mâlik ist die Erzählung sehr lehrreich, dass Muḥammed b. Naṣr (st. 294 in Samarkand) anfangs den Sâfi'î nicht sehr hoch hielt, in Medina hatte er aber ein Traumgesicht, in welchem er den Propheten befragte: „Soll ich mich mit dem Ra'j des Abû Ḥanîfa beschäftigen?" Der Prophet verneinte. „Mit dem Ra'j des Mâlik?" Der Prophet antwortete: „Du kannst davon festhalten, was meiner Tradition entspricht". Auf die Frage, ob er sich mit dem Ra'j des Sâf. beschäftigen sollte, machte der Prophet eine zürnende Kopfbewegung und sagte: „Was sagst du: Ra'j des Sâfi'î? Dies ist nicht Ra'j, sondern eine Zurückweisung aller die meiner Sunna widersprechen" (ibid. p. ١٢٢). Merkwürdigerweise wird (ibid. p. ٦٨٣) dieselbe Erzählung mit Bezug auf Abû Ǵa'far al-Tirmidî zum Besten gegeben.

2) So citirt wenigstens sein Schüler Aḥmed b. Sinân al-Kaṭṭân (st. 260): روى ابن حبان فى ثقاته فى ترجمته باسناده الى الشافعى قال ما أُشَبِّهُ رأى ابى حنيفة الّا بخيط سحّارة تمدّه كذا فتراه اصفر وتمدّه كذا فتراه احمر Ibn al-Mulaḳḳin, Bl. 105 b.

dings durch Abû Ḥanîfa's Arbeit, aber noch mehr durch die Gewalt der Verhältnisse ein Factor der Rechtswissenschaft geworden, der nun einmal aus den Rechtsquellen nicht zu verbannen war. Dies wollte auch Al-Šâfi'î nicht thun; und hätte er es auch gewollt, er würde — wie dies die Erfolglosigkeit der Anstrengungen der späteren Ausläufer seiner Schule zeigt — nichts zu erreichen vermocht haben. Was er thun konnte und auch that, war die Disciplinirung des Gebrauches, den man ohne Schädigung des Vorrechtes der Schrift und der Tradition von der neu eingeführten Rechtsquelle zu machen habe, die Einschränkung ihrer freien, willkürlichen Anwendung durch methodische Gesetze ihres Gebrauches. Diese That ist Zweck und Resultat zugleich der durch Al-Šâfi'î begründeten [1]) Wissenschaft von den „Uṣûl al-fiḳh“, welche sich an seinen Namen knüpft. Wäre uns der Tractat erhalten, in welchem Al-Šâfi'î diese neue, für die Rechtskunde des Islâm reformatorische, dieselbe erst recht in die Reihe der Wissenschaften einführende Disciplin begründete, so wäre es den Erforschern der Geschichte des muhammedanischen Geistes vergönnt, bis ins Einzelne die Stelle ganz genau zu bestimmen, welche Al-Šâfi'î im Widerstreite des Traditionalismus gegen die Einseitigkeit des Ḳijâs einnimmt. In Ermanglung derselben sind wir auf die von Al-Šâfi'î's grundlegender Schrift abgeleiteten Schriften und auf das angewiesen, was die Muhammedaner selbst von der Wirksamkeit des grossen Imâm urtheilen. Für den Grundgedanken seines Systems ist ein Ausspruch [2]) characteristisch, der ihm in Bezug auf die durch ihn begründeten uṣûl zugeschrieben wird: „Welchen Ausspruch immer ich gethan, welchen Grundsatz (aṣl) immer ich aufgestellt haben mag, — giebt es darüber etwas von dem Propheten Ueberliefertes, was dagegen spräche, so bleibt es bei dem, was der Prophet gesagt hat: ganz dasselbe ist auch meine Ansicht“. Und er wiederholte — so setzt unsere Quelle hinzu — diesen Ausspruch mehrere Male hintereinander [3]). Gelegentlich sei bemerkt, dass dieser Ausspruch von dem amerikanischen Orientalisten Prof. Salisbury [4]) missverstanden worden zu sein scheint; er giebt folgende Uebersetzung davon:

1) Zu beachten ist jedoch, was von Al-Tauri überliefert wird: „Ibn Lahi'a (st. 174 in Aegypten, 30 Jahre vor Šâf.) ist mächtig der uṣûl und wir besitzen die furû“ (Tahdib p. ٣٦٣). 2) Vgl. auch al-Šahrastâni p ١٩.

3) Bei al-Gurgâni: وعن الشافعي رضه مهما قلت من قول او اصّلت من اصل فيه عن رسول الله صلعم خلاف ما قلت فالقول ما قاله صلعم وهو قولي وجعل يردده.

4) Contributions from original sources to the knowledge of Muslim Tradition (Journ. of the American Orient. Society Bd. VII, 1862, p. 108).

„Whatever I declare as a saying of the Prophet or lay down as a principle by the expression ‚on the authority of the Messenger of God' at variance with something otherwhere said by me, the true saying is that of the Prophet, which I thereby may my declaration to the refutation of anything so said by me to the contrary [1])".

Ebenso bezeichnend ist es für die Richtung Al-Šâfi'î's, dass er das Istiḥsân, eine durch die ḥanafitische Richtung gemachte Concession, welche das methodische Element der Anwendung des Ḳijâs völlig in Frage stellt, nicht anerkennt, und — nach Einigen — auch das Ta'lîl verpönt [2]). Gegen die Anwendung des ersteren, des willkürlichsten Momentes der ḥanafitischen Methode, verfasste er eine eigene Streitschrift, von welcher uns jedoch nur der Titel erhalten ist [3]). Dafür aber kam in seiner Schule — ob auf seine eigene Initiative hin, lässt sich nicht bestimmen — ein neues gesundes Rechtsprincip auf, welches den bezeichnenden Namen Al-istiṣḥâb (etwa: Zugesellung) erhielt und in vielen Fragen des Rechtes und der Ritualistik ein positives Princip für die Lösung mancher Verwicklung bietet.

Am markigsten hat unter allen muhammedanischen Theologen, denen wir charakteristische Bemerkungen über das Rechtssystem Al-Šâfi'î's verdanken, die Ideen desselben gekennzeichnet: Al-Nawâwî, selbst Anhänger der nach dem Imâm benannten Schule. „Er trat auf, als die Rechtsbücher mit systematischer Gliederung bereits abgeschlossen, die Gesetze bereits festgestellt und gesichtet waren. Er studirte die Rechtsrichtungen der Vorgänger und lernte von

1) Es ist zu bedauern, dass in dieser nützlichen und anregenden Studie über das Traditionswesen der Muhammedaner derartige Versehen nicht selten vorkommen. Ich will diese Gelegenheit benutzen, um noch eines derselben zu berichtigen. Aus Al-Ǵurǵâni's Einleitung wird u. A. folgende Stelle angeführt:

ومن غلط فى حديثه فبين له الغلط فصرّ ولم يرجع قبل يسقط عدالته قال ابن الصلاح هذا اذا كان على وجه العناد وامّا اذا كان على وجه التنقيم فلا تذييل اغرض الناس فى هذه الاعصار الخ.

Mit فلا schliesst hier der Satz und تذييل (= Anhang) ist zweifellos Ueberschrift. Der Uebersetzer aber nimmt فلا تذييل als zusammengehörig und erhält folgenden Sinn: „Ibn Al-Ṣalâḥ says he does so in the way of opposition or of captiousness in discussion — But to cut the matter short, men in these times treat with slight etc.", statt: „I. al-Ṣ sagt: Dies gilt nur dann [d. h. derjenige, welcher bei einer fehlerhaften Traditionsweise wissentlich verharrt, verscherzt nur in dem Falle seine Glaubwürdigkeit], wenn er aus Widerspänstigkeit bei dem Fehler verharrt; thut er es aber deswegen, weil ihn seine Untersuchungen auf diese Version führten, dann (verliert er seine Glaubwürdigkeit) nicht. — Anhang. In neuerer Zeit haben die Menschen u. s. w.". 2) Vgl. oben p. 12 Anm. 3) Fihrist p. ٢١., 29 كتاب ابطال الاستحسان.

den hervorragenden Imâmen, er disputirte mit den Tüchtigsten und Gründlichsten. er glättete ihre Lehrmeinungen und prüfte sie, und hernach stellte er aus allem Erlernten eine Methode fest, welche das Buch, die Sunna, den Consensus und die Analogie vereinigte, und sich nicht auf die eine oder die andere unter diesen Quellen beschränkte, wie dies bei Anderen der Fall ist" [1]). Ein anderer Šâfiʿit Abû Bekr al-Âǵurrî (st. 360) characterisirt, freilich im Namen einer ungenannten Autorität. das Verhältniss Al-Šâfiʿi's zu den übrigen Imâmen in folgender Weise: „In der Schule des Abû Ḥanîfa findet man weder (begründetes) Raʾj noch auch Ḥadîṯ, in der Schule des Mâlik ist schwaches Raʾj und richtiges Ḥadît. bei Isḥâḳ b. Râhwejhi ist schwaches Ḥadîṯ und schwaches Raʾj. bei Al-Šâfiʿî ist richtiges Raʾj und richtiges Ḥadît [2]). Hiernach wäre Al-Šâfiʿi Eklektiker gewesen, der die widerstreitenden Einseitigkeiten durch gleichmässige Berücksichtigung ihrer Principien in eine höhere Synthese vereinigte. Der Grundton dieser ausgleichenden Arbeit war aber der Traditionalismus, so sehr, dass man in ʿIrâḳ, bekanntlich dem Heerde des Ḳijâs, den Šâfiʿî den Beschützer der Tradition (ناصر الحديث) und in Chorâsân seine Anhänger κατ' ἐξοχὴν Aṣḥâb al-ḥadîṯ nennen konnte [3]). Die strengsten Verfechter des traditionellen Standpunctes rühmen seine Traditionstreue und feiern den Einfluss, den er auf die Niederwerfung des Antitraditionalismus ausübte. Al-Ḥasan al-Zaʿfarâni sagt von ihm: Die Anhänger der Tradition schliefen, es erweckte sie Al-Šâfiʿi und sie erwachten. Aḥmed b. Ḥanbal, bekanntlich der traditionstreueste unter den Imâmen: Wir wollten die Anhänger des Raʾj widerlegen, es ging aber nicht gut; da kam Al-Šâfiʿi und verschaffte uns den Sieg [4]). Von seiner Traditionstreue ist dieser Aḥmed b. Ḥanbal so sehr überzeugt, dass er Fragen, welche in der Tradition nicht entschieden werden. unbedenklich der Entscheidung Al-Šâfiʿi's anheimstellt, „denn nie hat Jemand in der Wissenschaft mitgeredet. welcher weniger geirrt und sich fester an die Sunna des Propheten geklammert hätte als Al-Šâfiʿi". und Isḥâḳ b. Râhwejhi schliesst sich diesem Lobspruche an [5]). Dasselbe zeigt auch der Umstand, dass Al-Šâfiʿi's Erscheinen in ʿIrâḳ den Anhang der ḥanefitischen Schule bedeutend verminderte, und in die Herrschaft derselben eine fühlbare Bresche schlug. Gelehrte vom Schlage eines Abû Ṯaur (st. 240), die früher dem Raʾj anhingen. verliessen diese Richtung als sie sahen, wie Al-Šâfiʿi Fiḳh und Sunna

1) Tahḏîb al-asmâ p. ٦٣ 12. 2) Al-Šaʿrâni I p. ٧٠, oben.

3) Tahḏîb p. ٦٤ penult. f. Statt مبتغي مذهبه ist dort متبعي zu lesen.

4) ibid. p. ٦٣ penult. ٧٩, 6. 5) ibid. p. ٧٦ penult. ff. ٧٨, 8.

zu vereinigen wusste (جمعه بين الفقه والسنّه)[1]. Als Al-Sâfi'î in Bagdâd erschien, wurden in den westlichen Moscheen zwölf Collegia im Sinne der Ahl-Ra'j gelesen. durch des Imâm's Erscheinen schrumpften diese auf 3—4 zusammen[2]. Am deutlichsten spricht für den herrschenden Geist der śâfi'itischen Schule der Umstand, dass aus derselben jener Mann hervorging, welcher an die Reaction des Imâm gegen die Einseitigkeit der 'irâkischen Schule anknüpfend, die letzten Consequenzen dieser Reaction zog und über die Intentionen des Meisters hinausgehend, die Berechtigung von Ra'j und Ḳijâs mit allem was dazu gehört, mit Haut und Haar verwarf, und als Wiedererwecker des alten Traditionalismus auftrat: Dâwûd b. 'Alî al-Ẓâhirî, der Begründer jener Richtung, welche den Gegenstand dieser Abhandlung bildet. Es ist nicht zu übersehen, dass wir unter den Werken Al-Sâfi'î's eins unter dem Titel: كتاب الحكم بالظاهر „Ueber das Urtheilen auf Grund des äussern Wortsinnes" finden[3], eine Schrift, in welcher der Imâm wahrscheinlich sein Verhältniss zu den speculativen Rechtsquellen deutlich auseinandersetzte und welche dem Dâwûd Anknüpfungspuncte für seine eigene Theorie bieten mochte. Bemerkenswerth ist es allerdings, dass uns das ظاهر in diesem Buchtitel zu allererst in terminologischer Bedeutung entgegentritt. Dies ist aber noch nicht das Ẓâhir der dâwûdischen Schule; denn bei den Sâfi'iten versteht man unter diesem terminus, — im Gegensatze gegen jene Schriftauslegung, neben welcher wegen der jeden Zweifel ausschliessenden Klarheit eines Schriftverses (z. B. wo deutliche Zahlenangaben enthalten sind) durchaus keine andere möglich ist, — jene Deutungsart eines bestimmten Gesetztextes, welche aus innern und äussern Gründen, unter allen Deutungsmöglichkeiten die wahrscheinlichste, durch das Gewicht der für sie sprechenden Gründe alle andern überwiegende ist, also was man sonst راجح zu nennen pflegt[4], nicht aber Ẓâhir im Sinne Dâwûd's.

———

1) Tahdib. p. ٩٨٠.   2) ib. p. ٨٢.   3) Fihrist p. ٢١٠, 28.

4) Warakât Bl. 24a: ومثال النصّ قولُه تعالى فصيام ثلاثة ايّام في الحجّ وسبعة اذا رجعتم تلك عشرة كاملة فهذا لا يحتمل ما عدا العشرة وكذلك اسمآء الاعداد مثل الثلاثة والخمسة ونحوهما نصّ فيما دلّت عليه لا يحتمل غيره والظاهر ما احتمل امرين احدُهما اظهر من الآخر يعنى اذا حمله على طرفه الراجح فالظاهر فى الحقيقة هو الاحتمال الراجح من احتمالَى النصّ واحتمالاته.

Dâwûd fühlte nicht, dass er durch seine bis zum Aeussersten gehende Verläugnung der Analogie die aussöhnenden Tendenzen der Schule, als deren Zögling er sich bekannte und deren Gründer er selbst in zweien seiner Schriften glorificirte, in Frage stellte [1]). Ihm war Al-Šâfi'i „eine Fackel für die Träger der Ueberlieferungen und die Fortpflanzer der Traditionen" und sein Verdienst bestand darin, „dass er die Fälschungen und die Gaukeleien der Gegner aufdeckte und zunichte machte, ihre Nichtigkeiten widerlegte und zerschmetterte" [2]).

Wie wir aus allen diesen Urtheilen ersehen konnten, hat die Lehrmeinung Al-Šâfi'i's zwei Seiten. Von der einen Seite macht er den Ausgangspunkten des Abû Ḥanifa Concessionen; freilich geht er aber nicht so weit wie dieser, und diese Beschränkung bildet die zweite Seite seines Systems: vor Allem, Berücksichtigung der Tradition. Er giebt dem Abû Ḥanîfa die Berechtigung des Ḳijâs als Rechtsquelle nur insofern zu, als dasselbe auf die geschriebenen und überlieferten Quellen begründet ist. Bekanntlich war Abû Ḥanîfa, dessen stärkste Seite nicht eben die Traditionenkunde war, hierin nicht so scrupulös. Muḥammed b. al-Ḥasan — so erzählt Abu-l-fedâ — sagte einst zu Al-Šâfi'i: „Wer war der gelehrtere von beiden: unser Meister (Abû Ḥanîfa) oder der Eurige (Mâlik)?" „Soll ich diese Frage nach voller Gerechtigkeit beantworten?" fragte Al-Šâfi'i. „Ja wohl!" entgegnete jener. Nun begann Al-Šâfi'i zu fragen: „Ich frage Dich, bei Gott, wer war gelehrter im Korân: unser oder Euer Meister?" „Bei Gott" erwiderte jener „der Eurige war der Gelehrtere darin". „Und in der Sunna?" „Bei Gott! auch hierin Euer Meister!" „Und welcher war der gelehrtere in den Aussprüchen der Genossen des Propheten?" „Auch hierin war es Euer Meister". „Nun" sagte Al-Šâfi'i, „bleibt nur noch die Analogie übrig: diese aber kann nur auf jene drei gegründet werden" [3]). In der Schule Al-Šâfi'i's ist dieser Antagonismus gegen Abû Ḥanîfa trotz Festhaltung des Ḳijâs lange lebendig geblieben [4]). Auch haben die wahren Vertreter der šâfi'itischen Grundsätze gegen jeden Versuch Front gemacht, in der Gesetzeskunde eitle Casuistik zu treiben und Fragen zu behandeln.

1) Ibn Ḥazm verurtheilt auch von seinem Standpunkte aus die Anhänger der šâfi'itischen Schule ebenso wie die der ḥanefitischen. Ibṭâl Bl. 19 a.

2) Tahḏîb p. Al. 3) Abulfeda, Annales Muslemici ed. Reiske II p. 66. Reiske umschreibt p. 69 nicht ganz richtig.

4) Noch im VI. Jhd. ist der berühmte Šâfi'it Fachr al-Dîn Al-Râzi einerseits ein scharfer Polemiker gegen Abû Ḥanîfa (Al-Ša'râni I p. v.), andererseits, wie wir in einem der nächsten Kapitel sehen werden, derjenige, der die stärksten dialektischen Argumente für die Berechtigung des Ḳijâs herbeischaffte und in seinem grossen Tafsîrwerke fortwährend gegen die نفاة القياس polemisirt.

die kein actuelles Interesse haben (لا يتعلّق به حكم ناجز تمسّ الحاجة اليه), so sehr, dass sie selbst das Studium der auf den Propheten bezüglichen Ausnahmsgesetze (مسائل الخصائص) als eitle Faselei verpönen [1]). Andererseits waren die Anhänger des durch Al-Šâfi'î geschaffenen Systems nicht im Stande, die feine Vereinigung, die der Imâm der Schule für die beiden, man sollte meinen, einander ausschliessende Elemente der positiven Rechtspraxis schuf, theoretisch festzuhalten. Nur wenige hielten das Bewusstsein von der vermittelnden Rolle, welche die Richtung des Al-Šâfi'î anstrebte, so fest wie z. B. Aḥmed b. Sahl (st. 282), ein Augenzeuge der Kämpfe der Extremen; er sagte: Wäre ich Ḳâdî, so würde ich beide einkerkern lassen, sowohl denjenigen, der das Ḥadîṯ sucht ohne das Fiḳh zu berücksichtigen, als auch denjenigen, der die umgekehrte Einseitigkeit begeht. Von der aurea media, auf welche sie gestellt wurden, sprangen sie bald in Extreme hinein. Bald finden wir unter den Anhängern Al-Šâfi'î's wahrhafte Aṣḥab al-ra'j; wir erwähnen als solchen z. B. einen der ersten Verbreiter der älteren Lehre Al-Šâfi'î's, des sogenannten قديم, den Abû Ṯaur Al-Kelbî Al-Baġdâdî, (st. 240) der — trotzdem er selbst seinen Abfall vom Ra'j verkündet (s. oben S. 18) — von den Šâfi'iten ausdrücklich ein Ra'janhänger genannt wird [2]), neben seinem Zeit- und Heimathsgenossen Al-Ḥuseyn b. 'Alî Al-Karâbîsî Al-Baġdâdî (st. 245), dessen Rechtsentscheidungen man die Willkür der Ra'jschule anmerkt, der er in seiner früheren Zeit angehört haben soll [3]). Auch ein Schüler des Abû 'Abd Allâh Al-Maḥâmilî, Sirḥâb b. Jûsuf Abû Ṭâhir Al-Tibrîzî wird bezeichnet: من اهل الرأى [4]). Aber auch das specifisch traditionelle Moment wurde von einigen Anhängern der šâfi'itischen Schule in extremer Weise betrieben. Wir können ihre Namen aus den Ṭabaḳât dieses Madhab bequem zusammenlesen. Ich erwähne hier nur einen Šâfi'iten, der dem Madhab gegenüber vielleicht die meiste Selbstständigkeit bethätigte. Es ist dies Abu-l-Ḥâsim Al-Dârikî (st. 375). Al-Nawawî berichtet von ihm folgendes. Wenn ihm eine Frage zur Entscheidung vorgelegt wurde, so dachte er lange über die-

1) Tahḏib p. 55.

2) Ibn al-Mulaḳḳin Bl. 2a wird von diesem Šâfi'iten gesagt: احد رواة القديم امام بالاجماع وتعنّت ابو حاتم فيه فقال ليس محلّه محلّ المستمعين فى الحديث كان يتكلّم بالرأى فيخطئ ويصيب.

3) ibid. Bl. 3a. 4) ibid. 197a.

selbe nach und traf häufig eine Entscheidung, die nicht nur der Lehre des Abû Ḥanifa, sondern auch der des Šâfi'î widersprach. Darüber zur Rede gestellt pflegte er zu antworten: Hier ist die Tradition des A. von B. von C. . . . . bis hinauf zum Propheten; dieser Tradition zu folgen ist besser, als so zu thun wie Abû Ḥanifa oder Al-Šâfi'î gelehrt haben [1]). Der merkwürdigste aber unter jenen Šâfi'iten, welche innerhalb dieses Maḏhab das traditionelle Moment bis zum Aeussersten trieben, war im III. Jhd. d. H. der Imâm der nach ihm benannten dâwûd'schen oder Ẓâhir-schule: Abû Suleymân Dâwûd b. 'Alî b. Chalaf.

Seine Familie stammte aus Ḳâšân in der Nähe von Ispahân, wo sein Vater Secretär des Ḳâḍî 'Abd Allâh b. Châlid Al-Kûfî war [2]). Dâwûd wurde in Kûfa geboren [3]); die Angaben über sein Geburtsjahr schwanken zwischen 200—202 d. H. Seine Lehrjahre verlebte er zumeist in Bagdâd. Unter den Lehrern, deren Vorträge er hörte, werden Abû Ṯaur, Suleymân b. Ḥarb, 'Amr b. Marzûḳ, Al-Ḳa'nabî, Muḥammed b. Katîr, Musaddad b. Musarhad, lauter berühmte Theologen und Traditionskenner, genannt. Zu dieser Zeit lehrte der berühmte Isḥâḳ b. Râhwejhi in Nisâbûr (st. 233): Dâwûd verliess Bagdâd, um seine Lehrjahre in dem Hörsaale Isḥâḳ's abzuschliessen. Hier scheint er auch in der Richtung, welcher er später in der theologischen Methode anhing, stark angeregt worden zu sein. Wir haben bereits oben (S. 4) sehen können, dass man diesen Isḥâḳ der traditionellen Schule zutheilt. Er pflegte die sich zum Ra'j gegensätzlich verhaltende Seite der Lehre Al-Šâfi'î's. Er ist es, der die Ansicht überliefert hat, dass jene traditionellen Aussprüche, welche die Anhänger des Ra'j als Argumente für ihre Stellung anzuführen pflegen und in welchen das „gelehrte Herausarbeiten der Meinung" (اجتهاد الرأى) empfohlen wird, nicht im Sinne des Ra'j aufzufassen, sondern dahin zu deuten seien, dass in zweifelhaften Fällen, wo die Schrift und die Tradition keine Entscheidung fällen, der Rath der Gelehrten einzuholen sei, dass demnach nicht der Meinung des Einzelnen, sondern dem Urtheil der Gesammtheit ein entscheidendes Votum in der Rechtsentscheidung zukomme [4]). Dâwûd behauptete dem Isḥâḳ gegenüber, der bei seinen Zeitgenossen in hoher Achtung stand, viel selbstständigen, freien Muth: Dâwûd allein wagte es seine Ansichten und Lehren zu widerlegen [5]). Wir wollen, von den Lehrern

1) Tahdib p. ٧٦٢. 2) Ibn al-Mulaḳḳin Bl. 5 b. 3) Tâǵ al-Dîn al-Subkî Ṭabaḳât al-Šâfi'ijja (Handschr. der Bodlej. in Oxford, Marsh. nr. 135) Bl. 175. 4) Ibṭâl Bl. 11 a اجتهاد الرأى هو مشاورة اهل العلم لا ان يقول برأيه. 5) Tahdib p. ٢٣٨.

Dâwûd's sprechend, nur noch erwähnen, dass ihn einige Biographen zum unmittelbaren Schüler Al-Śâfi'î's machen wollen, welche chronologische Unmöglichkeit jedoch mit Recht zurückgewiesen wird; Dâwûd war höchstens vier Jahre alt als Al-Śâfi'î starb[1]). Zu jener Annahme wird wohl der Umstand Anlass gegeben haben, dass Dâwûd der erste[2]) Schriftsteller war, welcher die Vorzüge des Imâm's (مناقب) in der Literatur behandelte; er verfasste zwei Schriften dieses Inhaltes und sein bereits oben (S. 25) mitgetheiltes Urtheil über Al-Śâfi'î wird wohl diesen Lobschriften entlehnt sein. Dâwûd, der in den biographischen Klassenwerken (ṭabaḳât) der Śâfi'iten eine ruhmvolle Stelle einnimmt, wird von seinen Biographen im Allgemeinen als ein fanatischer Anhänger (متعصّب)[3]) des Śâfi'î bezeichnet, was um so höher anzurechnen ist, als er selbst von Haus aus in der ḥanefitischen Richtung erzogen wurde, welcher sein Vater angehörte[4]). Aus Nîsâbûr zurückgekehrt liess er sich in Baġdâd lehrend nieder. Die grosse Anzahl seiner ansehnlichen Schüler wird von den Biographen durch die Angabe veranschaulicht, dass in seinem Wohnorte vierhundert Ṭaylasâne (bei Einigen grüne Ṭ.) vorfindlich waren[5]). Unter denen, die seine Vorträge besuchten, wird der grosse śâfi'itische Gelehrte Muḥammed b. Ibrâhîm b. Sa'îd Al-'Abdî genannt, einer der hervorragendsten Traditionsgelehrten seiner Zeit (st. 291), der auch dem Buchârî als Autorität galt. Dâwûd sagte von ihm zu seinen Genossen: „Es ist hier Jemand anwesend, von dem man wohl profitiren, der aber (von uns) nicht profitiren kann“[6]). Dâwûd's Ruf verbreitete sich bald über die Gemarkungen Baġdâd's

---

1) Ibn al-Mulaḳḳin l. c. ووهم الاستاذ ابو منصور حيث قال فيما نقضه على ابى عبد اللّه الجرجانىّ الحنفىّ ان داود هذا من تلامذة الشافعىّ لانّه كان عمره عند موت الشافعىّ اربعًا او دونها ولعلّه اراد بالتلمذة كونه من اتباعه وانكارُه القياس لا يُخرجه عنهم

2) Ḥ. Ch. VI p. 149.

3) Ibn Challikân nr. 222 (ed. Wüstenfeld III p. ٢١).

4) Ibn al-Mulaḳḳin l. c. وكان ابوه حنفيًّا.

5) Ṭabaḳât al-ḥuffâẓ IX, 44 vgl. Reiske, zu Abulfeda II p. 720. Eine ähnliche Art, die grosse Anzahl der Zuhörer zu bezeichnen, ist der auf Sahl Al-Su'lûki (st. 387) bezügliche Bericht, dass in seinem Hörsaale mehr als 500 Tintenfässer waren, Tahdîb p. ٣٠٧.

6) Ibn al-Mulaḳḳin Bl. 9a حضركم من يفيد ولا يستفيد.

hinaus[1]), man wandte sich von den entferntesten Centren der muhammedanischen Gelehrsamkeit in strittigen Fällen mit theologischen Anfragen an ihn[2]). Alle Biographen preisen einstimmig seinen frommen biedern Charakter, überall begegnen wir dem Ruhme seines asketischen Lebenswandels; die demüthige Gesinnung, die er in seinen Gebeten an den Tag zu legen wusste, soll zu seiner Zeit unübertroffen gewesen sein[3]). Nur in Betreff seiner dogmatischen Rechtgläubigkeit begegnen wir einigen Zweifeln (er soll das Erschaffensein des Korân's geglaubt haben), deren Erwähnung in einem späteren Abschnitte (VIII. 2. a.) an die Reihe kommt. Charakteristisch ist noch folgende Erzählung über Dâwûd. Ibrâhîm al-Muzanî[4]) sagte einmal im Laufe der Conversation zu Dâwûd b. Chalaf (sic!) al-Isbahânî: „Wenn aber Jemand so sagt, so ist er aus der Religion ausgetreten, Lob sei Gott!" (فمن قال كذا فقد خرج عن الملّة والحمد لله). Darob stellte ihn nun Dâwûd zur Rede und sagte ihn widerlegend: Sollen wir Gott lobpreisen indem wir Jemanden aus der Religion ausschliessen? Dies ist vielmehr Gelegenheit für ein istirǵâ' (nämlich die Formel: انّا لله وانّا اليه راجعون, welche bei Unglücksfällen gebraucht wird), während die Lobpreisung für freudige Gelegenheiten passend ist[5]).

Als Traditionsgelehrten hielt man den Stifter der Ẓâhirschule nicht hoch, vielleicht eben wegen seiner theologischen Sonderstellung. Trotzdem seine Werke viele Traditionssprüche enthalten, wird auf seine Autorität hin nur selten ein traditioneller Satz citirt. Al-Subkî hebt einen einzelnen Satz hervor, der besonders durch Dâwûd verbreitet wurde: den Satz nämlich, dass wer aus Liebesgram stirbt als Märtyrer zu betrachten ist[6]). Aber auch

1) Al-Subkî sagt von ihm (Ṭabaḳât l. c.): احد ائمّة المسلمين وهُداة الدين الذين انتشر ذكرهم فى الآفاق على ممرّ السنين السائر خبرهم فى اقطار الارضين. 2) Fihrist p. ٢١٧, ١٨٥. 3) Abulfedâ, Annales II p. 260, Al-Sam'âni (s. Beilagen), Al-Subkî l. c. u. a. m. 4) dies ist wohl Abû Ibrâhîm Ismâ'îl b. Ibrâhîm Al-Muzanî (st. 264) s. Fihrist I p. ٢١٣, vgl. II p. 86. 5) Al 'Iḳd al-farîd II p. ٢١٥.

6) Ṭabaḳât al-Šâf. l. c. ومن احاديث داود مما رواه ابو بكر محمّد ابنه عنه قال حدّثنى سويد بن سعيد ثنا على بن مسهر عن ابى يحيى القتات عن مجاهد عن ابن عباس قال قال رسول الله صلعم من عشق وعفّ فكتم فمات فهو شهيد قال الحاكم ابو

auf anderem Gebiete haben manche Gelehrte den Dâwûd herabzusetzen gesucht. Abu-l-'Abbâs Ṯa'lab fällte das Urtheil über ihn, dass er mehr Verstand als solide Gelehrsamkeit besessen habe, ein Urtheil welches noch überboten wurde durch den Mutakallim Muḥammed b. Zejd al-Wâsiṭî: „Wer das Non plus ultra von Unwissenheit erreichen will" sagte dieser spöttische Dogmatiker „der treibe Kalâm nach Nâśî, Fiḳh nach Dâwûd und Grammatik nach Nifṭawejhi" [1]). Dieser Letztere war übrigens selbst Anhänger der dâwûd'schen Lehren. — Dâwûd starb i. J. 270 in Baġdâd.

Die stattliche Reihe seiner Werke, welche im Fihrist ausführlich angegeben werden, welche jedoch sehr früh vom Schauplatze des muhammedanischen Verkehres verschwanden, stand vollends im Dienste jener theologischen Anschauung, welche zwar nicht Dâwûd zu allererst [2]) vertrat — ihr Kampf gegen die gegnerische Ansicht geht ja in die älteste Zeit der muhammedanischen Theologie zurück —, der er aber unter allen Theologen den schärfsten Ausdruck gab und die er dem Abû Ḥanîfa gegenüber in ein umgrenztes, das śâfi'itische ergänzende System zu fassen suchte: dem über Al-Śâfi'î hinausgehenden, wenn auch auf seine Anregung hin entstandenen Bestreben, das Ḳijâs aus der Reihe der berechtigten Quellen der kanonischen Rechtsdeduction hinauszuschaffen. Die Titel seiner Werke, welche uns von diesen allein in authentischer Form erhalten sind, zeigen uns diese Tendenz seiner Lehrthätigkeit, welche Ibn Chaldûn in folgenden Worten kennzeichnet: „Sie (die Anhänger Dâwûd's) reducirten die Quellen der Erfassung des Gesetzes ausschliesslich auf das Ausdrückliche (in Koran und Tradition Bestimmte) und auf den Consensus, als in welchen alles Gesetz enthalten sein soll. Sie führten auch das offenbare (nicht erst durch Speculation zu erschliessende) Ḳijâs und die Ursachen des Gesetzes, selbst da, wo die Ursache, als solche, in der Schrift ausdrücklich dargelegt wird, auf die Schrift zurück (d. h. erlaubten keine über den in der Schrift erwähnten Fall hinausgehende Nutzanwendung der Analogie und der Gesetzesursachen); denn — so sagen sie — die schriftlich erwähnte Gesetzesursache ist, so oft wir ihr begegnen, nichts anderes als die Bestimmung des (concreten) Gesetzes (nicht aber die Bestimmung eines Principes)" [3])). Ausser dem Ḳijâs und Ta'lîl verwarf Dâwûd auch noch das Taḳlîd, d. h. den unbedingten Anschluss an die Lehrmeinung eines Imâm oder einer Schule in Fragen, welche in den berechtigten Gesetzesquellen nicht klar entschieden sind. „Das blinde

---

عبد الله اتعجّب من هذا الحديث فانه لم يحدث به عن سويد ابن سعيد ثقة وداود وابنه ثقتان٬

1) Fihrist p. ٧٢, 18. 2) Gegen Spitta, Al Aś'arî p. 80 Anm. 1.

3) Muḳaddima ed. Bûlâḳ p. ٣٧٢.

Nachsprechen der Lehre jemandes, der nicht unfehlbar ist (معصوم) ist verwerflich und zeugt von Blindheit der Einsicht" — dieser gegen das Taḳlîd gerichtete Ausspruch wird ihm zugeschrieben. „Pfui über jemanden — so soll er noch gesagt haben — dem eine Fackel gegeben ist, mit welcher er seine Pfade erleuchten könnte, und diese Fackel ausbläst um einherzugehen auf einen Andern gestützt", d. h. — wie unsere Quelle ergänzend hinzu setzt — man brauche nicht blindlings einer menschlichen Autorität zu folgen, wenn man selbst die Gesetzesquellen zu benutzen im Stande ist. Jemand befragte den Dâwûd, welcher Gesetzesschule er sich anschliessen möge; da sagte er zu ihm: „Schliesse dich weder mir noch aber auch dem Mâlik oder dem Auzâ'î oder Al-Nacha'î oder Anderen sclavisch an; nimm die Gesetze daher, woher sie selbst dieselben schöpften [1]). Unsere Quelle citirt hier Aussprüche, welche mindestens im Geiste Dâwûds gehalten sind, der selbst ein Buch gegen das Taḳlîd verfasste [2]).

Mit diesen Lehren ging der fanatische Śâfi'it in seiner einseitigen Ausarbeitung und Entwicklung der śâfi'itischen Lehre in ein Lager über, in welchem Al-Śâfi'î selbst nicht stehen mochte; noch weniger aber die Schule Al-Śâfi'î's, welche das Taḳlîd zu diesem Imâm auf ihre Fahne schrieb und vom Standpunkte der durch Al-Śâfi'î eingeführten Uṣûlwissenschaft den Grundsatz festhielt: „Nicht derjenige ist ein Faḳîh, der die Aussprüche der Menschen sammelt und einen derselben bevorzugt, sondern derjenige der auf Grund der Schrift oder der Tradition ein Princip (اصل) ergründet, welches vor ihm nicht ergründet war, und aus dieser Wurzel hundert Zweige ableitet" [3]). Diese freie Gedankenthätigkeit begegnet der offenen Missbilligung der Ẓâhirschule. Es wundert uns daher gar nicht, wenn wir unter den Gegnern Dâwûd's gerade den ersten grossen Vertreter der śâfi'itischen Schule, Abu-l-'Abbâs ibn Surejǵ (st. 305) finden, der, um den Standpunkt der śâfi'itischen Schule klar zu legen, polemische Werke gegen die Ahl al-Ra'j und die Ahl al-Ẓâhir schrieb [4]), und in mündlichen Disputationen mit Dâwûd und seinem Sohne manches spitzige Witzwort gegen ihr System schleuderte [5]), so wie im Allgemeinen bald nach Dâwûd's Auftreten eine Reihe von Gegenschriften gegen die „Verwerfung des Ḳijâs"

1) Al-Ša'rânî I p. ٦٧. 2) كتب الذبّ عن كتب إبطال
وصنّف كتبا في التقليد. 3) Tahdib p. ٨٠. 4) ibid. p. ٧٣٦
الردّ على المخالفين من اهل الرأى واهل الظاهر. 5) Fihrist
p. ٢١٣, 6. Tahdib ٧٢٠. Ibn Challikân nr. 20 (I p. ٣١).

die theologische Literatur des Islâm belebte [1]). Die Opposition der dâwûd'schen Methode gegen die der herrschenden Gesetzesschulen bestand aber nicht allein in der Verwerfung der speculativen Quellen. Auch in der Anwendung der von Dâwûd im Vereine mit den gegnerischen Schulen als gültig anerkannten Quellen unterscheidet sich Dâwûd's Richtung oft in principieller Beziehung von den ihr vorangehenden Schulen. Wir werden in der Folge bei speciellen Fällen oft Gelegenheit haben, auf die beiderseitigen Verschiedenheiten in der Benutzung der geschriebenen Gesetzesquellen aufmerksam zu machen; die in principieller Beziehung weittragendste Unterscheidungslehre in Hinsicht auf die geschriebenen Quellen ist wohl die beiderseitige Anschauung von Chuṣûṣ und 'Umûm in den kanonischen Texten, worauf wir weiter unten in dem Kapitel über Ibn Ḥazm des Näheren eingehen. Auch das Iǵmâ' ist, wie wir aus der soeben angeführten Stelle des Ibn Chaldûn sehen konnten, eine der Ẓâhirschule mit den gegnerischen Richtungen gemeinsame Rechtsquelle. Gemeinsam ist ihnen jedoch nur der Begriff des Iǵmâ', als der des Consensus der competenten Gelehrten der Kirche in Bezug auf Gesetzesfragen, welche in den geschriebenen Quellen nicht genau erörtert sind. Welche aber jene Autoritäten sind, die bei der Constatirung des Iǵmâ' in Betracht zu ziehen seien, darüber hat die Ẓâhirschule [2]) wesentlich andere Meinungen als die, welche in den gegnerischen Schulen zur Geltung kamen. Dieser Unterschied musste mit dem Fortschritte der Zeit immer eingreifender werden, ja sogar die klare Formulirung des Gegensatzes konnte erst in den spätern Generationen zu scharfer Ausprägung gelangen; aber wir dürfen voraussetzen, dass die Ansichten der spätern Ẓâhiriten über die Ausdehnung und den Competenzkreis des Iǵmâ' ihre erste Begründung in einem Buche fanden, welches der Stifter der Ẓâhirschule dieser Rechtsquelle widmete [3]). Wir müssen im Allgemeinen die Thatsache in Betracht ziehen, dass sich in Hinsicht auf die Bedeutung des Iǵmâ' innerhalb des Islâm, — wir sprechen

1) Muhammed al-Ḳâŝânî (früher selbst Anhänger Dâwûd's), Al-Mu'âfâ al-Nahrawânî, Schüler Al-Ṭabari's, verfassten solche Gegenschriften. Fihrist p. ٢٣٦, 8.

2) und innerhalb derselben wieder Ibn Ḥazm, der, wie wir schon hier vorwegnehmen wollen, die gewohnte Auffassung des Iǵmâ' mit folgender Motivirung in Frage stellt: Da es auch Ǵinnen gab, welche zu den gläubigen Genossen des Propheten gehörten, und es nicht möglich ist, sich über die Meinungen derselben Kenntniss zu verschaffen, so ist das Vorgeben eines „Consensus der Genossen" eitel Lug und Trug. (Ibn Ḥaǵar, Iṣâba ed. Calcutta I p. v). Jedoch wir werden sehen, dass I. Ḥ. sich sehr kräftig auf Iǵmâ' beruft; er muss demnach jedenfalls in Beziehung hierauf eine eigene Ansicht gehabt haben, welche aus unseren Materialien nicht mehr erschlossen werden kann.

3) Fihrist p. ٢١٧, 12 كتاب الاجماع.

hier nicht bloss von den Anfängen der Entwicklungsgeschichte der muhammedanischen Theologie die widersprechendsten Meinungen ausbildeten. Es wird auch von solchen Theologen gesprochen, welche die Geltung desselben ganz und gar in Abrede stellen. Sie sagen, es sei unmöglich, in Bezug auf welche Generation immer die übereinstimmende Meinung sämmtlicher competenter Autoritäten festzustellen. Wem wäre es möglich, von der Existenz jeder einzelnen dieser Autoritäten Kenntniss zu haben? Gar oft mag eine einfache Frau in ihrem Gemache die Stufe eines Muǵtahid erklimmen, ohne dass die Zeitgenossen von ihrer Existenz Kenntniss haben. Und selbst dann, wenn wir voraussetzen, dass es möglich sei, ein suffrage universel sämmtlicher gelehrter Zeitgenossen einzuholen: wer bürgt denn dafür, dass dasjenige, was sie als ihre Meinung aussprechen, auch wirklich ihre innere Ueberzeugung ist? Und endlich — so sagen die Leugner des Iǵmâ' — hätte der Prophet in seinen Instructionen an Mu'âḏ (s. oben S. 8) nicht den Consensus als Rechtsquelle genannt, wenn er ihn überhaupt als solche gelten lassen wollte? Dieses Stillschweigen ist ein Beweis dafür, dass Iǵmâ' überhaupt als Rechtsquelle nicht zu gelten hat [1]. Aber selbst jene Gesetzgelehrten, welche das Iǵmâ' als Rechtsquelle anerkennen und sich hierbei auf verschiedene, nicht immer unzweifelhaft authentische Traditionssätze berufen [2], sind in der

1) Warakât Bl. 33b واحتجّ منكرو الاجماع بامرين احدهما منع تقريره فانّ علماء العصر غير محصورين وفيهم الخامل والمشهور وربّ امرأة في خدرها بلغت درجة الاجتهاد ولا يُعْلَم بها ولو فُرِض جميع اهل الاجتهاد لا يُعْلَم اتّفاقهم بجواز اظهار احدهم خلاف ما في نفسه وثانيهما ان حديث معاذ المشهور لم يُذْكَر فيه الاجماع ولو كان حجّةً لذُكِرَ،

2) Der zumeist angeführte traditionelle Beleg ist der Satz: لا تجتمع أمّتي على ضلالة, oder wie ihn Dâwûd von Mâlik Al-Aś'ari in vollem Zusammenhange überliefert haben soll: قال رسول الله صلعم ان اللّه أجاركم من ثلث خلال ان لا يدعو عليكم نبيّكم فتهلكوا وان لا يظهر اهل الباطل على اهل الحقّ وان لا تجتمعوا على ضلالة. Auch andere, minder zutreffende Aussprüche pflegen in den Uṣûlwerken angeführt zu werden; im Koran war es sehr schwer eine Stütze zu finden, man berief sich dennoch auf Sure IV v. 115 (ويَتّبع غير سبيل المؤمنين).

Definition dieser Rechtsquelle nicht immer einer Ansicht. Mâlik b. Anas zieht bekanntlich nur die übereinstimmende Lehre der Gelehrten von Medîna in Betracht und ist in diesem Sinne eigentlich unter die Leugner dessen, was man gewöhnlich unter Iǵmâ' versteht, zu setzen [1]). Und diejenigen Gesetzeslehrer, welche bei der Feststellung des Iǵmâ' die durch Mâlik geforderte territoriale Beschränkung verwerfen, sind bezüglich der zeitlichen Grenze, welche beim Iǵmâ' in Betracht kommt, unter einander uneinig. Sie verstehen unter Iǵmâ': „Die Uebereinstimmung der Gelehrten in der Kirche Muhammed's in einem Zeitalter in Bezug auf eine gesetzliche Frage“ اتّفاق المجتهدين من أمّة محمد صلعم في عصر على حكم شرعى (Imâm al-Ḥaramejn: اتفاق علماء اهل العصر على حكم الحادثة). Soll nun die Uebereinstimmung der den Lebenden vorangegangenen Generationen von Muǵtahidîn in Betracht gezogen werden, oder ist die zeitgenössische Generation gemeint? [2]) Ist, um ihre Terminologie beizubehalten, انقراض العصر شرط الاجماع oder nicht? Diese Frage nun kommt in der Ẓâhirschule gar nicht in Betracht. Sie sagt, und sagt es wahrscheinlich ihrem Stifter Dâwûd nach, der sich um die Beibringung eines daraufbezüglichen Traditionssatzes bemühte (s. oben S. 33 Anm. 2), dass unter Iǵmâ' einzig und allein die Uebereinstimmung der „Genossen des Propheten“ (اجماع الصحابة) zu verstehen sei, dass nur dasjenige, was mit Bezug auf den authentisch nachweisbaren Consensus der Genossen gelehrt wird, berechtigt, dass aber der Consensus der spätern Generationen, ja selbst der der Tâbi'în völlig gleichgültig sei und dass aus demselben keine Rechtslehre abgeleitet werden könne

---

Andere Theologen betrachten die Geltung des Iǵmâ' als Postulat des gesunden Menschenverstandes und mühen sich nicht ab, nach geschriebenen Beweisen für dieselbe zu forschen.

1) Kremer, Culturgeschichte des Orients I p. 488.

2) Die hauptsächlichsten auf اجماع bezüglichen Streitfragen sind kurz zusammengestellt im Dictionary of the technical terms used in the sciences of the Musalmans s. v. I p. ٢٣٨—٤٠. Aber die Unterscheidung zwischen a) اجماع القول b) اجماع الفعل c) اجماع السكوت ist dort nicht erörtert. Vgl. über Iǵmâ' jetzt auch C. Snouck Hurgronje's Abhandlung: Nieuwe Bijdragen tot de kennis van den Islâm (Bijdr. tot de Taal-, Land- en Volkenkunde v. Ned. Indie 4e Volgr. VI. Deel 1883) p. 43 ff. des Sonderabdrucks. Diese ausgezeichnete Arbeit des holländischen Gelehrten war zur Zeit der Abfassung vorliegender Abhandlung noch nicht erschienen.

und dürfe [1]). Denn, so argumentiren sie, nur zur Zeit der Genossen, welche einen an einem Orte vereinigten Kreis bildeten, dessen Mitglieder wie deren Anzahl jedem bekannt waren, war es möglich, die Uebereinstimmung sämmtlicher competenter Autoritäten zu erheben. Nach Ablauf der Generation der „Genossen“ aber zerstreuten sich die Gelehrten in alle Länder und Zonen und vermehrten sich so sehr, dass ihre Zahl nicht zu bestimmen ist und dass eine Ortschaft sie nicht einschliessen konnte. Was sie also in voller Uebereinstimmung lehren, liesse sich gar nicht bestimmen.

Wir ersehen hieraus, dass in den Schulen Abû Ḥanîfa's und Al-Šâfi'î's sehr leicht eine Lehre auf Grund des Igmâ' zur Geltung kommen mochte, welche die Ẓâhirschule als völlig unbegründet verwerfen konnte. Das Princip aber des Igmâ' hat auch Dâwûd und seine Schule anerkannt, und ihre Polemik wendet sich zumeist nur gegen die Anwendung jener Rechtsquellen, die sie im Princip als unzulässig verwerfen, gegen die der speculativen Quellen.

Dâwûd's Opposition gegen Ḳijâs und Ra'j, die Existenz seiner dieser Opposition gewidmeten Schriften ist in ihrem geschichtlichen und literarischen Zusammenhange erst dann recht zu begreifen, wenn wir sie in Beziehung setzen zu der in der Schule Abû Jûsuf's hervorgetretenen literarischen Bestrebung, die Berechtigung der speculativen Quellen theoretisch immer tiefer zu begründen, nachdem sie praktisch in Abû Ḥanîfa's System ihr Bürgerrecht erhalten hatten. Die „كتب ابطال القياس“ u. s. w. sind als Gegenschriften zu fassen gegen ḥanefitische Werke, wie z. B. das كتاب إثبات القياس und كتاب اجتهاد الرأي, wie deren der Schüler Abû Jûsuf's, Abû Mûsa 'Îsa b. Abân b. Ṣadaḳa (st. 220) in die Welt setzte, um die theologischen Scrupel der traditionsfreundlichen Reaction zu zerstreuen [2]).

1) Warakât Bl. 34a خلاف لاهل الظاهر فانهم قالوا الاجماع المحتج به اجماع الصحابة واعتمدوا به على ان الإحاطة باقوال المجتمعين في ايام الصحابة كانت ممكنة لاشتهار العلماء وانحصار (cod. والحصر) عددهم فاما بعد الصحابة فان [العلماء] تفرقوا في الامصار واختلفوا في الاقطار وكثروا بحيث لا يحصرهم عدد ولا يجمعهم بلد ولا يمكن الوقوف على قولهم.

2) Flügel, Ueber die Classen der ḥanefitischen Rechtsgelehrten (Abhandlungen der phil. histor. Classe der kgl. sächs. Gesellsch. d. WW. Bd. III [1861] p. 288.

Aber auch Dâwûd sollte die Erfahrung machen, die für die alten Aṣḥâb al-ḥadîṯ der vorhanefitischen Epoche nicht ausbleiben konnte. Auch ihm zeigte die Praxis die thatsächliche Unzulänglichkeit seiner Theorie; er hatte gut auf das ausschliessliche Recht der Schrift und der Tradition pochen, Analogie und Ra'j verwerfen: die richterliche Praxis musste immer nach Succurs aus anderen Vorrathskammern rufen, wenn die geschriebenen und überlieferten Quellen sie im Stiche liessen. Immer mussten die exclusiven Traditionisten auf die ultima ratio des Sa'bî (oben S. 7) zurückkommen. Dies sollte auch Dâwûd erfahren. Die Praxis versagte ihm die Möglichkeit der vollen Bethätigung seiner eigenen Theorien. Er selbst war genöthigt, in der Praxis der Gesetzeskunde das Ḳijâs zu benutzen und es als „Beweis“ gelten zu lassen [1]). Dies ist aber nichts anderes als eine Wiederannäherung an den Standpunkt Al-Śâfi'î's. Diesem praktischen Zwange weichend, hat denn die durch Dâwûd begründete Schule die starre Verwerfung der selbständigen, von der Tradition freien Meinung aufgeben müssen, während sich jedoch immer noch ein Häuflein von Ideologen fand, welche den starren Negativismus festhielten. Al-Mâwerdî erwähnt diese beiden Schattirungen der „Ḳijâsleugner“ (نفاة القياس) bei der Frage, ob solchen Theologen richterliche Aemter anvertraut werden dürfen: „Diejenigen, welche die Analogie verwerfen, sind von zwei Arten. Die einen verwerfen dieselbe und folgen dem Aeusseren des Textes und richten sich nach den Sprüchen der Altvordern da wo diese mit keinem Text in Widerstreit stehen. Das selbstständige Iǵtihâd aber verwerfen sie völlig und wenden sich ab von dem eigenen Denken und freien Ergründen. Solchen darf man nicht Richterämter anvertrauen, da sie die Methoden der Gesetzeskunde nur in unzulänglicher Weise bethätigen. Eine andere Classe derselben verwirft zwar die Analogie, geht aber in der Gesetzesdeduction dennoch selbstständig vor, indem sie sich auf den Inhalt (Geist) der Worte und den Sinn der Anrede stützen. Dahin gehören die Ahl al-Ẓâhir; ob man solchen Theologen ein Richteramt anvertrauen dürfe, darüber sind die Genossen Al-Śâfi'î's getheilter Meinung“ [2]). Es versteht sich von selbst, dass

1) Abulfedâ Annales II p. 262 وكان داود لا يرى القياس في الشريعة ثمّ اضطرّ اليه فسمّاه دليلا d. h. er nahm es wie كتاب und سنّة und اجماع unter die ادلّة الشرع auf. Reiske liest ذليلًا und findet folgenden Sinn: „et quamvis(!) ab ipso rerum usu et indole cogeretur deinceps similitudinis rationem habere, nihilominus(!) tamen appellabat eum ferendae sententiae modum ignobilem“. Vgl. hierüber auch Al-Sam'âni (Beilage V).

2) Constitutiones politicae ed. Enger p. ١١١.

Dâwûd dem Ḳijâs nur im äussersten Nothfalle ein Recht einräumte; die Concession, es ein Dalîl zu nennen, haben später fanatischere Schüler, wie z. B. Ibn Ḥazm einer war, zurückgenommen.

Bei dem geringen Raume, den in Dâwûd's Lehrsystem die bei allen seinen Vorgängern breiter Berücksichtigung gewürdigten speculativen Hülfsmittel fanden, musste jenes in vielen Punkten von den gangbaren Schulen abweichende Meinungen aufweisen. Es wäre für die vergleichende Kenntniss der ältesten muhammedanischen Gesetzeskunde von nicht zu unterschätzender Wichtigkeit, wenn wir die Reihe der Unterscheidungslehren Dâwûd's und der Ẓâhiriten vollständig besässen. Die Lehre der Ahl al-Ẓâhir wurde aber, wie wir im letzten Kapitel näher sehen werden, von der Berücksichtigung in der Feststellung des Consensus bald völlig ausgeschlossen, und daher kommt es, dass in Werken, in welchen die Unterscheidungslehren (خلافيات) der orthodoxen Schulen vergleichend dargestellt werden[1], die Lehren der Ahl al-Ẓâhir, als

[1] Diese Literatur, welche jedoch nicht zu verwechseln ist mit der Wissenschaft von dem اختلاف الصحابة (s. Anmerkung 2), verdiente einmal in bibliographischer Beziehung eingehend behandelt zu werden. Eröffnet wird sie, wie ich glaube, durch Al-Šâfi'i's Arbeit اختلاف العراقيين, in welcher er die Differenzpunkte zwischen Abû Ḥanifa und Muḥammed ibn Abi Lejlâ zusammenstellt (Tahdib p. ٧٧). Nach Flügel (Abhandlungen der sächs. Ges. d. WW. Phil. hist. Cl. 1861 p. 301) wurde dieses علم الخلاف von Abû Zejd 'Abd Allâh Al-Dabûsi (Mitte des V. Jhd.) begründet durch sein تأسيس النظر في اختلاف الائمة. Wir können jedoch schon früher (III. u. IV. Jhd.) Anfänge und Ausführungen in dieser Frage nachweisen. Abû Bekr ibn al-Mundir (st. 309/10) wird als berühmter Schriftsteller in diesem Fache bezeichnet (Tahdib p. ٦٧٥); dessen Zeitgenosse Al-Ṭabari (st. 310) schrieb ein كتاب اختلاف الفقهاء (Fihrist p. ٢٣٥, 5); vgl. oben S. 4; später verfasste Abû Bekr al-Râzi Al-Gassâs (st. 370) einen Auszug aus Al-Ṭaḥâwi's Werk über اختلاف العلماء (oder اختلاف الفقهاء Ibn Ḳuṭlubugâ p. 6, 17). Hierher gehört auch der Šâfi'ite Zakarijâ b. Jaḥjâ Al-Sâǵi (st. 307) mit seinem كتاب اختلافات الفقهاء. Bei Ibn al-Mulaḳḳin (Bl. 12b) wird von Al-Ḥuseyn b. al-Ḳâsim Abû 'Ali Al-Ṭabari (st. 350) gesagt: وهو اول من جوّد الخلاف وصنّفه. Vgl. dieselbe Angabe bei Abu-l-Maḥâsin II p. ٣٥٧. Zu erwähnen ist noch, dass man in späterer Zeit unter علم الخلاف vorzugsweise nur die Kenntniss der Unterscheidungs-

für den Consensus völlig gleichgültig, ganz und gar unberücksichtigt und unerwähnt blieben. Nur von den daraufbezüglichen Werken zweier Verfasser ist mir ein Anderes bekannt geworden. Der Ḥanefit Muḥammed b. ʿAbd al-Raḥmân al-Samarḳandî Al-Singârî (st. 721) verfasste ein in diese Literaturgruppe gehöriges Werk: عمدة الطالب لمعرفة المذاهب, in welchem neben den vier orthodoxen Schulen auch die Lehrmeinungen der Šîʿa und der Dâwûditen Punkt für Punkt vorgeführt werden [1]; dieses Buch ist uns aber nicht erhalten geblieben. Dann ist der berühmte Theosoph ʿAbd al-Wahhâb Al-Šaʿrânî (st. 973) zu nennen, welcher in Folge der eigenthümlichen Tendez seiner „Wage der Wahrheit“ (ميزان الحقّ), in welcher er eben die Lehre von der Gleichwerthigkeit aller differirenden Schulmeinungen, als für den Geist der Religion gleichgültiger Formensachen, theoretisch durchzuführen strebt, den Unterscheidungslehren der Ahl al-Ẓâhir neben denen der orthodoxen Schulen gleichberechtigte Erwähnung gönnt [2]. Das Mîzân verfasste Al-Šaʿrânî nachdem er bereits in die Richtung der muhammedanischen Theosophie eingetreten war. Aber schon bevor er sich dieser Richtung angeschlossen hatte, verfasste er unter dem Titel: كتاب المنهاج (oder المنهج) المبين فى بيان أدلّة المجتهدين ein Buch ähnlichen Inhaltes [3], welches — wenn ich dies aus den Worten, dass es die „actuellen und verschwundenen“ Maḏâhib behandle, folgern darf [4]) — neben den orthodoxen Schulen

---

lehren der beiden Schulen des Abû Ḥanîfa und Al-Šâfiʿî verstand. So finden wir bei Al-Firkâḥ (Waraḳât Bl. 52 b) zu den Worten des Imâm al-Ḥaramejn ومن شروط المفتى ان يكون عالمًا بالفقه اصلًا وفرعًا خلافًا ومذهبًا folgende Bemerkung des Commentators: وقوله خلافا يعنى ان يكون عالمًا باختلاف العلمآء فى احكام الوقائع الفروعيّة من اقوال الصحابة والتابعين ومن بعدهم ولا يكفى ما يفهم من مطلق اسم الخلاف الآن وهو علم الخلاف بين الامامين الشافعى وابى حنيفة فقط.

1) Ibn Ḳuṭlubugâ p. 42 nr. 165.

2) Solche Stellen sind ausser den in dieser Arbeit später anzuführenden noch folgende: I pp. ١٣٢, ١٣٤, ١٣٧, ١٣٨, ١٤١, ١٤٤, ١٥١, ١٥٢, ١٥٦, ٢٢٨, II pp. ٣٤, ٤٥, ٤٧, ٥٣, ٥٨, ٦٠, ٦٢, ٧٤, ٩٢, ١١٩, ٢٢٣, ٢٣٢.

3) Ein kleines Stück davon ist in einer Gothaer Sammelhandschrift. Vgl. Pertsch Arab. Handschriften I p. 21 nr. 123.

4) Mizân I p. ٧٤ وكتابى المسمّى بالمنهج المبين فى بيان أدلّة

auch die Ẓâhirschule berücksichtigt. Dieses Werk welches er sowohl im Mîzân als auch anderweitig [1]) oft citirt, wird wohl als identisch anzusehen sein mit einem كتاب أدلّة المذاهب, welches Al-Sa‘rânî ebenfalls als sein Werk anführt [2]). Ausserdem wird in einigen grösser angelegten Tafsîrwerken und Traditionscommentaren bei Stellen, aus deren eigenthümlicher Interpretation eine Sonderlehre der Ẓâhirschule folgt, auf diese, zuweilen mit Darlegung des Ideenganges der bezüglichen Beweisführung, hingewiesen. Aus diesen Werken haben wir denn auch in dieser Arbeit unsere Daten hinsichtlich der Lehrmeinungen der Ẓâhirschule zumeist schöpfen müssen.

Wir dürfen annehmen, dass die Anhänger Dâwûd's seine Lehren immer weiter entwickelten, die Consequenzen seiner Grundsätze auf weitere Kreise ausdehnten, mit einem Worte, von ihrem Standpunkte aus eine Vervollkommnung der ẓâhiritischen Gesetzeswissenschaft anstrebten und bewerkstelligten. Zu bestimmen, was von dem, was wir die Lehre der Ẓâhirschule nennen, den successiven Generationen von Ẓâhiriten einzeln angehört, können wir uns nicht anheischig machen. Ja sogar für die in dieser Beziehung wichtigste Frage: „was hat Dâwûd selbst von den übrigen Imamen Abweichendes in der Gesetzeswissenschaft gelehrt?“, sind wir nur auf spärliche Daten angewiesen. Wir können es nicht als unzweifelhaft hinstellen, wenn die Quellen, denen wir in den folgenden Abschnitten Glauben schenken, eine oder die andere Lehre der Ẓâhirschule als von Dâwûd selbst abstammend erwähnen. Sicher ist in diesem Falle nur dies, dass wir eine ẓâhiritische Lehre vor uns haben; unsicher bleibt aber, ob sie bereits von Dâwûd ausgesprochen wurde. Einige Lehrmeinungen aber werden im Laufe der Rede über Dâwûd's System als dem Dâwûd selbst angehörige und sein System besonders charakterisirende hervorgehoben. Von diesen wenigstens gilt mit grosser Wahrscheinlichkeit, dass sie wirklich von dem Stifter der Ẓâhirschule herrühren. Solche Punkte sind: die Lehre Dâwûd's von der Beschränkung des Verbotes, goldene oder silberne Gefässe zu gebrauchen, auf das Trinken aus solchen Gefässen [3]); von der Beschränkung des Wucherverbotes auf die

—

المجتهدين قبل بذلك فنّي جمعت فيه أدلّة جميع المذاهب المستعملة والمندرسة قبل دخولي في محجّة طريق القوم ووقوعي على عين الشريعة التي يتفرّع منها أقوال جميع المجتهدين ومقلّديهم.

1) Laṭâ'if al-minan (Hschr. des ung. National-Museums Nr. XV) Bl. 178 a.

2) Mîzân I p. v., 3) Abulfedâ Annales II p. 262.

sechs in der Tradition ausdrücklich genannten Arten [1]); die den übrigen Schulen widersprechende Lehre Dâwûd's, dass die Freilassung eines mit Fehlern behafteten Sklaven genüge da wo das Gesetz die Freilassung eines Sklaven als Sühne vorschreibt [2]), eine Meinung, welche den berühmten Imâm al-Ḥaramejn zu dem strengen Urtheil veranlasste, dass Al-Śâfi'î den Dâwûd dieser einen Meinung wegen von dem Rechte, ein Gelehrter genannt zu werden, ausgeschlossen hätte, wenn er sein Zeitgenosse gewesen wäre; die Lehre Dâwûd's, dass das officielle Freitagsofficium nicht nur in den sogenannten grossen Gâmi'en (Kathedralen), sondern auch in den kleineren Localmoscheen verrichtet werden dürfe [3]). Am deutlichsten charakterisirt aber die Wortklauberei Dâwûd's folgende von ihm überlieferte Lehre, welche wohl von jener casuistischen Art ist, deren Aufwerfung von den puristischen Traditionsanhängern sonst mit Entrüstung zurückgewiesen zu werden pflegte (s. oben S. 8). Wenn A. zwei Weiber hat und zu ihnen sagt: „Wenn ihr ein Kind gebärt, so ist mein Sklave N. ipso eventu freigelassen", so fordert Dâwûd, dass jedes dieser beiden Weiber ein Kind zur Welt gebracht habe, ehe A. angehalten werden könne, den Sklaven N. freizulassen; hat er doch gesagt, wenn **ihr** u. s. w. und dabei den Dualis angewendet. Andere Kanonisten entscheiden, dass, welche immer von den beiden Frauen ein Kind gebäre, der Sklave freigelassen werden müsse. Es gab aber auch vernünftige Juristen, welche die ganze Frage eine müssige Absurdität nannten [4]).

Wir wollen nun aber die Rechtsmethode der Ẓâhirschule als fertiges Ganzes in Betracht ziehen und die Anwendung der in diesem Systeme waltenden Grundsätze auf die Gesetzeswissenschaft an concreten Beispielen kennen lernen.

---

1) Tahdîb al-asmâ p. ٢٣٨, 3. In dem Commentar zu Muslim erwähnt Al-Nawawi noch andere ẓâhiritische Lehren im Namen Dâwûd's.

2) قول داود ان الرقبة المعيبة تجزى فى الكفارة وان الشافعى نقل الإجماع انّها لا تجزى bei Al-Nawawi ibid. p. ٢٣٦.

3) Al-Subki l. c. Bl. 175 b. S. über die Meinungsverschiedenheiten in dieser Beziehung Al-Śa'rânî I p. ٢٢٨.

4) Ibn al-Mulaḳḳin Bl. 5 b وذكره العبادى فى طبقته قال ومن اختياراته ان الجمعة تصلّى فى مساجد العشائر كقول ابى ثور، ومنها اذا قال الرجل لامرأتيه اذا ولدتما ولدًا فعبدى حرّ يجب أن تلد كلّ واحدة منهما ولدًا واختار المُزَنى ايّتهما (cod. ايّما) ولدت عتق واختار غيره انّه محال،

IV.

Wir können kein anschaulicheres Beispiel für die Beleuchtung des Verhältnisses der Ẓâhirschule zu den übrigen orthodoxen muhammedanischen Gesetzesschulen anführen, als ihre Grundlehre betreffs des Wucherverbotes. In den Traditionen, in welchen das koranische Wuchergesetz näher bestimmt ist, werden sechs Arten genannt, mit denen — in der durch das muhammedanische Gesetz untersagten Weise — Wucher zu treiben verboten wird; und zwar: الذهب الفضّة البرّ الشعير التمر والزبيب Gold, Silber, Weizen, Gerste, Datteln, Rosinen. Nun lehren die analogistischen Schulen, dass diese sechs Arten in den Traditionen nur als Specimina aufgeführt werden, dass sie aber keineswegs das ganze Gebiet der wucherfähigen Arten ausschliessend umfassen. Um nun bestimmen zu können, für welche Arten die eben genannten sechs als Beispiele gelten, suchen sie nach der Methode des Ta'lîl den Grund (علّة) [1]) des Verbotes bei jeder Gattung, den Gesichtspunkt unter welchen sie betreffs dieses speciellen Gesetzes fallen, die höheren Gattungen, deren Arten sie sind. Aus einer solchen Betrachtung folgt dann nach ihnen, dass nicht nur diese Arten, sondern die Gattungen, unter die sie gehören, dem Wucherverbote unterliegen. So hat schon in früher Zeit ein medinenser Rechtsgelehrter, Lehrer des Mâlik b. Anas, Rabî'a, dem der Beiname „Rabî'a des Ra'j" (ربيعة الرأى) gegeben wurde, den Gesichtspunkt aufgestellt, dass auf Alles, was der Almosensteuer (زكاة) unterworfen ist, das Wucherverbot Bezug habe, woraus also folgen würde, dass auch Haus- und Reitthiere in dieses Verbot inbegriffen sind [2]). In den Gesetzesschulen ging man auf noch speciellere Distinctionen ein. So z. B. sagt die Schule Abû Ḥanîfa's, dass die ersten beiden Arten nur Beispiele sind für das ganze genus des durch Gewicht Bestimmbaren (موزون), dessen Arten sie sind; die Schule Al-Šâfi'î's sieht in denselben die Vertreter alles Werth Habenden (جنس الأثمان), in den aufgezählten Früchten nur Beispiele von Nahrungsmitteln (مطعومات) u. s. w.: so dass also nach diesen

1) علّة الخمر, worüber Al-Aš'ari mit einem mâlikitischen Theologen disputirt, ist die „ratio des Weinverbotes" nicht „Zweck des Weines", wie Spitta Zur Geschichte Abu-l-Ḥasan al-Aš'ari's p. 81 nr. 98 erklärt.

2) كلّ ما تجب فيه الزكاة فهو ربويّ فلا يجوز بيع البعير بالبعير.

Schulen das Wucherverbot nicht nur auf die in der Tradition angeführten Arten, sondern auf Alles, was unter denselben Gesichtspunkt fällt, Bezug hat. Diese Schulen lassen, wie wir sehen, die Analogie walten und dehnen das Geschriebene durch die Anwendung der Analogie auf nicht ausdrücklich Geschriebenes aus. Die Ẓâhirschule kann dieser auf speculativer Willkür beruhenden Erweiterung des geschriebenen Gesetzes ihre Zustimmung nicht geben; wären jene Gattungen gemeint, so hätte der Prophet sicherlich dem kürzeren Ausdruck den Vorzug gebend, statt einzelne Arten zu nennen, bloss den einen Gattungsnamen gebraucht [1]). Das Wuchergesetz kann nach ihrer Ansicht nur auf jene sechs Arten Bezug haben, welche in der Tradition ausdrücklich erwähnt sind; wenn jemand mit solchen Dingen, welche in diesen sechs Arten nicht inbegriffen sind, die durch das muhammedanische Gesetz als Wucher betrachtete Art von Handel treibt, so hat er dieses Gesetz nicht übertreten [2]).

Wir erkennen an diesem Beispiele den leitenden Gesichtspunkt der Gesetzeswissenschaft der Ẓâhirschule in ihrem Unterschiede von dem sonstigen orthodoxen Fiḳh. Während dem letzteren, und zwar desto schärfer und systematischer, je mehr constitutives Recht dem Ra'j und besonders der Analogie zuerkannt wird, stets die Frage vorschwebt: aus welchem Grunde wird in Bezug auf ein bestimmtes Individuum oder in Bezug auf eine bestimmte Sache etwas angeordnet? und dann das betreffende Gesetz über den in der Schrift und der Tradition

—

1) Mafâtîḥ II p. ٥٣. ان الشارع خصّ من المكيلات والمطعومات والاقوات اشياء اربعة فلو كان الحكم ثابتا فى كلّ المكيلات او فى كلّ المطعومات لقال لا تبيعوا المكيل بالمكيل متفاضلا او قال لا تبيعوا المطعوم بالمطعوم متفاضلا فان هذا الكلام يكون اشدّ اختصارا واكثر فائدة فلمّا لم يقل ذلك بل عدّ الاربعة علمنا ان حكم الحرمة مقصور عليها فقط.

2) Al-Nawawi IV p. ٥١ ونصّ النبىّ فى هذه الاحاديث على تحريم الربا فى ستّة اشياء الذهب والفضّة الخ فقال اهل الظاهر لا ربا فى غير هذه الستّة بناء على اصلهم فى نفى القياس قال جميع العلماء سواهم لا يختصّ بالستّة بل يتعدّى فى معناها وهو ما يشاركها فى العلّة واختلفوا فى العلّة الخ. Vgl. noch ausführlicher Al-Sa'rânî II p. ٧٧—٧٨.

ausdrücklich constatirten Fall hinaus auf Alles ausgedehnt wird. was in Anbetracht der obschwebenden Gesetzesursache demselben analog ist (vgl. oben S. 30), betrachtet die Ẓâhirschule einen solchen Syllogismus als einen willkürlichen. dem Gedanken des Gesetzgebers eigenmächtig untergeschobenen und beschränkt das Gesetz (حُكْم) ausschliesslich auf die im Gesetz namhaft gemachten persönlichen oder sachlichen Fälle (المنصوص) Nach der Ansicht der Ẓâhirschule hat man überhaupt bei keinem Gesetze Gottes nach der Ursache desselben zu fragen, ebenso wie bei keinem Werke Gottes die Ursache der Hervorbringung zu untersuchen ist: die einzige Ursache der Hervorbringung derselben ist der souveräne Wille Gottes [1]: ganz dasselbe gilt auch von dem Gesetz.

In dem Traditionsausspruche, in welchem den Rechtgläubigen jede Art von Luxus verboten wird, nennt der Text blos „das Trinken aus goldenen und silbernen Gefässen“: قال رسول الله صلعم من شرب فى إناء من ذهب او فضة فانما يجرجر فى بطنه نارا من جهنم „Wer aus einem goldenen oder silbernen Gefässe trinkt, der schlürft (mit diesem Trunke) Höllenfeuer in seinen Bauch“ [2]). Allerdings ist es wahr, dass in einigen Parallelversionen dieses Traditionssatzes neben dem Trinken auch das Essen aus solchen Gefässen erwähnt wird (الذى يأكل او يشرب فى الخ): jedoch ist jene oben citirte Version die ursprünglichere, und an dieselbe hält sich Dâwûd und seine Ẓâhirschule, indem sie lehren, das Verbot beziehe sich lediglich auf das, was der einfache Wortlaut bietet. Verboten ist ausschliesslich das Trinken aus Gold- oder Silbergefässen; jeder anderweitige Gebrauch, den jemand von goldenen und silbernen Geräthen machen wollte, ja selbst das Essen aus denselben, ist erlaubt [3]). Diese Lehre Dâwûd's wird als Beispiel für die Methode

1) Ibn Ḥazm I Bl 27b انه تعالى لا يفعل شيئا لعلة وانه تعالى يفعل ما يشاء وان كل ما فعله هو عدل وحكمة اى شىء كان vgl. Ibṭâl Bl. 3a, 14a. 2) Muslim, Kitâb al-libâs nr. 2.

3) Al-Nawawi IV p. ٤١٦ واجمع المسلمون على تحريم الاكل والشرب فى اناء الذهب واناء الفضة على الرجل وعلى المرأة ولا يخالف ذلك احد من العلماء الا ما حكاه اصحابنا العراقيون ان للشافعى قولا قديما انه يكره ولا يحرم وحكوا عن داود الظاهرى تحريم الشرب وجواز الاكل وسائر وجوه الاستعمال.

der Zâhirrichtung bei dem Historiker Abulfeda angeführt [1]). Die Ḳijâsschulen forschen auch hier vermittelst ihrer auf die Motivirung der Gesetze und auf die Deduction von Analogien auf Grund dieser Motivirung auferbauten Forschungsmethode dem Geiste des Gesetzes nach. Da die im Traditionstext ausdrücklich erwähnte Benutzung von Gold und Silber nur deshalb verboten sein konnte, weil der Gesetzgeber den luxuriösen Gebrauch derselben missbilligte, um hierdurch Hochmuth und Prahlerei (خيلاء) hintanzuhalten, darum muss in jenem beispielsweise hervorgehobenen Detail jede Art von Benutzung inbegriffen sein. Sie verbieten demzufolge z. B. auch die Benutzung solcher Gefässe für die rituelle Waschung (wuḍû') [2]); einige Codices erwähnen sogar, dass die kleine Sonde, die man beim Auftragen des Koḥl benutzt, nicht aus Gold oder Silber sein dürfe [3]). Nach diesen Beispielen wird einleuchtend sein, wie es zu verstehen ist, wenn wir sagen, dass der vorwiegendste Unterschied zwischen dem Gesetz nach der Auffassung der Zâhirschule und den durch die Ḳijâsschulen entwickelten Gesetzesfolgerungen (فروع) darin besteht, dass in jenem der Wortlaut der als autoritativ anerkannten Gesetzestexte ausschliesslich massgebend ist, während in der Entwicklung des Gesetzes in letzteren über diesen strengen Wortlaut hinausgegangen wird. Der soeben betonte Grundunterschied in der Gesetzesentwicklung beider Schulen bezieht sich auf beide der geschriebenen autoritativen Quellen des muhammedanischen Gesetzes: nämlich sowohl auf Kitâb als auch auf Sunna. Wir wollen auf beiden Gebieten einige concrete Beispiele dieses Gegensatzes betrachten.

1. Sure II v. 283 giebt Muhammed im Namen Gottes folgendes Gesetz: Nachdem er angeordnet, dass im regelmässigen geschäftlichen Verkehr die Sicherheit der Habe des Gläubigers durch schriftliche Bestätigung der entlehnten Summe von Seiten des Schuldners gefordert werde, sagt er: وَإِنْ كُنْتُم على سَفَرٍ فَلَمْ تَجِدُوا كاتبًا فَرِهَانٌ مقبوضة „Wenn ihr aber auf der Reise seid

---

1) Annales Muslemici ed. Reiske II p. 262.

2) Al-Ša'râni I p. ١٣٢ قول الائمّة الاربعة ان استعمال اوانى الذهب والفضّة حتّى فى غير الأكل والشرب حرام على الرجال والنساء الّا فى قول الشافعى مع قول داود انّما يحرم الاكل والشرب [sic!] خاصّة والاوّل مشدّد والثانى مخفّف واقف على حدّ ما ورد.

3) Burhân al-din Al-Birmâwi's Supercommentar zu Abu-l-Ḳâsim al-Gazzi's Šarḥ al-gâja, Bûlâḳ 1287 p. ١v.

und keinen Schreiber findet, so wird ein Unterpfand in Beschlag genommen". Schon einige Rechtslehrer der ältern Zeit, so besonders im I. Jhd. der Mekkaner Muǵâhid (st. 100—4) und im II. Jhd. der Basrier Al-Ḍaḥḥâk (st. 212), legten den Vers nach dem stricten Wortlaute aus und beschränkten das Pfändungsrecht auf die Reise; wenn sich hingegen die beiden Parteien zu Hause oder im Allgemeinen an regelmässigen stabilen Wohnorten menschlicher Gesellschaft (فى الحضر) befinden, so hat nach ihnen das Unterpfand im geschäftlichen Verkehr nicht statt, sondern es muss unter solchen Umständen der Gläubiger seinen Anspruch durch die Aufsetzung einer schriftlichen Schuldurkunde versichern [1]). Diese wortgetreue Auslegung und praktische Anwendung des koranischen Gesetzeswortes wurde von den Rechtsschulen aus leicht begreiflichen Gründen verworfen, so sehr, dass Al-Buchârî sich berechtigt fühlen konnte, die Gültigkeit des Pfandes unter Verhältnissen, die durch das Korânwort ausgeschlossen zu sein scheinen, schon in der Titelüberschrift zu dem betreffenden Kapitel seines Traditionswerkes als unbestritten mit einfliessen zu lassen, indem er dem Kapitel über das Unterpfand folgende Aufschrift vorsetzt: كتاب فى الرهن فى الحضر وقوله تعالى وإن كنتم الآية; und in der That zeigen die dort zusammengestellten traditionellen Mittheilungen der Zeitgenossen und Gefährten des Propheten, dass der Prophet in Medina, also im ḥaḍar, seinen Gläubigern Pfänder gab. Nur Dâwûd al-Ẓâhirî und seine Schule fügen sich nicht der allgemeinen Auffassung, nach welcher der Umstand der Reise im Koranverse nur a potiori hervorgehoben wird, ohne eine Beschränkung ausdrücken zu wollen, und nehmen sich vielmehr der vergessenen Lehre Muǵâhid's und Al-Ḍaḥḥâk's an [2]). In der Anmerkung finden wir, dass Fachr al-dîn Al-Râzî in Sure IV v. 102 einen Beweis

---

1) Mafâtîḥ II p. ٥٥٨ اتّفقت الفقهاء اليوم على ان الرّهن فى السفر والحضر سوآء وفى حال وجود الكاتب وعدمه وكان مجاهد يذهب الى انّ الرهن لا يجوز الّا فى السفر آخذا بظاهر الآية ولا يُعْمَل بقوله اليوم وانّما تقيّدت الآية بذكر السفر على سبيل الغالب لقوله فليس عليكم جناح ان تقصروا من الصلاة إن خفتم وليس الخوف من شرط جواز القصر.

2) Al-Kasṭalânî IV p. ٢٣٣ وبه (يعنى بقول مجاهد والضحاك) قال داود واهل الظاهر vgl. Al-Ša'rânî II p. ٨٥.

für die Thatsache findet, dass bei gewissen Gesetzen des Koran bestimmte Fälle blos a potiori (على سبيل الغالب) angeführt werden, ohne dass damit angedeutet würde, dass das betreffende Gesetz ausschliesslich nur auf diesen bestimmten Fall Bezug hat. Aber auch bezüglich des in dieser Beweisstelle enthaltenen Gesetzes klammert sich Dâwûd und seine Ẓâhirschule an den Wortlaut des Schriftausdruckes; nur dass hier die gegnerischen Schulen diejenigen sind, welche innerhalb des Gebietes des Schriftwortes eine aus dem Geiste desselben folgende Beschränkung vollziehen, während wieder andererseits die Ẓâhirschule auch hier den Generalisationsbetrebungen der Ḳijâsschulen widerstrebt. Auf diesen Vers wird nämlich das Zugeständniss des sogenannnten ṣalât al-chauf und ṣalât al-musâfir zurückgeführt. Muḥammed sagt dort: وإذا ضربتم في الارض فليس عليكم جناح ان تقصروا من الصلوة إن خفتم أن يفتنكم الذين كفروا „Und wenn ihr das Land durchstreift, so begeht ihr keine Sünde dadurch, dass ihr das Gebet kürzet, so ihr fürchtet, dass euch die Ungläubigen beunruhigen könnten". Die allgemeinen Gesetzesschulen [1]) bestimmen hier gewisse locale Grenzen für die Anwendung des Zugeständnisses, welches behufs Abkürzung des vorgeschriebenen Gebetes der Reisenden gemacht wird. So z. B. bestimmen Mâlik und Al-Šâfi'î, dass dieses „Durchstreifen des Landes" sich zum mindesten auf die Entfernung von 4 Poststationen zu je 4 farsach, die Parasange zu 3 mîl, das mîl zu 12 000 Schritten d. i. 3000 chaṭwa's (denn je 3 Schritte اقدام machen eine chaṭwa aus), vom Wohnort aus gerechnet, erstrecken müsse; andere geben andere Massbestimmungen an; alle berufen sich auf Traditionen, welche von den wortklaubenden Ẓâhiriten als nicht genügend beglaubigt (آحاد) verworfen werden. Kleinere Entfernungen vom Wohnorte können nicht als Reisen betrachtet werden, die den Muslim berechtigen, von dem Zugeständniss des kurzen ṣalât al-chauf Gebrauch zu machen. Die Ahl al-ẓâhir wollen von dieser exegetischen Beschränkung nichts wissen. Sich an den Wortlaut des korânischen Gesetzes klammernd, sagen sie: Der in Rede stehende Koranvers enthält einen Bedingungssatz; so oft nun der im Vordersatz enthaltene Fall eintritt, allemal wenn „ein Streifen durch das Land" d. h. eine Entfernung vom regelmässigen Wohnorte stattfindet,

1) Auch im šî'itischen Gesetz werden die Entfernungen, sowie die Art und die Umstände der Reise genau festgesetzt, für welche die Befugniss des abgekürzten صلاة المسافر Geltung hat. Querry, Droit musulman I p. 126—132.

darf das gekürzte Gebet verrichtet werden. Die Bestimmung der hierzu nothwendigen Entfernung vom gewöhnlichen Wohnorte ist eine willkürliche Neuerung jener Traditionare, auf welche sich die gegnerischen Schulen berufen, und können gegen das ausdrückliche naṣṣ des Koran gar keine Bedeutung haben [1]). Immer wird aber vorausgesetzt, dass auch die andere im Koranvers erwähnte Bedingung — nämlich Bedrohung durch den ungläubigen Feind vorhanden sei, eine Nebenbedingung, auf welche wieder die andern Schulen kein Gewicht legen, sondern dem gekürzten Gebete auch unter anderen Umständen Raum geben. In einem šafi'itischen Codex z. B. finde ich folgende Fälle aufgezählt, in denen das gekürzte „Furchtgebet“ zulässig ist: in jedem erlaubten Kampfe oder auf der Flucht in einem solchen Kampfe, wie wenn z. B. der Gerechte gegen den Unterdrücker kämpft, oder der Vermögende gegen jemanden, der seine Habe entwenden will; wenn jemand vor einer Ueberschwemmung oder einem Brande sich flüchtet, oder vor einem Raubthiere, dem man sonst nicht entkommen kann, oder wenn jemand ein Land verlässt, wo Gewaltthätigkeit herrscht, ja selbst wenn ein zahlungsunfähiger Schuldner vor seinem Gläubiger flieht [2]). Die durch die Bedingungsworte إِنْ und إِذَا eingeleiteten Sätze haben zwar den Sinn, dass so oft die in solchen Sätzen enthaltene Bedingung vorliegt, auch die im Nachsatze enthaltene Aussage zur Geltung kommt, sie sagen aber nicht aus, dass diese letztere ausschliesslich an die im Vordersatze gegebene Bedingung geknüpft sei; vielmehr tritt sie in allen ähnlichen und verwandten Fällen ebenfalls in Geltung. Natürlich widersetzt sich die Ẓâhirschule dieser Generalisation [3]).

1) Mafâtih III p. ٤٤٤ زعم داود واهل الظاهر ان قليل السفر وكثيره سوآء في جواز الرخصة .... احتجّوا اهل الظاهر بالآية فقالوا انّ قوله تعالى واذا ضربتم في الارض .. جملة مركّبة من شرط وجزاء الشرط هو الضرب في الارض والجزاء هو جواز القصر واذا حصل الشرط وجب ان يترتّب عليه الجزاء سواء كان الشرط الذى هو السفر طويلا او قصيرا اقصى ما في الباب ان يقال فهذا يقتضى حصول الرخصة عند انتقال الانسان من محلّة الى محلّة ومن دار الى دار. 2) Burhân al-din Al-Birmâwi p. ١٣١. 3) Mafâtih p. ٤٤٦ انّ لكلمة إنْ ولكلمة إذا تفيد ان عند حصول الشرط يحصل المشروط ولا تفيد ان عند عدم الشرط يلزم عدم المشروط.

An den Geltungskreis der unter einem Bedingungswörtchen eingeführten Aussage in einem Koranvers knüpft sich auch folgender Differenzpunkt zwischen den beiderseitigen Gesetzesschulen.

Sure V v. 8: يا أيها الذين آمنوا إذا قُمْتُم إلى الصَّلوة فاغسلوا

وجوهَكم وأيديَكم إلى المرافِق u. s. w. „O ihr, die ihr gläubig seid! wenn ihr zum Gebet aufsteht, so waschet eure Gesichter und eure Hände u. s. w.“. Man begegnet häufig der durchaus irrigen Ansicht, dass es eine der ceremoniellen O b l i e g e n h e i t e n des muhammedanischen Lebens sei, dass man vor jedem der fünf kanonischen Gebete die rituelle Ablution (al-wuḍû’) vollziehe. In der That folgt dies aus dem eben angeführten Koranverse, und zum Theil auch aus der thatsächlichen Praxis frommer Muslims. Aber andererseits herrscht keine Meinungsverschiedenheit unter den vier anerkannten Gesetzesschulen darüber, dass diese fromme Praxis allerdings eine gottwohlgefällige (مُستَحَبّ) [1]), dass sie aber durchaus nicht obligatorischer Natur (فرض واجب) sei. Obligatorisch sei nur eine einmalige Waschung für alle fünf vorgeschriebenen Gebete des Tages, und die Gültigkeit dieses einmaligen rituellen Aktes erstreckt sich innerhalb der Zeitdauer dieser fünf Gebete auf so lange, als der status puritatis nicht durch einen Zufall aufgehoben wird, der nach den muhammedanischen Rituallehren eine Ablution erforderlich macht. Es ist überliefert, dass der Prophet selbst am Tage der Eroberung Mekka's alle fünf Gebete unter einem einzigen wuḍû’ verrichtet und 'Omar gegenüber ausdrücklich bemerkt habe, dass er vorsätzlich so handle und dies für richtig erachte. Diese Ueberlieferung bestimmt die vier anerkannten Schulen, welche in dieser Frage vollständigen C o n s e n s u s darbieten, den erwähnten Koranvers, dessen Wortlaut in entschiedenem Widerspruch zu dieser Lehre steht, dahin zu deuten, dass er eben das Obwalten jener oben angedeuteten Umstände voraussetze, unter denen eine erneute Ablution vor einem Zwischengebete n o t h w e n d i g wird [2]). Man hat sich nicht gescheut, diese Interpretation in den Text des Verses hineinzubringen, indem man zwischen die Worte الصَّلوة und فاغسلوا die Worte وانتم محدثون einschob. Dass man schon in

---

1) A b û S u ‘ û d führt in seinem T a f s i r (Marginalausgabe von Bûlâḳ III p. ٥٢٨) zur Unterstützung dieser Auffassung der Fuḳahâ noch folgende Tradition an: من توضأ على طهر كتب اللّه له عشر حسنات , aus welchem Ausspruch hervorgeht, dass das erneute wuḍû’ in statu puritatis ein o p u s supererogationis ist.

2) Al-Bejḍâwî z. St. I p. ٢٢٨, 14 ist dies umständlich erörtert.

alter Zeit das wuḍû' vor dem jedesmaligen Gebete so sehr zu vernachlässigen pflegte, dass in dieser Beziehung bald die zügelloseste Praxis Platz griff, erhellt auch aus einer Anekdote die in der Biographie des gottlosen Dichters Al-Uḳejšir al-Asadî erzählt wird. Die fromme Tante dieses Dichters wollte ihren zügellosen Neffen durchaus zur Einhaltung der Gebete anhalten. „Du bist mir mit deiner Zudringlichkeit schon lästig geworden!“ sagte endlich der Dichter. „Nun wähle zwischen zwei Möglichkeiten. Entweder ich vollziehe die Waschung ohne zu beten, oder ich bete, aber ohne die vorangehenden Waschungen zu vollziehen“. „Nun wenn es nicht anders sein kann“, entgegnete die Tante, „so bete denn ohne wuḍû“ [1]). Von verschiedenen frommen Muslimen der ersten Jahrhunderte wird ausdrücklich berichtet, dass sie das Abendgebet und das darauffolgende Frühgebet unter einer Ablution zu verrichten pflegten [2]). Es ist klar, dass — was auf diesem Gebiete auch anderweitig sehr oft beobachtet werden kann — die Gesetzlehrer in diesem Punkte der laxer gewordenen Praxis Concessionen machten und das Gesetz durch die Künste der Interpretation dem sich frei entfaltenden Leben gemäss, das sie um jeden Preis mit den Anforderungen des Gesetzes im Einklang wissen wollten, ummodelten. Dieser Anpassungsvorgang ist eine Erscheinung, die sich wie ein rother Faden durch die Exegese und Traditionsliteratur hindurchzieht. Wir begegnen ihr aber auch in nichtmuhammedanischen Religionsliteraturen. Es ist jedoch leicht begreiflich, dass die Schule Dâwûd's ein solches Ansinnen ernstlich zurückwies und — in Uebereinstimmung mit der Lehre der Šî'a den Wortlaut des Korâns und nur diesen allein urgirend, fordert, dass vor jedem kanonischen Gebete unter allen Umständen das wuḍû' vollzogen werde, und diesen Akt als streng obligatorisch betrachtet. Die dieser Auffassung entgegenstehenden traditionellen Erzählungen [3]) werden, als nicht voll authentische, zu schwach befunden, um den Wortsinn der Schrift modificiren zu können; ja selbst für den Fall, dass sie authentisch wären [4]), könnten sie das koranische Gebot nicht abschwächen nach dem von der Ẓâhirschule

1) Kitâb al-aġâni X p. ٩١.

2) Abu-l-Maḥâsin, Annales I p. ٣٨٨, ٥٠٧, ٥٢٣ u. a. m.

3) Die massgebende Stelle ist Kitâb al-wuḍû' nr. 55 (56), wo Anas berichtet, dass der Prophet vor jedem Gebete das wuḍû' vollzog, was aber die Genossen betrifft: يُجْزِئُ أَحَدَكُمُ الوضوء ما لم يحدث.

4) Al-Ša'râni führt diese Streitfrage unter den مسائل الاختلاف nicht an; wohl aber stellt er in der Einleitung zum Mîzân I p. ٨٩ Traditionssätze zusammen, die — mit einander in Widerspruch — den beiderseitigen Lehren als Stütze dienen können.

festgehaltenen Grundsatz: إِنَّ الدلالةَ القَوْلِيّةَ أَقْوَى من الدلالةِ الفِعْلِيّةِ „der Beweis, der dem gesprochenen Worte entnommen wird, ist zwingender als ein Beweis, der aus der geübten That gefolgert wird"; zumal in unserem Falle, wo aus dem Texte der Erzählung gefolgert werden muss, dass Muhammed unter den ausserordentlichen Umständen der Eroberung seiner Vaterstadt die strenge Einhaltung des fünfmaligen wuḍû' ausnahmsweise vernachlässigen musste. Wir sehen, die Ẓâhirschule steift sich auf die Erklärung des Wörtchens إذا im Koranverse = „so oft ihr zum Gebete aufsteht u. s. w.". Es ist interessant zu sehen, wie Fachr al-dîn Al-Râzî, der diese Streitfrage mit gewohnter Weitläufigkeit unter scholastischer Beibringung aller Argumente von beiden Seiten registrirt [1]), der Auffassung der Schule Dâwûd's folgende syntaktische Anschauung über die Sphäre des Wörtchens إذا entgegensetzt: Die Fukahâ sagen: das Wort إذا involvirt nicht die allgemeine Geltung. Beweis hierfür ist folgendes: Wenn jemand zu seinem Eheweibe sagt: „Wenn (إذا) du ins Haus trittst, so bist du geschieden", und die Frau tritt mehreremale ins Haus: ist sie nun geschieden, so oft sie ins Haus eintritt?" Oder ein Herr sagt zu seinem Sclaven: „Wenn (إذا) du auf den Markt gehst, so suche N. N. auf und sage ihm dies und das". Der Sclave muss, um seinem Herrn zu gehorchen, seinen Befehl nur einmal ausführen, nicht aber so oft er den Markt betritt N. N. aufsuchen und die ihm aufgetragene Botschaft bestellen. Es ist nicht bekannt — setzt Fachr al-dîn ironisch hinzu — wie Dâwûd in der Ehescheidungsfrage denkt; möglich ist's wohl, dass er auch hier die wiederholte Ehescheidung als nothwendige Folge betrachtet [2]).

---

1) Mafâtîḥ III p. ٥٣٨ ff. 2) قال الفقهاء انّ كلمة اذا لا تفيد العموم بدليل انّه لو قال لامرأته اذا دخلتِ الدّار فانتِ طالق فدخلت مرّةً طلقت ثمّ لو دخلت ثانيًا لم تطلق ثانيًا وذلك يدلّ على انّ كلمة اذا لا تفيد العموم وايضا انّ السيد اذا قال لعبده اذا دخلتَ السوق فادخل على فلان وقل له كذا وكذا فهذا لا يفيد الامر بالفعل الّا مرّة واحدة واعلم انّ مذهب داود فى مسئلة الطلاق غير معلوم فلعلّه يلتزم العموم

An Sure LVI v. 78 (لا يَمَسُّهُ اِلَّا الْمُطَهَّرُونَ) und die vorangehenden Verse hat man bekanntlich das Gesetz angelehnt, dass ein Koranexemplar nur von Menschen, die sich im Zustande ritueller Reinheit befinden, berührt werden dürfe. Daher die Scheu rigoroser Muslime, Koranexemplare von Nichtmuhammedanern berühren zu lassen. Jene Verse finden wir denn auch in jedem mit einiger Sorgfalt verfertigten Koranexemplar oberhalb der ersten Sure in kalligraphischer Pracht glänzen: „اِنَّهُ لَقُرْآنٌ كَرِيمٌ فِى كِتَابٍ مَكْنُونٍ لا يَمَسُّهُ اِلَّا الْمُطَهَّرُونَ“. In neuerer Zeit hat man auch in dieser Beziehung einer liberaleren Praxis Raum gegeben, und jeder kann sich hievon in den Privatbibliotheken der Muhammedaner von unbezweifelter Rechtgläubigkeit, wo mit den Prachtkoranen gern eine Art stolzierender Luxus getrieben wird, unzähligemal überzeugen. In der That werden von der ältern Exegese die angeführten Koranverse mit vollem Recht, und wie dies der Zusammenhang erfordert, gar nicht auf den geschriebenen Koran (muṣḥaf), sondern auf die „wohlbewahrte Tafel“ bezogen, und die „muṭahharûn“, welche dieselbe berühren, sind dann auch nicht „rituell gereinigte Menschen“, sondern die Engel, welche von den fleischlichen Trübungen rein und allein in der Lage sind den lauḥ maḥfûẓ mit ihren Händen zu berühren. Trotzdem ist — wie wir auch aus Al-Bejḍâwi z. St. ersehen — für die rituelle Praxis die neuere und unwahrscheinlichere Erklärung durchgedrungen [1]) und alle vier Gesetzschulen lehren, dass man nur im Zustande ritueller Reinheit ein Koranexemplar berühren dürfe. Es ist nicht anders zu erwarten, als dass die Šîʿiten, die, unterstützt durch Residuen altparsischer Anschauungen, die muhammedanischen Gesetze über rituelle Reinheit am rigorosesten entfaltet haben, sich dieser Auslegung der angeführten Koranverse gern anschliessen [2]), welche übrigens in der Tradition von der Bekehrungsgeschichte ʿOmars bereits als die Auffassung des frühesten muhammedanischen Zeitalters dargestellt wird [3]). Die ẓâhiritischen Lehrer halten sich auch hier an den Wortsinn der Schriftstelle und bringen denselben in der Gesetzlehre zur praktischen Durchführung. Sie lehren hier im Gegensatz zum Consensus der anerkannten Schulen, dass die per-

1) Bd. II p. ٣١. اوِ لا يمسّ القرآن الّا المطهَّرون من الاحداث فيكون نفيا بمعنى النهى: vgl. auch die anderen dort angeführten Erklärungen. 2) Chardin, Voyages en Perse ed. Paris 1811. VI p. 323. Querry, Droit musulman I p. 14 3) Ibn Hišâm p. ٢٢٦, 5 v. u. ibid. ٩٦١, 9; vgl. noch Sprenger, Das Leben und die Lehre des Moḥammad II p. 88.

sönliche Berechtigung, den Koran zu berühren, keinerlei Beschränkung unterworfen ist [1]). Jedoch muss ich hinzufügen, dass Ibn Ḥazm in dem Abschnitte seines grossen religionspolemischen Werkes, wo er die Frage, inwiefern der Koran das Wort Gottes sei, erörtert, unsern Koranvers als Beweisstelle in dem Sinne anführt, als ob in demselben von dem geschriebenen Koran die Rede sei.

Unter allen exegetischen Differenzen, denen wir auf ẓâhiritischer Seite begegneten, ist im Verhältniss zu der allgemein eingeführten Exegese keine von radicalerer Art als die zu Sure LVIII v. 4. وَٱلَّذِينَ يُظَٰهِرُونَ مِن نِّسَآئِهِمْ ثُمَّ يَعُودُونَ لِمَا قَالُوا فَتَحْرِيرُ رَقَبَةٍ مِّن قَبْلِ أَن يَتَمَاسَّا. Die richtige Interpretation der Worte: ثُمَّ يَعُودُونَ لِمَا قَالُوا hat den Kanonisten viel Schwierigkeit bereitet. „Diejenigen, welche sich mit der Formel ظِهار (d. h. mit der in der Heidenzeit gebräuchlichen Lossagungsformel: انتِ عليّ كظهر أمّي) von ihrern Weibern lossagen, dann aber zurückkehren zu dem, was sie sagten, die müssen einen Sclaven freisprechen, bevor es diesen Eheleuten gestattet wird, einander zu berühren". Was ist nun der Sinn von: „und zu dem zurückkehren, was sie sagten?" Die interpretatio vulgata deutet hier auf das gerade Gegentheil des Wortsinnes: die Stelle besagt im Sinne dieser allgemeinen Erklärung, dass der Ehemann nach geschehener formeller Lossagung diese bereuend seine Frau wieder beibehalten will. Diese Interpretationsweise haben auch unsere europäischen Koranübersetzer angenommen, z. B.

Maraccius: „Qui autem vocant dorsum matris suae aliquam

---

1) Al-Sa'rânî I p. ١٣٤ ومن ذلك قول الائمّة الاربعة بتحريم مسّ المصحف على المحدث مع قول داود وغيره بالجواز. Damit im Zusammenhange vgl. ibid. p. ١٤٣ ومن ذلك قول الشافعي واحمد في احدى الروايتين بتحريم قرآءة القرآن على الجنب والحائض ولو آية او آيتين مع قول ابى حنيفة بجواز قرآءة بعض آية ومع قول مالك بجواز قرآءة آية او آيتين ومع قول داود يجوز للجنب قرآءة القرآن كلّه كيف شآء. Die Worte ومن ذلك im Anfange der Paragraphen des Mizân bedeuten: ومن مسائل الخلاف „Von den Fragen, in welchen die verschiedenen Gesetzschulen verschiedene Lehren haben".

ex uxoribus suis; deinde poenitet eos ejus quod dixerunt: poena eorum erit liberatio cerviics etc."

Savary und Kasimirski: „Ceux qui jurent, de ne plus vivre avec leurs femmes, et qui se repentent de leur serment, ne pourront avoir commerce avec elles, avant d'avoir donné la liberté à un captif".

Ullmann (S. 475): „Diejenigen, welche sich von ihren Frauen trennen mit der Erklärung, dass sie dieselben wie den Rücken ihrer Mütter betrachten wollen, später aber das, was sie ausgesprochen, gern wieder zurücknehmen möchten u. s. w."

Palmer: „But those, who back out their wives and than would recall their speach, — than the manumission of a captive before etc."

Die muhammedanischen Kanonisten, welche innerhalb des Auffassungskreises der interpretatio vulgata über dieses Wort يعودون verschiedene Ansichten haben, stimmen doch alle betreffs jenes allgemeinen Sinnes der Koranworte überein, dass hier von einem Bereuen des Scheidungsaktes und von dem Wunsche des Ehemannes die Rede sei, die Geltung der ausgesprochenen Lossagungsformel zu annulliren und zu seiner Frau zurückzukehren. Auch in der šîʿitischen Deduction des muhammedanischen Gesetzes ist diese Auslegung des Verses massgebend; auf dieselbe gründet sich wie in den sunnitischen Richtungen ein ganzes Kapitel der Rechtsbestimmungen über das Zihâr [1]. Wir finden die verschiedenen Auffassungen von يعودون in den Originalcommentaren zusammengestellt. Am bemerkenswerthesten ist die Auffassung des Sufjân Al-Taurî [2]: „diejenigen, welche (als Heiden vor dem Islâm) ihre Frauen mit der damals üblichen Zihârformel zu entlassen pflegten [3], dann als Bekenner des Islâm zu dieser Formel zurückkehren, die müssen sich der vorgeschriebenen Sühne unterwerfen". Es lässt sich nicht leugnen, dass diese Interpretation dem Wortlaute des Koranverses viel näher kommt, als alle innerhalb des Kreises der

1) bei Querry, Droit musulman II p. 62—65

2) bei Al-Bejdâwi z. St. II p. ٣١٧, 21 او بالظهار في الاسلام على ان قوله يظاهرون بمعنى يعتدون الظهار اذ كانوا يظاهرون في الجاهلية وهو قول الثوري'

3) Ueber den Ursprung dieser Formel als Ehelösungsformel bei den heidnischen Arabern entnehmen wir dem Kitâb al-agâni VIII p. ٥., 13 die Angabe, dass dieselbe zu allererst durch Hišâm b. Al-Mugira seiner Frau Asmâ' gegenüber angewendet, dann von den Korejšiten als Ehelösungsformel eingeführt wurde. — Im Islâm wird die erste Anwendung des Zihâr von Aus b. Aus (st. 32) gemeldet, Tahdib p. ١٦٨.

interpretatio vulgata sich bewegenden Erklärungsversuche. Noch näher steht ihm aber die Erklärung der Ẓâhirschule; diese fasst das im Koranvers enthaltene Gesetz in folgender Weise auf: Wenn der Ehemann die Ẓihârformel einmal gebraucht und dieselbe später wiederholt, dann muss er sich der anbefohlenen Sühne unterziehen. Al-Bejḍâwî z. St. deutet diese Erklärung durch die kurzen Worte an: بتكراره لفظا وهو قول الظاهرية: deutlicher und weitläufiger ist dieselbe, wie gewöhnlich, bei Fachr al-dîn Al-Râzî zu lesen [1]). Es zeigt sich auch hier, was wir schon oben bei Gelegenheit des Pfandgesetzes beobachten konnten, dass die Ẓâhiriten bei ihren den betretenen Pfad der gewöhnlichen Interpretation verlassenden exegetischen Versuchen zuweilen ältere, aus der praktischen Geltung entschwundene Meinungen auffrischen. Es ist schliesslich nicht zu übersehen, dass der Verschiedenheit in der Interpretation des in Rede stehenden Koranverses nicht bloss ein theoretisches exegetisches Moment innewohnt, sondern dass dieselbe auf die Gestaltung der gesetzlichen Praxis entscheidenden Einfluss übt; denn im Sinne der ẓâhiritischen Erklärung hat der, welcher die Repudiation seiner Frau bereuend, dieselbe zurückziehen will, die Ausführung dieser Absicht durch die Vollziehung der hier vorgeschriebenen Sühne nicht im mindesten befördert.

2. Mit eben derselben peinlichen Genauigkeit, mit welcher die Anhänger der Ẓâhirschule den Wortlaut des Koran's als Basis der gesetzwissenschaftlichen Deduction behandeln, gehen sie vor, wenn sie ein Gesetz aus dem Ḥadîṯ abzuleiten haben. Auch auf diesem Gebiete halten sie ihre Grundlehre von dem Verhältnisse des Gesetzlehrers zu den Worten des Gesetzgebers unverbrüchlich fest und erachten es für unberechtigt, die Intention des Gesetzgebers nach subjectivem Gutdünken errathen zu wollen, um dann nach Massgabe dieser Intention Analogien zu folgern und der gesetzlichen Praxis eine Richtung zu geben, welche unter dem Vorwande, dem Geiste des Gesetzes zu folgen, sich vom objectiven Sinne des Textes entfernt.

Unter Musâḳât (Gärtnereivertrag) versteht man im muhammedanischen Agriculturleben einen in das Gebiet der Gesellschaftsverträge gehörigen Vertrag, welcher darin besteht, „dass ein Grundbesitzer für die Pflege und Besorgung von Obstbäumen, Wein- und Gemüsegärten dem Bebauer einen gewissen Antheil an dem

---

1) Mafâtîḥ VIII p. ١٥٦ اذا كرّر لفظ الظهار فقد عد وان لم يكرّر لم يكن عودًا وهذا قول اهل الظاهر واحتجّوا عليه بانّ ظاهر قوله ثمّ يعودون لما قالوا يدلّ على إعادة ما فعلوه وهذا لا يكون إلّا بالتكرير،

Erträgnisse zusichert" [1]). Es herrscht betreffs der Zulässigkeit solcher Verträge [2]) grosse Meinungsverschiedenheit zwischen den theologischen Schulen der Muhammedaner. Das muhammedanische Gesetz hält auf dem ganzen Gebiete des Handels-, Mieth- und Vertragsrechtes den Grundsatz fest, dass bei jedem Kaufe und Vertrage zwischen den beiden Parteien betreffs des Kauf- resp. Pachtschillings jeden Zweifel und jede Täuschung ausschliessende Klarheit herrschen müsse und dass geschäftliche Abschlüsse und Verträge, welche sich hinterdrein als Täuschungen des einen der contrahirenden Theile herausstellen, invalidirt werden können, ja sehr oft, da die sich später herausstellende Thatsache einer beabsichtigten Täuschung von vornherein verboten war, null und nichtig sind. Die Unsicherheit des Ertrages und die Möglichkeit der Täuschung des Pächters im Falle der Musâķât- und verwandten Verträge erregte bei den Gesetzlehrern ernste Bedenken in Betreff der Gültigkeit und Zulässigkeit solcher Abmachungen. Was besonders den Gärtnereivertrag betrifft, so gehen die in Betracht kommenden Meinungen in folgender Weise auseinander. Abû Ḥanîfa hält ihn für geradezu unzulässig [3]), ein Beweis dafür, wie gering er die klaren Worte der Tradition schätzte, wenn ihn seine Begriffe von der gesellschaftlichen Moral anders inspirirten; dem gerade entgegengesetzt ist die Lehre Mâlik's, der das Musâķât für das ganze Gebiet des Gartenbaues als zulässig erklärt, während Al-Šâfiʿî diese Zulässigkeit auf Dattelbäume und Weinstöcke beschränkt. Nun ist es wichtig die Tradition zu kennen, aus welcher das Musâķât seinen Rechtstitel herleitet. „Als Chejbar erobert wurde, baten die Juden den Propheten, sie dort weiter wohnen zu lassen, unter der Bedingung, dass sie das Land für die Hälfte des Ertrages aller Dattelbäume und Saaten bebauen sollten. Da sprach der Prophet: Unter dieser Bedingung gestatte ich euch, so lange wir wollen, den ferneren Aufenthalt" [4]). Wir ersehen hieraus, dass Mâlik und Al-Šâfiʿî den Vertrag, der mit den Juden in Betreff der Dattelbäume abgeschlossen wurde, als ein Specimen, als eine Grundlage für weitere Analogie betrachten. Da Weinstöcke und Dattelbäume in vielen anderen Beziehungen gleichen Gesetzen unterliegen, so stellt

---

1) s. Kremer, *Culturgeschichte des Orients* I p. 514. Van den Berg, *De contractu „do ut des" jure mohammedano* p. 67. *De Beginseln van het Mohammedan. Regt.* p. 89.

2) Man kann sich von der fast beispiellosen Unschlüssigkeit, welche in den gesetzgebenden Kreisen der Muhammedaner schon in den ältesten Zeiten betreffs dieser ganzen Kategorie der Gesellschaftsverträge herrschte, überzeugen, wenn man die Traditionen über Muchâbara, Muzâraʿa u. s. w., auf die ich der Kürze halber blos verweise, nachliest. Al-Buchârî *Kitâb al-ḥarṯ w'al-muzâraʿa* nr. 8—10 und besonders noch nr. 18—19 (vgl. dazu *Al-Ķasṭal.* IV p. ١٩٩—٢٠٣) und *Muslim, Kitâb al-bujûʿ* nr. 15.

3) In seiner Schule allerdings ging man später von seiner ursprünglichen Lehre ab, s. Kremer l. c. I p. 514.

4) Muslim, *Kitâb al-musâķât* nr. 1.

sie Al-Šâfi'î auch in Betreff des Musâkât — dessen Zulässigkeit durch diese Tradition documentirt ist — auf gleiche Linie. Mâlik sucht den allgemeinen Grund der Zulässigkeit und findet, dass das ökonomische Bedürfniss dem Gesetzgeber die Abschliessung des Vertrages mit den früheren Bodenbesitzern unabweislich aufdrängte. Von diesem Gesichtspunkte ausgehend, kann natürlich kein Unterschied zwischen den verschiedenen Fruchtgattungen gemacht werden. Wir sehen hier zwei Arten des Ķijâs als Grundlagen der Gesetzesdeduction. Es versteht sich von selbst, dass Dâwûd[1]) jede auf speculative Weise entstehende Gesetzerweiterung verpönend, sich wieder streng an das hält, was in dem Worte des Gesetzes gestattet oder verboten wird; ohne die Ursachen des Verbotes oder der Erlaubniss zu untersuchen, ohne sich auf eine Verfolgung der Gesichtspunkte des Gesetzgebers einzulassen, ist für ihn das Geschriebene allein und ausschliesslich massgebend, in dem geschriebenen Texte aber fand er nichts als ein Document für die Zulässigkeit des Musâķâtvertrages in Bezug auf Datteln. So entschied er sich denn auch dafür, diese eine Fruchtgattung als ausschliesslich zulässiges Object des in Rede stehenden Vertrages zu erklären.

Man kann in der That die rein äusserlichen Gesichtspunkte der Gesetzesinterpretation der Ẓâhirschule in ihrem gegensätzlichen Verhältnisse zu den tieferen Motiven der analogistischen Schulen an keinem Theile des vorliegenden Materiales besser beobachten, als an der Auslegung von Gesetztexten in welchen mit Bezug auf ein Moment des religiösen Lebens, der rituellen Uebung oder des gesellschaftlichen Verkehres bestimmte Einzeldinge genannt werden. Ueberall an solchen Stellen wird die Ẓâhirschule ihre coërcitive Auffassung zur Geltung bringen. Wir wollen hierfür zu den bisher vorgeführten noch ein materiell ziemlich gleichgültig scheinendes, aber in formeller Beziehung den Standpunkt der Schule beleuchtendes Beispiel aus dem rituellen Theile der muhammedanischen Tradition herausheben: ihre Lehre vom Ṣadaķat (oder

---

1) Al-Nawawî IV p. ٣٠. واختلفوا فيما يجوز عليه المساقاة من الاشجار فقال داود تجوز على النخل خاصّة وقال الشافعىّ على النخل والعنب خاصّة وقال مالك تجوز على جميع الاشجار وهو قول للشافعى فمّا داود فرآها رخصةً فلم يتعدّ فيه المخصوص عليها واما الشافعى فوافق داود فى كونها رخصة لكن قال حكم العنب حكم النخل فى معظم الابواب واما مالك فقال سبب الجواز الحاجة والمصلحة وهذا يشمل الجميع فيقاس عليه،

Zakât) al-fiṭr[1]). Nach Ausgang des Fastenmonats Ramaḍân muss der Muslim, ehe er sich den Freuden des „kleinen Festes“ hingiebt, diese Opfergabe spenden, nach Auffassung der Theologen gleichsam als allfällige Sühne für etwa vorgekommene Vergehungen gegen das Fastengesetz. Nach der Meinung einiger Theologen soll diese vor Einführung des an ihre Stelle getretenen Almosenzehntes (Al-Zakât) angeordnete Steuer nach Einrichtung des letztern ihre obligatorische Geltung verloren haben; sie wird aber noch heute von den Mulims bis ins Innere Afrika's hinein gern verabreicht. Die Aulâd Solêmân, tief im Sûdân, geben dem Hadsch ʿAbd al-ʿÂṭî zum Ausgang des Ramaḍân ein mudd duchn als Ṣadaḳa[2]). Worin nun diese Opfergabe zu bestehen hat und welche Personen zu ihrer Leistung verpflichtet sind, dafür ist die Hauptstelle in den Gesetzesquellen folgender Traditionsausspruch: „Der Gesandte Gottes bestimmte als pflichtgemässes Zakât al-fiṭr ein Ṣâʿ Datteln oder ein Ṣâʿ Gerste; (diese Pflicht gilt) für den Sclaven und für den Freien, für Mann und Weib, für Klein und Gross von den Muslimîn. Und er befahl, dass diese Opfergabe abgeliefert werde bevor die Menschen zum Gebete (des folgenden Festtages) ausgehen“ [3]). Ibn Ḥazm zieht hier die äusserste Consequenz der ẓâhiritischen Methode, indem er ganz im Gegensatze zu den übrigen Schulen, welche in dem Ṣâʿ Datteln oder Gerste bloss eine Bestimmung des Minimalmasses der obligatorischen Opfergabe sehen, welches aber auch in solchen Fruchtgattungen bestehen könne, die in der Tradition nicht besonders nambaft gemacht sind[4]) — lehrt, dass das Zakât al-fiṭr ausschliesslich in diesen Gattungen dargereicht werden müsse, und dass es keine Gültigkeit habe, wenn eine andere

1) Vgl. Krehl, ZDMG. IV p. 10. Ueber den Ursprung dieses Almosengesetzes s. Sprenger, Das Leben und die Lehre des Moḥammad III p. 57.

2) Nachtigal, Saḥarâ und Sûdân II p. 275.

3) Al-Buchâri Kitâb al-zakât nr. 70: فرض رسول الله صلعم زكاة الفطر صاعا من تمر او صاعا من شعير على العبد والحرّ والذكر والأنثى والصغير والكبير من المسلمين وأمر بها أن تؤدّى قبل خروج الناس الى الصلاة.

4) Al-Birmâwi p. ۱۴۲ zählt nach der Reihenfolge ihrer Würdigkeit folgende Gattungen auf: Weizen (برّ), Spelt (سُلْت), Gerste (شعير), Durra (ذرة), Reis (أرز), Kichererbsen (حمص), Wicken (ماش), Linsen (عدس), Bohnen (فول), Datteln (تمر), Rosinen (زبيب), Käse aus geronnener Milch (أقط) Milch (لبن), Käse (جبن). Man hat diese Reihenfolge durch einen Vers dem Gedächtnisse einzuprägen versucht; die Anfangsbuchstaben der Worte der

Fruchtgattung in gleichwerthiger Quantität verabreicht werde [1]). Aber hiermit ist die ẓâhiritische Sonderinterpretation der angeführten Tradition noch lange nicht erschöpft. Die Tradition bestimmt, dass den Sklaven die Pflicht des Zakât al-fiṭr obliege. Dies verstehen die vier Rechtsschulen so, dass der Eigenthümer die Pflicht habe, für seine Sklaven diese Opfergabe darzubringen; hat doch der Sklave keinen selbständigen Besitz. Dâwûd hingegen steift sich auf den Wortlaut على العبد: der Sklave selbst ist verpflichtet dieses Fastenopfer darzubringen und dafür verantwortlich; sein Herr hat in Hinsicht darauf keine andere Verpflichtung, als ihm einen ausserordentlichen Erwerb anzuweisen, aus welchem er die Kosten dieses ihm persönlich obliegenden Opfers bestreiten könne [2]). Ja, Ibn Ḥazm geht noch weiter. Da in der Tradition von Kleinen die Rede ist, ohne dass aus dem Wortlaute der Tradition zwingend zu erweisen wäre, dass es sich hier um geborene Kinder handelt, so macht er es dem Vater zur Pflicht, auch für einen Embryo, sobald er 120 Tage des embryonischen Daseins erfüllt hat, die vorgeschriebene ṣadaḳa zu leisten [3]). Es ist nicht zu übersehen, dass der ḥanbalitische Codex die Darbringung des Fastenopfers für einen Embryo

---

ersten Verszeile sind die Anfangsbuchstaben der Namen der oben aufgezählten Gattungen:

بالله سَلْ شيخ ذى رمز حكى مثلا عن فور ترك زكاة الفطر لو جهلا
حروف اوّلها جاءت مرتّبةً اسماء قوت زكاة الفطر ان عقلا

1) Al-Kasṭalâni III p. ٩٧ ظاهره انّه يخرج من ايّهما شاء صاعًا ولا يُجْزِئ غيرهما وبذلك قال ابن حزم لكن ورد فى روايات أخرى ذكر اجناس أخر.

2) Al-Nawawi III p. ٨ فانّ داود اخذ بظاهره فاوجبها على العبد بنفسه واوجب على السيّد تمكينه من كسبها كما يمكّنه من صلاة الفرض ومذهب الجمهور وجوبها على سيّده عنه.

3) Al-Kasṭalâni ibid. p. ١٠٣ لا فطرة على الجنين خلافا لابن حزم حيث قال بوجوبها مستدلّا بقوله او صاعا من التمر على الصغير قال لانّ الجنين فى بطن امّه يقع عليه اسم الصغير فاذا اكمل مائة وعشرين يوما فى بطن امّه قبل انصداع الفجر من ليلة العيد وجب ان تؤدّى عنه صدقة الفطر،

als fromme, wünschenswerthe That (سُنَّة), wenn auch nicht als obligatorisch bezeichnet [1]).

Wir ersehen aus dem Vorhergehenden den Antheil, den der berühmte Dogmatiker Abû Muḥammed ibn Ḥazm an der Weiterentwicklung der Schule des Dâwûd al-Ẓâhirî nahm; er zog aus dem Schriftworte Consequenzen, die zu ziehen den spärlichen Vertretern der Schule nicht in den Sinn gekommen war. Es ist im Zusammenhange mit Ibn Ḥazm's sonstigen Anschauungen, die wir im achten Abschnitte näher kennen lernen werden, leicht zu verstehen, dass er den starren Wortlaut gerne dort urgirte, wo es sich um das schroffe Verhältniss zu Andersgläubigen handelt. Es ist eine bemerkenswerthe That der Traditionarier und — etwa mit Ausnahme Aḥmed b. Ḥanbal's und seiner Schule — der Begründer der muhammedanischen Gesetzessysteme, dass sie oft liberale Ansichten kundgebende Traditionssätze unterschoben und diesen entgegenstehende als authentisch anerkannte Traditionssätze für die Praxis so auslegten, dass durch diese Auslegung die Schroffheit und Unbeugsamkeit des Textes nach seiner wörtlichen Auslegung gebrochen wurde. Die Traditionswissenschaft und die Auslegungskunst hat auf diesem Gebiete Erfolge für die Humanität, welche die bei diesem Vorgehen waltende pia fraus auf der einen und die philologisch-exegetischen Gewaltakte auf der andern Seite in günstigem Lichte erscheinen lassen, — Erfolge übrigens, welche ihrer weiten Ausdehnung nach noch immer nicht gehörig gewürdigt sind. Der Ẓâhirschule, welche diese Auslegungskünste verwarf, blieb der humanitäre Segen derselben verschlossen. Niemand hätte weniger Lust verspürt als Ibn Ḥazm, welcher sich durch seine fanatische Feindschaft gegen alles Nichtmuhammedanische bemerkbar macht, von denselben in dieser Richtung Gebrauch zu machen. Die Frage, ob ein Muhammedaner durch Andersgläubige zubereitete Gerichte geniessen dürfe, hat die muhammedanischen Theologen vielfach beschäftigt. In der Stufenleiter der Ansichten und Lehren, welche in dieser Frage sich herausgebildet haben, sind fast alle Grade der Gesinnung gegen Andersgläubige, von den barbarischsten bis zu den liberalsten vertreten. In den Rahmen dieser Frage gehört noch eine andere: ob der Muhammedaner Christen und Juden zugehörige Geräthe für die eigene Mahlzeit benutzen dürfe, oder nicht? Die Tradition bietet folgende Mittheilung: Der Prophet wurde von einem Muslim, der in Syrien Gelegenheit hatte, in häufige Berührung mit Nichtmuhammedanern zu treten, befragt: O Abgesandter Gottes! Wir leben in dem Lande eines Volkes von den Ahl-al-kitâb und wir essen aus ihren Gefässen; ferner leben wir in einem Lande, wo es Jagdwild

1) Šejch Mar'i Dalîl al-ṭâlib li-nejl al-ma'ârib (Bûlâk 1288) I p. ٧٥ وتسن على الجنبين.

giebt, und da jage ich denn mit meinem Bogen, und ich jage mit Hülfe meines abgerichteten Hundes und solcher, die nicht abgerichtet sind. Belehre mich nun darüber, was von allen diesen Dingen erlaubt ist? Da entgegnete der Prophet: Was die erste Frage betrifft, so sollt ihr, wenn ihr andere Geräthe als die der Ahl-al-kitâb finden könnt, nicht aus den ihrigen essen; findet ihr aber keine andern als die ihrigen, so spület dieselben aus, dann könnt ihr aus denselben essen" [1]). Nun folgern hieraus sämmtliche muhammedanischen Theologen, dass das Benutzen der Gefässe von Nichtmuhammedanern an sich nicht verboten sei; denn wäre es dies, so dürften ja solche Gefässe auch dann nicht benutzt werden, wenn sonst keine anderen herbeigeschafft werden können; denn das an sich Verbotene wird ja durch die Abwesenheit von Erlaubtem nicht selbst zu einem solchen. Vielmehr wird die Prohibitivform in obiger Tradition — wofür wir im fünften Abschnitt eine grössere Reihe von Beispielen anführen werden — als Wunsch des Propheten, gewissermassen was die christliche Theologie consilium evangelicum nennt, gedeutet, dessen Erfüllung wohl gut aufgenommen wird, dessen Vernachlässigung jedoch keine Gesetzesübertretung involvirt [2]). Ja die Fukahâ beschränken den in der Tradition ausgedrückten Befehl auf den Fall, dass die Nichtmuhammedaner die angebotenen Gefässe für solche Dinge benutzt hätten, welche nach muhammedanischen Begriffen als naǵas gelten; sonst gehört die Benutzung derselben auch ohne vorangegangenes Auswaschen

---

1) Al-Buchârî Kitâb al-dabâ'iḥ nr. 10: سمعت ابا ثعلبة الخشنىّ رضه يقول اتيت رسول الله صلعم فقلت يا رسول الله انّا بأرض قوم اهل الكتاب نأكل فى آنيتهم وارض صيد أصيد بقوسى واصيد بكلبى المعلّم والّذى ليس معلّما فأخبِرْنى ما الّذى يحلّ لنا من ذلك فقال أمّا ما ذكرتَ انك بارض قوم اهل الكتاب تأكل فى آنيتهم فان وجدتم غير آنيتهم فلا تأكلوا فيها وان لم تجدوا فاغسلوها ثمّ كلوا فيها . . .،

2) Al-Kasṭalânî VIII p. ٢٨٩ وأجاب من قال بانّ الحكم للاصل حتّى تتحقق النجاسة بانّ الامر بالغسل محمول على الاستحباب احتياطا وامّا الفقهاء فانّهم يقولون ان لا كراهة فى استعمال اوانى الكفّار التى ليست مستعملة فى النجاسة ولو لم تغسل عندهم وان كان الاولى الغسل للاحتياط لا لثبوت الكراهة فى ذلك،

nicht einmal in die Kategorie des Makrûh. In der That wird uns in der Tradition berichtet, — allerdings hat Ibn ʿAsâkir die Tradition aus seiner Ausgabe des Buchârî ausgemerzt dass ʿOmar seine religiöse Waschung aus einem Gefässe verrichtet habe, welches aus einem christlichen Hause herbeigeholt wurde [1]. Ganz anders Ibn Ḥazm; dieser ergreift recht gern die Gelegenheit, einen Beweis seiner Intoleranz zu geben und ein Gesetz zu erhärten, das neben Anderem mit dazu dient, den freien Verkehr mit Nichtmuhammedanern zu erschweren. Er folgert ganz consequent aus dem Wortlaute der Tradition folgendes gültige Gesetz: „Die Benutzung von Gefässen der Ahl-al-kitâb ist im Allgemeinen nicht erlaubt, es sei denn unter Umständen, wo erlaubte Gefässe absolut nicht herbeigeschafft werden können, und auch dann nur, nachdem man dieselben ausgespült" [2]).

Diese Auffassung des Ibn Ḥazm ist eine consequente Folge von Ibn Ḥazm's, mit der šîʿitischen übereinstimmenden, Lehre von der rituellen Unreinheit Andersgläubiger. Bekanntlich haben die Šîʿiten in ihrer das äusserste Mass der Rigorosität und Unduldsamkeit erreichenden Gesetzgebung über Ṭahâra und Naǵâsa [3]) die äussersten Consequenzen der koranischen Lehre (Sure IX v. 28) [4]) gezogen und den Körper des Ungläubigen und Ketzers unter ihre „deh naǵâsât" aufgenommen, und dieses Urtheil auf alles ausgedehnt, was der Ungläubige berührt. Chardin [5]) hat manches Sonderbare aus seiner Reiseerfahrung über diesen Theil des rituellen Lebens der Perser mitgetheilt, dessen Codification man in Querry's erschöpfendem Buche nachlesen kann [6]). Der sunnitische Islâm [7])

1) Kitâb al-wuḍûʾ nr. 44 (ed. Krehl) nr. 45 (Bûlâḳ).

2) Al-Kasṭ. p. ٣٦٦ اخذ بظاهره ابن حزم فقال لا يجوز استعمال آنية اهل الكتاب الّا بشرطين أن لا يجد غيرها وأن يغسلها وأجيب بأن الامر بغسلها عند فقد غيرها دالّ على طهارتها بالغسل والامر باجتنابها عند وجود غيرها للمبالغة فى التنفير عنها.

3) vgl. oben p. 51. 4) إنّما المشركون نَجَسٌ. 5) Voyages en Perse VI p. 321 ff. 6) Droit musulman I p. 47 art. 267 ff.

7) Es ist für die geschichtliche Betrachtung dieser Frage nicht zu übersehen, dass in Ibn Isḥâḳ's traditionellen Quellen das Gelübde des ʿÂṣim b. Tâbit als eine seltene Ausnahme erwähnt wird: أن لا يَمَسَّه مشرك ولا يمسّ مشركا أبدا تنجّسا Ibn Hišâm p. ٥٦٧ und ٦٣٦, vgl. jedoch ibid. p. ٨٠٧ وانت رجل مشرك نجس فلم احبّ ان تجلس على فراش رسول الله صلعم.

hingegen hat in diesem Punkte eine glänzende Probe seiner Perfectibilität und Entwicklungsfähigkeit, sowie auch der Möglichkeit, sein starres Formenwesen den Anforderungen des gesellschaftlichen Verkehres anzupassen, geliefert, indem er die koranische Lehre von der Unreinheit der Ungläubigen durch seine Deutungen so lange modificirte, bis er dahin kam, dieselbe geradezu über Bord zu werfen [1]). Al-Nawawî sagt es in seinem Commentare zu dem Traditionssatze, in welchem die Reinheit der Muslimîn ausgesprochen wird [2]), unverhohlen heraus: „Dies ist das Gesetz in Betreff des Muslim; was aber den Ungläubigen betrifft, so ist er in Bezug auf Reinheit und Unreinheit von demselben Gesichtspunkte aus zu beurtheilen, wie der Muslim" [3]); und Fachr al-dîn Al-Râzî weist den Anspruch auf Consensus für die im Koran enthaltene und von den Zejditen (Šî'iten), in Uebereinstimmung mit der älteren auch bei Al-Bejḍâwî angeführten Auslegung, festgehaltene intolerante Lehre mit Entschiedenheit zurück, sich auf die traditionelle Erzählung berufend, dass der Prophet aus Gefässen der Nichtmuslimîn getrunken habe. Wie könnte sich denn auch — so schliesst er — durch den blossen Uebertritt zum Islâm an dem Körper eines Menschen der Uebergang vom Zustande der Unreinheit in den der Reinheit vollziehen?" [4]). Wir finden Ibn Ḥazm in diesem Punkte

1) Die drei liberaleren Gesetzschulen bezeichnen in ihrer Interpretation des in Rede stehenden Verses je ein Moment dieses allmäligen Fortschrittes. Al-Šâfi'î's Schule ist der Ansicht, dass aus demselben nichts anderes deducirt werden könne, als das für Ungläubige geltende Verbot, das heilige Gebiet von Mekka zu betreten; die mâlikitische Schule dehnt dies Verbot auf sämmtliche Moscheen in Mekka aus; nach der Auffassung der Ḥanefiten wird den Andersgläubigen für einen provisorischen Aufenthalt selbst der Eintritt in das heilige Ḥaramgebiet von Mekka nicht verwehrt (Al-Mâwerdi p. ٣٦٠). Mit letzterer Lehre wird die Geltung des koranischen Verbotes geradezu aufgehoben!

2) Muslim, Kitâb al-ṭahâra nr. 56 عن حذيفة ان رسول الله صلعم لقيه وهو جنب فحاد عنه فاغتسل ثمّ جآء فقال كنت جنبا قال ان المسلم لم ينجس.

3) Al-Nawawî I p. ٤١٣ هذا حكم المسلم وامّا الكافر فحكمه فى الطهارة والنجاسة حكم المسلم هذا مذهبنا ومذهب الجماهير من السلف والخلف . . . . . وهذا كلّه باجماع المسلمين.

4) Mafâtîḥ IV p. ٦١٤ واختلفوا فى تفسير كون المشرك نجسا نقل صاحب الكشّاف عن ابن عباس ان اعيانهم نجسة كالكلاب والخنازير وعن الحسن من صافح مشركا توضّأ وهذا هو قول الهادى من ائمّة الزيدية وامّا الفقهآء فقد اتّفقوا على طهارة ابدانهم واعلم

gegen die zu seiner Zeit bereits zur Geltung gekommene liberalere Gesinnung im Lager jener, welche sich nicht begnügen, die rituelle Naǵâsa der Ungläubigen als etwas Accessorisches zu betrachten, dessen sie sich weniger sorgfältig zu entledigen suchen als die Muhammedaner, welche hierin genau vorgeschriebene Gesetze befolgen, sondern die Substanz des Ungläubigen als unrein bezeichnen. Er hält sich fest an das exclusive Moment, welches der Traditionslehre ان المومن لا ينجس innewohnt [1]), während alle übrigen muhammedanischen Lehrer diese Anschauung auch auf die Ungläubigen ausdehnen. Ich glaube, dass an dieser Auffassung nicht allein die Deductionsmethode Ibn Ḥazm's, sondern auch sein individueller Fanatismus gegen Andersgläubige einen hervorragenden Antheil hat. Wie gehässig seine Sprache ist, wenn er auf Nichtmuhammedaner zu sprechen kommt, habe ich schon bei früheren Gelegenheiten gezeigt, und auch in den Proben, die ich in der gegenwärtigen Abhandlung aus seinem Hauptwerke gebe, werden wir Gelegenheit haben, dies zu sehen. Auch dies sei erwähnt, dass er gegen Abû Ḥanîfa, der in dem Ausdrucke Muśrik die Bekenner des Judenthums nicht mit einschliesst, diesen Namen auf alle Nichtmuhammedaner ausdehnt. Diese Anschauung ist von den schwerwiegendsten Folgen in der angewendeten Gesetzeswissenschaft begleitet [2]).

Zum Schlusse möge noch ein Beispiel angeführt werden, welches uns einerseits auf das im nächsten Abschnitt zu behandelnde Moment der Entwicklung der Gesetzesinterpretation vorbereitet, und andererseit zeigen kann, wie die allgemeinen Gesetzesschulen, im Gegensatze gegen die Ẓâhirschule, sich bis zur äussersten Grenze der Wortverleugnung versteigen, wenn es gilt, den Wortlaut des Gesetzes dem alltäglichen Usus des Lebens zu accommodiren, wo sich derselbe von den Forderungen des starren Gesetzes entfernt hatte. In solchen Fällen treten die Vertreter der Ẓâhirschule als Retter des wirklichen Sinnes der Schriftworte auf, und das objective Recht, eine richtige Exegese zu vertreten, ist in solchen Fällen unstreitig auf ihrer Seite. Ein solcher Fall ist folgender: Die

---

ان ظاهر القرآن يدلّ على كونهم انجاسًا فلا يرجع عنه الّا بدليل منفصل ولا يمكن ادّعاء الاجماع فيه لما بيّنا ان الاختلاف فيه حاصل واحتجّ القاضي على طهارتهم بما روى انّ النبي صلعم شرب من أوانيهم وايضًا لو كان جسمه نجسا لم يبدل ذلك بسبب الاسلام.

1) Al-Buchârî, Kitâb al-gusl nr. 23 und dazu Al-Kasṭal. I p. ٣٨٩.

2) Vgl. weitläufig über diese wichtige Frage der interconfessionellen Gesetzgebung der Muhammedaner Ibn Ḥazm, Kitâb al-milal II Bl. 17—18.

muhammedanische Tradition schreibt dem Rechtgläubigen vor, vor dem Freitagsgebete die volle Waschung (ġusl) zu vollziehen; bekanntlich ist dieselbe von dem wuḍû' wesentlich verschieden. Der Text der Tradition drückt dies in folgenden Worten aus: „Die Waschung am Freitag ist nothwendig (d. h. obligatorisch) für Jeden, der das Alter der Pubertät erreicht hat" [1]). Zur Bezeichnung des Grades dieser rituellen Pflicht wird hier das Wort واجب gebraucht, ein Ausdruck, welcher in der Terminologie des muhammedanischen Gesetzes den höchsten Grad der bedingungslosen Verpflichtung bezeichnet. Nun sagen die orthodoxen Schulen, — selbst die strenge ḥanbalitische Schule bildet hier keine Ausnahme [2]) — trotzdem alle Variationen des Traditionstextes einstimmig und unzweideutig das „واجب" dieses Gesetzes betonen, dennoch, dass die in demselben angeordnete Pflicht keine obligatorische sei, sondern nur einen frommen Usus (Sunna) empfehle, dessen Unterlassung aber keinesfalls der Uebertretung eines verpflichtenden Gebotes gleichzustellen sei [3]). Auch die šî'itische Gesetzgebung zählt diesen Usus unter die اغسال مسنونة [4]). Zur Motivirung dieser Anschauung und zur Aussöhnung derselben mit dem nicht verkennbaren Worte واجب mussten alle möglichen Künste in Anwendung gebracht werden. Einige Vertreter der antitraditionellen Auffassung meinen, dass das oben angeführte Gesetz in dieser Form abrogirt worden sei (منسوخ), was aber nicht alle anerkennen, da keine authentische Tradition nachzuweisen war, welche für die angebliche Abrogation hätte Zeugniss ablegen können (ناسخ). Andere versuchten durch grammatisches taḳdîr die herrschende Praxis in den Wortlaut des Gesetzes hineinzuinterpretiren. Sie sagen, das Wort واجب stehe statt: كالواجب = „so wie nothwendig" und wolle anzeigen, wie hoch dieser fromme Usus in der Achtung des Propheten stehe, ohne dass er ihn jedoch für obligatorisch hielte [5]).

1) Al-Buchârî Kitâb al-ǵum'a nr. 2, Kitâb al-šahâdât nr. 18 غسل يوم الجمعة واجب على كلّ محتلم.

2) Šeich Mar'î l. c. I p. ١٧ وهى (يعنى الاغسال المستحبّة) ستّة عشر آكدها لصلاة جمعة.

3) z. B. šâfi'itisches Gesetz nach Abu-l-Ḳâsim al-Ġazzî (Bûlâḳ 1287) p. ٣٦ mit dem Zusatz: ولّا تجب الا بالنذر

4) Querry, Droit musulman I p. 36.

5) Al-Kasṭalânî II p. ١٧٩ vgl. IV p. ٤٥٣ واجب اى كالواجب فى تاكيد الندبيّة او واجب فى الاختيار وكرم الاخلاق والنظافة او فى

Eine andere Erklärung, deren Urheber der berühmte ḥanefitische Kanonist Al-Ḳudûrî ist, zeigt uns die höchste Blüthe der gewaltthätigen Spitzfindigkeit der Epigonen der muhammedanischen Gesetzesgelehrsamkeit; er behauptet واجب bedeute hier — wegfallend (von وجب fallen) und على stehe für عن, so dass in die Worte: „unerlässlich (obliegend) für Jedermann" die Bedeutung „entfallend von Jedermann" d. h. erlässlich, unnöthig in Bezug auf Jedermann, hineininterpretirt wird, also das gerade Gegentheil des wörtlichen Sinnes [1]). Diesen vertreten auch in dieser Frage wieder einzig und allein die Anhänger der Ẓâhirschule, auch bei dieser Gelegenheit die seither verworfene Ansicht einiger Autoritäten der frühesten Epoche aufnehmend [2]).

الكيفية لا في الحكم. Al-Kudûri: قوله واجب بمعنى سقط وعلى بمعنى عن.

1) Ich finde eine interessante Analogie für die durch philologische Beweise unterstützte Verschiebung der Terminologie der Gesetzeskunde, wie sie Al-Kudûri an dem Terminus واجب vollzieht, in der verwandten talmudischen Literatur. Unter den Folgerungen, welche aus dem biblischen Gesetze Leviticus XX v. 32 gezogen werden, finden wir im babyl. Talm. Kiddûšin fol. 33a: אין בעלי אומניות רשאין לעמוד מפני תלמידי חכמים בשעה שעוסקים במלאכתם d. h. dass es Handwerkern nicht erlaubt sei, der äussern Ehrenbezeigung wegen (Aufstehen), die man sonst den Gelehrten schuldet, ihre Arbeit zu unterbrechen. Dieses Gesetz hängt mit der grossen moralischen Bedeutung zusammen, die der Talmûd dem Handwerke und dem ehrlichen Gewerbe überhaupt beimisst. Der hier gebrauchte Ausdruck רשאי ist ein in seiner Bedeutung sicherer Terminus für erlaubt. Nun finden spätere Erklärer dieser Lehre (vgl. Tosaph z. St. Anf. אי"ן), dass es eine Beschränkung der freiwilligen Pietät und Ehrerbietung sei, Handwerkern geradezu zu verbieten zum Ausdruck der Ehrerbietung vor Gelehrten ihre Arbeit freiwillig zu unterbrechen. Sie haben nun den sonst gesicherten Begriff des Terminus רשאי verschoben und denselben an dieser Stelle mit einem anderen Terminus dieser Wissenschaft, nämlich dem (mit واجب gleichbedeutenden) חַיָּב = verpflichtet, identificirt, um den Sinn zu gewinnen: Arbeiter sind nicht verpflichtet ihre Arbeit zu unterbrechen, aber die freiwillige Unterbrechung ist ihnen erlaubt. So umschreibt Maimonides, Talmûd Tôrâ V, 2 das talmudische Gesetz mit den Worten: אין בעלי אומניות חייבין לעמוד וכו'; ihm folgen in dieser Auffassung die späteren Codificatoren. R. Mose aus Coucy (סמג Geb. nr. 13) begründet diese Verschiebung mit einem philologischen Argumente; er findet nämlich im Targûm Exod. XXII v. 24, Jesaj. XXIV v. 2 u. a. m. das aram. חַיָּבָא für hebr. נֹשֶׁה Schuldner; das רשאי der Talmudstelle gehöre nun in diese Gruppe = schuldig.

2) Al-Kasṭalâni ibid. وقد تمسّك به من قال بالوجوب وهو مذهب الظاهرية وحكي عن جماعة من السلف منهم ابو هريرة وعمار بن يسار.

V.

Nach der Auffassung der muhammedanischen Theologen wohnt nicht Allem, was in den überlieferten Quellen des muhammedanischen Gesetzes in Form von Geboten und Verboten angeordnet, beziehungsweise untersagt ist, der gleiche Grad imperativer oder prohibitiver Kraft inne. Viele Aussprüche sind in die äussere — sprachliche — Form des Gebotes oder der Untersagung gekleidet, ohne dass jedoch die Uebertretung derselben die über Gesetzesübertretungen verhängte göttliche oder weltliche Srafe nach sich zöge.

Von diesem Gesichtspunkte aus unterscheidet die Gesetzeswissenschaft des Islâm im Grossen und Ganzen fünf Kategorien:

1. الواجب oder الفرض[1]) das Nothwendige, streng Obligatorische, dessen Erfüllung belohnt und dessen Unterlassung bestraft wird ما يُثاب على فعله ويُعاقب على تركه.

2. المندوب das Anempfohlene. d. h. was nicht in obligatorischer Weise angeordnet, sondern als fromme Handlung anbefohlen ist, für dessen Ausübung Gott zwar erkenntlich ist, dessen Unterlassung aber keine Strafe nach sich zieht. ما يُثاب على فعله ولا يعاقَب على تركه[2]). Im Sinne dieser letzteren Bestimmug fällt mit diesem مندوب diejenige Kategorie von religiösen Ausübungen zusammen, welche im Gegensatze gegen die erste Kategorie als سُنّة bezeichnet wird[3]). In der genauen Terminologie der

---

1) Die hanefitische Schule trennt, in Rücksicht auf den Grad der Evidenz der betreffenden Gesetze, الواجب von الفرض, insofern sie الواجب von solchen Handlungen gebraucht, deren obligatorische Natur durch ein zwingendes Argument (دليل قطعىّ oder برهان) nachgewiesen werden kann, während sich die obligatorische Natur des فرض bloss auf Wahrscheinlichkeitsargumente (دليل ظنّى oder أَمارة) stützt. — Beide Klassen haben noch zahlreiche Unterarten.

2) Ich erinnere hier an Al-Ḥariri XXXII. Maḳâma p. ۴۰۲, 2 (de Sacy's 2. Ausg.) قال أَيمسح المتوضّئ أُنْثَيَيْه، قال نُدِب إِليه ولم يَجِب عليه. — Auf dem analogen Gebiete der talmudischen Gesetzkunde sind hier die beiden Stufen חוֹבָה und מִצְוָה zu beachten (Babyl. Jebhâmôth fol. 65b).

3) Als charakteristisch für die Tradition der altarabischen Poesie sei erwähnt, dass in einem vorislamischen Lobgedichte auf den Stamm ʿAdwân von

Theologie wird aber diese volle Identität nicht immer anerkannt, sondern es werden für سُنّة noch unterscheidende Zeichen gesucht; am meisten anerkannt ist die Bestimmung des Begriffes der سُنّة in diesem Zusammenhange, dass man darunter solche Gebote oder Verbote zu verstehen habe, deren Pflichtmässigkeit auf einen Schriftvers gestützt ist, dessen Interpretation nicht zwingend und ausschliesslich auf dieselbe hinweist, sondern auch eine andere Interpretationsweise erträgt, oder auf Traditionssätze mit mangelhaftem oder nicht genügend beglaubigtem Isnâd [1]).

3. المُباح oder الحلال das Erlaubte, d. h. eine Handlung, deren Ausübung oder Unterlassung in gesetzlicher Beziehung völlig gleichgültig ist, in Bezug auf welche soviel sicher ist, dass die Ausübung weder verboten noch gemissbilligt, und die Unterlassung derselben weder geboten noch anempfohlen ist; erstere zieht keinen Lohn, letztere keine Strafe nach sich ما لا يُثاب على فعله ولا يعاقب على تركه.

4. المكروه das Gemissbilligte, für dessen Unterlassung in gesetzlicher Beziehung gewichtigere Argumente sprechen als für

Al-Aṣba' Al-'Adwâni diese beiden theologischen Termini überliefert werden (Aġâni III ٢, 15. Ibn Hiśâm p. vv, penult.)

ومنهم من يجيز النا سَ بالسنّة والفرض

aber schon arabische Kritiker bezweifeln die Authentie eines grossen Theiles des betreffenden Gedichtes (Aġ. ib. p. ٥, 20).

1) Vgl. Snouck-Hargronje's Beurtheilung der Van den Berg'schen Ausgabe des Minhâġ al-Ṭâlibin. (Ind. Gids vom April 1883 p. 11 des Sonderabdruckes). — Ich halte für die Bestimmung des Begriffs der Sunna-Gesetze folgende alte Stelle für bemerkenswerth: وذكر ابن قتيبة في كتاب الأشربة إنّ الله تعالى حرّم علينا الخمر بالكتاب والمُسْكر بالسنّة فكان فيه فسحة فما كان محرّمًا بالكتاب فلا يحلّ منه لا قليل ولا كثير وما كان محرّمًا بالسنّة فإنّ فيه فسحة او بعضه كالقليل من الديباج والحرير يكون في الثوب والحرير محرّم به بالسنّة كالتفريط في صلوة الوتر وركعتي الفجر وهما سنّة فلا نقول ان تاركهما كتارك الفرائض من الظهر والعصر ('Al-'Iḳd III p. ٤٠٩, wo viele Auszüge aus diesem Buche Ibn Kuteyba's zu finden sind).

die Zulässigkeit ما كان تركه راجحًا على فعله فى نظر الشرع.
Diese Kategorie zerfällt je nach dem Grade der Entschiedenheit jener Argumente in zwei Unterklassen: a) المكروه كراهة تنزيه d. h. eine Handlung, welche bloss insofern gemissbilligt wird, als ihre Unterlassung jedem anempfohlen wird, der sich eines frommen Lebenswandels befleissigt, ohne dass aber die Ausübung derselben geahndet würde; b) المكروه كراهة تحريم, welche in einem solchen Grade gemissbilligt wird, dass sie fast zusammenfällt mit

5. الحرام oder المحظور dem schlechthin Verbotenen, dessen Ausübung bestraft und dessen Unterlassung belohnt wird (ما لا يثاب على فعله بل يعاقب ولا يعاقب على تركه بل يثاب).

Von einem andern Gesichtspunkte aus werden diesen fünf Klassen noch zwei durch die correlativen Termini عزيمة und رُخْصَة gekennzeichneten Klassen angereiht. عزيمة ist wörtlich „Aufforderung" d. h. das Gesetz an sich, ohne Berücksichtigung der etwaigen Hindernisse seiner Befolgung (also nicht wie Freytag durch Missverständniss des betreffenden Artikels bei Al-Gurǵânî erklärt: leges necessario observandae in Corano latae). So ist z. B. das Gesetz, im Ramaḍânmonat zu fasten, oder die täglichen Gebete zu verrichten, je eine عزيمة von Seiten Gottes an die Menschen; dahingegen ist رُخصة eine von Gott gewährte Concession, welche für gewisse Fälle der Verhinderung von der Erfüllung eines bestimmten Gesetzes dispensirt, ohne dass jedoch das Gesetz im Allgemeinen ausser Kraft träte. So z. B. hat Gott den Genuss von verschiedenen Speisen verboten; aber für den Fall der Noth (فى مَخْمَصَة, wie wenn beispielsweise in einer bestimmten Lebenslage keine andere als eine verbotene Speise zur Verhütung des Hungertodes vorhanden wäre) eine رُخْصة in Bezug auf dieses Gesetz festgestellt (Sure V, v. 4—5), welche Concession aber nur für solche Nothfälle Geltung hat [1]). Ibn ʿAbbâs sagt: „Die Ruchṣa

1) Vgl. Al-Bejḍâwî I p. ٢٤٧, 11, welcher die Worte der oben angeführten Koranstelle: غَيْرَ متجانف لاثم so umschreibt: متجاوزًا حدّ الرخصة.

ist ein Almosen das euch Gott giebt; weiset es nicht zurück" (d. h. machet von derselben Gebrauch, so oft ihr in dem Falle seid, und glaubet nicht, dass es besser sei, selbst in solchen Fällen das ursprüngliche Gebot zu halten) [1].

Die nähere Erörterung aller dieser Begriffe [2], in Betreff welcher die verschiedenen Schulen im Grossen und Ganzen, abgesehen von den innerhalb der einzelnen Schulen selbstständig festgesetzten Neben- und Mittelstufen [3], volle Einhelligkeit herrscht, bildet den vorwiegendsten Inhalt des ersten Theiles der unter dem Namen ʻIlm uṣûl al-fiḳh bekannten Hodegetik der muhammedanischen Gesetzeswissenschaft. Die in den theologischen Schulen und Werken der Muhammedaner gangbaren Definitionen der soeben erörterten Hauptbegriffe findet man in lichtvoller Darstellung in den betreffenden Artikeln des trefflichen Dictionary of the technical terms used in the Sciences of the Musalmans der „Bibliotheca indica" [4].

Während aber die orthodoxen Schulen in Betreff der Unterscheidung dieser Kategorien und der Bestimmung ihres Begriffes keine wesentliche Divergenz unter einander aufweisen [5], herrscht um so grössere Meinungsverschiedenheit darüber, in welche der eben erwähnten Gesetzeskategorien bestimmte Handlungen und Unterlassungen einzuordnen seien, je nach den Traditionsstellen, welche die eine oder die andere Schule beibringt, beziehungsweise je nach der von ihr beliebten Interpretationsweise der beigebrachten Texte, oder je nach den verschiedenartigen Analogiefolgerungen, welche sie bei etwaigem Stillschweigen der Texte in einer Frage anwenden. Um nur ein Beispiel zu erwähnen: der Genuss des

1) Al-Ḥuṣri I p. ol الرخصة من الله صدقة فلا تردّوا صدقته.

2) Den Begriff der Ruchṣa kann man durch die Beachtung von I. Korinth. VII v 6 dem Verständniss näher bringen: *κατὰ συγγνώμην οὐ κατ' ἐπιταγήν*.

3) So z. B. ist eine streitige Mittelstufe neben مندوب das مستحب: die westlichen Mâlikiten stellen diese Klasse besonders auf, während die östlichen Anhänger dieser Schule dieselbe mit in die 2. Kategorie einschliessen: ان العراقيين لا يفرقون بين السنّة والمستحبّ وغيرهما من الرغيبة والمندوب والمغربة يفرقون بينه Sejch Al-ʻIdwi's Glossen zu dem mâlikitischen Codex des ʻAbd al-Bâḳi Al-Zarḳâni (Bûlâḳ 1289) II p. ١٦٧.

4) Vgl. auch Mouradgea d'Ohsson Tableau général de l'empire Othoman I p. 31—35. Obige Definitionen sind zumeist den Waraḳât entlehnt.

5) Einzelne Theologen haben allerdings, unbeschadet der allgemeingültigen Eintheilung, von ihren individuellen (moralischen, theosophischen u. s. w.) Grundsätzen ausgehend, noch andere Stufenleitern des حلال und حرام aufgestellt; ich erwähne nur Al-Gazzâli, Iḥjâ II p. ٨٠—٨٨.

Pferdefleisches ist nach Al-Šâfi'i und A. b. Ḥanbal مُبَاح, nach Abû Ḥanîfa مكروه كراهة تحريم, nach Mâlik مكروه كراهة تنزيه u. a. m.[1]). Der hervorragendste Theil der speciellen اختلافات المذاهب dreht sich um diese Fragen der gesetzlichen Qualification, auf welche die verschiedenen Schulen, von denselben principiellen Gesichtspunkten ausgehend, in verschiedener Weise antworten.

Die Abweichung Dâwûd al-Ẓâhirî's, dessen Schule sich oft der übereinstimmenden Meinung sämmtlicher orthodoxen Gesetzesschulen entgegenstellt, ist auf principielle Gesichtspunkte begründet. Wir wollen in diesem Kapitel einem dieser principiellen Gesichtspunkte näher treten, weil er uns den Widerstreit der Ẓâhirschule gegen die herrschende Orthodoxie in einer wichtigen Frage der Uṣûlwissenschaft, welche diese in übereinstimmender Weise beantwortet, zeigen wird. Wir können nämlich die Beobachtung machen, dass die Ẓâhirschule dem absoluten واجب und محظور einen viel grössern Spielraum gönnt, als dies die übrigen Gesetzesschulen thun. Man könnte für den ersten Augenblick glauben, dass sich die Ẓâhirschule bei dieser Interpretationsweise der gesetzlichen Verordnungen durch das Bestreben nach weitergehendem Rigorismus leiten lässt. In der That kann auch nicht geleugnet werden, dass diese Schule, wo nur immer möglich, die „consilia evangelica“ und die authentisch bezeugten alltäglichen Gewohnheiten des Propheten zu religiösen Obliegenheiten erhebt. Hat sie doch auch — nach den von Andern allerdings bezweifelten Nachrichten einiger Berichterstatter —, in Uebereinstimmung mit Ibn Râhwejhi, die durch den Propheten empfohlene Sitte des سواك (Reinigung der Zähne vor dem Gebete) im Gegensatz gegen den Consensus aller massgebenden Lehrer zum wâǵib stempeln wollen[2]).

Jedoch ist das Streben nach Rigorismus nur die unwillkürliche Folge der stricten Einhaltung gewisser Grundsätze der Ẓâhirschule in der praktischen Anwendung der gesetzlichen Texte. Im Allgemeinen empfangen wir den Eindruck, dass sie sich auch in diesen Fragen durch das Moment des Wortlautes bestimmen lässt. An solchen Stellen, in welchen der Koran oder der Text der Tradition ein Gesetz Gottes oder Muhammed's in einer sprachlichen Fassung vorführt, welche die imperative oder prohibitive Natur der Aussage in sich schliesst, sind die Anhänger der Ẓâhirschule stets dabei, ein Gesetz der ersten oder der fünften (beziehungs-

---

1) Diese besondere Frage findet man mit dem ganzen Beweisapparat der einzelnen Meinungen bei Al-Damîrî II p. ٢٥٩ ff.

2) Al-Nawawî I p. ٣٣٥ weitläufig.

weise der vierten b) Kategorie zu sehen, während die vier orthodoxen Gesetzschulen, einer minder wortdienerischen Auffassung des Gesetzes huldigend, das betreffende Gebot oder Verbot oft einer der Zwischenkategorien zutheilen. Nach dieser herrschenden Richtung der Gesetzesinterpretation mag in dem Texte ausdrücklich gesagt sein أَمَرَ رسول اللّه d. h. „der Gesandte Gottes sprach den Befehl aus", ohne dass diese Formel, wie aus ihrem Wortlaute zu folgern wäre, die unerlässliche Verbindlichkeit (وجوب) des betreffenden Gebotes nach sich zöge: ein in dieser entschiedenen Form ausgesprochenes Gebot kann nach ihrer Auffassung etwas von dem Gesetzgeber bloss Anempfohlenes bedeuten und nicht selten finden wir bei solchen Geboten die Worte des Erklärers أمرٌ للنَّدْب [1]). Am klarsten hat die kanonische Wissenschaft der orthodoxen Schulen diesen ihren Standpunkt in Bezug auf die schärfste aller imperativen resp. prohibitiven Formen gekennzeichnet. Die grammatische Form des Imperativs اُقْتُلْ — so sagen sie — bedeutet in der Gesetzeswissenschaft nur dann ein unerlässliches Gesetz, wenn die Umstände, unter denen ein solches Gesetz auftritt, nicht darauf hinweisen, dass darunter nur eine Anempfehlung des Gesetzgebers, oder seine Erlaubniss etwas zu thun, zu verstehen sei. Nur von solchen begleitenden Umständen abgelöst, kann die Imperativform schlechthin als verbindlicher Befehl aufgefasst werden. Die begleitenden Umstände nun sind zweierlei Art: entweder solche, welche an dem Gebote selbst haften, sei es nun an dem Textausdrucke desselben oder an den Umständen unter denen es verordnet oder ausgeübt ward oder solche, welche von dem Texte selbst unabhängig sind. Zu letzterer Art gehören Gebote wie das im Koran Sure II v. 282 angeordnete: „Stellet Zeugen auf, wenn ihr Kaufverträge abschliesst". Hier wird die Imperativform (أشهدوا) angewendet: nichtsdestoweniger lehrt die Majorität der Imâme [2]), dass hier nur ein Wunsch und kein verpflichtender Befehl vorliegt, und zwar aus dem Grunde, weil die Tradition die Praxis des Propheten bezeugt, dass er ohne Zeugen Käufe und Verkäufe vornahm, diese Praxis aber den zuverlässigsten Commentar für die Intention des Gesetzes abgiebt. Dies ist ein von dem Texte des Gebotes zwar unabhängiger, aber die Deutung desselben beeinflussender äusserer Umstand, der die

1) Al-Buchâri, Kitâb al-ṭalâḳ nr. 13. 2) Vgl. hierzu Al-Bejdâwi I p. ١٣٣, 8 والاوامر التى فى هذه الآية للاستحباب عند اكثر الائمّة الخ.

obligatorische Natur des Gebotes aufhebt. Zur ersteren Art gehört z. B. Sure V v. 3 „Wenn ihr (nach Beendigung der Wallfahrt wieder) in den profanen Zustand eintretet, dann geht auf die Jagd". Dieser Satz kann trotz der in demselben angewendeten imperativen Form (فَٱصْطَادُوا) nie als ein Befehl = „ihr müsst gehen" gedeutet werden; vielmehr wird hier den Gläubigen das Jagen, welches ihnen im Zustande des iḥrâm verboten war, einfach wieder gestattet[1]). Hier weisen im Texte selbst liegende Umstände auf diese Interpretation des Gesetzes hin, und zwar entweder nach der Regel, dass ein Gebot, welches in antithetischer Weise auf ein Verbot folgt, nicht als Befehl, sondern als Erlaubniss genommen werden müsse, oder — wenn wir diesen Grundsatz nicht anerkennen — nach Analogie von Sure II v. 232. Auch Sure LXII v. 10 „Und wenn das Gebet beendigt ist, so mögt ihr euch im Lande umher zerstreuen und von Gottes Gnade (Nutzen) suchen" müssen die Imperativformen فَٱنْتَشِرُوا und وَٱبْتَغُوا permissiv gefasst werden wegen des vorhergehenden Verbotes, während des Gebetes Handelsgeschäfte auszuüben.

Nach der Auseinandersetzung Ibn Ḳutejba's, der sich mit unserer Frage in einem seiner Responsa[2]) beschäftigt, kann nicht

1) Vgl. Al-Bejḍâwi I p. ٢٤٦, 3, II p. ٣٣٣, 14 واحتجّ به من جعل الامر بعد الحظر للإباحة.

2) Kitâb al-masâ'il (arab. Hschr. der herzogl. Bibliothek in Gotha Nr. 636) Bl. 5b: وسألتَ هل تختلف العرب فى الاسم الذى يحتمل معنَيَيْن فيظنّ واحد احد المعنيين ويظنّ آخر المعنى الآخر وقد يقع هذا فى جميع هذه الحروف ذوات الوجوه وانّما يستدلّ على معانيها بما يتقدّم قبلها من الكلام ويتأخّر وربّما لم يُستدلّ بذلك فيحتاج حينئذ الى التوقيف .... والندب والفرض لا يُعْلَم الّا توقيفا لأنّ المخرجين مخرج واحد ما لم يبيّن ذلك الرسول صلعم وفى القرآن اشياء من الامر والنهى تخرج مخرجا واحدا وهى لا تستوى فى المعانى فمنها أَمْر هو فرض كقوله عزّ وجلّ وَأَقِيمُوا ٱلصَّلٰوةَ وَآتُوا ٱلزَّكٰوةَ ومنها أَمْر هو تأديب كقوله عزّ وجلّ وَأَشْهِدُوا ذَوَىْ عَدْلٍ مِنْكُمْ وَٱهْجُرُوهُنَّ فى ٱلْمَضَاجِعِ ومنها أمر هو تهدّد كقوله عزّ وجلّ اِعْمَلُوا ما شِئْتُمْ وهذا شىء لا يُعْلَم الّا بالتوقيف،

der Zusammenhang der Rede darüber entscheiden, ob eine Imperativform Befehl oder Anempfehlung ausdrücke, sondern dies sei Sache der Belehrung und Feststellung in jedem einzelnen Falle.

Die Vertreter der Wissenschaft von den Principien der Gesetzkunde haben selbstverständlich das meiste Interesse daran, die verschiedenen Functionen aufzuzählen, welche die grammatische Imperativform vertritt, um von Fall zu Fall entscheiden zu können, ob ein die Form des Befehles oder des Verbotes zeigender Ausspruch als solche erklärt werden müsse, oder ob er in eine andere Kategorie einzuordnen sei. Der berühmte šâfi'itische Theolog Imâm al-Ḥaramejn behandelt diese Frage mit grosser Bündigkeit. „Es erscheint — so sagt er — im Texte zuweilen die Form des Befehles, aber beabsichtigt ist eine Erlaubniss, (s. die obigen Beispiele), eine Drohung („so thut denn, was ihr wollt“ Sure XLI v. 40, Al-Bejḍâwi z. St. تهديد شديد), oder der Ausdruck der Gleichgültigkeit und Indifferenz der Handlungsweise der angeredeten Person (z. B. „Brennt nur — im Höllenfeuer — gleichviel ob ihr's ertraget oder nicht“, wörtlich: ertraget es oder ertraget es nicht Sure LII v. 16, oder ein profanes Beispiel: „Donnere und blitze, o Zejd“, was kein Befehl sein kann, sondern = gleichviel ob du nun donnerst oder blitzest). Auch dann, wenn die Entstehung einer Sache oder eines Zustandes angekündigt wird, wird der Entschluss, dieselben hervorzubringen, durch die Form des Befehles ausgedrückt, obwohl bei der Machtlosigkeit der Creatur, einem solchen Befehle aus eigener Kraft Folge zu leisten, ein Befehl hier nicht gut angebracht ist (z. B. „Werdet zu Affen“ Sure II v. 61, „O Feuer! werde zur Kühle und zum Heile für Abraham“ Sure XXI v. 69)[1]. Selbstverständlich werden diese letzteren Punkte näher in der Grammatik abgehandelt: die Theologie ist an denselben durch den Umstand betheiligt, dass die Form des Befehles zum Ausdrucke anderer Kategorien dient; wie denn die Verwendung der befehlenden Form zum Ausdrucke der Erlaubniss auch streng genommen in den Rahmen der Gesetzeswissenschaft gehört[2]).

Die orthodoxen Schulen nun machen von der Concession, die befehlende Form للاستحباب, للندب, للاباحة zu erklären, den ausgiebigsten Gebrauch. Wer irgend einen Koran- oder Traditionencommentar mit Aufmerksamkeit gelesen, dem wird es nicht entgangen sein, wie diese Termini so oft hinter Imperativformen des

1) Al-Bejḍâwi z. St. I p. ٩٤, 25 وقوله كونوا ليس بامر اذ لا قدرة لهم عليه وانّما المراد به سرعة التكوين.

2) Warakât Bl. 12a, 17a (in unseren Beilagen).

Textes erklärend folgen. Natürlich konnten sich auch die Anhänger der Ẓâhirschule der Zulassung einer solchen Interpretationsweise nicht immer entschlagen. In der Regel aber opponiren sie derselben in Bezug auf streng genommen gesetzgebende Texte. Wir haben hiervon bereits oben (S. 49) ein Beispiel gesehen, und in dem gegenwärtigen Abschnitte, welcher sich speciell mit diesem Momente des Fiḳh der Ẓâhirschule beschäftigt, wollen wir zur näheren Beleuchtung desselben den schon vorgeführten Proben ẓâhiritischer Gesetzinterpretation in dieser Richtung noch einige aus dem Gebiete des Korans und der Tradition beifügen; denn auch in Bezug auf dieses Moment ihrer Gesetzesauffassung wendet die Ẓâhirschule ihre Interpretationsmethoden gleichmässig auf beide Quellen des muhammedanischen Gesetzes [1]) an.

1.

Da heisst es zum Beispiel im Koran Sure IV v. 3 فَانْكِحُوا مَا طَابَ لَكُم مِنَ النِّسَآءِ. Während nun die gemeine Auslegung die ist, dass es jedem Muhammedaner freisteht zu heirathen, oder im besten Falle, dass Gott dem Muslim das eheliche Leben empfiehlt, in keinem Falle aber, dass er es ihm obligatorisch anbefiehlt [2]), folgern die Ẓâhiriten aus der Imperativform فَانْكِحُوا, dass hier ein وجوب, eine bindende Verpflichtung enthalten ist für diejenigen, welche die Bedingungen der Erfüllung dieses Gebotes in sich vereinigen [3]). Wie sehr es ihnen hier um die blosse Geltendmachung des Wortlautes zu thun ist, ist daraus ersichtlich, dass

---

1) Im äussersten Gegensatze zu dieser Anschauung stehen einige Ṣûfî's mit ihrer Auffassung der Kategorien der einzelnen muhammedanischen Gesetze. Sie sagen, dass selbst da, wo in der Tradition ausdrücklich hervorgehoben wird, dass ein Verbot in die Kategorie des مكروه gehört, dennoch oft eigentliches حرام gemeint sei und verstanden werden müsse, da die Kirchenväter des Islâm aus Bescheidenheit und guter Sitte sich scheuten, für die von ihnen deducirten Verbote denselben Ausdruck zu gebrauchen, der für ein koranisches Verbot gilt. Al-Ša'rânî I p. ١٣٦ führt diese Ansicht im Namen seines Lehrers 'Ali al-Chawwâṣ an und setzt sie ausführlich auseinander.

2) Es giebt auch solche Gesetzesgelehrte, welche für die Bevorzugung des Coelibats Traditionen anführen: vgl. über diese Meinungsverschiedenheit Querry, Droit musulman Bd. I p. 639.

3) Diese Beschränkung folgt aus den Worten der Tradition Nikâḥ 2 من استطاع منكم البآءة فليتزوّج الخ.

nach ihrer Ansicht dem Gesetze durch einmalige[1]) Eheschliessung Genüge geschieht, denn nicht der fortwährende Ehestand, sondern das einmalige Factum der Eheschliessung ist es, was in obigem Verse anbefohlen wird[2]).

Sure VI v. 121. وَلَا تَأْكُلُوا مِمَّا لَمْ يُذْكَرِ اسْمُ اللَّهِ عَلَيْهِ وَإِنَّهُ لَفِسْقٌ: „Esset nicht von dem, wobei nicht Allâh's Name genannt wurde, denn dies ist Sünde". Es kann nicht geleugnet werden, dass die objective Betrachtung dieses Koranverses in diesem Gesetze dasjenige finden wird, was die muhammedanischen Theologen in die erste resp. fünfte der oben aufgezählten Kategorien einordnen. Nichtsdestoweniger haben die orthodoxen Schulen darin kein strictes Verbot gefunden, und mit Ausnahme Aḥmed's — aber auch nur nach der einen Version des von ihm überlieferten Gesetzes — eine laxere Praxis begünstigt: es sei nicht unerlässliche Bedingung der rituellen Zulässigkeit der Speise, dass vor ihrer Zubereitung der Name Gottes genannt worden sei; namentlich mit Bezug auf Geschlachtetes hat dieser Grundsatz der Imâme Wichtigkeit für die Praxis, denn im Sinne desselben ist es dem Muhammedaner möglich, von solchen Thieren herrührendes Fleisch, vor deren Tödtung der Name Allâh's nicht genannt wurde, zu geniessen[3]). Allerdings ist von dieser Nachsicht der Fall ausgeschlossen, dass dabei der Name fremder Götter genannt worden wäre.

1) Al-Sa'râni II p. ١٢٢ قول داود بوجوبه مطلقا على الرجل والمرأة لكن مرّة فى العمر .... انّ امتثال امر الشارع يحصل بالمرّة الواحدة ما لم يدلّ دليل على التكرير. 2) Charakteristisch ist in dieser Beziehung folgende Motivirung: قال اهل الظاهر انّما يلزمه التزوّج فقط فلا يلزمه الوطء وتعلّقوا بظاهر الامر فى هذا الحديث nämlich der S. 74 Anm. 3) angeführten Tradition. Al-Nawawi III p. ٣٠٦.

3) Al-Kastalâni VIII p. ٢٧٦ تفيد مشروعيّة التسمية وهى محلّ وفاق لكنّهم اختلفوا هل هى شرط فى حلّ الاكل فذهب الشافعىّ فى جماعة وهى رواية عن مالك واحمد الى السنّة فلا يقدح ترك التسمية وذهب احمد فى الراجح عنده الى الوجوب لجعلها شرطا فى حديث عدىّ وذهب ابو حنيفة ومالك والجمهور الى الجواز عند السهو.

Die sogenannte تسمية ist also nach Ansicht dieser Schulen frommer Brauch, wie es im Allgemeinen die muhammedanische Tradition betont, dass der Ausdruck davon, dass eine Handlung im Namen Allâh's geschehe, vor keiner wichtigern Ausübung fehlen soll [1]); und es ist bekannt, wie viel Sorgfalt in der alltäglichen Praxis auf diesen Grundsatz verwendet wird. Ibn ʿAbbâs will vom Propheten den Ausspruch gehört haben, dass der Satan hinter Jeden aufsitze, der ein Reitthier besteigt, ohne die Bismi-llâh-formel ausgesprochen zu haben [2]). Dies alles aber ist nur fromme Sitte und nicht obligatorisches Erforderniss, und auf dieselbe Stufe suchen, allerdings nicht in demselben Grade, die vier orthodoxen Schulen, gewiss auch hier im Interesse des Einklangs des Gesetzes mit der laxen Praxis des gewöhnlichen Lebens (vgl. S. 49), das im oben citirten Koranvers enthaltene Gesetz herabzudrücken; sie führen Traditionen an, aus welchen die Ueberflüssigkeit der äusserlichen Erwähnung Allâh's erhellen soll [3]). Am strengsten ist noch Abû Ḥanîfa, welcher das ذكر الله zwar obligatorisch fordert, mit dem Zusatze, dass, wenn die Einhaltung dieser Observanz aus Versehen vergessen wurde, dieses Versehen an der Zulässigkeit der Speise keinen Eintrag thut [4]); dieselbe Unterscheidung zwischen vorsätzlicher und unfreiwilliger Unterlassung wird auch in der šîʿitischen Gestaltung des muhammedanischen Gesetzes festgesetzt [5]). Dâwûd al-Ẓâhiri protestirt gegen alle diese Concessionen: er urgirt den prohibitiven Wortlaut des koranischen Gesetzes und erklärt jede Speise für unbedingt unzulässig (حرام), bei der nicht

---

1) Ein sehr häufig anzutreffender Ausspruch Muhammeds: كلّ أمرٍ ذى بال لا يُبْتَدأ بذكر اللّه فهو أبْتَرُ.

2) Al-Damîri I p. ٣٩٩ وروى ابو القاسم الطبرانىّ فى كتاب الدعوات عن عطآء عن ابن عبّاس رضهما عن النبىّ صلّعم انّه قال اذا ركب العبد الدابّة ولم يذكر اسم اللّه ردفه الشيطان فقال تغنّ فان كان لا يحسن الغنآء قال له تمنّ فلا يزال فى امنيّته حتّى ينزل. Auch dem جماع soll die تسمية vorangehen, Al-Buchâri, Kitâb al-wuḍûʾ nr. 8.

3) Mafâtiḥ IV p. ٢٠٢ wird folgender Traditionssatz angeführt: ذكر اللّه مع المسلم سوآء قال او لم يَقُلْ. Al-Bejḍâwi I p. ٣٠٧, 7 ذبيحة المسلم حلال وان لم يُذْكَر اسم اللّه عليه. 4) Vgl. Al-Šaʿrâni II p. ٦. 5) Querry, Droit musulman II p. 215 art. 57.

Allâh's Name genannt wurde, ob man nun die Erwähneng desselben absichtlich oder bloss aus Versehen unterlassen habe[1]). Auch Aḥmed b. Ḥanbal — dessen Lehre, wie wir noch werden sehen können, der Ẓâhirschule am nächsten steht — soll nach einer, jedoch wenig berücksichtigten Version denselben Standpunkt eingenommen haben.

2.

Gehen wir nun zu Beispielen, welche sich an Traditionsaussprüche anknüpfen. Als Uebergang wählen wir einen in der Tradition enthaltenen Ausspruch, dessen Auslegung in engem Zusammenhange steht mit einem Koranverse, von welchem jener eigentlich nur abgeleitet ist und uns die an dem äussern Wortlaut haftende Methode der Ẓâhirschule in ihrem vollen Lichte zeigt. Wohlbekannt ist der Traditionsausspruch, welcher in der Grammatik als Beispiel für die dialektische Anwendung des ام als Artikel (für ال) angeführt zu werden pflegt: ليس من البرّ الصيام في السفر „Es gehört nicht zur Frömmigkeit das Fasten auf der Reise" [2]); dieser Ausspruch der Tradition ist im Zusammenhange zu betrachten mit der Koranstelle Sure II v. 180 فمن كان منكم مريضا او على سفر فعدّة من ايّام اخر „Wer aber von euch krank oder auf einer Reise ist, (für den ist vorgeschrieben) eine (gleiche) Anzahl von anderen Tagen". Die allgemein anerkannte Auffassung der orthodoxen Gesetzesschulen von diesen Aussprüchen des Koran's und der Tradition ist die, dass es dem Kranken und dem Reisenden freistehe, das Ramaḍânfasten zu brechen und die versäumten Fasttage, in ruhigere Verhältnisse zurückgekehrt, nachzuholen. Nur darüber giebt es Meinungsverschiedenheit in ihren Kreisen, ob es für solche Leute verdienstlicher sei, von dem durch Allâh und den Propheten gewährten Zugeständnisse Gebrauch zu machen, oder ob es besser für sie sei, auf diese Enthebung verzichtend, trotz der schwierigen Verhältnisse, unter denen sie leben, das Ramaḍânfasten zu vollziehen. Darin aber stimmen Alle überein, dass der Ausspruch des Koran's und der Tradition nur facultativ [3]), keines-

1) Al-Bejḍâwî l. c. او شرط في تحريم متروك التسمية عمدا نسيانًا واليه ذهب داود وعن احمد مثله.

2) Al-Buchârî, Kitâb al-ṣaum nr. 36.

3) Im Interesse dieser Auffassung scheint man die Trad. ib. nr. 37 erdichtet zu haben: عن أنس بن ملك قال كنّا نسافر مع النبيّ صلعم فلم يعب الصائم على المفطر ولا المفطر على الصائم.

falls aber imperativ, resp. prohibitiv zu fassen sei. Es wird jedoch von einigen der festen Gestaltung der Gesetzschulen vorangegangenen Lehrern überliefert, dass sie letzterer Ansicht gewesen seien [1]). Diese Meinungsverschiedenheit führt auch praktische Consequenzen mit sich. Ist das Brechen des Fastens unter gewissen Verhältnissen obligatorisch befohlen, so wird derjenige, der diesem Befehle nicht Folge leistend am allgemeinen Fasten weiter theilnimmt, an seinem Wohnorte angelangt oder nach Wiederherstellung seiner Gesundheit die betreffende Anzahl von Tagen nochmals fasten müssen, da sein früheres Fasten in die Zahl der obligatorischen Fasttage nicht eingerechnet werden kann. Diesen alten Autoritäten, zu welchen auch Abû Hurejra gehört [2]), schliesst sich, dem sich später herausbildenden Consensus widersprechend, die Gesetzschule Dâwûd's an. „Es ist nicht Frömmigkeit“ ist ein Ausdruck, der dem Wortsinne nach soviel bedeutet als „ein frommer Mensch thut nicht dergleichen“; und auch der Koranvers ist seinem einfachen Wortlaute nach imperativisch zu fassen.

Wir haben häufig Gelegenheit, den Abû Hurejra unter den Autoritäten der Ẓâhirschule zu finden. Die Gesetzestradition, die er vertritt, ist oft nicht im Einklange mit den Lehren der Ra'jleute und wird als Einwurf gegen dieselben angeführt. Damit wird wohl die Erscheinung zusammenhängen, dass Traditionen Abû Hurejra's, selbst solche, die in die kanonischen Sammlungen aufgenommen sind, von den Rechtsgelehrten als Autoritäten für die Rechtsentscheidung oft verworfen werden; in Al-Damîrî's Artikel über die „Schlange“ werden aus ältern Büchern sehr interessante Mittheilungen hierüber gemacht, auf welche näher einzugehen wir hier keinen Raum haben [3]). Charakteristisch ist folgende einem angeblich zwischen Abû Muṭî' al-Balchî und Abû Ḥanîfa geführten Zwiegespräch entnommene Aeusserung des Abû Ḥanîfa. „Wie wäre es“ fragte Abû Muṭî' „wenn deine Ansicht der des Abû Bekr

---

1) Mafâtîḥ II p. ١٧٤ ذهب قوم من علمآء الصحابة الى انّه يجب على المريض والمسافر ان يُفطرا ويصوما عدّة من ايّام أُخر وهو قول ابن عبّاس وابن عمر ونقل الخطّابىّ فى أَعلام التنزيل عن ابن عمر انّه قال لو صام فى السفر قضى فى الحضر وهذا اختيار داود بن على الاصفهانىّ وذهب اكثر الفقهآء الى ان الإفطار رُخصة vgl. Al-Ša'rânî II p. ٢٠, Al-Nawawî III p. ٩٣.

2) Al-Bejḍâwî I p. ١٠١, 24 zu dem obigen Koranvers وهذا على سبيل الرخصة وقيل على الوجوب واليه ذهب الظاهريّة وبه قال ابو هريرة.

3) Al-Damîrî I p. ٣٥٠—٣٥١.

widerspräche?" „Ich würde" entgegnete der Imâm „meine Meinung zu Gunsten der seinigen aufgeben, ebenso zu Gunsten der des 'Omar, 'Otmân, 'Ali, ja selbst zn Gunsten der übrigen Genossen des Propheten, mit Ausnahme des Abû Hurejra, Anas b. Mâlik und Samura b. Gundab" [1]). Es wird berichtet, dass 'Omar b. Ḥabîb (st. 207) beinah sein Leben verwirkt hätte, weil er Abû Hurejra gegen die Angriffe der Hofgelehrten des Hârûn al-Rašîd vertheidigte [2]), und auch eine Stelle bei Al-Azraḳi [3]) ist nicht zu übersehen, aus welcher hervorgeht, dass man den Abû Hurejra lügenhafter Nachrichten für fähig hielt.

„Kein Recht hat ein mulimischer Mann — so heisst es wörtlich in einer Tradition — der ein Ding besitzt, worüber er testamentarisch verfügen will, dass er zweimal nächtige ohne sein Testament geschrieben bei sich zu haben" [4]). Die Gesetzschulen sehen hierin eine Aneiferung, von der Institution des Testirens Gebrauch zu machen; allerdings einen Befehl des Propheten, aber nur einen solchen, welcher der zweiten Kategorie der Gebote angehört. Nur Dâwûd und seine Schule erblicken in der kategorischen Form der Aussage einen Anhaltspunkt dafür, dass der Prophet hier einen bindenden Befehl ertheilt, den Niemand übertreten dürfe, dem vielmehr Jedermann nachkommen müsse. Jeder Muhammedaner hat sonach die gesetzliche Pflicht, so er Vermögen besitzt, rechtzeitig sein Testament zu machen [5]). Es ist bekannt, dass mit dieser Frage zusammenhängende Momente in den Streitigkeiten zwischen Sunniten und Schî'iten eine nicht unbedeutende Rolle spielen.

In dem Kapitel über Assignationen [6]) lesen wir folgenden Ausspruch des Propheten: „Das Hinausschieben (der Schuldenbezahlung) von Seiten eines Reichen ist eine Ungerechtigkeit; wenn nun Jemand (an Stelle der Baarzahlung) eine Anweisung erhält auf einen reichen Mann, so möge er dieselbe annehmen (um hierdurch

1) bei Al-Ša'râni I p. ٧١. 2) Tahdîb p. ٤٤٦. 3) Chroniken der Stadt Mekka I p. ١٣٥, 12 4) Muslim, Kitâb al-waṣijja nr. 1 ما حقّ امرئٍ مسلم له شيء يريد ان يوصى فيه ان يبيت ليلتين الّا ووصيّته مكتوبة عنده. 5) Al-Nawawi IV p. ٨٤ فيه الحثّ على الوصيّة وقد اجمع المسلمون على الأمر بها لكن مذهبنا ومذهب الجماهير انّها مندوبة لا واجبة وقال داود وغيره من اهل الظاهر هي واجبة لهذا الحديث ولا دلالة لهم فيه فليس فيه تصريح بايجابها.

6) Vgl. Kremer, Culturgeschichte des Orients u. s. w. I 509—10.

den Reichen zur Erfüllung seiner Zahlungspflicht zu veranlassen)“ [1]). Auch hierin finden die Ẓâhiriten, im Einklange mit einigen Anhängern der ḥanbalitischen Schule, in Anbetracht der Sprachform, in welcher Muhammed diesen Ausspruch gethan hat, ein Gebot erster Kategorie, d. h. es ist dem Assignatar unter keinen Umständen erlaubt, die Assignation zurückzuweisen und auf Baarzahlung zu dringen. Die übrigen Schulen begnügen sich, in obigem Traditionsausspruche eine facultative Anempfehlung des Propheten zu finden, mit der kein bindendes, imperatives Gesetz beabsichtigt sei [2]).

Den Ẓâhiriten genügt das Vorkommen der grammatischen Form des Imperativs zur Feststellung eines Gebotes erster Kategorie, auch dann, wenn in dem betreffenden Traditionsausspruche kein allgemeines Gesetz, sondern nur eine gelegentliche Decision, hervorgerufen durch die Anfrage eines Einzelnen, gegeben wird. „Sa'd b. 'Ubâda befragte den Propheten in Betreff eines Gelübdes, das seine Mutter gethan, aber nicht erfüllt hatte, da sie inzwischen gestorben war. Da sprach der Prophet: „So erfülle es denn an ihrer Statt“ [3]). Nur die Ẓâhirschule findet hier einen Anlass, hieraus die Verpflichtung, dass der Erbe das Gelübde des Erblassers stellvertretend erfülle, als obligatorisches Gesetz zu deduciren. Die übrigen Schulen halten dies für keine gesetzliche Pflicht, sondern nur für eine pietätvolle Handlung, es sei denn, dass sich das Gelübde auf die Widmung eines Theiles des Vermögens bezieht und aus der Hinterlassenschaft eingelöst werden kann. Sonst kann der Erbe nicht zur Erfüllung eines Gelübdes angehalten werden, das nicht er selbst auf sich genommen hat [4]).

1) Al-Buchâri, Kitâb al-ḥawâla nr. 2 مَطْلُ الغنيّ ظُلْمٌ ومن أُتْبِعَ على مَلِيٍّ فَلْيَتْبَعْ [Variante: وإذا أُحيل احدكم على مَلِيٍّ فَلْيَحْتَلْ].

2) Al-Kasṭalânî IV p. ١٩٣ وجمهور العلماء على ان هذا الامر للندب وقال اهل الظاهر وجماعة من الحنابلة بالوجوب فاوجبوا قبولها على المليء.

3) Muslim, Kitâb al-nadr nr. 1. Al-Buchârî, Kitâb al-waṣâjâ nr. 19 انّ سعد بن عبادة رضه استفتى رسول اللّه صلعم فقال انّ أُمّي ماتت وعليها نذر فقال اقضه عنها. Bei Ibn Sa'd, wo in der Biographie des Sa'd b. 'Ubâda eine ganze Reihe von unterschiedlichen Versionen der Anfrage Sa'd's bei dem Propheten mitgetheilt ist, geschieht dieselbe in ganz anderer Richtung; nur eine Hschr. weist die in den Traditionssammlungen mitgetheilte Anfrage auf. S. bei Loth, Das Classenbuch des Ibn Sa'd p. 74.

4) Al-Nawawî IV p. ٩٦ واعلم ان مذهبنا ومذهب الجمهور ان

3.

Aus dem eben Erörterten folgt noch ein anderer principieller Gesichtspunkt, welcher die Ẓâhirschule veranlasst, die Reihe der واجبات und محظورات im Gegensatze zu der übereinstimmenden Lehre aller anderen orthodoxen Schulen zu vermehren. Darüber herrscht kein Streit innerhalb der verschiedenen theologischen Richtungen des Islâm, dass nicht jede Sunna des Propheten verbindliches Gesetz ist. Der Prophet hat ja selbst Zeugniss dafür abgelegt, dass sein Verhalten zuweilen nur individuelle Bedeutung habe und dass aus demselben kein allgemein gültiges Gesetz für die muslimische Gemeinde gefolgert werden solle. Châlid b. Al-Walid, gemeiniglich „das Schwert Gottes" genannt, berichtete dem Ibn ʻAbbâs, dass er gemeinschaftlich mit dem Propheten seiner Tante, der Gattin des Propheten, Namens Mejmûna, einen Besuch abgestattet habe. Mejmûna bewirthete ihre Gäste mit eben vorräthigem Eidechsenbraten (ضبّ محنوذ), den ihre Schwester Ḥafîda bint al-Ḥârit aus Nağd mitgebracht hatte. Dies Gericht wurde nun dem Propheten vorgesetzt, der nie eine Speise berührte, ohne dass darüber vorher der Name Gottes genannt worden war. Als nun der Prophet nach der vorgesetzten Speise griff, da sagte eine der anwesenden Frauen zur Hauswirthin: „Theile doch dem Propheten mit, dass es Eidechsenfleisch ist, was du ihm vorgesetzt hast". Als der Prophet diese Worte vernahm, zog er seine Hand zurück. Châlid aber fragte: „Ist denn diese Speise verboten, o Gesandter Gottes?" „Nein!" entgegnete der Prophet „aber diese Speise kommt in meiner Heimath nicht vor, und ich enthalte mich derselben". „Ich aber — fährt Châlid fort — zerlegte den Eidechsenbraten und ass davon, und der Gesandte Gottes sah mir zu [1]) [und verbot es mir nicht — Muslim]". Bei Muslim werden Traditionen erwähnt, wonach der Prophet, über Eidechsenfleisch befragt, von der Kanzel herab die Decision gab: „ich selbst esse es nicht, aber ich verbiete es euch nicht [2])". Aus diesen Traditionen

الوارث لا يلزمه قضاء النذر الواجب على الميّت اذا كان غير مليء ولا اذا كان مليئا ولم يخلّف تركة لكن يستحبّ له ذلك وقال اهل الظاهر يلزمه ذلك لحديث سعد هذا ودليلنا ان الوارث لم يلتزمه فلا يلزم وحديث سعد يحتمل انّه قضاه من تركتها او تبرّع به وليس فى الحديث تصريح بالزامه ذلك.

1) **Kitâb al-aṭʻima** nr. 10. Vgl. andere Versionen bei **Al-Damiri** II p. ٩٥. 2) **Kitâb al-ṣejd** nr. 5 (Commentarausgabe V p. ٣٣٥).

folgt die Thatsache, dass der Prophet seinen eigenen, in das Gebiet des Ritualgesetzes gehörigen Gewohnheiten keine verbindlichmachende Bedeutung für die allgemeine Uebung oder Enthaltung zuschrieb. Dasselbe gilt auch von den in der Tradition überlieferten Aussprüchen des Propheten. So hoch man auch die Verdienstlichkeit und Gottwohlgefälligkeit des Bestrebens stellte, Allem, was der Prophet gesprochen oder geübt, nachzufolgen und selbst in den geringfügigsten Momenten der gewöhnlichen Lebensweise zuerst danach zu fragen, wie es der Prophet und die Genossen damit hielten [1])

ein Bestreben in dessen Bethätigung bekanntlich viele muhammedanische Autoritäten bis zur äussersten Grenze der Scrupulosität vordrangen [2]) — so wurde anderseits festgestellt, dass nicht Alles, was vom Propheten als ein beglaubigter Ausspruch mitgetheilt wird, einen obligatorischen Befehl involvirt. Nur über das, was auf Fragpunkte des Dîn Bezug hat, hat der Prophet bindende Gesetze gegeben, hat er Gottes Willen verdolmetscht; in weltlichen Dingen hat er Rathschläge ertheilt, deren Befolgung allerdings verdienstlich ist, ohne dass sie aber eine unerlässliche Pflicht jedes Muslim sein soll. In einer Tradition bei Muslim [3]) macht der Prophet selbst diesen Unterschied zwischen den zwei Gattungen seiner Aussprüche. Er beobachtete einmal in Medîna, wie die Leute die Palmenbäume künstlich befruchteten. Da fragte er: „Was thut ihr da?“ „Wir thun dies von jeher“ entgegneten sie, worauf der Prophet sagte: „Vielleicht wäre es besser, ihr thätet es nicht“. Sie unterliessen daher von nun an ihr bisheriges Verfahren, aber die Bäume missriethen sichtlich. Man erwähnte diesen Umstand vor dem Propheten, und er sprach hierauf Folgendes aus: „Ich bin nur ein Mensch; befehle ich euch nun etwas, was auf eure Religion Bezug hat, so befolgt es; befehle ich euch aber etwas aus eigener Meinung [4]), so bin ich eben nichts anderes als ein Mensch (d. h. in

---

1) Vgl. z. B. ein Beispiel bei Abu-l-Maḥâsin I p. ٣١٦.

2) Man berichtet von Ibn 'Omar, dass er die Nachmittagsruhe (قيل) immer unter einem bestimmten Baume zwischen Mekka und Medîna hielt, weil der Prophet dasselbe zu thun pflegte. — Aḥmed b. Ḥanbal enthielt sich zeitlebens des Genusses der Melonen, aus dem Grunde, weil ihn keine Tradition darüber belehrte, in welcher Weise der Prophet bei dem Genusse derselben zu verfahren pflegte. (Al-Śa'rânî I p. ٩٧). Bei Al-Makkarî I p. ٨١. findet man eine interessante Nachricht darüber, wie man Werth darauf legte, unter veränderten Verhältnissen auf die vom Propheten angewendeten Masse zurückzugreifen.

3) Kitâb al-faḍâ'il nr. 31 انّما انا بشر اذا أمرتكم بشىء من دينكم فخذوا به واذا أمرتكم بشىء من رأيى فانّما انا بشر.

4) Diese Stelle, sowie auch die folgende, ist für die Bedeutung des Wortes رأى sehr belehrend. Al-Nawawî V p. ١٣٥ erklärt dies Wort an unserer

diesen Fällen bin ich nicht Bote des göttlichen Willens. sondern spreche meine eigene Meinung aus)". An diesen von dem Propheten festgestellten Grundsatz hielten sich denn auch die spätern muhammedanischen Theologen: „Der Prophet" sagt Al-Baṭaljûsî „pflegte in seinen Zusammenkünften Mittheilungen in erzählender Weise zu machen, ohne dabei Gebot oder Verbot im Auge zu haben, und auch nicht, dass er den Inhalt dieser Mittheilungen zu einem Grundsatze der Religion machen wolle" [1]). Ibn Chaldûn macht bei Gelegenheit der auf Heilkunde bezüglichen Aussprüche des Propheten (الطبّ النبوى) dieselbe Bemerkung, um darzuthun, dass die derartigen Rathschläge Muhammed's nicht obligatorischer Natur sein können, „denn der Prophet wurde gesendet um uns die Religionsgesetze zu lehren, nicht aber um uns in der Heilkunde zu unterrichten oder uns über andere Dinge, die zu den alltäglichen Gewohnheiten gehören, zu belehren" [2]). Ein muhammedanischer Theologe aus dem XI. Jhd. der Higra, Reǵeb b. Aḥmed [3]), sagt mit Bezug auf folgende Traditionsmittheilung: „Wir reisten einst mit 'Omar b. al-Chaṭṭâb, da bemerkten wir, dass er auf einem Punkte des Weges plötzlich von der Strasse abbog; darüber

Stelle: اى فى امر الدنيا ومعيشتنا لا على التشريع ثمّ من قوله
باجتهاده صلعم ورآه شرعًا يجب العمل به. Vgl. noch die folgende Stelle: Der Prophet berieth sich mit Sa'd b. Mu'âd und Sa'd b. 'Ubâda über die dem Fezâriten 'Ujajna für seine Hilfeleistung gegen die Stämme in Aussicht zu stellende Belohnung. Der Prophet nämlich bot dem Fezârahäuptling den dritten Theil des Dattelertrages an, er aber wollte die Hilfstruppe nur dann stellen, wenn ihm die Hälfte des Dattelertrages zugesichert würde. Da befragte der Prophet die beiden Sa'd; diese sprachen: „Wenn du (von Gott) einen Befehl hierüber erhalten hast, so handle nach demselben und ziehe; hast du aber keinen göttlichen Befehl erhalten, so, bei Gott, hätten wir für die Fezâra keine andere Belohnung als das Schwert!" Da sprach der Prophet: „Ich habe gar keinen Befehl erhalten; hätte ich dies, so würde ich mich nicht mit euch berathen; nur eine Meinung lege ich euch vor".
لم أومَرْ بشىء ولو أمِرتُ بشىء ما شورتكم وانّما هو رأى اعرضه عليكم (Biographie des Sa'd b. 'Ub. in M. J. Müller, Beiträge zur Geschichte der westlichen Araber p. ١٠٤.

1) Bei Al-Damiri II p. ٢٥٣ انّه صلعم كان يذكر فى مجالسه الاخبار حكايةً ويتكلّم بها لا يريد به أمرا ولا نهيا ولا ان يجعله أصلا فى دينه وذلك معلوم من فعله مشهور من قوله. 2) Mukaddima ed. Bûlâk p. ٤١٢. 3) Vgl. über sein Werk II. Ch. VI p. 161. Dieses inhaltreiche Buch wurde in Konstantinopel 1261 (1845) in 2 Quartbänden gedruckt; diese Ausgabe steht mir jedoch nicht zur Verfügung.

befragt, ob er dies vorsätzlich thue, sagte er: Ich sah, dass der Prophet dasselbe that, und so ahme ich ihm denn nach". „Solche Sunna's werden genannt السنّة العاديّة „alltägliche Gewohnheiten betreffende" oder auch السنّة الزائدة „überflüssige" (supererogative) — vgl. سنّة الهُدَى [1]) —; es ist keine Sünde, dieselben zu unterlassen, wohl aber ist die Ausübung derselben eine gottwohlgefällige That, und ihre Unterlassung wird gemissbilligt, ohne jedoch göttliche Strafe nach sich zu ziehen. Es liegt hierin bloss eine Aneiferung, der Sunna im Allgemeinen zu folgen, ob sie nun eine solche sei, in welcher religiöse Leitung beabsichtigt wird, oder ob sie zu den sogenannten „überflüssigen" gehöre" [2]).

Dies ist der gemeingültige Standpunkt der muhammedanischen Theologie, welcher auch in den bestbeglaubigten Auslegungen der Traditionssammlungen zur Geltung gebracht ist. Immer hat es Ultra's gegeben, Individuen und Gesellschaften, die in der Behandlung des religiös-praktischen Werthes einzelner Traditionen über das durch die Gesammtheit festgesetzte Mass hinausgingen; zu kanonischer Geltung ist aber ihre Auffassung nicht gelangt. In ihre Reihe gehört auch unsere Ẓâhirschule. Aus den Beispielen, die wir von ihrer Auffassung einer Anzahl von sogenannten „Traditionen der Gewohnheit" gesehen haben, können wir folgern, dass sie in Traditionsstellen, wo der Rath des Propheten mit Bezug auf eine in religionsgesetzlicher Hinsicht ganz indifferente Handlung in Form des grammatischen Imperativs ausgedrückt ist, dieses äusserliche Moment des Sprachausdruckes festhaltend, obligatorische Gebote oder Verbote (1. und 5. Kategorie) erblicken. Ich werde von jeder der beiden Arten je ein Beispiel erwähnen. In einer Traditionsmittheilung berichtet Anas b. Mâlik: „Es wurden für den Gottgesandten zahme Hausschafe (شاء داجن), die sich im

---

1) D'Ohsson, Tableau etc. Bd. I p. 34.

2) Al-waṣila al-Aḥmadijja w'al ḍarî'a al-sarmadijja fî śarḥ ṭariḳat al-Muḥammadijja (Hschr. des ung. Nationalmuseums, Orientt. nr. XVI) fol. 19a ويقال لمثل هذه السنّة العاديّة والسنّة الزائدة ولا حرج فى تركها بل فعلها حسن وتركها مكروه كراهة التنزيه وفيه حثّ على اتّباع السنّة مطلقا سواء كانت من سُنَن الهدى او من سنن الزوائد قال الله تعالى لقد كان لكم فى رسول اللّه أُسوة حسنة واخرج البزّار عن ابن عمر انّه كان يأتى شجرة بين مكّة والمدينة فيقيل تحتها ويخبر ان النبى صلعم كان يفعل ذلك'

Hause des Anas b. Mâlik befanden, gemelkt und die Milch mit Wasser aus dem im Hause des Anas befindlichen Brunnen vermengt. Der Becher wurde dem Propheten gereicht, dieser that einen Trunk daraus, bis dass er den Becher vom Munde entfernte. Es befand sich aber zu seiner Linken Abû Bekr, zu seiner Rechten sass ein Beduine. Nun sagte ʻOmar — denn er fürchtete, der Prophet werde den Becher dem Beduinen reichen : „Reiche ihn dem Abû Bekr neben dir!" Der Prophet reichte ihn aber dem Beduinen und sagte hierauf: „Immer nach rechts, immer nach rechts" [1]). An diese Tradition knüpfen die Gesetzgelehrten die Folgerung, dass es eine empfehlungswerthe Gewohnheit guter Lebensart und feiner Sitte sei, Speise, Trank u. a. m. immer von links nach rechts im Kreise zu reichen, im allgemeinen der rechten Seite den Vorzug zu geben [2]) und in allen Verrichtungen diese Anschauung zu bethätigen [3]). Ein Religionsgesetz sieht hierin niemand als der Ẓâhirite Ibn Ḥazm, der auch die Consequenzen dieser Auffassung zieht [4]).

Ebenso wird von den Ẓâhiriten auch die blosse Sprachform des Verbotes selbst dort wo nur auf gute Sitte abzielende Rathschläge gegeben werden, als Anlass dazu betrachtet, ein religiöses Verbot (تحريم) zu constatiren, während die anderen Schulen darin nur Missbilligung (كراهة تنزيه) finden. „Der Prophet verbot (نَهَى) das إقران oder قِران, es sei denn es geschehe mit besonderer Erlaubniss des Genossen" [5]). Unter den obigen Ausdrücken versteht man die Gewohnheit, dass jemand zwei Datteln nebeneinander hält und mit einem Male von beiden isst. Die Commentatoren stimmen darin überein, dass dieser Ausspruch nur darauf abzielt, zu lehren, man möge nicht Heisshunger und Gefrässigkeit vor seinen Gästen und Tischgenossen an den Tag legen, da dies beleidigend wirkt und den Anschein hat, als wolle man den Mitessern

---

1) Al-Buchâri, Kitâb al-hiba nr. 4, Aśriba nr. 18, Musâḳât nr. 2.

2) Vgl. Kitâb al-libâs nr. 38. 77. In die Moschee soll man zur rechten Seite eintreten: Kitâb al-ṣalât nr. 47 u. a. m.

3) Kitâb al-wuḍû' nr. 31 كان النبى صلعم يعجبه التيمّن فى تنعّله وترجّله وطهوره وفى شأنه كلّه. vgl. Kitâb al-aṭʻima nr. 5 Vgl. bei den Griechen Ilias I 598, Odyss XVIII 418, bei den Juden: כל פינות שאתה פונה לא יהו אלא דרך ימין (Talm. bab. Sôtâ fol. 15b).

4) Al-Ḳasṭalâni IV p. ٢١٧ خالف ابن حزم فقال لا يجوز مناولة غير الأيمن إلّا بإذن الأيمن.

5) Al-Buchâri, Kitâb al-maẓâlim nr. 14 Aṭʻima nr. 14. Śarika nr 4. Muslim, Kitâb al-aśriba nr. 23.

zuvorkommen. Nur die Anhänger der Ẓâhirschule finden darin wegen des Wortes نَهَى ein allen sonstigen Verboten gleichkommendes religiöses Gesetz. Dies ist ihre Auffassung von allen Stellen in welchen sie das Wort: „er verbot“ oder seine Synonyma finden [1]).

VI.

Es ist bereits betont worden, dass die Gesetzschule des Aḥmed b. Ḥanbal in der rigorosen Auslegung der Gesetzquellen der Methode der Ẓâhirschule am nächsten kommt. Wir konnten denn auch im Verlaufe des letzten Abschnittes einige Beispiele dafür finden, dass in streitigen Gesetzfragen der Gründer der ḥanbalitischen Richtung nach denselben Grundsätzen urtheilt, von welchen sich die Ẓâhirschule leiten lässt; die Beispiele davon wären zahlreicher gewesen, wenn uns nicht bei der Auswahl unserer Beispiele für die Entscheidungen der Ẓâhirschule der Grundsatz geleitet hätte, in derselben nur auf das Rücksicht zu nehmen, worin die Ẓâhirijja allen anderen kanonischen Schulen gegenüber eine Ausnahmsstellung einnimmt [2]). Die Ḥanbalschule lässt nun ihre wörtliche Anwendung der in der Tradition enthaltenen Aussprüche auch in solchen Fällen walten, in welchen wir wenigstens kein sicheres Zeugniss dafür haben, dass auch die Ẓâhirschule in den betreffenden Fragen der Rituallehre und des kanonischen Rechtes für die praktische Anwendung denselben Standpunkt eingenommen habe.

Es wird erzählt, dass Anas, der Genosse des Propheten, folgende Mittheilung machte: „Wir standen früh auf zum Freitagsgottesdienst und hielten die Mittagsruhe nach Beendigung desselben“ [3]). Alle Gesetzschulen legen diese Mittheilung dahin aus, dass die Genossen des Propheten sich beeilten, die Freitagsandacht rechtzeitig abzuhalten, um mit derselben vor der Mittagssiesta zu Ende sein zu können. Die Ḥanbaliten folgern aus derselben, dass das Freitagsgebet auch zeitlich morgens in gültiger

---

1) Al-Kasṭalâni IV p. ٣٩٥, Al-Nawawi IV p. ٤٠٢ وهل النهى للتحريم او للتنزيه فنقل عياض عن اهل الظاهر انّه للتحريم وعن غيرهم انّه للتنزيه. 2) Man nennt solche Separatvota gegen den sonstigen Consensus: مُفْرَدات. 3) Al-Buchâri, Kitâb al-ǵum‘a nr. 15 اخبرنا حميد عن انس كنّا نبكر بالجمعة ونقيل بعد الجمعة.

Weise verrichtet werden könne [1]); dem widerspricht bekanntlich die gesammte Praxis des Islâm.

In dem Buche über Rechtssprüche (— in der Krehl'schen Ausgabe noch nicht erschienen —) lesen wir: „Abû Bakra schrieb an seinen Sohn, (der) in Siğistân (das Richteramt ausübte): Sprich nicht Recht zwischen zwei (rechtsuchenden Parteien) wenn du in Zorn bist; denn ich habe den Propheten sagen hören: „Ein Richter möge keine Rechtsentscheidung aussprechen, wenn er zornig ist" [2]). Dieser Ausspruch wird im Allgemeinen als eine weise Verhaltungsmassregel, ein guter Rath für Richter betrachtet [3]). Manche Rechtslehrer gehen in der Anwendung des in demselben enthaltenen Grundsatzes sehr weit. So z. B. missbilligt der Šâfi'it Abu-l-Fajjâḍ al-Baṣrî, dass ein Richter sich mit seinen privaten materiellen Angelegenheiten, z. B. mit den Kosten seines Hausstandes beschäftige, da dies seine Vernunft noch mehr als der Zorn beschäftige [4]). Trotz dieser peinlichen Behutsamkeit erblickt aber niemand als einige Ḥanbaliten in dem angeführten Ausspruche des Propheten eine p r o h i b i t i v e Aussage; diese ziehen aus demselben die Schlussfolgerung: „ein Richter d a r f im Zustande des Zornes n i c h t R e c h t s p r e c h e n" mit der Consequenz, dass ein in diesem Zustande gefällter Urtheilsspruch gar nicht rechtskräftig ist, da es dem Richter überhaupt verboten war, denselben zu fällen. Wie weit die haarspaltende Casuistik der Fuḳahâ geht, ersehen wir daraus, dass auch innerhalb dieser Anschauung der Unterschied gemacht wird, ob der Richter betreffs der Rechtsentscheidung volle Klarheit hatte, bevor er in Zorn gerieth, oder ob der Eintritt dieses Seelenaffectes dem reifen Ueberblick über den obschwebenden Rechtsfall voranging [5]).

1) Al-Kasṭalânî II p. ١٩٦ اى نبادر بصلاة قبل القيلولة وقد تمسّك بظاهره الحنابلة فى صحّة وقوعها بكر النهار.

2) Kitâb al-aḥkâm nr. 13 كتب ابو بكرة الى ابنه وكان بسجستان بان لا تقضى بين اثنين وانت غضبان فانّى سمعت النبى صلعم يقول لا يقضينّ حَكَمٌ بين اثنين وهو غضبان ،

3) Querry, Droit musulman II p. 392 art 49.

4) Ibn al-Mulakkin Bl 95a يكره للقاضى النظر فى نفقة اهله وضيعته لان هذا اشغل لقلبه من كثير من الغضب.

5) Al-Kasṭalânî X p. ٢٦. وعن بعض الحنابلة لا ينفذ الحكم فى حال الغضب لثبوت النهى عنه والنهى يقتضى الفساد وفصل بعضهم بين ان يكون الغضب طرأ عليه بعد ان استبان له الحكم فلا يؤثّر والّا فهو محلّ الخلاف ،

Zum Beschluss ein Beispiel aus der Gesetzgebung über Sklaven. „Muddabbar"[1]) heisst im muhammedanischen Recht ein Sklave, dem sein Herr bei Lebzeiten dazu bestimmt, dass er nach seinem Tode ipso eventu die Freiheit erlange[2]). So heisst es z. B. von der Favoritin Fauz, „dass sie einer der barmekidischen Jünglinge als Sklavin kaufte فَدَبَّرَهَا und ihr für den Fall seines Todes die Erlangung ihrer Freiheit zusicherte"[3]). Nun entsteht die Frage, ob ein solcher Sklave vor der Erlangung seiner Freiheit d. h. vor dem Tode seines Eigenthümers von diesem verkauft werden dürfe, oder ob sich derselbe durch die förmliche Aussprechung der Formel des Tadbîr seines Verfügungsrechtes über die Person des Sklaven begeben habe. Die Tradition[4]) erzählt einen concreten Fall, in welchem Jemand seinem Sklaven die Freiheit in Form des Tadbîr zusicherte, und dass der Prophet selbst diesen Sklaven bei Lebzeiten des Eigenthümers von diesem kaufte. Viele der älteren Rechtslehrer entscheiden denn auch, mit Berufung auf die Autorität der Tradition und die in derselben bezeugte Praxis des Propheten, dass ein Mudabbarsklave rechtsgültig verkauft werden dürfe. Nur Abû Ḥanîfa und nach einigen Berichten auch Mâlik deuten die Tradition auf einen bestimmten Fall[5]), im Allgemeinen aber lehren sie, dass der Mudabbar nicht verkauft werden dürfe; der Prophet selbst habe nicht die persönliche Freiheit, sondern bloss die Dienste des durch ihn erstandenen Mudabbarsklaven erkauft[6]). — Die

---

1) Von دُبْر pars posterior, denn der Tod ist im Verhältniss zum Leben دُبْر الحياة. Andere leiten dieses Wort ab von دَبَّر anordnen.

2) Van den Berg, De contractu etc. p. 38 n. 2. Querry, Droit musulman II p. 119 ff. 3) Kitâb al-aġâni XV p. ١٤١, 9 v. u.

4) Al-Buchârî, Kitâb al-'atḳ nr. 9.

5) Al-Nawawi IV p. ١١٧ وفى هذا الحديث دلالة لمذهب الشافعىّ وموافقيه انّه يجوز بيع المدبّر قبل موت سيّده لهذا الحديث قياسًا على الموصَى بعتقه فانه يجوز بيعه بالاجماع وممّن جوّزه عائشة وطاوس وعطاء والحسن ومجاهد واحمد واسحاق وابو ثور وداود رضى الله عنهم وقال ابو حنيفة ومالك وجمهور العلمآء والسلف من الحجازيّين والشاميّين والكوفيّين رحمهم اللّه تعالى لا يجوز بيع المدبّر قالوا وانّما باعه النبى صلعم فى دَيْن كان على سيّده.

6) Al-Kastalâni IV p. ٣٥٣ وتأوّلوا الحديث بانّه لم يبع رقبته وانّما باع خدمته.

Praxis der muhammedanischen Gesellschaft hat diese letztere Anschauung adoptirt. Die Sklavin Badl, berühmt durch die Menge von poëtischen Ueberlieferungen, die sie innehatte, war im Besitze des Ǵa'far b. Mûsâ Al-Hâdî. Muḥammed b. Zubejda, dem ihre Vorzüge erzählt wurden, wollte die Badl von Ǵa'far kaufen; dieser weigerte sich aber dem Wunsche Muḥammed's zu entsprechen: „Meinesgleichen verkauft kein Mädchen“ sagte er. „Nun so schenke mir dasselbe“ bat nun Muḥammed, worauf Ǵa'far erwiederte: „Auch dies geht nicht an, denn es ist eine Mudabbara“. Um nun in den zeitweiligen Besitz des kenntnissreichen Mädchens zu gelangen, miethete es Muḥammed von Ǵa'far; diese Erwerbungsart war mit Bezug auf Mudabbarsklaven nicht ausdrücklich verboten [1]).

Auch in der Mudabbarfrage können wir das starre Festhalten der ḥanbalitischen Schule an dem Wortlaute des Gesetzes bemerken. Nach einer durch Ibn Ḥazm anerkannten Version hätte der Imâm Aḥmed b. Hanbal die Erlaubniss, den Mudabbarsklaven zu verkaufen, nur auf einen männlichen Sklaven beschränkt, da in der Tradition nur von einem solchen die Rede ist: von einer weiblichen Mudabbara hören wir nicht, dass der Prophet durch sein eigenes Beispiel in ihren Verkauf gewilligt habe. Ibn Ḥazm selbst, der diese Version mittheilt, nennt sie „eine Unterscheidung für deren Richtigkeit kein Argument vorliegt“ [2]). In dieser Frage also überragt die Schule Ibn Ḥanbals die Anhänger der Ẓâhirschule an peinlicher Wortklauberei [3]).

VII.

1.

Im Kampfe um die Berechtigung der Rechtsquellen waren sowohl die Anhänger der „Analogie“ und der „Meinung“, als auch die Gegner der Berechtigung derselben eifrig bestrebt, für die durch sie vertheidigten Anschauungen von der Methode der muhammedanischen Gesetzwissenschaft gewichtige Argumente aus dem heiligen Buche, aus der Tradition des Propheten und aus den Worten und den Thaten der „Genossen“ herbeizuholen. Eine nüchterne, vorurtheilsfreie Exegese allerdings widersetzte sich den Versuchen, in die Texte des Korans Aeusserungen über spät ent-

1) Kitâb al-aġânî XV p. ١٤٥ oben. 2) Al-Kasṭalânî l. c. الرابع تخصيصه بالمدبر فلا يجوز فى المدبرة وهو رواية عن احمد وجزم به ابن حزم عنه وقال هذا تفريق لا برهان على صحته

3) Ueber dieses Kapitel des ḥanbalitischen Gesetzcodex siehe übrigens Šejch Mar'i l. c. II p. ٣٧.

standene Untersuchungsmethoden, welche noch ganz ausserhalb des Gesichtskreises der muhammedanischen Offenbarung liegen, hineininterpretiren zu wollen [1]). Aber die scholastische Exegese hat mit um so grösserer Lüsternheit an den naivsten Stellen des Korans in diesem complicirten Sinne heruminterpretirt. Auch für Iǵmâ' als Rechtsquelle hat man sich bestrebt, einen besonderen Rechtstitel aus dem Koran zu holen. Aber dies wollte nicht leicht gehen. Vom Imâm Al-Śâfi'î erzählt man, dass er um die koranische Sanction dieser Rechtsquelle befragt, das heilige Buch nicht weniger als dreihundertmal durchlas, bis er an Sure IV v. 115 eine, freilich sehr schwache Stütze für die Herleitung der Autorität des Consensus ecclesiae fand: „Wer sich vom Propheten trennt, nachdem ihm die Rechtleitung klar geworden und einen anderen Weg befolgt als den der Rechtgläubigen (d. h. den der rechtgläubigen Gesammtheit), von dem wenden wir uns ab und wir unterhalten mit ihm das Höllenfeuer“ [2]).

Am eifrigsten jedoch wurde nach Koranversen gefahndet, welche dem vielumstrittenen Ra'j und Ḳijâs als Stütze dienen könnten. Da führte man gern den Koranvers Sure IV v. 85 an, wo von einem selbstständigen Ergründen (يستنبطون) des Gesetzes die Rede ist [3]). Dann Sure LIX v. 2 فاعتبروا يا اولى الابصار „Machet die Nutzanwendung o ihr, die ihr Einsicht besitzet“. Al-Bejḍâwî macht zu dieser Stelle folgende Bemerkung: „Dieser Schriftvers wird als Argument dafür angeführt, dass das Ḳijâs als Rechtsbeweis gilt; denn in ihm ist der Befehl enthalten, von der einen Sachlage ausgehend, die andere zu beurtheilen, und in Anbetracht der zwischen beiden obwaltenden gemeinsamen Momente, die eine

1) Bei Al-Zamachśari zu Sure LXVII v. 10 لو كنّا نسمع او نعقل lesen wir folgende Bemerkung: ومن بدع التفاسير ان المراد لو كنّا على مذهب اهل الحديث [scil. نسمع] او على مذهب اهل الرأى [scil. نعقل] . . . . كأنّ هذه الآية نزلت بعد ظهور هذين المذهبين وكأنّ سائر اصحاب المذاهب والمجتهدين قد أنزل الله وعيدهم. Nach Al-Śahrastâni p. ١٥٣ penult. stützt sich die Berechtigung des Ḳijâs auf den Consensus, welch letzterer hinwieder durch die Schrift als Autorität bezeichnet wird. 2) Mafâtîḥ III p. ٤٦٣ روى انّ الشافعىّ رضه سُئل عن آية فى كتاب اللّه تدلّ على ان الاجماع حجّة فقرأ القرآن ثلثمائة مرّة حتّى وجد هذه الآية. 3) Ibṭâl Bl. 18 a.

bei der Beurtheilung der anderen zu verwenden, wie wir dies in den Uṣûlwerken festgesetzt haben". Mit bequemer Systematik hat man dann auch alle vier Rechtsquellen in einem Verse vereint finden wollen, nämlich in Sure IV v. 62: „O ihr, die ihr rechtgläubig seid! Gehorchet Allâh [Koran als geoffenbartes Wort Allâh's] und gehorchet dem Propheten [Sunna] und denjenigen, welche Herren des Befehles sind unter euch [Consensus der Imame]; wenn ihr aber betreffs einer Sache verschiedener Meinung seid, so führet sie zurück zu Allâh und den Propheten [Analogie auf Grund von Entscheidungen, die aus jenen Quellen deutlich hervorgehen], wenn ihr glaubet an Allâh und den jüngsten Tag. Dies ist gut für euch und heilsam für euere Seele" [1]. Natürlich verfangen solche Argumente an den Anhängern der gegnerischen Schulen nicht. Ibn Ḥazm hört nicht auf zu fragen: „Wenn alle diese Methoden durch die koranische Offenbarung festgesetzt sind, wie kommt es denn, dass keine von ihnen klar beim rechten Namen genannt wird, und dass alle Termini für dieselben neue Erfindungen sind?" [2]. Ferner wäre es ja absurd, voraussetzen zu wollen, dass es Gottes Wille sei, dass sein Gesetz nach Massgabe der durch jene Ausdrücke bestimmten Methoden deducirt werde, während die Quellen seiner Religion jene Ausdrücke nicht kennen und auch nicht bestimmen, was unter denselben zu verstehen, und welcher Gebrauch von jenen Methoden zu machen sei. Gott würde in diesem Falle von uns etwas gefordert haben, zu dessen Ausführung uns die Möglichkeit fehlt. Allerdings hat man — setzt er fort — aus dem Koran Belege dafür anführen können, dass Gottes Thaten in bestimmten Fällen bestimmte Ursachen zu Grunde liegen. Solche Ursachen zu bestimmen, steht aber nur Gott und dem Propheten zu; der Gesetzgelehrte aber hat darüber hinaus nicht die Befugniss, Ursachen zu erklügeln; thut er dies so überschreitet er die durch Gott gesteckten Grenzen. Wenn daher jemand lehrt, dass weil Gott die eine Sache befohlen oder verboten hat, daraus auf Grund selbsterklügelter gemeinsamer Ursachen Befehl oder Verbot in Bezug auf eine andere Sache folge, ohne dass Gott dieselbe ausdrücklich angeordnet oder verboten hat, der bekennt hierdurch, dass er willkürlich gegen Gottes eignen Willen lehrt [3].

1) Mafâtîḥ III p. ٣٥٦—٦١ in weitläufiger Ausführung. Auch Al-Bejḍâwî z. St. deutet diese Anwendung des Koranverses in kurzen Worten an; ebenso Abû Su'ûd, Marginalausgabe von Bûlâḳ p. ٣٦٣. 2) Ibṭâl Bl. 4b.

3) Ibṭâl Bl. 19a وقول آخر جمع ايضا وهو ان من المحال الباطل الممتنع الذى لا يجوز البتة ان يكون الله تعالى يأمرنا بالقياس او بالتعليل او بالرأى او بالتقليد ثم لا يبين لنا ما القياس وما

Selbstverständlich suchten die Feinde der speculativen Schule noch mehr als die Anhänger derselben recht eifrig, die Rechtfertigung ihres Standpunktes aus dem Koran zu beweisen. Suchten diese nach Stellen, in welchen Anweisung gegeben wird, die im Koran und in der Sunna niedergelegte Gesetzgebung dem Bedarfe entsprechend zu ergänzen, so wollten jene die Unzulässigkeit einer solchen Ergänzung aus dem heiligen Buche selbst beweisen. Ibn Ḥazm führt neben seiner polemischen Abwehr der Beweise der Ḳijâsfreunde natürlich auch die zur Befestigung seiner Lehre geeigneten Beweisstellen unaufhörlich auf der Feder. Von ḳijâstreuer Seite beschäftigt sich der grosse Dogmatiker Fachr al-dîn Al-Râzî bei einer jeden der Koranstellen, welche die sogenannten „Nufât al-Ḳijâs“ zur Begründung ihres Standpunktes als Beweis beibringen, mit der Widerlegung ihrer Argumentation, und der scholastischen Breitspurigkeit dieses Schriftstellers haben wir auch zumeist die Kenntniss von dieser Anwendung der betreffenden Koranstellen zu verdanken [1]). Wir wollen in Kurzem sehen, was

---

التعليل وما الاستحسان وما الرأى وكيف يكون كلّ ذلك وعلى ايّ شىء نقيس وبايّ شىء نعلّل وباستحسان مَن نأخذ ورأى مَن نقبل ومن يقلّد لانّ هذا تكليف ما ليس فى الوسع وما لا سبيل الى معرفته ولا الى تأديته فاذ لا شكّ فى ذلك فقد بطل جميع هذه الوجوه بيقين لا شك ولله تعالى الحمد كثيرًا، وايضا فكلّ ما ذكروه من انّه فى القرآن ان الله تعالى فعل امر كذا لاجل امر كذا وكلّ خبر ذكروه *فى تسبّب شىء بشىء آخر (cod. فمه بسمه سى دسى احر) فانّه يقال لهم كلّ ما قاله تعالى من ذلك ورسوله صلعم فهو حقّ وبه نقول وكل ما علّلتم انتم ما لم يأت به نصّ وكلّ ما حكمتم انتم به تسبّبًا بحكم آخر بغير نصّ فهو الباطل لانّه تعدّى لحدود اللّه تعالى واقرار منكم بانّه لمّا حرّم الله تعالى امرًا كذا واوجب امرًا كذا اوجبنا نحن امرًا آخر وحرّمنا نحن امرًا آخر غير ما امر الله تعالى به وهذا هو غير امر الله تعالى وهذا لا يحلّ اصلا وبالله تعالى التّوفيق،

1) Mafâtîḥ III p. ٢٥, IV p. ١٩٨, ٥٥٠, ٧٤٦, VII p. ٣٦١.

zur Unterstützung der analogiefeindlichen These aus Koranstellen zusammengetragen ward.

Am kräftigsten wird der Grundsatz betont, dass in den directen Willensäusserungen Gottes d. h. dem geschriebenen und durch den Propheten überlieferten Gesetze alles muhammedanische Gesetz enthalten sei, und dass darüber hinaus kein Religionsgesetz möglich ist, demnach keine Quelle, ein solches zu deduciren, gültig sein kann; sie berufen sich hierin hauptsächlich auf Sure VI v. 38: ما فرطنا في الكتاب من شيء [1]). Dann berufen sie sich noch mit Vorliebe auf Sure XVI v. 46: فسئلوا اهل الذكر ان كنتم لا تعلمون, wo, wie sie sagen, den Rechtgläubigen gezeigt wird, woran sie sich in zweifelhaften Fällen zu halten haben. Wäre — so folgern die Nufât al-Ḳijâs — die Analogie eine berechtigte Deductionsquelle, so würde für zweifelhafte Fälle der Befehl ertheilt worden sein, die obschwebenden Fragen auf analoge Fälle hin zu prüfen, und die Zweifel vermittels des Ḳijâs in speculativer Weise zu lösen. Das meiste Gewicht aber wird auf Sure VI v. 116 gelegt, wo von den Ungläubigen gesagt wird, dass sie der willkürlichen Meinung folgen إن يتّبعون إلّا الظنّ und in weitläufiger Auseinandersetzung wird dann dargelegt, dass auch das auf Analogieschlüsse gegründete Urtheil in diese Kategorie gehöre. Auch Sure VII v. 46 führen sie an, wo in Bezug auf streitige Fragen angeordnet wird, dass das Urtheil über dieselben bei Gott stehe (وما آختلفتم فيه فحكمه الى الله). Damit kann nicht die Analogie gemeint sein, sondern der ausdrückliche Wortsinn der göttlichen Texte (النصوص); denn während diese allen Muhammedanern gleiches Gesetz bieten, wird durch die Anwendung jener die Meinungsverschiedenheit eher befördert als aufgehoben, da die Analogiefolgerungen, von verschiedenen Subjecten geübt, zu verschiedenen Resultaten führen, und die Folgerungen des Ḳijâs in derselben Frage nicht mit zwingender Nothwendigkeit dieselben Gesetze ergeben. In demselben Sinne werden auch Sure III v. 97, VIII v. 48 angeführt und mit grossem Nachdrucke betont, dass die Anwendung des Ḳijâs die Einhelligkeit der muhammedanischen Gemeinde gefährde: „Die Zulassung des Ḳijâs führt zur Meinungsverschiedenheit, diese aber wird durch den Korantext verpönt: so folgt denn aus demselben auch, dass es verboten sei, sein praktisches Leben auf Gesetze zu gründen, die durch Ḳijâs gefolgert werden. Dass dieser Schluss ein nothwendiger sei, das beweist

---

1) Ibṭâl Bl 8b.

der Augenschein. Sehen wir ja, dass die Welt voller Meinungsverschiedenheit ist in Folge der Anwendung des Ḳijâs in der Gesetzeswissenschaft“ [1]). Damit sind die Maḏâhib gemeint.

2.

Wir werden zu einem nicht unwichtigen Ergebnisse in Bezug auf die religiöse Auffassung des Islâm gelangen, wenn wir einige Augenblicke bei dieser theologischen Grundanschauung verweilen und ihre Stellung innerhalb der muhammedanischen Theologie einer näheren Prüfung unterziehen. Der eben in Betracht gezogenen Anschauungsweise der Nufât al-Ḳijâs steht ein im Islâm seit alter Zeit allgemein verbreiteter Grundsatz entgegen: Ichtilâfu ummatî raḥmatun, d. h. die Meinungsverschiedenheit in meiner Gemeinde ist (Ausfluss der göttlichen) Barmherzigkeit“. Dieser Ausspruch wird dem Propheten zugeschrieben und wir begegnen demselben bei verschiedenen Gelegenheiten wie einem allbekannten authentischen Ausspruche; die Anwendung, die demselben zutheil wird, zeigt uns am besten, wie die theologischen Autoritäten denselben verstanden wissen wollen. Wir wollen denn auch einige Beispiele betrachten. Bei Gelegenheit der Pilgerfahrt des Chalifen Hârûn al-Raśîd wird erzählt: Der Chalife schenkte dem Mâlik b. Anas 3000 Denare, welche der Imâm in Empfang nahm, ohne jedoch dieselben zu verausgaben. Als Al-Raśîd (nach beendigter Pilgerreise) sich anschickte, nach ‘Irâk zurückzukehren, sagte er zu Mâlik: „Du musst mit uns kommen, denn ich habe die feste Absicht, die Menschen deinem Al-Muwaṭṭa zuzuführen, ebenso wie sie ‘Oṯmân dem Koran zugeführt hat“. Da erwiderte der Imâm: Was das Letztere betrifft, so ist dies nicht gut möglich; denn die Genossen des Propheten zerstreuten sich nach dessen Tode in alle Gegenden und verbreiteten dort die Traditionen, so dass nun die Bewohner jeder Gegend ihre (eigene Art in der) Wissenschaft besitzen. Der Prophet hat überdies gesagt: Die Verschiedenheit in meiner Gemeinde ist Barmherzigkeit. Auch dies ist nicht gut möglich, dass ich mit dir ziehe, denn der Prophet hat gesagt: „Al-Medîna ist das beste für sie, wenn sie's doch wüssten“. Dies aber hier sind eure Denare so wie sie waren; so ihr wollt, nehmt sie hin, wenn ihr aber wollt, lasst sie hier“ [2]). Mit andern Worten: In ver-

---

1) Mafâtîḥ IV p. ٥٥. ‘القول بالقياس يقضى المنازعة والمنازعة محرّمة فهذه الآية توجب ان يكون العمل بالقياس حرامًا بيان الملازمة المشاهدة فانّا نرى انّ الدنيا صارت مملوءة من الاختلافات بسبب القياس’.

2) Ich habe diese Erzählung nach Al-Damîrî II p. ٣٨٤ gegeben, wo dieselbe aus dem Iḥjâ des Gazzâli, VI. Kapitel des Kitâb

schiedenen Ländern haben sich verschiedene Versionen von des Propheten traditionellen Aussprüchen festgesetzt und dies ist kein Werk des Teufels, sondern eine Gnade Gottes; so möge denn auch hinfür das Gesetz nicht in feste Worte gebannt werden, sondern immerhin die freie Entwicklung der Tradition auch ferner walten. Mit Recht, glaube ich, sagt Dugat: On pourrait en Orient si le progrés avait chance de s'y acclimater, s'appuyer sur ce hadith de Mahomet pour amener les Musulmans à adopter des idées plus larges, plus tolérantes que celles qu'ils ont". — Ein anderes Beispiel für die Anwendung dieses angeblichen Traditionssatzes. Bei Al-Buchârî ebenso wie bei Muslim [1]) finden wir in verschiedenen Fassungen und mit verschiedenen Sanad folgende traditionelle Erzählung des Ibn 'Abbâs: „Als der Prophet dem Tode nahe war, da befanden sich Leute im Hause, darunter auch 'Omar b. Al-Chaṭṭâb. Da sprach der Prophet: „Kommet her, ich möchte euch etwas Geschriebenes geben, wodurch ihr dann nicht mehr herumirren würdet". Hierauf sprach 'Omar: „Fürwahr, die Schmerzen haben Gewalt über den Propheten gewonnen! Habt ihr doch den Koran, daran ist uns Genüge als Gottes Buch". Da war die Umgebung verschiedener Ansicht; einige von ihnen sagten: Bringet doch her, damit der Prophet euch etwas aufschreiben könne, nach welchem ihr nicht mehr irren würdet! Als nun unter ihnen viel Hin- und Herreden in Anwesenheit des Propheten entstand, da sagte dieser: „Erhebet euch!" 'Ubejd Allâh sagte: Ibn 'Abbâs sprach: „O welch' Unglück, welch' grosses Unglück ist es, dass ihr Gerede und Gestreite den Propheten verhinderte, diese Schrift zu schreiben". Ich erwähnte bereits, dass diese Erzählung in verschiedenartigen Fassungen vorliegt, deren Sinn aber auf die in Obigem ad libitum herausgewählte Version hinausläuft. Nun haben die muhammedanischen Theologen begreiflicher Weise viel Tinte verbraucht, um das unbegreifliche Vorgehen 'Omar's zu erklären und zu rechtfertigen. Der Prophet will letztwillige Verfügungen treffen, will seinen Getreuen etwas Geschriebenes zur Richtschnur geben, damit sie nach seinem Tode wissen, woran sie sich zu halten haben, und der sonst allerzeit Eifrige und Getreue widersetzt sich dem Willen des verehrten Meisters: er will nichts Geschriebenes von ihm, ausser dem Koran! Unter den vielen Erklärungen, welche für diese Thatsache gegeben werden, finden wir bei einigen Commentatoren die, dass 'Omar den Zustand des Propheten bereits zu bedenklich fand, dass er befürchten musste, der Prophet — fleischlicher Schwäche unterworfen wie jeder andere

al-'ilm, angeführt wird, wo ich jedoch vergeblich nach ihr gesucht habe. Wir finden dieselbe Erzählung aus einer anderen Quelle und in anderem Zusammenhange bei Dugat Histoire des philosophes et des théologiens musulmans (Paris 1878) p. 266.

1) Al-Buchârî, Kitâb al-'ilm nr. 40. Marḍa nr. 17. Muslim, Waṣijja nr. 5.

Mensch — würde nun Fehler begehen. Uns interessirt hier zumeist, was Al-Chitâbi zur Beantwortung obiger Fragen beibringt. Er führt den prophetischen Ausspruch über Ichtilâf al-umma an, und glaubt, ‘Omar habe die in demselben liegende Auffassung für so triftig befunden, dass er Verfügungen, die der Entstehung von Meinungsverschiedenheiten vorbeugen sollten, gar nicht aufkommen lassen wollte: die Meinungsverschiedenheit in Religionssachen sei eben im Sinne jenes Ausspruches eine Gnade für die muhammedanische Gemeinde [1]).

Diese Ansicht ist denn auch in die weitesten Kreise des orthodoxen Islâm tief eingedrungen, und die muhammedanische Literatur ist bis in die neueste Zeit hinunter [2]) durchtränkt von derselben [3]). Aus ihr ist jene das muhammedanische Leben seit alter Zeit beherrschende, für die oberflächliche Betrachtung fast räthselhaft scheinende Duldung und gegenseitige Anerkennung abgeleitet, welche die Madâhib gegen einander bezeigen. Es ist jedem bekannt, wie diese gegenseitige Anerkennung in den grossen Kathedralen des Islâm auch äusserlich stets zum Ausdrucke gelangte. Der einseitige Sectenfanatismus (تعصّب) wird von den orthodoxen Theologen als der muhammedanischen Lehre widersprechend behandelt; keinem der vier Riten ist es gestattet, sich als alleinseligmachend zu declariren, ein jeder muss — selbst bei einander schnurstracks zuwiderlaufender Lehre — die Berechtigung des andern anerkennen. Als Al-Maḥâmilî im IV. Jhd. sein berühmtes Buch Al-Muḳni‘ herausgab, tadelte ihn sein Lehrer Abû Ḥâmid Al-Isfarâ'îni darüber, dass er in demselben die Lehre nur eines Madhab vortrug und dieselbe von den entgegengesetzten Lehren der andern Riten los-

1) Al-Nawawî VI p. ٩١ قال الخطّابىّ وقد روى عن النبىّ صلعم انّه قال اختلاف امّتى رحمة فاستصوب عمر ما قاله.

2) Aḥmed al-Dîrebî al-Ġanîmî schreibt in seinem كتاب غاية المقصود لمن يتعاطى العقود الخ (Bûlâḳ 1297) p. ٣: وعملته على مذهب هؤلآء الائمّة الذين منّ الله علينا بهم غاية المنّة وجعل اختلافهم رحمة للأمّة. Dieses Werk wurde i. J. 1123 verfasst und enthält das muhammedanische Eherecht nach den vier orthodoxen Riten.

3) Vgl. Al-Muḳaddasî ed. de Goeje p. ٣٨, 16 ff. ألاترى ان اصحاب النبى صلعم قد اختلفوا وجعل اختلافهم رحمة وقال بأيّهم اقتديتم اهتديتم, vgl. ibid. p. ٣٦٦, wo Z. 22 statt الآية (اختلاف) zu lesen ist: الأمّة.

löste. Ja er verbot ihm sogar, seine Vorträge weiter zu besuchen und Al-Maḥâmilî musste List anwenden, um den Vortrag des Šejch's zu hören ohne dabei persönlich anwesend zu sein [1]). Allerdings kamen und kommen noch heute vereinzelte Fälle von Madhab-fanatismus vor; aber das Verhalten der Orthodoxie gegenüber solchen Ausschreitungen zeigt uns erst recht, dass sich die sunnitische Lehre mit denselben nicht identificiren mag. So lesen wir z. B. dass der ḥanefitische Ḳâḍî Abû 'Abdallâh Al-Dâmaġânî (st. 506) gesagt haben soll: „Wäre mir ein Statthalteramt gegeben, so würde ich in meiner Provinz den Anhängern des Šâfi'î die über Juden und Christen verhängte Ǵizja auferlegen", aber wir lesen gleich unmittelbar neben dieser Mittheilung, dass er dieser Aeusserung wegen getadelt wurde [2]). Als der Ḳâḍî 'Abd al-Wahhâb b. Naṣr Al-Baġdâdi sein grosses Werk, in welchem er den mâlikitischen Ritus über die andern orthodoxen Riten triumphiren lässt, beendigt hatte, (النُّصْرة لمذهب امام دار الهجرة) warf es ein fanatischer šâfi'itischer Ḳâḍî von Kairo in den Nil. Zur Strafe für diesen Akt der Intoleranz — so erzählt unsere Quelle — wurde dieser Fanatiker, den Timûr auf seinem Eroberungszuge aus Aegypten als Gefangenen mit sich nahm, im Euphrat ertränkt. „Die Strafe ist stets der Sünde entsprechend" [3]). In demselben historischen Werke, dem wir diese Notiz entnehmen, kann man ein Lehrgedicht von Abû 'Abdallâh Al-Râ'î aus Granada (VIII. Jhd.) lesen, worin die Gleichwerthigkeit der Madâhib auseinandergesetzt und das Ta'aṣṣub [4]) geschmäht wird [5]); und als der ägyptische Theologe Taḳî al-dîn Muḥammed nach dem Westen kam, da erzählte er, dass es in Aegypten nie vorkomme, dass Leute von wirklicher solider Gelehrsamkeit und Kenntniss dem einen Madhab vor dem andern den Vorzug einräumen [6]). Diese Erscheinungen, deren Aufzählung um ein bedeutendes vermehrt werden könnte, repräsentiren die herrschende Auffassung des Islâm und sind allesammt im Zusammenhange mit dem Traditionssatze: Ichtilâf ummatî u. s. w., dessen Ausfluss sie sind, zu beurtheilen.

1) Tahdib p. ٦٩١. 2) Jâḳût I p. ٧٠٨. Dieselbe Aeusserung that der Šâfi'it Muḥammed al-Ṭûsi (st. 576) mit Bezug auf die Ḥanbaliten, dafür wurde er von einem fanatischen Ḥanbaliten vergiftet: وكان فيه تحمل على الحنبلة بحيث كان يقول لو ان لى أمرًا لوضعت عليهم الجزية فسمّه بعض جهلتهم Ibn al-Mulaḳḳin Bl. 141 a. 3) Al-Maḳḳari I p. ٨١٤. 4) Bemerkenswerth ist hier die Form تعصيب für تعصّب. 5) Al-Maḳḳari ibid. p. ٩٣٧. 6) ibid. II p. ١٠١.

Um die Authentie dieses Traditionssatzes ist es allerdings nicht eben gut bestellt. Derselbe kann sich als wohlbeglaubigter Ausspruch Muhammed's nicht ausweisen. In den zwei kanonischen „Corpus“ begegnen wir ihm nicht: dafür aber begegnen wir (ganz abgesehen jetzt von Koranstellen wie Sure XI v. 120, aus welchen ersichtlich ist, dass eben die von Gott Begnadeten frei von Meinungsverschiedenheiten sind: ولا يزالوا مختلفين الّا مَن رَحِم ربّك), einem andern besser beglaubigten Ausspruche, der das gerade Gegentheil lehrt. Derselbe wird dem ʻAlî zugeschrieben und lautet: Von ʻAlî wird berichtet, dass er folgendes sagte: „Entscheidet so wie ihr bisher entschieden habt, denn ich liebe die Meinungsverschiedenheit nicht, damit unter den Menschen Uebereinstimmung herrsche“ [1]). Er soll dies bei Gelegenheit einer concreten Rechtsfrage ausgesprochen haben (— ob es nämlich erlaubt sei, Sklavinnen, die Kinder geboren haben, weiter zu verkaufen? —), in welcher er früher anders geurtheilt hatte als ʻOmar, nun aber um der Meinungsverschiedenheit vorzubeugen, sich zur allgemein herrschenden Auffassung wendete [2]).

Wenn wir nun in Betracht ziehen, dass wir hier zwei einander geradezu widersprechenden Anschauungen gegenüberstehen, so können wir uns der Ansicht nicht verschliessen, dass wir in diesen Traditionssätzen den Ausdruck verschiedener, im Laufe der ältesten Geschichte des Islâm zur Geltung gekommenen Strömungen vor uns haben, von denen eine jede durch Beibringung geheiligter Aussprüche sich zu legitimiren, gleichsam ihre kanonische Sanction zu erhalten strebte; die eine, welche den Ausdruck der individuellen Meinungsverschiedenheit, als der Religion schädlich, verbannt wissen wollte — („Disputandi pruritus ecclesiae scabies“) — und diese Strömung scheint die Legitimität auf ihrer Seite zu haben; und eine andere, welche in der geistigen Freiheit und Selbstständigkeit keine Gefahr für den Islâm erblickte, welche in derselben sogar einen Segen sah. Die Traditionsaus-

1) Al-Buchârî, Faḍâ'il al-aṣḥâb nr. 10 عن علىّ رضه انّه قال اقضوا كما كنتم تقضون فانّى اكره الاختلاف حتّى يكون للنّاس جماعة.

2) Dem Commentator Al-Kasṭalânî VI p. ١٣٣ entgeht der Widerspruch nicht, der zwischen der hier zu Tage tretenden Ansicht ʻAlî's und jener angeblichen Tradition obwaltet; er sucht ihn in der bekannten dialektischen Weise orientalischer Commentatoren auszugleichen: فانّى اكره الاختلاف على الشيخين او الاختلاف الذى يؤدّى الى التنازع والفتن والّا فاختلاف الامّة رحمة.

sprüche von der Art des اختلاف امّتى رحمة werden wohl ihren Ursprung jenen Kreisen zu verdanken haben, denen man in der Kirchengeschichte des Islâm später den Namen اصحاب القياس gab, mindestens aber Kreisen, welche den starr traditionellen Standpunkt aufgaben. Dieser Strömung gehört auch die Interpretation der شُعَب-Tradition an, nach welcher die Vielheit der religiösen Secten innerhalb eines Religionssystems ein Beweis der Vorzüglichkeit desselben ist, von welcher Interpretation des ausführlichen zu handeln ich vor Jahren anderwärts Gelegenheit hatte und nachwies, dass dieselbe falsch sei und den ursprünglichen Intentionen des Textes nicht entspreche [1]).

Wir haben gesehen, dass die Nufât al-Ḳijâs diese Deductionsmethode (Ḳijâs) aus dem Grunde verwarfen, weil dieselbe zur Meinungsverschiedenheit führt. Den grössten Vertreter der Ẓâhirschule, Ibn Ḥazm, finden wir natürlich obenan unter denjenigen, welche die „Meinungsverschiedenheit“ verpönen. Diesem Gedanken giebt er gleich in der Einleitung seiner gegen das Ḳijâs gerichteten Streitschrift klaren Ausdruck. Gott hat — dies ist in Kürze sein Ideengang — durch Muhammed alles an die Menschheit gelangen lassen, was zur Vollkommenheit der Religion und der Rechtleitung gehört; er hat aber die später eingetretene Meinungsverschiedenheit in seiner Allwissenheit vorhergesehen und in seiner Allmacht vorherbestimmt, nicht aber ohne dieselbe als Abweichung von dem richtigen Pfade zu kennzeichnen, für welche Anschauung Ibn Ḥazm die bezeugenden Koranstellen anführt [2]). Es wird nicht uninteressant

1) Beiträge zur Literaturgeschichte der Šî'a u. s. w. p 9.

2) Ibṭâl Einleit.: فان اللّه عزّ وجلّ بعث محمّدا عبده ورسوله عمّ بالهدى ودين الحقّ والنور فهدى به الى الطريق المؤدّية للجنّة المنجية من النار وعرّفنا به ما اوحى اليه مراده منّا وابطل بملّته التى ابتعثه بها كل ملّة كان بها احد من الإنس والجنّ واخبرنا تعالى انّه اكمل به الدين واوضح به التبيين فقال تعالى ما فرّطنا فى الكتاب من شىء وقال تعالى لتبيّن للنّاس ما نزّل اليهم فوفّق اللّه تعالى لاتّباعه من اراد به الخير فكانوا خيرة اللّه من خلقه واوليآءه من عباده فلم يزالوا على ذلك الى ان قبضه اللّه تعالى الى جنّته ورضوانه صلعم وقد اتمّ به الدين واستوفى به

sein zu sehen, wie ein mit Recht berühmter arabischer Historiker, dessen ẓâhiritische Neigungen uns im Laufe dieser Abhandlung noch beschäftigen werden, sich dieser Frage gegenüber verhält. Al-Maḳrîzî[1]) ist es, der, nachdem er die Ansichten der verschiedenen theologischen Schulen über die anthropomorphistischen Stellen des Koran vorgetragen, seine Darstellung mit folgender Betrachtung schliesst: „Eine jede von diesen Parteien bringt ihre Argumente vor . . . . und sie werden nicht aufhören verschiedene Meinungen zu haben, mit Ausnahme jener, deren sich dein Gott erbarmt, und dazu hat er sie erschaffen [2]) und Allâh wird zwischen ihnen richten am Tage der Auferstehung in Bezug worauf sie einander widersprachen“. Al-Makrîzî betrachtet, wie wir sehen, als Getreuer der ẓâhiritischen Richtung, aber mehr noch als Getreuer der alten koranischen Auffassung nicht die Verschiedenheit, sondern die Uebereinstimmung und Gleichmässigkeit der Ansichten als Ausfluss der göttlichen Gnade.

Gegen die Authentie des freisinnigen Ausspruches Ichtilâf u. s. w. wurde jedoch nicht nur von orthodox-traditioneller Seite Opposition gemacht. Derselbe Al-Chiṭâbî, welcher diesen Grundsatz als Erklärungsgrund des sonderbaren Benehmens ʻOmar's angesichts des Sterbebettes des Propheten anführt, lässt diese Gelegenheit nicht vorübergehen, ohne die Glaubwürdigkeit derselben gegen die äusserste Linke der muhammedanischen Liberalen in Schutz zu nehmen: „Gegen den Traditionssatz „Die Meinungsverschiedenheit in meiner Gemeinde ist Gnade“ haben zwei Männer Einwendungen gemacht, von denen der eine in religiöser Beziehung arg beleumundet ist — nämlich ʻAmr b. Baḥr Al-Gâḥiẓ —, und der andere durch seine Spasshaftigkeit und Fri-

---

التبيين وكان من قضآء الله عزّ وجلّ السابق فى علمه الذى اخبرنا به تعالى ان قال ولا يزالوا مختلفين الّا من رحم ربّك ولذلك خلقهم فايقنّا بصحّة خبر الله عز وجل ان الاختلاف سيحدث فينا ونهانا الله تعالى عنه فقال عزّ من قائل واعتصموا بحبل الله جميعا ولا تفرّقوا وقال تعالى ولا تكونوا كالذين تفرّقوا واختلفوا من بعد ما جآءهم البيّنات واولئك لهم عذاب عظيم وقال تعالى ولو كان من عند غير الله لوجدوا فيه اختلافا كثيرا . . . ابو هريرة عن النبى صلعم ذرونى ما تُرِكتم وانّما هلك الذين من قبلكم كثرة مسائلهم واختلافهم على انبياءهم ‘

1) Chiṭaṭ II p. ٣٢٠.   2) Citat aus Koran Su. XI v. 120.

volität bekannt ist, nämlich Isḥâk b. Ibrâhîm Al-Mauṣilî. Nachdem dieser sein Buch über die Gesänge verfasst und sich in diesen Nichtigkeiten hervorgethan hatte, gab er sich nicht damit zufrieden, womit er sich von diesen Sünden an Zehrung vorgesehen, so dass er in seinem Buche auch die Traditionisten schmäht und die Meinung ausspricht, dass diese solche Dinge überliefern, von denen sie nichts wissen. Er und Al-Ġâḥiẓ sagen: Wäre die Meinungsverschiedenheit eine Gnade, so folgte hieraus, dass die Uebereinstimmung als Strafe zu betrachten sei. Ferner meint er, dass die Meinungsverschiedenheit nur bei Lebzeiten des Propheten als Gnade betrachtet werden konnte, da man damals in der Lage war, den Propheten zu befragen und von ihm Aufklärung zu erhalten. Diesen schlechten Einwendungen gegenüber ist Folgendes zu erwiedern: Aus der Thatsache, dass ein Ding als Gnade betrachtet wird, folgt noch immer nicht, dass das Gegentheil davon eine Strafe sei; eine solche Schlussfolgerung kann nur ein Unwissender oder jemand, der sich als unwissend hinstellt, vorbringen. So finden wir z. B. im Koran: Durch seine Barmherzigkeit macht er euch die Nacht und den Tag damit ihr ruhet u. s. w. Hier wird die Nacht eine Folge der göttlichen Barmherzigkeit genannt, ohne dass wir deshalb folgern dürften, dass der Tag eine Strafe sei. Dies ist klar und man kann daran nicht zweifeln. In Bezug auf die Religion ist dreierlei Meinungsverschiedenheit möglich: **erstens** betreffs des Daseins eines Schöpfers und seiner Einzigkeit: diese zu leugnen wäre Unglaube; **zweitens** betreffs seiner Attribute und seines Willens: das Leugnen derselben ist Ketzerei; **drittens** betreffs der aus den Grundsätzen des Glaubens folgenden Gesetze, welche verschiedene Ansichten ertragen. Die Meinungsverschiedenheit in Betracht dieser letzten Klasse hat Gott den Gelehrten als Gabe seiner Barmherzigkeit und Gnade zuerkannt. Dies ist dasjenige, was man unter den Worten der in Frage stehenden Tradition zu verstehen hat".[1] Andere sind noch weiter gegangen in der Toleranz gegen religiöse Meinungsverschiedenheiten; ihr Standpunkt tritt uns in mehr anekdotenhafter als dogmatischer Form in einer Erzählung bei Ibn 'Abd Rabbihi entgegen. Der Chalife Ma'mûn befragte einst einen chorâsânischen Renegaten um die Ursache seines Rückfalles ins Heidenthum, nachdem er früher am Islâm so viel Gefallen gefunden hatte. „Mich hat — entgegnete der Renegat — dem Islâm die Erscheinung entfremdet, dass ihr so viel Verschiedenheiten in eurer Religion habt". Hierauf entgegnete der Chalife: „Zweierlei sind die Verschiedenheiten, die du bei uns antriffst. Es giebt Verschiedenheiten im Ritus, wie z. B. in der Aḏânformel, im Lobgebete während der Leichenbestattung, im Gebete der beiden hohen Feiertage, in dem Glaubensbekennt-

---

1) Al-Nawawi IV p. ٤١.

nisse und der Begrüssung der Propheten am Schlusse des obligaten Gebetes, in den Lesarten des Koran, in den Decisionen über gesetzliche Anfragen u. dgl. Dies sind nun aber keine eigentlichen Verschiedenheiten, sie betreffen nur dasjenige, was der freien Wahl überlassen ist; es ist die Benutzung des breiten Spielraumes und der Erleichterung, welche die Tradition bietet: ob man nun diese oder jene der gleichmässig zugelassenen Formen übt, macht keinen Unterschied. Eine andere Art von Verschiedenheiten betrifft die Auslegung der heiligen Texte des Koran und der Sunna, welche vorkommen, trotzdem wir im Dogma der Offenbarung und der Substanz der Tradition alle eines Sinnes sind. Wenn es nun diese Meinungsverschiedenheiten sind, welche dich unserer Religion entfremdet haben, so findest du ja dieselben auch bei andern Confessionen. Wäre nicht die Verschiedenheit in der Auslegung der Bibel, so gäbe es keinen Unterschied zwischen Juden und Christen, welche sonst in der Anerkennung des Offenbarungsdogmas eines Sinnes sind. Wäre es Gottes Wille gewesen, so hätte er seine Bücher wohlerklärt geoffenbart, und es wäre kein Widerstreit entstanden in der Auslegung der Worte seiner Propheten. Aber nichts wird uns, weder auf religiösem noch auf weltlichem Gebiete in vollkommenem Masse zutheil, es sei denn nach langem Studium und fortgesetztem Eifer und Nachdenken. Wäre dem nicht so, so gäbe es keine Mühe und keine Versuchung, keinen Meinungsunterschied und keinen Zwiespalt; es gäbe keinen Unterschied zwischen Fähigen und Unfähigen, zwischen Wissenden und Unwissenden". Als der Renegat diese Auseinandersetzung angehört hatte, legte er von neuem das muhammedanische Glaubensbekenntniss ab [1]).

Der Mu'tazilit Al-Ǵâḥiẓ steht mit der Verurtheilnng der Ichtilâf-tradition nicht vereinzelt unter seinen Sectengenossen. Wir sind nicht berechtigt, diese Anschauung als Sectenstandpunkt der Mu'taziliten hinzustellen; dafür fehlen uns hinreichende literarische Belege. Aber Thatsache ist es, dass ausser Al-Ǵâḥiẓ noch ein anderer Mu'tazilit an der Gültigkeit dieses angeblichen Traditionsausspruches gerüttelt hat. Von einem der massgebendsten Mitglieder der älteren Mu'tazila, von Abû Huḏejl Muḥammed Al-'Allâf (st. 227) wird berichtet, dass er auf die Frage: Was für die muhammedanische Gemeinde vortheilhafter sei, Meinungsgleichheit oder Meinungsverschiedenheit? erwidert habe: „die Uebereinstimmung", und als man ihm die diesem Grundsatze entgegenstehenden Momente aus Muḥammed's Leben entgegenhielt, tiefes Schweigen bewahrt habe [2]).

1) Al-'Iḳd al-farid I p. ٢٥٥.

2) Al-Damîrî I p. ١٥٠ wird diese Nachricht aus Ibn Challikân citirt, dieselbe ist jedoch an ihrer Stelle (nr. 617 ed. Wüstenfeld VI p. ١٤٤) nicht zu finden.

3.

Mehr aber noch als der Koran muss die muhammedanische Tradition für jede der beiden Parteien Beweise liefern. Und hier ist es am Platze, einer auf das Mass der Objectivität der Traditionssammlungen bezüglichen Bemerkung Raum zu geben. Wir können nämlich aus einer vergleichenden Betrachtung der beiden als kanonisch angesehenen Traditionensammlungen (Al-Buchâri's und Muslim's) den Eindruck empfangen, dass während der letztgenannte Sammler in Betreff der Form der Mittheilung der durch ihn gesammelten und seinem „Corpus" einverleibten traditionellen Daten und Aussprüchen die unparteiische Objectivität des Materialiensammlers und Redacteurs nicht leicht verlässt, dem Leser überlassend, welchen Gebrauch er von dem dargebotenen Materiale machen, welche Schlussfolgerungen er aus demselben ziehen werde: sein Rivale, Al-Buchârî, nicht selten sein subjectives Urtheil mit einfliessen, sein persönliches Interesse an der Richtung des zu gewinnenden Resultates merken lässt, und zuweilen persönlich Stellung nimmt in streitigen Fragen, deren Lösung sich an die Auslegung und Verwerthung des betreffenden Traditionssatzes anzuknüpfen hat. Ebenso wie wir bei ihm sprachlichen Bemerkungen und Glossen zu den mitgetheilten Aussprüchen begegnen, so finden wir auch vom Texte der Tradition freistehende materielle Bemerkungen und subjective Meinungsäusserungen. Zum vorwiegenden Theile bietet ihm die jedem Paragraphen vorgesetzte Titelaufschrift, wo er unter anderen auch einmal in weitläufiger Weise die widerstreitenden Rechtsansichten der ḥigâzenischen und 'irâkischen Schulen registrirt [1]), reichliche Gelegenheit, das Urtheil des Lesers betreffs seiner Meinung über die praktische Nutzanwendung des betreffenden Traditionssatzes zu praeoccupiren. So z. B. giebt er dem Leser durch die Aufschrift: باب من قال ان الايمان هو العمل لقول الله تعالى وتلك الجنة التى الخ, welche er dem Ausspruche Kitâb al-imân nr. 16 vorsetzt, einen nicht zu verkennenden Fingerzeig dafür, für welche These der orthodoxen Dogmatik er den unter dieser Ueberschrift folgenden Traditionssatz in der Streitfrage über die Definition des Ausdruckes Imân als Beweisstelle zu verwenden habe: und selbst muhammedanische Commentatoren haben diese Tendenz aus der schüchternen Maske der Worte من قال ان herauserkannt [2]). Wie sehr Al-Buchâri bestrebt ist, durch die

1) Kitâb al-ṭalâḳ nr. 24. 2) Al-Kasṭalâni I p. ١٢٧ وغرض البخارى من هذا الباب وغيره اثبت ان العمل من اجزاء الايمان ردا على من يقول ان العمل لا مدخل له فى ماهية الايمان.

Traditionssätze etwas Bestimmtes zu beweisen, für bestimmte Thesen Beweismaterial zu liefern, erhellt u. A. auch daraus, dass er hin und wieder einen Paragraphen mit den Worten einleitet: „Als Beweis für .... kann Folgendes dienen“ [1]). Wir haben oben (S. 45) gesehen, wie Al-Buchârî durch die Einschiebung eines einzigen Wortes in die Aufschrift des Kapitels über das Pfänderrecht in einer streitigen Frage dieses Kapitels eine bestimmte Stellung einnimmt. Es erinnert dieser Vorgang an Erscheinungen, die an analogen kanonischen Materialien anderer Religionskreise vor sich gingen [2]). Muslim hat in seiner Sammlung solche Aufschriften nicht angewendet, wie Al-Nawawî (p. ١٣) sagt „um das Volumen seines Werkes durch dieselben nicht zur vermehren oder wegen anderer Ursachen“; erst Commentatoren und Glossatoren haben versucht, den Paragraphen der muslim'schen Sammlung Ueberschriften (تراجم) beizugeben.

Es ist nicht anders zu erwarten, dass der grösste Traditionarier der muhammedanischen Welt seine Sympathie der Schule der اصحاب الحديث zuwendet, und wenn er auch das Ra'j und die Analogie als Rechtsquelle nicht geradezu verwirft, deren Bedeutung auf enge Grenzen reducirt. Diese seine Gesinnung ist aus der Art und Weise zu ersehen, wie er einige Traditionsaussprüche mittheilt, die er als gegen die speculative Methode gerichtet auffasst; woraus wir gleichzeitig ersehen können, wie viel subjectives Urtheil Al-Buchârî in seine trockenen Kapitel- und Paragraphenüberschriften hineinlegen konnte. Wir wollen nun diese analogiefeindlichen Traditionsaussprüche betrachten:

Kitâb al-i'tiṣâm nr. 7 [3]). باب ما يذكر من ذمّ الرأى وتكلّف

القياس ولا تَقْفُ لا تقل (⁴ ما ليس لك به علم ' حدثنا سعيد بن تليد حدثنى ابن وهب حدثنى عبد الرحمن بن شريح وغيره عن أبى الاسود عن عروة قال حجّ علينا عبد اللّه بن عمرو فسمعته

1) Farḍ al-chums nr. 4. 14. 16 ومن الدليل على ان الخمس النخ.

2) Vgl. im Allgemeinen Schulte, Die Geschichte der Quellen und Literatur des Canonischen Rechts I p. 74 und K. Hase's Handbuch der protestantischen Polemik p. 494 der ersten Ausgabe.

3) Dieser Theil ist in den bisher erschienenen Bänden der Krehl'schen Ausgabe noch nicht enthalten; unser Text ist der Bûlâkor Commentarausgabe in 10 Bänden vom Jahre 1285 entnommen. 4) Die Worte لا تقل scheinen mir ursprünglich eine Variante des vorhergehenden ولا تقف zu sein; im Buchâritext des Abû Ḏarr fehlen denn auch diese Worte.

يقول سمعت النبىّ صلّعم ان اللّه لا ينزع بعد ان اعطاهموه انتزاعًا ولكن ينزعه منهم مع قبض العلمآء بعلمهم فيبقى ناس جُهّال يُسْتَفتون فيفْتون برأيهم فيُضلّون ويَضلّون ‘. Hier wird allerdings von dem auf Grund des Ra'j geschöpften Urtheil abgerathen; aber wir sehen, welche weitgehende Schlussfolgerung Al-Buchâri durch die Titelüberschrift hieran knüpft. Noch weiter geht er im selben Buche nr. 9:

باب تعليم النبىّ صلّعم امّته من الرجال والنسآء ممّا علّمه اللّه تعلى ليس برأى ولا تمثيل‘ حدثنا مسدد حدثنا ابو عوانة عن عبد الرحمن بن الاصبهانىّ عن ابن صالح ذكوان عن ابى سعيد جآءت امرأة الى رسول اللّه صلعم فقالت يا رسول اللّه ذهب الرجال بحديثك فاجعل لنا من نفسك يومًا نأتيك فيه تعلّمنا ممّا علّمك اللّه فقال اجتمِعْنَ فى يوم كذا وكذا فى مكان كذا وكذا فاجتمَعْنَ فأتاهنّ رسول اللّه صلعم فعلّمهنّ ممّا علّمه اللّه تعالى ثمّ قال ما منكنّ امرأة تقدّم بين يديها من ولدها ثلاثة الّا كان لها حجابًا من النار فقالت امرأة منهنّ يا رسول اللّه آثنين([1] قال فأعادتها مرّتين ثمّ قال واثنين واثنين واثنين‘. Aus diesem Traditionsausspruche hätte Al-Buchârî ohne subjective Voreingenommenheit gegen die Schule des Ra'j die in der Ueberschrift enthaltene Schlussfolgerung (welche sich ohne Zweifel bloss an die Worte: Er lehrte sie, was Allâh ihn gelehrt hatte) nicht ziehen können [2]). Diese Voreingenommenheit Al-Buchâri's leuchtet auch aus dem Umstande hervor, dass er Kitâb al-ṣaum nr. 41 folgendes anführt, was gar nicht Ausspruch des Propheten ist, sondern eine allgemeine tendentiöse Schlussfolgerung aus den Traditionen:

قال ابو الزناد انّ السنن ووجوه الحقّ لتأتى كثيرًا على خلاف الرأى فما يجد المسلمون بدًّا من اتّباعها من ذلك ان الحائض

1) Eine Variante: أَوِاثْنَين.   2) Al-Kasṭalâni X p. ٣٦٦ ومطابقة الحديث للترجمة فى قوله الا كان لها حجابا من النار لانّ هذا الامر توقيفىّ لا يُعلم الا من قبل اللّه تعا ليس قولا برأى ولا تمثيل.

تقضى الصيام ولا تقضى الصلاة. d. h. ein richtiger Beweis dafür, dass die Analogie in der Beurtheilung religiöser Fragen auf Abwege führt.

Welcher Natur die für solche später aufgetauchte theologische Fragen aus den Traditionen geholten Argumente seien, zeigt uns am besten eine der wichtigsten Beweisstellen, die man aus der Traditionsliteratur gegen das Ra'j ins Treffen zu führen pflegt:

Al-Buchârî, Kitâb al-farâ'iḍ nr. 2: باب تعليم الفرائض وقال عقبة بن عامر تعلّموا قبل الظانّين يعنى الذين يتكلّمون بالظنّ ‘ حدثنا موسى بن اسمعيل حدثنا وهيب حدثنا ابن طاوس عن ابيه عن ابى هريرة قال قال رسول الله صلعم ايّاكم والظنّ فان الظنّ اكذب الحديث ولا تحسّسوا ولا تجسّسوا ولا تباغضوا ولا تدابروا وكونوا عباد الله اخوانًا. Wir sehen, dass hier eine rein moralische Lehre [1]), in welcher die Menschen vor der Verdächtigung ihrer Nebenmenschen gewarnt werden, zur Warnung vor einer rechtswissenschaftlichen Methode (ظنّ = Meinung in der Bedeutung von رأى) umgestempelt wird. Ein durchaus ethischer Ausspruch Muhammed's ist hierdurch in das Erbrecht gerathen; es ist dies für die Art der Redaction der Sammlung Al-Buchârî's charakteristisch. Ausser diesen findet man noch viele gegen die Ra'j-schule angeführte Traditionssätze, von denen aber ein grosser Theil in den kanonischen Sammlungen gar nicht nachweisbar ist [2]).

Noch viel schwächer steht es um jene Stellen der Traditionsliteratur, aus welchen die Ra'jschule die Argumente für ihre Berechtigung zu holen versucht hat. Directe Aussprüche, in welchen den Gläubigen aufgetragen würde, sie mögen in ihren Urtheilen die Analogie als Deductionsmethode anwenden, giebt es in den authentischen Sammlungen nicht. Jedoch haben die Theologen der analogistischen Schule bei Gelegenheit einiger Traditionen, aus denen hervorgeht, dass der Prophet in seinen Urtheilen den Analogieschluss angewendet, darauf hingewiesen, dass aus diesen Thatsachen die Berechtigung dieser Deductionsmethode für die Rechtswissenschaft gefolgert werden darf. Al-Buchârî selbst hütet sich diesen Folgerungen Ausdruck zu verleihen, aber seine ḳijâsfreund-

---

1) wie auch aus den Parallelstellen ersichtlich, vgl. Al-Buchârî, Nikâḥ nr. 45. Muslim, Kitâb al-birr nr. 8 (V p. ٣٣٤).

2) Viele Stellen sind zusammengetragen bei Al-Ša'rânî I p. ٦٤—٦١.

lichen Commentatoren greifen um so gieriger nach solchen Stützen ihrer Theorien, wie gleich aus folgendem ersichtlich wird:

Kitâb al i'tiṣâm nr. 12. باب من شبّه اصلا معلومًا باصل مبيّن قد بيّن الله حكمهما ليفهم السائل ‘ . . . . . حدثنا مسدد حدثنا ابو عوانة عن ابى بشر عن سعيد بن جبير عن ابن عبّاس ان امرأة جاءت الى النبىّ صلّعم فقالت ان امّى نذرت ان تحجّ فماتت قبل ان تحجّ أفأحجّ عنها قال نعم حجّى عنها أرأيتِ لو كان على امّكِ دَيْن أكنتِ قاضيته قالت نعم قال فاقضوا الذى له فانّ الله احقّ بالوفاء ‘. Der Prophet entscheidet hier die Frage, ob die Tochter das Wallfahrtsgelübde der verstorbenen Mutter vollziehen müsse mit Hinweisung auf ein in einem analogen Falle gültiges Gesetz, dass nämlich der Erbe die Schuldverpflichtung des Erblassers einlösen müsse; hieraus folgt, dass der Prophet auf Grund von Analogieschlüssen gefällte Rechtsentscheidungen für berechtigt hielt [1]).

Eine andere Stelle ist Kitâb al-bujû' nr. 103. Hier handelt es sich um die Frage, ob sich ein Muslim mit dem Verkaufe von Wein beschäftigen dürfe oder nicht. بلغ عمر انّ فلانا باع خمرًا فقال قاتل الله فلانا الم يعلم ان رسول الله صلّعم قال قاتل الله اليهود حرمت عليهم الشحوم فجملوها فباعوها. 'Omar entscheidet hier die obschwebende Frage durch das Zurückgehen auf eine analoge Entscheidung des Propheten. Daraus, dass der Prophet die Juden darüber zurechtwies, dass sie mit einer ihnen verbotenen Speise Handel treiben, folgt, dass mit einem verbotenen Nahrungsmittel (hier Wein) kein Handel getrieben werden dürfe.

Auch andere Rechtsdecisionen der Aṣḥâb werden von den Analogisten angeführt als Beweise dafür, dass die höchsten Autoritäten des Islâm in ihren Rechtsentscheidungen von der Analogie Gebrauch machten [2]). Die Erbansprüche des Grossvaters eines Erblassers den andern Erben gegenüber, die Ersatzpflicht desjenigen der das Verbot des Blutvergiessens im geheiligten Territorium

1) Al-Ḳasṭalâni X p. ٣٧٠.

2) Fachr al-din Al-Râzi, einer der eifrigsten Verfechter des Ḳijâs, führt im Mafâtiḥ an den vielen Stellen, die er der Apologie des Ḳijâs widmet, noch andere Traditionssätze an, welche in den Ṣaḥîḥ's nicht vorkommen; vgl. auch Al-Ḳasṭalâni III p. ٤٢١.

während der Wallfahrt durch die Tödtung eines Hasen verletzt, das Verbot einer Art zugehörige Fruchtgattungen von verschiedener Qualität um einander zu verkaufen, die Höhe des Lösegeldes, welches jemand zu bezahlen hat, der seinem Nebenmenschen einen Zahn ausschlägt, und andere gesetzliche Verfügungen werden — so erzählen die Analogisten — von 'Omar, 'Alî, Zejd b. Ṯâbit auf dem Wege des Ḳijâs festgestellt. Die Gegner der Analogie allerdings erkennen die Daten, auf welche diese Thatsachen gestützt werden, nicht als echte und genügend beglaubigte Traditionen an und Ibn Ḥazm wendet viel Eifer an die Zurückweisung derselben. „Ein Genosse soll gesagt haben, dass der Grossvater und die Brüder des Erblassers zweien Kanälen gleichen, die sich von einem und demselben Strome abzweigen; ein anderer soll diese Verwandtschaftsgrade mit zwei Aesten eines und desselben Baumes verglichen haben. Gott sei für, dass die Genossen an solch einer Deduction Gefallen gefunden haben sollen. Was hat denn die Abzweigung der Kanäle oder der Aeste für Beweiskraft in Hinsicht auf die Höhe des Erbanspruches eines Grossvaters neben Brüdern des Erblassers, ob jener ein Sechstel oder ein Drittel erbt, oder gar der Universalerbe ist? Dies muss Jedermann einsehen, um wie viel mehr musste es demjenigen klar sein, der nach dem Propheten der vollkommenste unter den Menschen ist an Vernunft und Verstand! Es sind jene Erzählungen nichts anderes als erlogene Nachrichten, ersonnen von den Anhängern der Analogie für ihre Nachbeter, unter denen sie dann allgemein verbreitet wurden"[1]). In derselben schneidigen Weise weist Ibn Ḥazm alle aus angeblichen Traditionsaussprüchen geschöpften Argumente der Analogisten zurück, namentlich aber durch den auf die Regeln der Traditionswissenschaft gegründeten Nachweis der Unechtheit, ungenügenden Beglaubigung und Unmöglichkeit der betreffenden Aussprüche. Ich habe zur Vervollständigung unseres Materiales die betreffenden Stellen aus Ibn Ḥazm's Abhandlung Ibṭâl al-Ḳijâs, aus welcher seinerseits auch Al-Ša'rânî geschöpft zu haben scheint, in den dieser Schrift beigegebenen Beilagen I—III mitgetheilt.

Aber auch den Ḳijâsschulen angehörende Gelehrte haben häufig die Authentie der Traditionssätze und Erzählungen bestritten, aus welchen ihre Parteigenossen die Berechtigung des Ḳijâs als Rechtsquelle zu folgern pflegten. Ja auch in Bezug auf die berühmte Mu'âḏtradition (s. oben S. 8), die Hauptstütze der Ḳijâsfreunde und mehr noch in Bezug auf das angebliche Sendschreiben 'Omar's an Al-Aš'arî äussern viele derselben keine günstigere Meinung als der Ḳijâsfeind Ibn Ḥazm und seine ẓâhiritischen Gefährten[2]). Für sie nun ist die kanonische Stütze der Geltung des Ḳijâs der stillschweigende Consensus der Genossen des Propheten betreffs der Gültigkeit dieser Rechtsquelle. Da auch in jener patriarchalischen

1) Ibṭâl Bl. 3b. 2) Waraḳât Bl. 46b.

Epoche des muhammedanischen Rechts in dunkeln Streitfragen jeder Genosse auf Grundlage individueller Analogie urtheilte, ohne dass die andern Genossen gegen dieses Vorgehen Protest erhoben hätten, so ist die Stellung des Ḳijâs im ältesten Consensus der muhammedanischen Kirchenautoritäten zu Gunsten desselben entschieden [1]).

VIII.

1.

Für eine übersichtliche Darstellung der Geschichte der Entwicklung und des Einflusses der Ẓâhirschule steht nur spärliches Material zur Verfügung des Forschers. Wir besitzen keine Ṭabaḳât der zu dieser Richtung gehörenden Gelehrten und so mangelt uns eines der besten Hilfsmittel für das Studium der Geschichte der Ẓâhirijja.

Es scheint, dass die muhammedanischen Historiker der Reaction Dâwûd's gegen die herrschende Methode des kanonischen Rechts nicht viel Wichtigkeit beigemessen haben. Unter denselben geht nur Abu-l-fedâ auf die Lehre Dâwûd's näher ein; wir finden bei ihm wenigstens eine kurzgefasste, durch ein concretes Beispiel beleuchtete Charakteristik des ẓâhiritischen Systems [2]). Al-Mas'ûdî [3]), ein Schriftsteller, der sonst ein offenes Auge und ein tiefes Interesse für alles in kulturhistorischer Beziehung Bedeutsame bekundet, und später Ibn al-Aṯîr [4]) verzeichnen unter dem Sterbejahre 270 ganz trocken, der Letztere sogar nur unter der Rubrik „vermischte Ereignisse", den Tod des Begründers der Ẓâhirschule ohne auch nur ein Wort zu verlieren über die Bedeutung, die seiner Lehre und seinen Schriften beizumessen ist. Diese selbst scheinen ganz und gar verloren zu sein; auch directen Citaten aus denselben begegnen wir in späteren Schriften nicht. Obwohl anfangs noch als selbstständiges System innerhalb des orthodoxen Islâm (مذهب مستقل) betrachtet, das bei der Feststellung des Consensus in einer bestimmten Frage in Betracht zu ziehen ist, verliert die Lehre Dâwûd's später auch in dieser Beziehung alle Autorität und Be-

1) Waraḳât Bl. 46a واجود الطُّرُق فى اثبات القياس التمسّك باجماع الصحابة عليه فانّهم لمّا اختلفوا . . . . . . اخذ كلّ واحد بما رآه عنده قياسًا صحيحًا ولا ينكر بعضهم على بعض وذلك دليل على اجماعهم على القياس فى الشرعيّات'

2) Annales Moslemici ed. Reiske II p. 260. 3) Murûğ VIII p. 64.

4) Al-Kâmil ed. Bûlâḳ VII p. ١٢٨ unter عدّة حوادث.

achtung. Gelehrte, welche der Ẓâhirschule gegenüber schonend gestimmt waren, berücksichtigen ihr Separatvotum wo sie das ausdrückliche Ḳijâs (القياس الجلى) nicht verwirft, andere nur in Uṣûlfragen mit Ausschluss ihrer Abweichungen in abgeleiteten speciellen Rechtsfragen, während z. B. der berühmte Al-Ǵuwejnî, bekannt unter dem Ehrennamen Imâm al-Ḥaramejn sagt, dass die Ḳijâsleugner nicht einmal den „Gelehrten der muhammedanischen Gemeinde" (علماء الأمة) beizuzählen und unter die „Träger des Gesetzes" (حملة الشريعة) zu rechnen, sondern einfach dem unwissenden Pöbel gleichzustellen seien [1]). Al-Nawawî kann bereits constatiren, dass nach der Ansicht jener, welche die Wahrheit anstreben und erfassen, in einem Falle, wo Dâwûd eine von der der vier orthodoxen Imâme abweichende Lehre aufstellt, dieser Widerspruch die Thatsache des Consensus nicht aufhebt [2]).

In Betreff der Verbreitung und des Verfalles der Ẓâhirschule steht uns eine Reihe von historischen und literaturgeschichtlichen Angaben zur Verfügung, die uns feste Punkte bieten kann in unserer Vorstellung von den Kreisen, welche diese Schule innerhalb der muhammedanischen Welt beschrieb. Die erste Verbreitung fand die Ẓâhirschule selbstverständlich in ʿIrâḳ, in dem Kreise wo sie entstand. Die gelehrten Vertreter der Ẓâhirijja, welche der Verfasser des Fihrist (im Jahre 377) erwähnt [3]) und welche sich noch unter dem Einflusse des Stifters und seines Sohnes zur Ẓâhirijja wendeten, gehören zumeist ʿIrâḳ an. Den Namen, welche Ibn Abi-l-Nadîm als die Vertreter dieser Schule im ersten Jahrhundert ihres Bestandes vorführt, können jedoch noch einige ergänzend hinzugefügt werden. Als Schüler des Muḥammed b. Dâwûd wird, und zwar ausdrücklich als Ẓâhirî genannt der seiner Frömmigkeit wegen berühmte ʿAbd al-Mu'min b. Ṭufejl al-Tamîmî Al-Nasafî (st. 346) [4]); Abu-l-Maḥâsin nennt den Baṣrenser Abd Allâh b. ʿAlî Al-Wardîrî, der das Amt eines Richters bekleidete (st. 375), „den Sejch der Ahl al-Ẓâhir" [5]). Andere Ver-

1) Vgl. über diese Frage weitläufig Tahdib p. ٢٣٩ ff.; p. ٢٣٧ ist (بخلاف داود) سائر نفات الفياس der Ausgabe in وسائر zu corrigiren.

2) Commentar zu Muslim IV p. ۴۱۹ فالمحققون يقولون لا يعتدّ به (يعنى بقول داود) لاخلاله بالقياس وهو احد شروط المجتهد الذى يُعتدّ به‘. Vgl. über den Ausdruck يعتدّ فى الاجماع Tahdib p. ٧٩١, 6 ff.

3) Fihrist I p. ٢١٦—٢١٩. Vgl. ZDMG. XIII p. 615.

4) Ṭabaḳât al-ḥuffâẓ XI no. 63.

5) Quatremère, Histoire des Soult. Maml. l. c. p. 270.

treter der Schule werden noch bei Al-Sam'âni, in dem in unserer Beilage Nr. V. mitgetheilten Berichte (auf den ich zu diesem Zwecke verweise), namhaft gemacht. Nach Dâwûd's Tode stand dem Madhab der Ẓâhiriten dessen Sohn Muḥammed vor, der nicht nur Theologe war — er gab Fetwa's —, sondern auch als Dichter und Schöngeist einen guten Namen hatte [1]. Aus dem Umstande, dass der Verfasser des Fihrist in seiner Notiz über den Ẓâhiriten Ibn al-Mugallis die Worte gebraucht: „Auf ihn gelangte die Würde eines Oberhauptes der Dâwûditen zu seiner Zeit" können wir schliessen, dass nach Muḥammed's Tode die Würde eines Oberhauptes der jungen Ẓâhiritengemeinde immer erneuert wurde.

Von 'Irâḳ aus verbreitete sich die Ẓâhirschule durch Schüler aus allen Ländern in weitere Gebiete der muhammedanischen Welt. Schon Dâwûd selbst hatte theologische Anfragen zu beantworten, die ihm aus den entferntesten Gegenden zukamen; Sammlungen von Responsen auf iṣfahânische und chârezmische Anfragen werden unter seinen Werken aufgezählt [2]. Die Veranlassung dieser Gutachten beweist wohl, dass man schon zu Dâwûd's Zeit in Mittelasien seine Autorität hochstellte. Von 'Irâḳ aus scheint die Ẓâhirschule sich nach Persien verbreitet zu haben, hier war besonders Šîrâz ein Centrum der Ẓâhiriten [3]. Eine mir nicht ganz klare Notiz bei Jâḳût scheint darauf hinzudeuten, dass um Šahrzûr herum um d. J. 341 die fanatische Befolgung „des äusseren Sinnes der Texte" Ursache von Todtschlag und Plünderung ward [4].

Schon in dieser ältesten Periode der Ẓâhirschule schlossen sich Anhänger der muhammedanischen Theosophie, im Fiḳh der die Nachbeterei nach einer bestimmten ritualistischen Sekte principiell ausschliessenden Schule Dâwûd's an. Wir werden diese Erscheinung im späteren Verlaufe unserer Darstellung näher kennen

1) Al-Sam'âni, nr. 2. 2) Fihrist p. ٢١٧, 18. Vgl. oben S. 29.

3) Abû Isḥâḳ al-Širâzi (st. 476) Ṭabaḳât, bei Rifâ'a Beg al-Ṭaḥṭâwi (ein im Jahre 1873 verstorbener gelehrter Staatsbeamter in Kairo) in seiner Schrift القول السديد في الاجتهاد والتجديد (Kairo, Druckerei des Wâdi al-Nil 1287) p. ١٦. Diese in altmuhammedanischem Sinne gehaltene Schrift ist als wissenschaftl. Beilage zu der pädagogischen Revue Rauḍat al-madâris (Jahrg. 1 nr. 6) erschienen.

4) Jâḳût III p. ٣٤٠. وقد كان اهل نيم ازراى وقعوا بأهل شيز المدينة وقتلوهم وسلبوهم واحرقوهم بالنار للعصبية في الذين ظاهر الشريعة. Diese Worte sind nicht recht klar. Wird in dieser Stelle gesagt, dass die Bewohner von Nim Azrâj, weil sie selbst sich an den äusseren Wortsinn des Gesetzes hielten, die berüchtigten Nachbarn mordeten und ausplünderten; oder haben sich die Bewohner von شيز an das „Aeussere des Gesetzes" gehalten? Sie werden übrigens als Ši'iten bezeichnet.

lernen. Der erste Mystiker unter den Ẓâhiriten scheint ein gewisser Ruwejm b. Aḥmed Abû Muḥammed, ein Baġdâder, gewesen zu sein (st. 303)[1]. Unter seinen Schülern finden wir den Śîrâzer Muḥammed b. Chafîf b. Isfeksâd Al-Ḍabbî (st. 371 im Alter von über hundert Jahren), der im Fiḳh den Šâfi'iten Ibn Surejǵ zum Lehrmeister hatte. Ich vermuthe, dass dieser „Śejch der Ṣûfî's in den Städten von Fâris“[2]) nicht frei von ẓâhiritischen Velleitäten war. Ich folgere dies durchaus nicht aus der Charakteristik, die von diesem Gelehrten in den mir zu Gebote stehenden Quellen geliefert wird: dass er nämlich zu den gelehrtesten Śejchen بعلوم الظاهرة (Jâkût; الظاهر Ibn al-Mulaḳḳin) gehörte. Dies ist nicht die gewöhnliche Art, die Zugehörigkeit eines Gelehrten zur Ẓâhirschule zu bezeichnen[3]). Vielmehr sind diese Worte dahin zu deuten, dass der Mystiker, dessen Specialität vor allen Dingen „die Wissenschaft des Innern“ (علم الباطن) bildet, auch in den „Wissenschaften des Aeussern“ d. h. im Fiḳh und seinen Zweigen heimisch war. Muḥammed b. Chafîf's Hinneigung zur Methode der Ẓâhiriten, welche bei ihm, als Genossen des Ruwejm, von vornherein nicht auffallend sein kann, folgere ich aus einer Mittheilung über sein Verhalten in rituellen Dingen. Einer seiner Biographen erzählt nämlich, dass er in seinen alten Tagen das Stehen nicht mehr aushielt und genöthigt war, sein Gebet sitzend zu verrichten, Dies veranlasste ihn, bei jedem Gebete die doppelte Anzahl der vorgeschriebenen obligatorischen Kniebeugungen (rak'ât) zu vollziehen. Es heisst nämlich in der Tradition, dass das Gebet des Sitzenden nur den halben Werth des Gebetes des aufrecht Stehenden habe. Diese Tradition deutete Muhammed b. Chafîf gegen die gewöhnliche Praxis dem Wortlaute nach[4]); dies ist echt ẓâhiritisch.

Al-Muḳaddasî, dieser von tiefem theologischen Interesse durchdrungene geographische Schriftsteller, Zeitgenosse des Ibn Abi-l-Nadîm, giebt uns einige sehr werthvolle Notizen über die Verbreitung und den Einfluss der Ẓâhirschule im IV. Jhd. d. H. Wir erfahren aus seinen Angaben, dass sich nicht nur theologische Gelehrte zur Ẓâhirijja bekennen, sondern dass diese Richtung auch unter dem gewöhnlichen Volke Anhänger fand, dass dieselben eine

---

1) Abu-l-Maḥâsin, Annales II p. ١٩٨. 2) Jâḳût III p. ٣٥٠.

3) Allerdings finden wir aber auch علم الظاهر in diesem Sinne Abu-l-Maḥâsin II p. ٢٧٩. 6).

4) Ibn al-Mulaḳḳin Bl. 108b وضعف فى آخر عمره عن القيام فجعل بدل كلّ ركعة من اوراده ركعتين قاعدا للخبر صلاة القاعد على النصف من صلاة القائم، قلتُ الخبر محمول على غير المعذور.

geschlossene Corporation bildeten, dass sie Propaganda betrieben, um ihre Lehre zu verbreiten [1]). Die Ẓâhirijja war also zu dieser Zeit noch nicht, was sie später wurde, die unmächtige Schrulle einzelner Theologen, welche sich der Anerkennung der Berechtigung des Ḳijâs theoretisch widersetzten, sondern eine verbreitete Religionspartei, welche in ihrer Mitte Gelehrte zählte, welche das Bestreben nach Einfluss und Verbreitung fühlte und bethätigte. Besonders aber war sie in Persien verbreitet und einflussreich; man verlieh hier ihren Bekennern auch administrative Stellen und Richterämter; hier lehrten ihre Theologen und sorgten für die wissenschaftliche Begründung des Madhab [2]). In Chorâsân ist zu jener Zeit ihr hervorragendster Vertreter der im Jahre 376 verstorbene dâwûdische Ḳâḍî Abu-l Ḳâsim ʻUbejd Allâh b. ʻAlî Al-Nachaʻî [3]); derselbe war Schüler des Maḥâmilî, welcher unter jenen Wenigen genannt wird, die, wenn sie auch nicht den Lehren Dâwûd's zustimmten, dieselben dennoch als berechtigte Aesserungen des muhammedanischen Geistes würdigten [4]). Von Persien aus scheinen sie sich nach Sind [5]) — wo ohnehin die der Ẓâhirijja zumeist entsprechenden juristischen Grundsätze herrschten — und nach ʻOmân [6]) verbreitet zu haben. In Sind wird der Ḳâḍi Abû Muḥammed Al-Manṣûrî als ausgezeichneter Vertreter der Ẓâhirijja genannt; er verbreitete diese Richtung durch mündliche Lehre und in einer Reihe von Schriften. In Syrien war keine Spur von ihnen vorhanden [7]) und auch im Magrib, wo die beiden analogistischen Schulen des Abû Ḥanifa und Mâlik regierten, und gegen Al-Šâfiʻî's Richtung grosse Antipathien vorherrschten, scheint der später zur Geltung gekommene Einfluss der traditionellen Richtung noch nicht geahnt worden zu sein [8]). Von grossem Interesse ist die knappe aber markige Charakterschilderung, die der ausgezeichnete Beobachter der Sitten von den Anhängern der Ẓâhirschule entwirft. Sie sind — so sagt er — von vier Eigenschaften nicht frei: von Stolz, von empfindlicher Reizbarkeit, Redseligkeit und Behäbigkeit [9]).

Wir sahen eben, dass Al-Muḳaddasi, der von dem Vorhandensein der Ẓâhirijja in den verschiedenen Ländern Notiz nimmt, in Andalusien und überhaupt im Magrib noch keine Spur derselben findet. Ihre Ausbreitung nach diesen Provinzen des Islâm gehört auch thatsächlich einer spätern Zeit an. Aber schon im IV. Jhd. finden wir in Andalusien einen bedeutenden Vertreter der Ẓâhir-

1) Al-Muḳaddasi p. ٣٧. 2) ibid. p. ٤٢٩, 11; vgl. p. ٤٤١ note a). Unter اهل الحديث sind an dieser Stelle wohl Anhänger Aḥmad b. Ḥanbal's zu verstehen. 3) Al-Samʻâni (Beilage V). 4) Tahdîb p. ٢٣٧. 5) Al-Muḳaddasi p. ٤٨١, 8. 6) ibid. p ٩٩, 10. 7) ibid. p. ١٧٩, 20. 8) ibid. p. ٢٣٦ f. 9) ibid. p. ٤١, 5.

schule, der Zeit nach den ersten, den wir im Magrib nachweisen können. Es ist dies Mundir b. Zijâd al-Bollûṭî, der durch seine Energie und Gerechtigkeitsliebe berühmte Oberrichter von Cordova (st. 355). In der öffentlichen Praxis bethätigte er das System Mâlik's — der Richter musste ja nach dem herrschenden Rechtscodex walten; aber in seinem individuellen Verhalten und in seiner Familie richtete er sich nach dem System des Dâwûd b. ʿAlî, für dessen Lehren er auch im wissenschaftlichen Verkehre einstand. Es wird berichtet, dass Mundir die Werke des Begründers der Ẓâhirschule sammelte [1]) und die in denselben enthaltenen Lehren auch gegen gegnerische Angriffe vertheidigte [2]). Es folgt hieraus, dass in Andalusien schon zu jener Zeit die Lehren der Ẓâhirijja in der theologischen Forschung Berücksichtigung fanden, wie hätte sonst Mundir eine apologetische Thätigkeit im Interesse derselben entfalten können? — und dass die Angabe des Historikers der Almohadendynastie, ʿAbd-al-Wâḥid Al-Marrâkośî, als wäre vor Ibn Ḥazm kein einziger berühmter Vertreter der Ẓâhirijja aufgetreten [3]), der Pünktlichkeit entbehrt.

Man darf behaupten, dass die Länder des westlichen Islâm der geeignetste Boden für die Ausbreitung dieser Lehren waren. Die muhammedanischen Bewohner dieser Länder bekannten sich zwar zu den analogistischen Schulen der muhammedanischen Theologie, aber der Sieg der mâlikitischen Jurisprudenz führte ihnen diejenige dieser Schulen zu, welche sich vom Boden des stricten Traditionalismus nur wenig entfernt hatte. Al-Muḳaddasî charakterisirt die theologische Richtung der Andalusier mit den Worten: „Dort herrscht die Rechtsschule des Mâlik und im Lesen des Korans das System des Nâfiʿ; sie sagen: wir anerkennen nur das Buch Gottes und das Muwaṭṭaʾ des Mâlik, treffen sie jemanden der sich zu Abû Ḥanîfa oder Al-Śâfiʿî bekennt, so verweisen sie ihn des Landes“ [4]); sie hielten sich also ausschliesslich an die traditionellen Quellen des Islâm, ganz so wie die Ẓâhirijja, der sie auch an Unduldsamkeit gegen andere Madhabs ähnlich sind. Der westliche Islâm bezeugte denn auch für das Studium der Traditionen mehr Interesse und Neigung als der den juristischen und philosophischen Speculationen geneigte Osten [5]). Die pietätvolle Verehrung für die Traditionssammlungen hat sich im Magrib auch in äussern Formen kräftiger bethätigt als in den östlichen Provinzen des Islâm. Noch im VIII. Jhd. schrieb ein magribinischer Fürst

1) Al-Makkari I p. ٤٧٤. 2) ibid. II p. ١١٩. Von Mundir wird bei Ibn Ḥazm, Kitâb al-milal I Bl. 130a die Ansicht angeführt, dass die أفلاك (Sphären) nicht mit den Himmeln identisch seien. Ibn Ḥazm bestreitet und widerlegt diese Ansicht in seiner gewohnten Weise. 3) The History of the Almohades ed. Dozy p. ٣٥, 3. 4) Al-Muḳaddasi p. ٢٣٩. 5) Al-Makkari I p. ٤٦٥.

eigenhändig die sechs berühmten Sammlungen der kanonischen Traditionen nieder, welche am Maulidfest in grosser Parade hinter dem angeblich ʿotmânischen Koran einhergetragen wurden [1]). Damit hängt die Thatsache zusammen, dass in Nordafrika der Schwur bei der Traditionssammlung des Buchârî als ein höchst heiliger angesehen ist [2]).

Ein grosses Verdienst um die Begründung des traditionstreuen Sinnes muss dem berühmten Koranexegeten Baḳî b. Muchlîd Al-Ḳurṭubî zugeeignet werden. Dieser grosse Exeget, dessen ihm von Al-Sujûṭî [3]) zum Vorwurf gemachte Weitschweifigkeit dem Erforscher des Islâm nach der Kenntnissnahme von dem ganzen Werke, welches leider nur fragmentarisch erhalten ist, wahrhafte Begierde einflössen kann, schloss sich keiner einzigen der zu seiner Zeit (st. 276) herrschenden Fikhrichtungen an, sondern gründete seine Rechtsdeduction ausschliesslich auf die Tradition; er befolgte mit andern Worten die durch seinen ʿirâkischen Zeitgenossen Dâwûd zur Geltung gebrachten Principien. Die Ahl al-raʾj waren ihm darob nicht wenig gram; ihm aber bot die Gunst seines Fürsten Muḥammed b. ʿAbd al-Raḥmân Ersatz für den Hass der Zunft [4]). Es ist leicht begreiflich, dass Ibn Ḥazm [5]) den Ḳurṭubî sehr hoch hielt, seinen Commentar als unübertroffenes Meisterwerk feiert, und denselben auch dem grossen exegetischen Werke des Ṭabarî vorzieht. Besonders rühmt er an Al-Ḳurṭubî, dass er nach den Intentionen der Traditionen vorgehe; übrigens hält er seine Richtung als der des Aḥmed b. Ḥanbal am nächsten kommend.

2.

Wir können demnach behaupten, dass wenn auch die exclusive Art, in welcher Ibn Ḥazm dem starren Traditionalismus der Ẓâhirschule zum Siege verhelfen wollte, auf entschiedenen Widerspruch in Andalusien stiess, doch wieder eben die specielle Art des andalusischen Islâm die eigentliche Vorbedingung war für die Hervorbringung eines theologischen Charakters, als welchen wir den des

1) S. Bargès, Tlemçen p. 382. 433. Dieselbe Verehrung für die Traditionswerke hat sich im Maġrib bis in die neueren Zeiten fortgepflanzt. „Wenn Muley Ismaʿil etwas Grosses mit seiner schwarzen Armee ausrichten wollte, so liess er dieses Buch (Al-Buchârî) eben wie die Bundeslade im alten Testament, in Procession und unter den grössten Feierlichkeiten mit zu Felde führen, welches auch noch jetzt im vollen Gebrauch ist. Der Aufenthalt dieses Buches ist allemal in einem schönen Kasten und es hat sein eigenes kleines Zelt, worunter es nahe bei der Person des Königs gesotzt wird" erzählt Höst, Nachrichten von Marókos und Fes (Kopenhagen 1781) p. 238.

2) Walsin Esterhazy, De la domination turque dans l'ancienne regence d'Alger (Paris 1840) p. 213. 222. 3) Itḳân ed. Kairo II p. ٣٢٩.

4) Al-Maḳḳari I p. ٨١١—٨١٢ 5) Vgl. Ṭabaḳât al-ḥuffâẓ X nr. 2. Ṭab. al-muffasirin ed. Meursinge nr. 25 Al-Maḳḳari l. c.

'Alî b. Aḥmed Abû Muḥammed Ibn Ḥazm kennen. Unter den Vorkämpfern der dâwûd'schen Schule ist dieser merkwürdige Mann als der weitaus berühmteste bekannt. Für uns repräsentiren seine auf uns gekommenen Werke die theologische Literatur der Ẓâhirschule; es ist mir nicht bekannt geworden, dass von specifisch ẓâhiritischer Literatur ausser den den muhammedanischen Autodafé's abgerungenen wenigen Bänden Ibn Ḥazm'scher Werke noch etwas Selbstständiges auf uns gekommen wäre.

Ueber seinen Lebensgang und seine literarische Thätigkeit sind wir durch die tüchtigen Beiträge holländischer Orientalisten belehrt worden. Die Bibliographie seiner Schriften könnte noch durch einige Kleinigkeiten vervollständigt werden; in der Anmerkung [1]) gebe ich Notizen über einzelne, meines Wissens noch nicht verzeichnete Ibn Ḥazmica, auf welche ich während meiner Beschäftigung mit diesem merkwürdigen Schriftsteller gestossen bin.

---

1) Die Traditionsriwâjât haben widersprechende Angaben darüber, welcher Art die Wallfahrt und 'Umra des Propheten gewesen sei. Vgl. Snouck-Hurgronje, Het Mekkaansche Feest (Leiden 1880) p. 85 ff. Ibn Ḥazm gab eine eigene Schrift heraus, in welcher er diese Widersprüche ausglich: وقد جمع بينهما ابو محمّد ابن حزم الظاهرىّ فى كتاب صنّفه فى حجّة الوداع خاصّة وادّعى انّه صلّعم كان قارنا وتأوّل باقى الاحاديث (Al-Nawawî III p. ١٩٣). Ibn Ḥazm, der — wie wir in seinem grossen Werke fort und fort sehen — sich ungemein viel mit persönlicher, mündlicher Controverse, mit Aš'ariten, Mu'taziliten, Christen, Juden und Freidenkern abgab, hat auch mehrere der Einzelpolemik gewidmete Schriften verfasst. Seine Streitschrift gegen den Juden Ibn Nagdêlâ ist bereits nachgewiesen (vgl. meinen Aufsatz, Proben muhammedanischer Polemik gegen den Talmud I in Kobak's Jeschurun VIII — 1872 — p. 81); desgleichen eine polemische Schrift gegen das Buch العلم الالهى vom Arzte Muḥammed al-Râzî, speciell gegen die Behauptung gerichtet, dass Seele, Raum und Zeit ewig seien بانّ العالم محدّث وان له مدبّرا لم يزل الّا ان النفس والمكان المطلق وهو الخلا والزمان المطلق لم يزل معه (Milal I Bl. 2 a, vgl. ibid. Bl. 13 a, wo diese Streitschrift citirt wird). Er verfasste auch eine „grosse" Streitschrift gegen den Dogmatiker Michṭâf b. Dûnâs in Ḳairawân, der die These vertheidigte, dass der Glaube bloss im innerlichen Bekenntniss bestehe: ولنا كتاب كبير نقضنا فيه اهل شبه هذه المقالة الفاسدة كتبناه على رجل من المتكلّمين يسمّى مخطاف بن دوناس من اهل قيروان افريقيّة (Bd. II Bl. 10 a).

a.

Ibn Ḥazm repräsentirt in seinem Zeitalter die ẓâhiritische Opposition gegen die herrschende muhammedanische Orthodoxie; er repräsentirt dieselbe, und dies ist das neue Moment, das er in den Kreis der Ẓâhirschule einführte, nicht nur in Bezug auf die Gesetzwissenschaft, sondern auch in Bezug auf die Dogmatik. In jenen Abschnitten dieser Studie, in welchen wir uns mit dem positiven Fiḳh der Ẓâhirschule in seinem Verhältniss zu den herrschenden Ḳijâsschulen beschäftigen, ist uns der Name Ibn Ḥazm's mehr als einmal entgegengetreten: sein Standpunkt ist der des starren Ḳijâsleugners (نافى القياس), er desavouirt alle Zugeständnisse, die seit Begründung der Ẓâhirschule an die zur Geltung gekommene Richtung gemacht wurden. Die Schule Mâlik's und die des Abû Ḥanîfa werden von ihm in gleicher Weise verpönt. Von dem Gründer der ersteren, einem Gelehrten den man nach dem Vorgange von Kremer's als Repräsentanten der traditionellen Methode in der Rechtswissenschaft und als Antipoden der speculativen Richtung Abû Ḥanîfa's zu betrachten pflegt, überliefert Ibn Ḥazm folgende Erzählung, welche uns zur Genüge das Urtheil kennen lehrt, welches der intransingente Ẓâhirite von dem Repräsentanten der traditionellen Rechtswissenschaft hegte. „Als der Imâm Mâlik sich dem Tode nahe fühlte, sprach er: Ich wünschte jetzt, dass ich wegen jeder Frage, in der ich nach meinem Ra'j entschied, mit einem Geisselhieb bestraft werden könnte, und dass ich vor dem Propheten Gottes nicht mit Dingen erscheinen müssse, die ich zu seinem Gesetze eigenmächtig hinzugefügt, oder in welchen ich gegen den äusseren Wortsinn seines Gesetzes geurtheilt habe" [1]). Diese angebliche Selbstkritik Mâlik's ist vielmehr die Kritik des Ẓâhiriten über die Lebensarbeit dessen, der unter die getreuesten Getreuen der Tradition gezählt zu werden pflegt. Noch strenger aber geht Ibn Ḥazm gegen Abû Ḥanîfa, als den eigentlichen Stifter des analogistischen Fiḳh ins Gericht. Man überliefert von ihm ein Epigramm gegen die Schule Abû Ḥanîfa's wie folgt:

„Wenn du mir Lügenhaftes berichtet hast, so liegt auf dir die Schuld Abû Ḥanîfa's und Zofar's,
„Welche sich in abtrünniger Weise der Analogie hingaben, und sich von der Befolgung der Tradition abwendeten".

Dieses Epigramm hatte folgende Entgegnung von Seiten eines Ḥanefiten zur Folge:

1) Ibṭâl Bl. 12b, Al-Ša'râni I p. ٩٥; ebendaselbst p. ٩٩ finden wir noch folgende Mittheilung im Namen des Walid b. Muslim aus Damascus (st. 194): Mâlik fragte mich: Erwähnt man in eurem Lande des Abû Ḥanîfa? Als ich diese Frage bejahte, sagte er zu mir: „Niemand sollte dann in eurem Lande seinen Wohnsitz nehmen".

„Es war nicht recht, o Ibn Ḥazm, denjenigen zu tadeln, der die Wissenschaften umfasste und hervorragend war an Vorzug, und berühmt;
„Denn der Vorzug Abû Ḥanîfa's ist im Laufe der Generationen anerkannt, und ihm darin ähnlich ist sein Genosse Zofar;
„Wenn du dich nicht bekehrst von dieser Rede, so glaube ich, dass du nicht weit stehst vom Höllenfeuer.
„Abû Ḥanîfa's Analogie hatte nicht statt, wenn andere Beweise vorhanden sind aus der Schrift und der Tradition,
„In Abwesenheit aber solcher Beweise dürfen Analogieschlüsse angewendet werden, wie dies Muâd [1]) verordnete [2]).

Ausser einigen Theilen des Muḥalla ist kein Fiḳhwerk von Ibn Ḥazm zugänglich geworden, auch jenes nicht, in welchem er seine Stellung zu den geltenden Methoden der Rechtsdeduction entwickelt, ein Werk, auf welches er in seinem uns erhaltenen Hauptwerke des öftern Bezug nimmt [3]) und wofür uns einiger Ersatz geboten wird in seinem Tractat: „Ibṭâl al-ḳijâs w-al-ra'j w-al-istiḥsân w-al-taḳlîd w-al-talîl“, worin er seine polemische Stellung gegen die Ḳijâsschulen und ihre Methodik in scharfer Weise kennzeichnet. Ibn Ḥazm nahm eine freie, selbstständige Stellung ein innerhalb der praktischen Folgerungen der Ẓâhirschule [4]), er setzte sich in manchen Fragen auch über Dâwûd's Meinung hinweg [5]). Die Anhänger Ibn Ḥazm's, welche sich vorwiegend im Maġrib fanden, bildeten denn auch eine eigene Abtheilung innerhalb der Ẓâhirrichtung, welche unter dem besonderen Namen Al-Ḥazmijja von dem Trosse der Ẓâhiriten unterschieden wurde [6]). In diesem Sinne ist es auch zu verstehen, wenn von manchen Anhängern der Ẓâhirschule ausdrücklich bemerkt wird, dass sie dieselbe nach der Methode des Ibn Ḥazm (على طريقة ابن حزم) befolgten. Er forderte die consequente Anwendung jener Principien, welche Dâwûd aufgestellt hatte, bevor er sich zu einem Pact mit dem Ḳijâs bequemen musste [7]). Mit welchem Sophisma er die Skepsis

---

1) Vgl. oben S. 8. 2) Ich habe diese Streitverse auf die Autorität des Rifâ'a Beg Al-Ṭahṭâwi hin citirt; s. oben S. 111 Anm. 3. 3) الإحكام فى أصول الأحكام H. Ch. I p. 176 nr. 165. Ibn Ḥazm nimmt darauf Bezug Bd. I Bl. 201 b in Betreff der Frage: الاستدلال بالشاهد على الغائب Bd. II Bl. 69 a über من لم يبلغه الدعوة هل هو مكلّف. 4) Allgemein hört man unter muhammedanischen Gelehrten Ibn Ḥazm als Autorität für die Zulässigkeit der Benützung von Musikinstrumenten und Spielzeugen (آلات اللهو واللعب) anführen. 5) Ibn Chaldûn, Muḳaddima p. ٣٧٣ وصار الى مذهب الظاهر ومهر فيه باجتهاد زعمه فى اقوالهم وخالف امامهم داود. 6) Ibn al-Aṯir XII p. ٦١ وكان بالمغرب منهم خلق كثير يقال لهم الحزميّة منسوبون الى ابن حزم. 7) S. oben S. 36.

selbst in Betreff des Igmâ' — einer Rechtsquelle auf die er sich selbst unzähligemal beruft — anzuregen versuchte, haben wir bereits oben (S. 32 Anm. 2) gesehen. Dann hat er auch, und dies ist seine eigene Idee gewesen, zu allererst die Grundsätze der Ẓâhirschule auf die Dogmatik angewendet. Dies letztere ist der leitende Gedanke des „Kitâb al-milal w-al-niḥal". Aber wir finden in diesem Werke auch Anhaltspunkte für die Erkenntniss der Ueberzeugungen Ibn Ḥazm's in den principiellen Fragen des kanonischen Rechts. An einen abschliessenden Abschnitt dieses bedeutenden Werkes gelangt, schliesst er die Auseinandersetzung seiner Auffassung von der Prophetenmission Muḥammed's mit einer Danksagung an Gott dafür, „wozu wir mit seiner Hilfe gelangt sind von der islamischen Religion und wozu er uns verholfen hat von dem orthodoxen (wörtlich: katholischen, der Gesammtübereinstimmung entsprechenden), auf die Sunna begründeten Bekenntnisse; ferner dafür, dass er uns angeleitet hat, unser religiöses Bekenntniss und unser praktisches Leben von dem äusseren Wortsinne des Koran und der von seinem Propheten im Auftrage seines hochgepriesenen Senders zweifellos herrührenden Sunna bestimmen zu lassen, und dass er uns nicht zu jenen hat gehören lassen, welche ihren Altvorderen und ihren gelehrten Autoritäten blindlings nachfolgen ohne entscheidenden Beweis und ohne zwingendes Argument, und nicht zu jenen, welche ihren irrigen Einfällen folgen, die im Widerspruch stehen mit dem Worte Gottes und des Propheten, und nicht zu jenen, welche nach Massgabe ihres Ra'j und ihrer individuellen Meinung urtheilen ohne Leitung von Gott und seinem Propheten. O Gott! So wie wir begonnen haben mit dieser herrlichen Gnadengabe, so mache uns dieselbe voll (bis an unser Ende), geselle sie uns zu, und entziehe uns dieselbe nicht, bis dass Du uns zu Dir abberufst, während wir ihr anhängen, auf dass wir vor Dir erscheinen können nicht als Fälscher und Verdreher Deines Gesetzes" [1]). Und an einer andern Stelle, bei Verhandlung der

---

1) Kitâb al-milal I Bl. 127a والحمد لله ربّ العالمين عددَ خلقه ورضى نفسه وزِنَةَ (cod. وزنة) عرشه ومداد كلماته على ما وفّقنا له من الملّة الاسلاميّة ثمّ على ما يسّر عليه من النحلة الجماعيّة السُّنّيّة ثمّ على ما هدانا له من التديّن والعمل بظاهر القرآن وبظاهر السُّنّة الثّابتة عنه صلعم عن باعثه عزّ وجلّ ولم يجعلنا ممّن تقلّد اسلافَهُ واحباره دون برهان قاطع وحجّة قاهرة ولا ممّن يتّبع الاهواء المُضِلّة المخالفة لقوله ولقول نبيّه صلعم ولا

Frage ob Gott selbst die Thaten der Menschen erschaffe (خلق الافعال) zeigt er, wie die Schule der Mu'taziliten an jenen Versen des Korans herumdeutet, welche zur Stütze der alten orthodoxen Lehre angeführt zu werden pflegen. Da kommt es auch auf den Vers Sure LIV v. 49 (كلّ شىء خلقناه بقدرٍ) zu sprechen, den die Mu'taziliten nicht als allgemeine, umfassende Aussage (عموم) gelten lassen wollen, sondern als auf eine bestimmte, specielle Thatsache bezüglich auffassen (تخصيص) nach einer ihnen geläufigen Behandlungsweise solcher Koranstellen, in welchen, wie in der oben angeführten, eine Aussage mit generalisirenden Ausdrücken (z. B. hier كلّ شىء) eingeleitet wird. Auch Al-Aś'arî hat diese Methode der Schriftauslegung zugelassen und dieselbe, wie mir scheint, in den Specialschriften: فى انّ القياس يُخصّص ظاهر القران und كتاب فى الاخبار وتخصيصها begründet. Ich übersetze nämlich diesen letzteren Titel nicht mit Spitta, „über die Traditionen und ihre specielle Eigenthümlichkeit“ [1]), sondern: „über die Traditionen und ihre Specialisirung“. Bekanntlich spielt die Frage des عموم und خصوص in Bezug auf die Auslegung des Korans und der Traditionen, sowohl in dem gesetzwissenschaftlichen als auch in dem dogmatischen Theile der muhammedanischen Theologie eine gewichtige Rolle. Kann ein allgemein gehaltener Ausdruck des Koran dieser Allgemeinheit entzogen und in der Deutung auf einen speciellen Fall beschränkt werden? Wodurch wird die Zulässigkeit oder geradezu die Nothwendigkeit einer solchen Specialisirung begründet? Kann ein Traditionsausspruch, kann eine Analogiefolgerung die Specialisiruug der im Wortausdruck liegenden Allgemeinheit begründen? Bietet die Form des Ausdruckes an sich ein Kriterium für die Nothwendigkeit der Deutung eines Verses auf das Allgemeine, oder nicht? — diese und verwandte Fragen sind es, welche in Bezug

---

ممّن يحكم برأيه وظنّه دون هُدًى من الله ورسوله، اللهمّ كما ابتدأتنا بهذه النعمة الجليلة فأتممها علينا وأصحبنا ايّاها ولا تخالف بها عنّا حتّى تقبضنا اليك ونحن مستمسكون بها فنلقاك بها غير مبدّلين ولا مغيّرين اللهمّ آمين ربّ العلمين،

1) Zur Geschichte Abu-l-Ḥasan Al-Aś'arî's p. 63 n. 4 p. 64 n. 12.

auf dieses Kapitel der exegetischen Methodologie in den Uṣûlwerken mit gehöriger Weitläufigkeit verhandelt werden. Manche Theologen haben die Axt an die Wurzel dieser ganzen Untersuchung gelegt, indem sie sagen, der Sprachausdruck biete überhaupt kein عموم schlechthin; die Sprache besitze keine Form, welche an sich stets auf ein Allgemeines zu deuten sei. Soll nun eine Aussage als allgemein umfassend betrachtet werden, so müsse ein vom Sprachausdruck unabhängiges Beweismoment beigebracht werden, womit erwiesen werde, dass sich die betreffende Aussage nicht auf etwas Specielles bezieht. Al-Aš‘ari wird als leitender Vertreter dieser Meinung angführt, deren Anhänger المواقفيّة genannt werden [1]).

Ibn Ḥazm nun schliesst sich jenen an, welche in diesem exegetischen Grundsatze eine unbegründete Willkür finden, und weist dieselbe, wohl auf Ideen weiterbauend, welche Dâwûd al-Ẓâhirî in einer uns nur dem Titel nach bekannten Schrift [2]) niedergelegt hatte, nach seiner Gewohnheit in kräftigen Worten zurück. Er betont das dem Kanon der Aš‘ariten geradezu entgegengesetzte exegetische Gesetz, dass jeglicher Ausdruck des Koran auf das Allgemeine gedeutet werden müsse, es sei denn, dass eine andere Stelle die allgemeine Geltung desselben aufhebend seine specielle Beziehung auf einen besonderen Fall rechtfertigt. Nun sind es aber eben die Ḳijâsschulen, welche, ohne dem destructiven exegetischen Principe des Aš‘ari zu huldigen, in der Deutung der Gesetze, koranische oder traditionelle Texte, welche die Anhänger der Ẓâhirschule als auf das Allgemeine zu beziehende Verordnungen

1) Warakât Bl. 18a وحُكى عن الشيخ ابى الحسن الاشعرىّ انّه قال ليس للعموم صيغة فى لغة العرب وحُكى عنه ان هذه الصِّيَغ (الصيغة cod) [يعنى الاسم الواحد المعرّف بالالف واللام واسم الجمع المعرّف بالالف واللام والاسماء المبهمة كمَنْ فيمن يعقل وما فيما لا يعقل واىّ فى الجميع وأَيْن فى المكان ومَتَى فى الزمان وما فى الاستفهام ولا فى النكرات] مشتركة بين العموم والخصوص فيجب التوقّف عند ورودها حتّى يُعلَم المراد بدليل منفصل وتبعه جماعة من اهل الاصول فى هذا المذهب فسمّوا المواقفيّة لتوقّفهم فى المراد بهذه الصيغ عند الإطلاق'

2) Fihrist p. ٢١٧, 14 كتاب الخصوص والعموم.

auffassen, als durch einen besonderen, individuellen oder gelegenheitlichen Fall veranlasste, und nur auf diesen zu beziehende Bestimmungen deuten. Sie lassen sich zu solchen Deutungen zuweilen durch blosse Analogieschlüsse bestimmen, nach dem Grundsatze: القياس يخصّص النصّ. Ibn Ḥazm erblickt hierin eine Gefahr für die Sicherheit der Gesetzdeduction: „Könnte man — sagt er — das Allgemeine ohne triftigen Grund auf etwas Specielles beschränken, oder gar ein traditionelles Gesetz als abrogirt erklären, so könnte von keinem der überlieferten göttlichen Aussagen und Gesetze die sichere Wahrheit festgestellt werden; denn niemals wäre es ausgeschlossen, dass Jemand, entgegen dem klaren Wortlaute und im Widerspruche mit der allgemeinen Fassung des Gesetzes die Allgemeinheit aufhöbe. Dies aber ist die reine Sophisterei, ist Unglaube und Narrheit. Gott möge uns vor Irreleitung bewahren" [1]). Und dies steht im Zusammenhange mit Ibn Ḥazm's exegetischem Kanon, den er an einer ganz grossen Anzahl von Stellen seines Hauptwerkes immer und immer mit grossem Nachdruck betonend wiederholt, dass es nämlich „Pflicht sei, das Gotteswort seinem äusseren Wortsinne nach zu interpretiren; diesem darf es nur dann abgewendet werden, wenn ein anderes geschriebenes Gotteswort, oder der Consensus (der Genossen des Propheten), oder die aus der sinnlichen Erfahrung [2]) folgende Nothwendigkeit den Beweis in zwingender Weise erbringen, dass ein bestimmtes Gotteswort nicht nach dem gewöhnlichen Wortsinne aufzufassen sei. Denn das Wort Gottes und die in seinem Namen erflossenen Mittheilungen und Gesetze sind keiner Veränderung fähig; der Consensus behauptet niemals etwas anderes als die Wahrheit, und Gott sagt immer nur die Wahrheit; was aber durch einen zwingenden Beweis widerlegt wird, das widerstreitet der Wahrheit". Unter „zwingenden Beweisen" versteht er allerdings nicht speculative

1) Ibn Ḥazm ibid. Bl. 193 b بل كلّ عموم فعلى ظاهره حتّى يقوم برهان بانّه مخصوص او انّه منسوخ . . . . . . ولو كان غير هذا لما صحّت حقيقة فى شىء من اخبار الله تعالى ولا صحّت شريعة ابدًا لانّه لا يعجز احد فى كلّ امر من أوامر اللّه تعلى وفى كلّ خبر من اخباره عزّ وجلّ ان يحملَه على غير ظاهره وعلى نقض (cod. بعض) ما يقتضيه عمومه وهذا عين السفسطة والكفر والحماقة ونعوذ باللّه من الخذلان'

2) ضرورة حسّ. An einer weitern Stelle (Bl. 195 a), wo dieser Kanon wiederholt wird, heisst es an Stelle dieser Worte: ضرورة عقل „logische Nothwendigkeit".

Argumente; wie wir sehen werden, ist er in beiden Disciplinen der Theologie, in der Gesetzwissenschaft ebenso wie in der Dogmatik in fortwährendem Kampfe gegen die Einführung speculativer Momente in die Entscheidung theologischer Fragen. Fügen wir hinzu, dass er den eben erwähnten Kanon bei Gelegenheit seiner Verhandlung über das Wesen des göttlichen Wissens ausspricht und zwar gegen diejenigen Dogmatiker, welche das Wissen als Attribut Gottes von dem Wesen Gottes loslösen, und zum Beweise ihrer These den Vers Sure II v. 256 anführen: „Sie umfassen nichts von seinem Wissen, nur was er will". Hieraus folgern sie, dass das Wissen Gottes theilbar sei, also geschaffenes Accidens. Dem gegenüber stellt Ibn Ḥazm als den äussern Sinn der Worte مِنْ عِلْمِهِ die Erklärung auf: „das Wissen von ihm" (genitivus objectivus), also „die Menschen können von Gottes Wesen nur soviel wissen und erkennen, was Gott selbst als zu ihrer Erkenntniss gehörig zulässt [1]). Wir ersehen hieraus, dass dasjenige.

---

1) Bd. I Bl. 143 b فإن اعترض معترض بقول الله عزّ وجلّ ولا
يحيطون بشيء من علمه الّا بما شآء فقال انّ مِنْ للتبعيض ولا
يتبعّض الّا مخلوق ولا يُحدث الّا بمخلوق محدَث وقد نصّ الله
تعالى على انّه يحدث بما شآء من علمه فوجب ان علمه مخلوق
لانّه محدث ببعضه وهو متبعّض فالجواب وبالله تعالى التوفيق ان
كلام الله تعالى واجب ان يُحمَل على ظاهره ولا يحال عن ظاهره
البتّة الّا ان يأتي نصّ او اجماع او ضرورة حسّ على ان شيئا منه
ليس على ظاهره وانه قد نقل عن ظاهره الى معنى آخر فالانقياد
واجب علينا لما أوجبه من ذلك النصّ او الاجماع او الضرورة لانّ
كلام الله تعـ واخباره واوامره لا تختلف والاجماع لا يأتي الّا بحقّ
والله تعالى لا يقول الا الحقّ وكلّ ما ابطله برهان ضروري فليس
بحقّ فاذ هذا كما قلنا ضرورة وقد ثبت ان علم الله تعالى ليس
عرضا ولا جسما ولا هو شيء غير البارى عزّ وجلّ فبالضرورة نعلم
ان معنى قوله عزّ وجلّ ولا يحيطون بشيء من علمه انّما المراد
العلم المخلوق الذي هو عرض في العالمين من عباده وهذا لا
شكّ فيه لانه لا علم لنا الّا ما علّمنا قال الله عزّ وجلّ وما أُوتيتم

was Ibn Ḥazm den äusseren Sinn des Schriftwortes nennt, zuweilen nicht äusserlicher ist als dasjenige, was er als Abweichung von dem äusseren Schriftsinne verwirft, und dass in diesen Sachen oft nur Momente des exegetischen Geschmackes vorliegen.

Mit diesem seinem Kanon im engsten Zusammenhange steht, was wir eigentlich als Voraussetzung desselben betrachten müssen, der Grundsatz Ibn Ḥazm's, dass die in den Gesetztexten gebrauchten Worte streng nach ihrer lexicalisch festgestellten Bedeutung erklärt werden müssen. „Wer aber irgend etwas von den in der Sprache gebräuchlichen Wörtern von ihrem festgesetzten Sinne abwendet, ohne hierauf deutenden Schrifttext oder die Uebereinstimmung aller Gesetzautoritäten, der hat sich von der Regel der vernünftigen und bescheidenen Menschen losgesagt, und ist in die Reihe jener eingetreten, mit denen man nicht sprechen kann. Wäre jenes möglich, so könnte ja jemand leicht sagen: was man (in der Religion) mit dem Worte Gebet bezeichnet, ist nicht dasjenige, was ihr gewöhnlich unter diesem Ausdrucke versteht, sondern etwas ganz anderes, und das Wort Wasser bedeute Wein. Dies aber involvirte die Vernichtung aller Wahrheiten". Auch hier betont er, dass es verboten sei, eine solche Verrückung des Wortsinnes aus eigenem Ra'j zu unternehmen[1]). Es ist selbst-

---

من العلم الا قليلا يريد تعالى ما خلق من العلوم وبثّها فى عباده'
Vgl. Bl. 169 a in seiner Widerlegung derjenigen Theologen, welche Sure LXXV v. 22 وجوه . . . الى ربّها ناظرة durch die figürliche Erklärung des Wortes ناظرة als Beweis dafür, dass die Gerechten im Jenseits Gott sehen, nicht gelten lassen wollen: وحمل الكلام على ظاهره الذى وضع له فى اللغة فرض لا يجوز تعدّيه الّا بنصّ او اجماع لانّ من فعل غير ذلك افسد الحقائق كلّها والشرائع كلّها والمعقول كلّه.

1) Bl. 179 b ومن احال شيئا من الالفاظ اللغوية عن موضوعها فى اللغة بغير نصّ محيل لها ولا باجماع من اهل الشريعة فقد فارق حكمَ اهل العقول والحياء وصار فى نصاب من لا يُتَكلّم معه ولا يعجز احدًا ان يقول الصلاة ليست ما تعنون بها وانّما هى امر كذا والماء هى الخمر وفى هذا بطلان الحقائق كلّها . . . . فليس لاحد ان يصرف هذه اللفظة (scil. الاستطاعة) عن موضوعها فى اللغة برأيه من غير نصّ ولا اجماع ولو جاز هذا لبطلت الحقائق ولم يصحّ تفاهُم ابدًا vgl. Bl. 180 a.

verständlich, dass dieses lexicalische Argument namentlich in der dogmatischen Polemik, wo es sich gar häufig um minutiösen Wortstreit handelt, zur Anwendung kommt. So z. B. führt es Ibn Ḥazm fast mit denselben Worten, die wir soeben citirt, gegen jene Mu'taziliten ins Treffen, welche dem Ausdrucke أَضَلَّ, welches von Gott mit Beziehung auf die Menschen im Koran auf Schritt und Tritt wiederkehrt, eine von der gewöhnlichen Auslegung verschiedene Erklärung (وقال بعضهم معنى ذلك ان الله تعالى سمّاهم ضالّين وحكم انّهم ضالّين وقال بعضهم معنى اضلّهم اتلفهم كما تقول أضللت بعيرى) geben wollen, um dem Gedanken auszuweichen, dass Gott die Menschen irre führt. „Dies ist das richtige ضلال, nämlich dass sie ihre Halsstörrigkeit, und ihr blindes Nachhängen nach einem Grundsatze, dessen Unrichtigkeit einleuchtet, und ihr Nachbeten nach schlechten Autoritäten unter ihren Vorgängern dahin führt, dass sie vorgeben, nicht verstehen zu können, was dies sei: Irreleitung, das Versiegeln (der Herzen der Ungläubigen). Gott hat alles dies klar genug erläutert; und sind es doch arabische Worte von bekannten Bedeutungen in der Sprache des Koran, und es ist niemandem erlaubt, diese sprachliche Bedeutung auf anderes zu wenden u. s. w.“ [1]).

Es würde uns zu weit führen, wollten wir eine grössere Blumenlese von Stellen anführen, um dieses lexicalisch-theologische Princip Ibn Ḥazm's näher zu beleuchten, dessen Tragweite übrigens auch aus dem bisher Angeführten ersichtlich sein dürfte. Jedoch wollen wir noch einer hieher gehörigen Beobachtung Raum geben, ehe wir an die Darstellung der ẓâhiritischen Ausgangspunkte der Dogmatik Ibn Ḥazm's gehen. Die Beurtheilung des unmittelbaren Sinnes der bei theologischen Fragen in Betracht kommenden Worte geht bei ihm nicht von demselben Gesichtspunkte aus, wie die

---

1) Bl. 189b فبيّن عليه الصلاة والسلام (nämlich in dem Satze: كلّ ميسّر لما خُلق له) ان الهدى والتوفيق هو تيسير الله تعالى المؤمن للخير الذى له خلقه وتيسيره الفسق للشرّ الذى [له] خلقه وهو موافق للغة والقرآن والبراهين الضروريّة العقليّة ولما عليه الفقهاء والائمّة المحدّثون من الصحابة والتابعين ومَنْ بعدهم وعامّة المسلمين حاشى من اضلّه الله على علم من اتباع العياريين الخلعاء كالنظّام والعلّاف وثمامة والجاحظ '

lexicalische Abschätzung irgend eines Wortes bei den Sprachgelehrten. Nicht das ist in Betracht zu ziehen, wenn der Bedeutungskreis irgend eines Ausdruckes bestimmt wird, in welcher Bedeutung derselbe durch die klassischen Autoritäten der arabischen Sprache, die alten Dichter belegt werden kann, sondern es ist zu erforschen: welche Bedeutungsbestimmung folgt aus dem Sprachgebrauche des Koran. Jene können nicht als Beweise angeführt werden, wenn es sich um die Begriffsbestimmung dogmatischer Termini handelt. Unter den Stellen, in denen Ibn Ḥazm diesem Gedanken Ausdruck giebt, ist die bemerkenswertheste diejenige, in welcher er die Definition des Begriffes „Îmân" Glaube behandelt. Die Vertreter der verschiedenen dogmatischen Richtungen haben in Bezug auf den Begriffskreis dieses wichtigsten Principes jeder Dogmatik verschiedene Meinungen aufgestellt. Einige sehen im Glauben die innere Gotteserkenntniss (معرفة الله تعالى بالقلب), ohne Rücksicht auf die Bethätigung derselben in Wort und That (Gahm b. Ṣafawân al-Samarḳandî und Al-Aś'ari); nach einer andern Ansicht besteht das Îmân in dem Bekennen Gottes mit der Zunge (الإقرار باللسان) ohne Rücksicht auf den innerlichen Glauben und die äussere Bethätigung (Muḥammed b. Kirâm al-Siǵistânî); wieder Andere verbinden Beides, den innerlichen Glauben und das Bekenntniss mit dem Begriffe des Îmân, nehmen aber auf die äussere Erfüllung der göttlichen Gesetze keine Rücksicht (Abû Ḥanîfa und andere Gesetzgelehrte). Der Standpunkt Ibn Ḥazm's ist der, dass der Begriff des Îmân alle drei Momente in sich fasse, Glauben, Bekenntniss und Werke, und dass niemandem der Name eines Rechtgläubigen (مؤمن) zukomme, der nicht allen drei Factoren des Îmân entspricht, welcher demnach, je nachdem dieselben in dem Individuum mehr oder weniger bethätigt werden, in grösserem oder geringerem Masse vorhanden ist [1]). Der Gedankengang Ibn Ḥazm's in der Widerlegung der gegnerischen Ansichten ist in Kürze folgender: Die Gegner berufen sich auf die luġa, in welcher das Wort آمن die Bedeutung hat: تصديق.

1) Kitâb al-milal II Bl. 1b الايمان هو المعرفة بالقلب وباللدين والاقرار باللسان والعمل بالجوارح وان كلّ طاعة وعمل خير فرضًا كان او نافلة فهو ايمان وكلّ ما ازداد الانسان عملَ خير ازداد ايمانا وكلّ ما عصى نقص ايمانه. Vgl. für diese Grundfrage der muhammedanischen Dogmatik die übersichtliche Darstellung des Quellenmaterials bei Al-Ġazzâlî Iḥjâ Bd. I p. ١١٥ ff.

Nun bedeutet aber dies letztere das Fürwahranerkennen welcher gleichgültigen Sache immer; die Araber, welche dieses Wort schufen, hatten keine Ahnung davon, was im Islâm als „Glauben" betrachtet wird, sie verwarfen ja, als derselbe in ihrer Geschichte zu allererst auftrat, Allâh und den Propheten. Es ist nichtig, sich auf die luġa zu berufen in Sachen der Dogmatik. Nicht das Lexicon, sondern einzig und allein Gott besitzt die Autorität zu bestimmen, was das Verbum آمن IV in der Religion bedeute: und in Textstellen, deren göttlichen Ursprung jedermann anerkennen muss, sind die guten Werke in dem Kreise des Imân mit eingeschlossen. Gott ist der Schöpfer der Sprache und derer die sie benutzen, er hat die Macht, dieselbe zu wenden und ihre Ausdrücke dahin zu kehren, wohin er eben will. Welch' Wunder ist es, dass jemand bei Imru'-l-Ḳejs, oder Zuhejr, oder Gerîr, oder Al-Ṭirimmâḥ, oder Al-Ḥuṭej'a, oder Al-Sammâch, oder einem anderen Araber aus dem Stamme Asad, oder Sulejm, oder Temîm, oder anderen Stämmen der Araber in prosaischer oder poetischer Rede die Anwendung eines Wortes findet, und dieselbe dann als bindende unwiderlegbare Regel gelten lässt für die Benutzung dieser Worte; wenn aber Gott, der Schöpfer der Sprachen und derer die sie benutzen, eine Redensart schafft, derselbe Mensch sich an dieselbe nicht halten und sie nicht als Beweis gelten lassen will, vielmehr dieselbe wendet und dreht; dessgleichen verfährt er, wenn er beim Propheten eine Redensart findet. Bei Gott! Muhammed b. 'Abdallâh b. 'Abd-al-Muṭṭalib b. Hâšim ist auch in der Zeit, bevor ihn Gott mit seiner Sendung auszeichnete, und als er in Mekka der Prophet seines Volkes wurde, in den Augen eines jeden, der einen Funken von Verstand besitzt, der Sprache seines Volkes ohne Zweifel kundiger und in derselben mit mehr Wohlredekunst begabt, und competenter dafür, dass sein Sprachgebrauch als Argument gelte, als der erstbeste Chandaḳî, oder Ḳejsî, oder Raba'î, oder Ijâdî, oder 'Akkî, oder Ḥimjarî, oder Ṭahalânî, oder Ḳuḍâ'î; wie nun erst als ihn Gott berief als Warner, und ihn auserwählte als Mittler zwischen ihm und allen seinen Geschöpfen, und sein Wort auf seiner Zunge fliessen liess, und ihm die Aufbewahrung derselben anvertraute? Giebt es einen grösseren Irrthum als die *ἅπαξ λεγόμενα* der Labîd b. Rabî'a, Abû Zejd al-Kalbî, Ibn Aḥmar als Beweise für die Bedeutung von seltenen arabischen Worten gelten zu lassen [1]), und es für unrichtig zu halten, dass man sich in der Begriffsbestimmung des Wortes إيمان an die Anwendung halte, die Gott selbst von diesem Worte machte, und sein Gesandter aus dem Stamme Ḳurejš, der die Muttermilch einsog unter den

1) hier werden die betreffenden Verse ausführlich angeführt.

Banû Sa'd b. Bekr b. Hawâzin?" [1]) So begründete denn Ibn Ḥazm seinen Grundsatz von der Verschiedenheit des lexicalischen und dogmatischen Sprachgebrauchs, ein Grundsatz übrigens, den innerhalb der Sprachwissenschaft der Lexicograph und sprachwissenschaftliche Isagogiker Ibn Fâris in einem Kapitel seines Fiḳh al-luġa vertritt [2]) und Al-Sujûṭî in einem lehrreichen Kapitel seiner für das Studium der arabischen Philologie so trefflichen philologischen Encyklopädie des weiteren ausgeführt und aus der Literatur mit zahlreichen Beweisstellen entwickelt hat [3]), nachdem viel früher der berühmte Al-Ǵâḥiẓ den ersten Anstoss zu ähnlichen Forschungen in einem bemerkenswerthen Excurse gegeben hatte, in welchem er die Entstehung neuer Wortbedeutungen durch den Einfluss des Islâm in dieser Literatur zu allererst auseinandergesetzt hat [4]). Die volle Bearbeitung dieses wichtigen Kapitels der arabischen Philologie bietet auch für die Religionsgeschichte des arabischen Volkes, namentlich für die Vergleichung der moralischen und religiösen Begriffe der vorislamitischen mit denen der zum Islâm bekehrten Araber so viele lehrreiche Momente dar, dass es verdiente, vom Standpunkte unserer sprachgeschichtlichen Erkenntnisse aus umfassend behandelt zu werden. Doch hier ist nicht der Ort für Andeutungen oder Ausführungen auf diesem, eine selbstständige Behandlung erheischenden Gebiete. Da uns hier bei diesem Punkte unserer gegenwärtigen Arbeit besonders das muhammedanische Fiḳh naheliegt, so möge noch jener Beobachtung Ausdruck gegeben werden, dass die Thatsache des Unterschiedes zwischen dem lexicalisch festgestellten und dem in der Religionswissenschaft gültigem Sprachgebrauch in letzterer zu allgemeiner Geltung gelangt ist. Ein hervorragender, allgemein anerkannter Lehrsatz des 'Ilm uṣûl al-fiḳh ist im Hinblick auf jene Thatsache folgender: حَمْل اللفظ على الحقيقة الشرعيّة مقدَّم على حَمْله على الحقيقة اللغويّة, d. h. „wo der religiöse Sprachgebrauch dem lexicalisch festgestellten Sprachgebrauche entgegengesetzt ist, dort ist (in der Gesetzwissenschaft) dem ersteren der Vorzug zu geben", und es ist, wenn in der Entscheidung obschwebender Streitfragen die Festhaltung der Wortbedeutung von Einfluss ist, nur der religiöse Sprachgebrauch, nimmer aber der

1) ibid. Blatt 3b. Der Schlusssatz scheint eine Anspielung zu sein auf die angeblichen Worte des Propheten: أنا أعْرَبُكم انا قُرَشيّ واسْتُرضِعتُ في بني سعد بن بكر. Ibn Hišâm, Leben Muhammed's p. ١٠٦.

2) vgl. meine Beiträge zur Geschichte der Sprachgelehrsamkeit bei den Arabern Nr. III p. 17. 3) Al-Muzhir fi 'ulûm al-luġa I p. ١٥١ ff. 4) Kitâb al-ḥejwân Bl. 58 b ff.

lexicalische in Rücksicht zu ziehen. Dass man diesem Grundsatze auf dem Gebiete der angewandten Gesetzkunde in der spitzfindigsten Weise Raum gegeben hat, wird folgendes hierauf bezügliche Beispiel zeigen. In Bezug auf das muhammedanische Gesetz über die Ehescheidung (الطلاق) darf wohl als bekannt vorausgesetzt werden, dass eine Ehe als für endgiltig aufgelöst erst dann betrachtet wird (الطلاق البائن), wenn das Aussprechen der Scheidungsformel in gewissen, gesetzlich bestimmten Zwischenräumen dreimal erfolgt ist; nach dreimal erfolgter Ehescheidung kann nur des تحليل den getrennten Ehegatten die Wiederverbindung ermöglichen. Ebenso bekannt ist auch jenes Gesetz, dass es dem Ehegatten nicht erlaubt ist, die Ehescheidung zu vollziehen, wenn sich die Frau im Zustande der monatlichen Reinigung (الحيض) befindet. Nun entsteht folgende Frage: Wenn eine der gesetzlich erforderlichen dreimaligen Ehescheidungserklärungen ausgesprochen wurde, während sich die Frau im Zustande des ḥejḍ befand, wird dann diese Erklärung als giltig mitgerechnet oder aber, wird der Gesichtspunkt zur Geltung gebracht, dass da dieser Zustand der endgiltigen Realisirung der Scheidung hinderlich ist, auch die vorbereitenden Erklärungen während derselben als null und nichtig betrachtet werden? Die vier orthodoxen Schulen geben der erstern Entscheidung Raum, sie sagen mit Al-Buchârî: اذا طُلِّقَتْ الحائض يُعْتَدّ بذلك الطلاق; die Ẓâhirijja hingegen entscheidet sich — und zwar hier in Uebereinstimmung mit dem śî'itischen Gesetze — für das Gegentheil. Die Tradition, auf deren Interpretation es in diesem Streite ankommt, hat folgenden Wortlaut: 'Abd-Allâh der Sohn 'Omars erklärte seine Gattin Âmina für geschieden als sich diese im Zustande des ḥejḍ befand. 'Omar legte nun die Frage nach der Giltigkeit des geschehenen Aktes dem Propheten vor; dieser entschied: „Befiehl ihm (deinem Sohne) فَلْيُراجِعْها, dass er sich ihr wieder zuwende". Der lexicalische Sprachgebrauch weist nun darauf hin, dass der geschehene Akt der Scheidung als ungiltig erklärt wurde; رَجَعَ bedeutet: zurückkehren an jenen Ort oder in jenen Zustand, an welchem, resp. in welchem man sich vorher befand, in unserem Falle also in den Zustand des Ungeschiedenseins (الرجعة اللغوية هى الرد الى حالة). Nun aber sagen die Juristen: Ein Zurückkehren (رجوع) ist nur möglich, wenn demselben ein Scheiden vorangegangen, d. h. wenn der

Scheidungsakt als giltig betrachtet wird. In der That heisst die I. und II. dem طلاق بائن vorangehende Scheidung طَلاق رَجْعِى. Diesem juristischen Sprachgebrauche muss in gesetzwissenschaftlichen Dingen vor der lexicalischen Definition der Vorzug eingeräumt werden [1]).

Wir müssen wieder zu Ibn Ḥazm zurückkehren. Bis zum Höhepunkte steigert sich sein fanatischer Eifer bei Gelegenheit der Widerlegung der philologischen Beweisführung jener Richtung, welche lehrt, dass unter Îmân ausschliesslich das Aussprechen der Bekenntnissformel zu verstehen sei. Um dies zu begründen, beruft sich jemand auf einen Vers des christlich-arabischen Dichters Al-Achṭal als locus probans. „Wir aber sagen dieser Argumentation gegenüber: Verflucht, verflucht ist der Verfasser dieser Verszeile, und verflucht, verflucht ist derjenige, der diesen Christen als Argument vorführt in Sachen der Religion Allâh's. Dies gehört nicht ins Kapitel der Sprachkunde, in welcher man sich auf einen Beduinenaraber berufen kann, wenn dieser auch ein Ungläubiger ist; dies ist vielmehr eine Frage des gesunden Menschenverstandes. Nun bezeugt sowohl die Vernunft, als auch die sinnliche Erfahrung, dass jener Ungläubige in dieser Verszeile gelogen hat. Es ist dies ferner eine religiöse Frage: nun ist aber in einer solchen Gott der Hochgepriesene glaubwürdiger als jener Christ, denn Gott sagt: „Sie sprechen mit ihrem Munde, was sie im Herzen nicht glauben“ (Sure III v. 161), gerade im Gegensatze zu dem, was Al-Achṭal in seinem Verse behauptet. Wir aber halten Gottes Aussage für Wahrheit und sagen, dass Al-Achṭal lügt. Gott verfluche denjenigen, der Al-Achṭal als Beweis anführt um damit Gottes Wort zu widerlegen“ [2]). Für die Geschichte des Streites übrigens, ob unter Îmân das blosse Taṣdîḳ zu verstehen sei, wie man auf lexicologischer Basis behauptet hat, oder ob in diesem

---

1) Kitâb al-ṭalâḳ nr. 2 vgl. nr. 44 und dazu Al-Ḳasṭal. B. VIII p. ١٤٣.

2) Kitâb al-milal II Bl. 15 b واحتجّ بعضهم فى هذا بقول الأخطل النصرانىّ لعنه الله

إنَّ الكلامَ من الفؤاد وانّما جعل اللسان على الفؤاد دليلا

قال ابو محمّد فجوابنا على هذا الاحتجاج ان نقول ملعون ملعون قائل هذا البيت وملعون ملعون من جعل قول النصرانىّ حجّة فى دين اللّه تعالى عزّ وجلّ وليس هذا من باب اللغة التى تحتجّ بالاعرابىّ فان كان كافرا فانّما هى قضيّة عقليّة فالعقل والحسّ

dogmatischen Ausdrucke die praktische Ausübung inbegriffen sei, ist es nicht ohne Interesse, zu sehen, wie die Traditionenfabrikation sich auch dieser Streitfrage bemächtigt und dieselbe in ihren Kreis gezogen hat. Wir finden nämlich bei Al-Mas'ûdi [1]) einen mit grossem Applomb eingeführten Traditionssatz, wonach der Prophet dem 'Alî folgendes zu Papier dictirt haben soll: Im Namen Gottes u. s. w. „Der Glaube (Imân) ist dasjenige, was von den Herzen in Ehren gehalten und durch die religiösen Handlungen des Menschen bewahrheitet wird; Islâm ist dasjenige, was von den Lippen kommt (das äussere Bekenntniss) und wodurch die Ehe giltig wird (insofern die muslimische Qualität des Ehegatten unerlässliche Bedingung ist)“: الايمان ما وقّرته القلوب وصدّقته الاعمال والاسلام ما جرى به اللسان وحلّت به المناكحة. Die Verbindung des تصديق mit den اعمال soll hier, wie ich vermuthe, die Vereinigung der lexicalischen Definition mit der Lehre von der Unerlässlichkeit der bona opera ausdrücken, und es verdankt wohl diese apokryphe Tendenztradition eben dem Bestreben nach dieser Vereinigung ihren Ursprung.

b.

Es war nicht gut möglich, Ibn Ḥazm's Standpunkt in der Gesetzkunde von seiner Dogmatik zu trennen, und so haben wir denn auch in dem vorangehenden Paragraphen an das Gebiet der Dogmatik streifen müssen. Giebt es denn aber auch eine besondere ẓâhiritische Dogmatik, in demselben Sinne wie wir von einem ẓâhiritischen Fiḳh sprechen konnten? Die Ẓâhirrichtung wird immer nur als Madhab fiḳhî, also als eine Abzweigung der muhammedanischen Orthodoxie erwähnt, welche sich nur in der praktischen Gesetzwissenschaft von den übrigen Richtungen des orthodoxen Islâm unterscheidet. Unter den Madâhib kalâmijja begegnen wir der Ẓâhirschule nicht. Und in der That, wenn wir die uns bekannten Koryphäen der Ẓâhirschule in

يشهدان بكذبه فى هذا البيت وقضية شرعية فلله عزّ وجلّ
اصدق من النصرانيّ اللعين اذ يقول الله تعلى يقولون بافواههم
ما ليس فى قلوبهم فخبر عزّ وجلّ ان من الناس من يقول بلسانه
ما ليس فى قلبه بخلاف قول الاخطل فى بيته المذكور فنحن
نصدّق الله تعلى ونكذّب الاخطل ولعن اللّه من جعل الاخطل
حجّة يردّ بها قول الله عزّ وجلّ وحسبنا الله ونعم الوكيل ›

1) Murûǵ, Pariser Ausgabe VII p. 383.

den verschiedenen Zeitaltern auf ihren dogmatischen Standpunkt hin einer vergleichenden Betrachtung unterziehen, so werden wir bald finden, dass die verschiedenartigsten, einander diametral entgegenlaufenden dogmatischen Richtungen sich mit ihrer Zugehörigkeit zur ẓâhiritischen Fiḳhschule vereinigen liessen. Da finden wir z. B. neben Ibn Ḥazm, der die Lehre von der Existenz göttlicher Attribute als Irrlehre verdammt, Al-Maḳrîzî, der die Attribute zulässt, aber nur in dem Sinne der voraś'aritischen Orthodoxie der Imâme der traditionstreuen Schulen, dabei mit Ibn Ḥazm das Ta'wîl d. h. die allegorische Auslegung der Schriftworte verwirft. Da finden wir neben den Almohaden, welche die Ẓâhirijja von staatswegen zur regierenden Religionsrichtung erhoben und dabei die Dogmatik Al-Aś'arî's beschützten [1]), wieder Ibn Ḥazm, der noch mehr als den Mu'taziliten seine grimmige Feindschaft dem System der Aś'ariten zuwendet. Da finden wir unter den Ẓâhiriten bedeutende Vertreter der Theosophie neben Ibn Ḥazm, der Ṣûfî's und 'Alivergötterer wegen des sie gemeinsam charakterisirenden Ta'wîl gleichmässig verwirft [2]) Giebt es denn einen gewaltigeren Gegensatz in dogmatischen Dingen, als die worttreue Exegese, die Ibn Ḥazm anstrebt und die Exegese, welche uns in dem in Bûlâḳ gedruckten zweibändigen Tafsîr des Verfassers der Fuṣûṣ und der Futûḥât entgegentritt [3])? Gemeinsam ist beiden nur die Zurückweisung der Verkörperlichung Gottes, also gerade ein Moment,

1) Dozy, Essai sur l'histoire de l'islamisme trad. V. Chauvin p. 377 ff. 2) Kitâb al-milal II Bl. 140b واعلموا ان كلّ من ينتمى الى دين الاسلام بهذه الكفرات الفاحشة التى ذكرنا من دعوى الربوبيّة فانّما عنصرهم التشيّع (cod. الشنيع) ومذهب الصوفيّة لانّ كِلْتى الطّائفتين اصحاب تأويلات وخروج عن ظاهر القرآن بدعاويهم الفاسدة. ومن قول بعض الصوفيّة ان من عرف اللّه عزّ وجلّ سقطت عنه الأعمال الشرعيّة زاد بعضهم واتّصل بالله عزّ وجلّ.

3) Muhammedanische Freigeister pflegen von diesem Mystiker folgendes, an Abu-l-'Alâ al-Ma'arrî und 'Omar Chajjâm lebhaft erinnernde Gedicht zu citiren. Für die Authentie kann ich freilich nicht einstehen, es sei hier als Curiosum aus meinen Reisenotizen eingeschaltet:

لقَدْ كُنْتُ قبل اليوم أُنكر صاحبى   اذا لم يكن دينى الى دينه دانى
وقد صار قلبى قابلا كلّ صورة   فمَرْعًى لغزلان ودَيْر لرهبان
وبيت لاوثان وكعبة طائف   والواح توراة ومصحف قرآن
أدين بدين الحبّ أنّى توجَّهَتْ   ركائبه فالدين دينى وايمانى

welches sie, ehrlich genommen, vom eigentlichen Ẓâhir entfernt. Diese Erscheinung kann uns zur historischen Bekräftigung der Darstellung dienen, die wir in Betreff der durch Dâwûd begründeten Schule in den muhammedanischen Berichten finden, wonach dieselbe lediglich ein مذهب فقهيّ und kein مذهب كلاميّ ist [1], d. h. eine Schule, welche nur zu den juristischen Richtungen innerhalb des Islâm Stellung nimmt, dem Kalâm gegenüber aber völlig indifferent bleibt. Es ist daher ganz unrichtig, wenn Houtsma den Schwerpunkt der ẓâhiritischen Schule in der wörtlichen Auslegung der anthropomorphistischen Stellen der heiligen Schriften findet [2]. Ganz abgesehen davon, dass die Ẓâhiriten gegen eine solche exegetisch-dogmatische Richtung sich entschieden verwahren, ist es eben nicht die dogmatische Exegese, sondern ihre Auffassung und Behandlung des kanonischen Rechtes, was ihr charakteristisches Unterscheidungszeichen gegenüber dem gewöhnlichen orthodoxen Islâm bildet. Die Anthropomorphisten gehören in eine wesentlich verschiedene Gruppe und dürfen mit den Ẓâhiriten nicht verwechselt werden. Dadurch wird aber nicht ausgeschlossen, dass wir uns mit der Frage beschäftigen können: welchen Standpunkt der Begründer der Ẓâhirschule in den Fragen der Dogmatik, welche das theologische Bewusstsein seiner Zeit lebhaft in Bewegung setzten, einnahm, ohne dass aber dieser Standpunkt als Charakterzeichen der Schule, die sich nur in Bezug auf ihr Fikh von den andern orthodoxen Schulen unterschied, zur Geltung gekommen wäre? Wenn wir hier Al-Šahrastâni's historischer Darstellung unbedingten Glauben schenken sollen, müssten wir behaupten, dass Dâwûd b. ʿAlî in dogmatischer Beziehung, im Vereine mit andern Imamen, wie Mâlik b. Anas und Aḥmed b. Ḥanbal eine rein passive, oder — wenn wir wollen — negative Stellung einnimmt. Diese kennzeichnet sich dadurch, dass sie wohl die figürliche Interpretation der anthropomorphistischen Stellen des Koran und der Sunna zurückweist, andererseits aber ebenso entschieden deren wörtliche Erklärung im Sinne des Taǵsîm oder Tašbîh, der körperlichen Auffassung des göttlichen Wesens und seiner Attribute ablehnt und es gar nicht versucht, in den Sinn der anthropomorphistischen Ausdrücke einzudringen: mit einem Worte, den Standpunkt darstellt, den Mâlik b. Anas mit den bekannten Worten kennzeichnet: „Das Sichaufrichten Gottes auf seinem Throne ist bekannt, wie dies zu verstehen sei, ist unbekannt, der Glaube daran ist Pflicht, das Fragen danach ist Ketzerei". Dieser Richtung scheint auch der Imâm Al-Šâfiʿî, mit seinem Anathema gegen das Kalâm [3] an-

1) Al-Muḳaddasi p. ٣٧. Ibn Chaldûn, Muḳaddima p. ٣٧٢.

2) De strijd over het dogma p. 85. Houtsma hat hier wohl Abulfeda II p. 260 zu folgen geglaubt. 3) Für diese, zuletzt von Spitta (Zur Geschichte Abu-l-Ḥasan Al-Ašʿari's p. 52—55 und besonders im

gehört zu haben [1]). Man nennt diese nach allen Seiten hin vorsichtige Art sich in dogmatischen Fragen zu benehmen: Ṭarîḳ al-salâma, d. h. die Methode des noli me tangere. Eine positiv formulirte Stellung innerhalb der dogmatischen Streitfragen der islamitischen Schulen, eine solche, welche für sich wieder das Losungswort einer Secte bieten könnte, fasst dieser Standpunkt nicht in sich. Für eine Schule aber, deren Schwerpunkt nicht in der dogmatischen Speculation, sondern im kanonischen Rechte liegt, reicht er zur Noth aus.

Nichtsdestoweniger finden wir in Betreff zweier bestimmter Fragen der Dogmatik Andeutungen darüber, dass Dâwûd b. 'Alî in Hinsicht auf dieselben seine individuelle dogmatische Anschauung formulirt habe, ohne jedoch diese Anschauung als integrirenden Bestandtheil seines sogenannten ẓâhiritischen Systems hinzustellen. Ich weiss nicht, wie viel Gewicht auf Al-Sam'ânî's (st. 562) Bericht [2]) zu legen sei, wonach der Imâm Aḥmed b. Ḥanbal [3]) sich geweigert habe, den Dâwûd b. 'Alî — wohl unmittelbar nachdem sich dieser aus Nîsâbûr heimgekehrt in Baġdâd ansiedelte — zu empfangen, weil er von ihm hörte, dass er ketzerische Meinungen betreffs des Erschaffenseins des Koran hege; diese Nachricht erhielt Aḥmed von Nisâbûr her durch Muḥammed b. Jaḥja, und die Versicherung des Sohnes, dass Dâwûd frei von Ketzerei sei, vermochte nicht, ihm beim Imâm Einlass zu eröffnen. Jedenfalls steht es fest, dass dieses Bekenntniss des Dâwûd — für den Fall, dass er dasselbe auch über seine Jugendzeit hinaus festhielt — nicht massgebend für seine Schule war, die sich in dogmatischer Beziehung ziemlich indifferent verhielt. Von Ibn Ḥazm erfahren wir, dass Dâwûd positive Stellung eingenommen in der Frage: in wiefern von Gott die Attribute des Sehens und Hörens ausgesagt

Textauszug p. 124) behandelte Thatsache ist höchst bemerkenswerth Al-Ġazzâli, Iḥjâ I p. ٩٣ ff. Ueberaus interessante Beiträge sind noch zu finden bei Al-Damîrî s. v. أسد I p. ١٤—١٧. Man findet an diesen Stellen schätzbare Materialien für die Beurtheilung der Stellung der alten Imâme zur speculativen Theologie. 1) Al-Šahrastânî p. ٩٥, ٧٥. Am energischesten trat unter diesen Imâmen Ibn Ḥanbal für die Zurückweisung der philosophischen Speculation ein. Musste sich ja der sonst als Ascet bekannte Al-Ḥârit Al-Muḥâsibî (st. 243) vor dem Fanatismus des Imâm und seiner Anhänger verborgen halten, weil er sich auch mit Kalâmfragen beschäftigte. Bei seinem Leichenbegängnisse waren nur vier Menschen anwesend. Abulfedâ II p. 200. 2) Kitâb al ansâb Bl. 280 a (Beilage V). 3) Dieser Imâm, der sich bekanntlich zur Zeit des Mâmûn'schen rationalistischen Terrorismus unbeugsam zur alten orthodoxen Lehre hielt, war umso strenger gegen jene Theologen, welche sich unter dem Drucke des terroristischen Zwanges zu Concessionen herbeiliessen. Ein solcher war u. A. der fromme Traditionarier 'Abd-al-Malik b. 'Abd-al-'Azîz Al-Tammâr (st. 228). Aḥmed b. Ḥanbal untersagte denn auch seinen Schülern, von Al-Tammâr Traditionen aufzunehmen: Abu-l-Maḥâsin I p. ٩٧٧.

werden können, und wie es aufzufassen sei, wenn im Koran von Gott gesagt wird, er sei der Hörende, der Sehende. Al-Aš'ari sagt hier in Uebereinstimmung mit vielen orthodoxen und manchen mu'tazilitischen Theologen, dass Gott sieht durch den von ihm ausgehenden Act des Sehens, hört durch den von ihm ausgehenden Act des Hörens. Dâwûd schliesst sich denjenigen an, welche in obiger Auffassung eine Verkörperlichung des Gottesbegriffes finden, und vielmehr sagen: Gott sei ein Sehender und Hörender durch die ihm immanenten, von seinem Wesen als besondere Acte nicht zu trennenden Kräfte des Sehens und Hörens. Man könne von ihm nicht sagen: er sieht oder er hört, denn er übt keinen Act des Sehens oder Hörens aus [1]). In diesem Wortstreite schliesst sich Ibn Ḥazm seinem Führer in der Gesetzwissenschaft an.

Schon diese letztere Thatsache deutet zur Genüge an, dass Dâwûd über das trockene Fiḳh hinaus eine bewusste Stellung auch in dogmatischer Beziehung entwickelt habe, und es wäre sehr unwahrscheinlich vorauszusetzen, dass ihn auf dem weiten Gebiete der Dogmatik gerade diese eine, mit vielen andern Fragen des Kalâm in engstem Zusammenhang stehende Streitfrage beschäftigt habe. Glücklicherweise ist uns jedoch eine allgemeine Notiz erhalten geblieben, aus welcher wir folgern dürfen, dass Dâwûd's Beschäftigung mit der Dogmatik weitere Kreise beschrieb, als wir nach Al-Šahrastânî's Charakteristik seines Standpunktes vermuthen müssten. Die Thatsache nämlich, dass Al-Aš'arî — wohl in seiner mu'tazilitischen Zeit — in Betreff der Dogmatik (الاعتقاد) eine Streitschrift gegen den Begründer der Ẓâhirschule richtete, eine Streitschrift übrigens, welche der Verfasser

1) Ibn Ḥazm I Bl. 146 b قال ابو محمّد واجمع المسلمون على القول بما جآء به نصّ القرآن من انّ اللّه تعالى سميع بصير ثمّ اختلفوا فقالت طائفة من اهل السنّة والاشعريّة وجعفر بن حرب من المعتزلة وهشام بن الحكم وجميع المجسّمة نقطع انّ اللّه سميع بصير ببصر وذهبت طائفة من اهل السنّة منهم الشافعيّ وداود بن عليّ وعبد العزيز بن مسلم الكنانيّ رضيّهم وغيرهم الى ان اللّه تعالى سميع بصير ولا يقال يسمع ولا يبصر ولكن سميع بذاته بصير بذاته قال ابو محمّد وبهذا نقول ولا يجوز اطلاق سمع ولا بصر حيث لم يأت به نصّ لما ذكرنا آنفًا من انّه تعالى لا يجوز ان يخبر عنه بما لم يخبر عن نفسه،

nach seinem Uebertritt zum orhodoxen Islâm selber widerlegte [1]), beweist uns zur Genüge, dass der Lehrkreis Dâwûd's nicht auf das blosse Fiḳh beschränkt war, dass er sich ferner nicht begnügt habe, sich hinter die bequeme Salâma der alten Imâme zu verschanzen, sondern dass er in den seine Zeit bewegenden religionswissenschaftlichen Fragen seine Stimme abgab. In der Liste seiner Schriften bei Ibn Abi-l-Nadîm finden wir allerdings nur Werke aus dem Kreise der Gesetzwissenschaft.

Aber wenn sich auch Dâwûd, nach den eben angeführten Daten, seine Dogmatik gebildet hat, drang dieselbe in die Ẓâhirschule nicht ein; sie hatte mit dem Fiḳh, welches das Wesen dieser Schule ausmachte, nichts gemein. Erst Ibn Ḥazm wollte innerhalb der Ẓâhirschule einen weiteren Schritt machen, nämlich die Fragen der Dogmatik in dieselbe einzubeziehen. Dieser Versuch, den er in seinem dogmatischen Werke in genialer Weise ausführte, blieb fruchtlos. Auch nach Ibn Ḥazm fanden Dogmatiker der verschiedensten Farbe innerhalb der Ẓâhirschule Raum. Wir dürfen vermuthen, dass es die dogmatische Richtung und die dogmatischen Principien Dâwûd's sind, welche Ibn Ḥazm festhielt und in seinem polemischen Werke weiter entwickelte. War es ja auf allen Religionsgebieten die Polemik, durch welche eine bewusste Entwicklung, eine feste Definition des Glaubensinhaltes befördert, ja durch dieselbe erst möglich wurde. Vielleicht sprechen wir keine leere Hypothese aus, wenn wir der Meinung Raum geben, dass die Anklage, Dâwûd bekenne sich zum Erschaffensein des Koran [2]) in dem Sinne aufzufassen sei, Dâwûd habe gelehrt, dass die äusseren Bestandtheile des geschriebenen und die physiologischen Momente des gelesenen Koran nicht von ewig her sind. Diese These wird durch Ibn Ḥazm weitläufig entwickelt.

Es kann hier nicht unsere Aufgabe sein, trotzdem diese Gelegenheit zur Ausführung derselben vor allem verlockend schiene, eine systematische Darstellung des dogmatischen Systems des Ibn Ḥazm zu liefern. Es ist dies eine Schuld, deren Abtragung mit Recht noch von jenen erwartet werden kann, deren besonderes Arbeitsgebiet es ist, die dogmatisch-philosophischen Bewegungen im Islâm in ihrer geschichtlichen Entwicklung darzustellen. Hier kann sich unsere Aufgabe nur auf einen Theil dieses Kapitels erstrecken, auf die Frage nämlich, in welchen Momenten der Dogmatik und Religionsphilosophie Ibn Ḥazm's ẓâhiritische Gesichtspunkte zur Geltung kommen und worin sich dieselben offenbaren? Diese Frage zu beantworten wollen wir in der hier folgenden Darstellung versuchen, und der Leser hält es uns wohl zu Gute, dass wir mit einer das Gleichmass in diesem Abschnitte ausser Acht lassenden Weitläufigkeit Textauszüge aus Ibn Ḥazm's Hauptwerke

---

1) S. Spitta a. a. O. p. 79 nr. 81. 2) Bekanntlich wurde auch gegen Al-Buchârî dieselbe Anschuldigung erhoben (vgl. Krehl ZDMG. IV p. 6).

anführen, die Gelegenheit wahrnehmend, aus diesem für eine volle Edition zu breitspurigen Werke den Ideengang und die Darstellungsweise des Verfassers charakterisirende Auszüge ans Licht zu stellen. Nur soviel wollen wir zur Bestimmung der allgemeinen Stellung Ibn Ḥazm's zu den religionsphilosophischen Schulen im Islâm voraussenden, dass dieser Dogmatiker der als orthodox geltenden Richtung der Aš‘ariten ebenso feindlich, und vielleicht noch feindlicher gegenübersteht, als den Anthropomorphisten einerseits und den Mu‘taziliten andererseits. Wenn wir zwar das nach Ibn ‘Asâkir's Mittheilung jetzt in zwei guten Ausgaben vorliegende Glaubensbekenntniss Al-Aš‘arî's im Gegensatz zur Mu‘tazila betrachten, so sollten wir glauben, Al-Aš‘arî's Standpunkt gebe dem ẓâhiritischen Dogmatiker keine Gelegenheit zur Opposition. Doch wenn wir erfahren, dass Al-Aš‘arî seinem Bekenntnisse eine in speculativer Richtung auslaufende Interpretation gegeben, in welcher er seine Attributenlehre zum ausgleichenden Element machte im Widerstreite des spiritualistischen Gottesbegriffes gegen das Festhalten am äussern Wortlaute des Korans, so werden wir begreifen, dass Ibn Ḥazm, der in dieser Ausgleichung jeden Einfluss der Speculation, welcher er ihren Platz im rechten Glauben consequent streitig macht[2]), verdammte, dem Aš‘arismus feindlich entgegen-

1) Spitta p. 128—37, Mehren p. 115—24.

2) Welche Stellung er der Speculation in der Deduction der Dogmatik anweist, werden wir noch sehen; interessant ist wohl auch seine Lehre von der Stellung der Vernunftschlüsse im Glauben überhaupt, namentlich im Verhältniss zu der diesbezüglichen Lehre anderer Theologen. Um diese anzudeuten, theile ich folgende Stelle mit: هل يكون مؤمن من اعتقد الاسلام دون استدلال ام لا يكون مؤمن مسلمًا الّا من استدلّ، قال ابو محمّد ذهب محمّد بن جرير الطبرىّ والاشعريّة كلّها حاشى ابا جعفر السمنانىّ الى انّه لا يكون مسلمًا وقال الطبرىّ من بلغ الاحتلام والاشعار من الرجال والنسآء وبلغ المحيض من النسآء ولم يعرف الله عزّ وجلّ بجميع اسمائه وصفاته من طريق الاستدلال فهو كافر حلال الدم والمال وقال انّه اذا بلغ الغلام او الجارية سبع سنين وجب تعليمهم وتدريبهم على الاستدلال على ذلك فحدثنى احمد بن محمد بن الجسور (?) قال نا ابو بكر احمد بن الفضل ابن بهرام الدينورىّ قال لنا الطبرىّ فذكر ما قلناه وقالت الاشعريّة لا يلزمهم الاستدلال على ذلك الّا بعد البلوغ، قال ابو محمّد قال سائر اهل

treten musste. Seine Polemik ist, in Anbetracht der Härte und Rücksichtslosigkeit des polemischen Verfahrens gegen die Aś'ariten noch viel strenger als gegen die Anhänger der Mu'tazila. Von diesen sagt er ausdrücklich, dass sie trotz ihrer Irrthümer als Muhammedaner zu betrachten seien, für welche die Unwissenheit als Entschuldigungsgrund angeführt werden kann (dafür dass sie Gott die Eigenschaften des جواد und سخآء beilegen), ein Entschuldigungsgrund, der sie von der Zuzählung zu den Ungläubigen befreit, ohne dass sie sich aber deshalb der Zurechtweisung (von Seiten der Rechtgläubigen) entziehen könnten; lernen aber können sie noch immerhin" [1]). Ganz anders geht er mit den Aś'ariten ins Gericht, in dieser und in andern Fragen. Wir wollen hierfür nur ein Beispiel anführen, und zwar die dogmatische Unterscheidungslehre in Bezug auf den Koran als „Wort Gottes". Es ist bekannt, dass die Auffassung des muhammedanischen Begriffes كلام الله zu den weitgehendsten Meinungsverschiedenheiten Anlass gegeben hat. Die Mu'taziliten behaupten, das „Wort Gottes" sei das Attribut einer in der Zeit entstandenen (erschaffenen) That Gottes (صفة فعل مخلوق), also nicht ewig; so oft Gott gesprochen, hat er sein Wort immer erst schaffend hervorgebracht. Ahmed b. Ḥanbal und andere Imâme halten Gottes Wort für unerschaffen und ewig und als solches identisch mit seinem ewigen Wissen (كلام الله عزّ وجلّ هو علمه لم يزل). Am bestimmtesten prononciren die Aś'ariten ihren Standpunkt, indem sie sagen: Das Wort Gottes ist von ewig her und unerschaffen, von Gott zwar verschieden als Attribut seines Wesens, nichtsdestoweniger aber nur ein einziges untheilbares; das heisst: Gottes Wort ist nur eines und so oft Gott gesprochen, so war es immer dasselbe Wort Gottes, das in die Erscheinung getreten (كلام الله عزّ وجلّ صفة ذات لم تزل

الاسلام كلّ من اعتقد بقلبه اعتقادًا لا شكّ فيه وقال بلسانه لا إله
الّا اللّه وانّ محمّدا رسول الله وانّ ما جآء به حقّ وبرئ من كلّ .
دين سوى دين محمّد فانّه مسلم مؤمن ليس عليه غير ذلك الّا الاعمال
Bd. II Bl. 54a.

1) Bd. I Bl. 162a ولكن المعتزلة معذورون بالجهل عذرًا يبعدهم عن الكفر ولا يخرجهم عن الايمان لا عذرا يُسقط عنهم الملامة لان التعلّم لهم معرض ممكن ولكن لا هادى لمن اضلّ اللّه تعالى ،

غير مخلوق وهو غير الله تعلى وخلاف الله تعلى وهو غير علم الله تعلى وانه ليس لله تعالى الا كلام واحد) „Die Lehre der Aš'ariten — sagt Abû Muḥammed — ist ein entschiedener Widerspruch gegen Gott selbst und gegen alle Bekenner des Islâm. Denn Gott sagt im Koran: „Sprich! Wäre das Meer lauter Tinte für die Worte meines Gottes, fürwahr das Meer ginge zu Ende bevor die Worte meines Gottes zu Ende gingen“ (Sure XVIII v. 109) und ferner heisst es: „Wäre alles, was auf der Erde an Bäumen ist lauter Federn und das Meer würde hernach zu sieben Meeren anwachsen, so würden die Worte Gottes nicht erschöpft sein“ (Sure XXXI v. 26). Es giebt keine tiefere Verirrung und nicht mehr Abwesenheit allen Schamgefühls und keine grössere Verstocktheit und kein grösseres Leugnen Gottes als jene bethätigen, die diese vor jedem Muslim zweifellos als Worte Gottes, dem nichts Nichtiges zugänglich ist, anerkannte Rede hören, aus welcher hervorgeht, dass Gotte unzählige Worte eigen sind, und dann dennoch auf Grund ihrer eigenen nichtswürdigen Meinung sagen, dass Gotte nur ein Wort eigen ist. Wenn sie nun aber sagen sollten, dass sie diese Behauptung nur deswegen aufstellen, um Gott mit keinerlei Vielheit in Zusammenhang zu bringen, so werden sie durch ihre eigene Lehre Lügen gestraft, nach welcher es 15 von Gott verschiedene und ausser ihm befindliche Dinge (die Attribute) giebt, welche allesammt mit Gott ewig sind. Es sagt Abû Muḥammed: Diese dem Al-Aš'arî anhängende Secte behauptet ausserdem, dass es nicht Gottes Wort war, was Gabriel in das Herz Muhammeds offenbarte, sondern dass dasjenige, was er brachte, nur figürlich das Wort Gottes genannt wird; ferner, dass von dem, was aus den Koranexemplaren gelesen wird und in denselben geschrieben steht, nichts als Gottes Wort betrachtet werden dürfe, und dass Gottes Wort immer nur an Gott selbst haftet und Gott nie verlässt um an etwas anderem zu haften, und dass dasselbe nicht an Orten in die Erscheinung tritt, welche es verlässt, um später an anderen Orten in die Erscheinung zu treten, und auch nicht in verbundenen Buchstaben besteht; dass auch ein Wort Gottes nicht besser, vorzüglicher und gewichtiger sein kann als ein anderes. Sie sagen auch: Gott hört nicht auf zur Hölle zu sagen: „Bist du schon erfüllt?“ (Sure L v. 29) und zu den Ungläubigen: „Schweiget in ihr und sprechet nicht!“ (Sure XXIII v. 110) und dass Gott zu dem, was er hervorzubringen beschlossen, ewig spricht: „Werde!“ Es sagt Abû Muḥammed: Dies ist purer Unglaube, den man nicht wegdeuten kann. Denn wir wollen sie fragen: Ist der Koran Gottes Wort oder nicht? Sagen sie nun nein, so sind sie nach übereinstimmender Lehre aller Muhammedaner Ungläubige; sagen sie aber ja, so fragen wir sie weiter: Ist Koran dasjenige, was in den Moscheen recitirt, und in den Maṣḥaf's geschrieben, und in den Herzen auswendig gewusst wird oder aber etwas anderes? Sagen sie nein, nun so werden sie nach übereinstimmender Lehre aller Muhammedaner des Unglaubens geziehen; sagen sie aber ja, so widersprechen sie ihrer eigenen schlechten Lehre und bekennen sich zu der Lehre der muhammedanischen Gemeinschaft" [1]). Fügen wir nun, schon einmal bei

---

1) Bd. I Bl. 170 a وامّا قولهم انّه ليس للّه تعالى الّا كلام واحد فخلاف مجرّد للّه تعالى ولجميع اهل الاسلام لانّ اللّه عزّ وجلّ يقول قل لو كان البَحْرُ مِدَادًا لِكَلِمَاتِ رَبِّى لَنَفِدَ البَحْرُ قَبْلَ أَنْ تَنْفَدَ كَلِمَاتُ رَبِّى ويقول تعالى وَلَوْ أَنَّ مَا فى الأَرْضِ مِنْ شَجَرَةٍ أَقْلَامٌ وَالبَحْرُ يَمُدُّهُ مِنْ بَعْدِهِ سَبْعَةُ أَبْحُرٍ مَا نَفِدَتْ كَلِمَاتُ اللّهِ، قال ابو محمّد ولا ضلال اضلّ ولا حياء أعدم ولا مجاهرة أَتَمّ ولا تكذيب للّه اعظم ممّن سمع هذا الكلام الذى لا يشكّ مسلم أنّه خبر اللّه تعالى الذى لا يأتيه الباطل من بين يديه ولا من خلفه بانّ للّه تعالى كلمات لا ينفدن (cod. ىىعدن) ثمّ يقول هو من رأيه الخسيس انّه ليس للّه تعالى الّا كلام واحد فان ادّعوا انّهم فرّوا من ان يكثروا مع اللّه أَكْذَبَهُم قولُهم انّ هاهنا خمسة عشر شيئًا كلّها متغايرة وكلّها غيرُ اللّه وخلافُ اللّه وكلّها لم تزل مع اللّه تعالى اللّه عمّا يقول الظالمون علوّا كبيرًا، قال ابو محمّد وقالت ايضا هذه الطائفة المنتمية الى الاشعرىّ انّ كلام اللّه تعالى وجلّ لم ينزل به جبرئيل على قلب محمّد صلعم وانّما نزل عليه بشىء آخر هو عبارة عن كلام اللّه تعالى وان الذى يُقرأ فى المصاحف ويُكتب فيها ليس شىء منه كلام اللّه تعالى وان كلام اللّه تعالى لا يزايل البارى ولا يقوم بغيره ولا يحلّ فى الاماكن ولاينتقل ولا هو حروف موصلة ولا بعضه خير من بعض ولا افضل ولا اعظم من بعض وقالوا لم يزل تعالى قائلا لجهنّم هَلِ امْتَلَأْتِ وقائلا للكفّار اخْسَئُوا فيها ولا تُكَلِّمُون ولم يزل تعالى قائلا لكلّ ما اراد تكوينَه كُنْ، قال ابو محمّد وهذا كفر مجرّد بلا تأويل وذلك انّا نسئلهم عن القرآن أهو كلام اللّه أم لا فان قالوا ليس هو كلام اللّه كفروا بإجماع الأُمّة وان

dieser Frage, Ibn Ḥazms eigene Lehre hinzu. Er lehrt nach Anleitung der hierauf bezüglichen Koranstellen, 1) dass Koran und Gotteswort zwei synonyme Ausdrücke für denselben Begriff sind. 2) dass der Koran selbst durch Gabriel dem Muhammed überbracht wurde, 3) „Koran“ und „Gotteswort“ wird von fünferlei Dingen ausgesagt: a) von der an Muhammed ergangenen Offenbarung, b) vom hörbaren gesprochenen Laut des vorgelesenen Koran, c) vom Inhalt dieser gesprochenen Worte z. B. von den einzelnen Stellen und Geboten, d) vom geschriebenen Koranexemplar. e) vom auswendig gewussten Text. Dies folgt aus Koran- und Traditionsstellen, die I. H. in aller Breite anführt. Endlich 4) dass nicht alle Theile des Koran gleichwerthig sind; von der Fâtiḥa, der Ichlâṣformel und anderen Stellen des Koran hat uns Gott selbst gesagt, dass sie höher stehen als andere Theile des Gottesbuches. Fragt man nun: ob der Koran, wie ihn Ibn Ḥazm hier definirt, erschaffen oder unerschaffen sei? so giebt uns der Verfasser folgende Antwort. Allerdings sind die Laute Explosionen der Sprachorgane, sowie die arabische Sprache und alle anderen Sprachen, in welchen sie erscheinen, erschaffene Dinge sind. Auch was geschrieben wird, ist erschaffen, denn das geschrieben vor uns liegende Maṣḥaf besteht aus Häuten von Thieren, und aus Tinte, welche wieder aus verschiedenen Stoffen zusammengesetzt ist; auch die Bewegung der Hand des Schreibenden und die Bewegung der Zunge des Lesenden und die Festsetzung alles Geschriebenen und Gelesenen in der Seele ist e r s c h a f f e n. Aber das unendliche von Gott untrennbare Wissen Gottes, was wir Koran und Gotteswort nennen, ist unerschaffen. Wir nennen also Koran fünferlei Dinge, von denen vier erschaffen und eins unerschaffen ist. Da nun das Attribut des Theils nicht das Ganze umfasst, so darf es nicht zur Bestimmung des Ganzen ausgesagt werden. Man darf also nicht sagen, der Koran sei erschaffen. Vielmehr muss dieses Theilattribut in Be-

---

قالوا بل هو كلام الله سألناهم عن القرآن أهو الذى يُتلى فى المسجد
ويُكتب فى المصاحف ويُحفظ فى الصدور أم لا فان قالوا لا كفروا
بجمع الأمّة وان قالوا نعم تركوا قولهم الفاسد واقرّوا ان كلام الله
تعالى فى المصاحف ومسموع من القرّاء ومحفوظ فى الصدور كما
يقول جميع اهل الاسلام، قال ابو محمّد وقال قوم فى اللفظ بالقرآن
ونسبوا الى اهل السنّة انهم يقولون ان الصوت غير مخلوق والخطّ
غير مخلوق، قال ابو محمّد وهذا باطل وما قال قطّ مسلم ان
الصوت الذى هو الهوآء غير مخلوق وان الحبر غير مخلوق،

zug auf das Ganze negirt werden. Der Koran ist demnach weder Schöpfer noch Geschaffenes [1]). Diese Definition begegnet sich mit der durch Abû Ḥanîfa im „Fiḳh akbar" festgestellten Lehre über das Erschaffen- oder Unerschaffensein des Gottesbuches [2]). Wenn nun jemand, der eben den Koran vorliest, sagen würde: Was ich hier gelesen habe, ist nicht Gottes Wort, so würde er sich der Verleugnung Gottes schuldig machen; ebenso wie es Lüge wäre, wenn jemand, und sei es auch aus bescheidener guter Sitte, von einer in der Sunna gebotenen Handlung, die er selbst eben ausgeübt hat, sagen würde: „Dies ist nicht das Thun des Propheten".

Die Ursache der sonderbaren Erscheinung, dass Ibn Ḥazm mit den Anhängern der Mu'tazila, wie wir soeben sehen konnten, unvergleichlich glimpflicher umgeht, als mit denen der aš'aritischen Orthodoxie, liegt meiner Ansicht nach in der Thatsache, dass er sich jenen in einem Cardinalpunkte der Dogmatik nähern und im Vereine mit ihnen gegen die Aš'ariten opponiren konnte: in der Lehre von der Existenz oder Nichtexistenz göttlicher Attribute (ṣifât). Freilich war es ein anders geartetes Raisonnement, durch welches die Vertreter des äussersten Rationalismus in der muhammedanischen Dogmatik zu Lehrsätzen gelangten, denen gegenüber der Vertreter der äussersten Orthodoxie, in deren Augen Al-Aš'arî als Ketzer gilt, Nachsicht walten lassen konnte. Bei Ibn Ḥazm ist es überhaupt kein Raisonnement, das ihn in der Feststellung seiner dogmatischen Ueberzeugungen leitet. Bei ihm giebt es immer nur eine Frage, von deren Beantwortung sein Verhalten den einzelnen dogmatischen Lehrsätzen gegenüber bestimmt wird: Lassen wohl die Texte der Schrift und der Tradition (und zwar nicht ihr Geist sondern ihr Wort) diese oder jene Formulirung eines Glaubenssatzes zu? Mit der Beantwortung dieser Frage ist das Schicksal der einzelnen dogmatischen Streitfragen erledigt. „Würde man uns" sagt er „folgende Frage vorlegen: Ihr behauptet doch, Gott sei lebend aber nicht in dem Sinne, wie dies von den lebenden Creaturen ausgesagt wird;

1) Blatt 172a ووجب ضرورة أن يقال انّ القرآن لا خالق ولا مخلوق وانّ كلام الله تعالى لا خالق ولا مخلوق لانّ الاربعة المسمّيات منه ليست خالقا فلا يجوز ان يُطلق على القرآن ولا على كلام الله تعالى اسم خالق ولانّ المعنى الخمس غير مخلوق ولا يجوز ان يوقع صفة البعض على الكلّ الذى لا تعمّه تلك الصفة بل واجب ان يطلق نفى تلك الصفة التى للبعض على الكلّ'

2) Kremer, Geschichte der herrschenden Ideen des Islams p. 41.

wissend, aber nicht in dem Sinne wie dies wissende Creaturen sind; mächtig, aber nicht in dem Sinne, wie wir dies von den Mächtigen aussagen: warum verbietet ihr nun dies zu sagen: Gott sei Körper aber nicht in dem Sinne, wie es die erschaffenen Körper sind — würde man uns nun diese Frage vorlegen, so würden wir folgende Antwort geben: Würde nicht der Text des Koran Gott die Namen eines Lebenden, Wissenden, Mächtigen beilegen, so würden wir von ihm keinen einzigen dieser Namen gebrauchen. Aber es ist auch religiöse Pflicht dabei stehen zu bleiben, was im Text ausdrücklich enthalten ist. Nun finden wir aber nirgends in den heiligen Texten, dass Gott „Körper" genannt wird, und es ist kein Argument vorhanden, ihn mit diesem Namen zu benennen; vielmehr verbietet uns das allein massgebende Argument, diesen Namen von ihm zu gebrauchen. Wäre eine Textstelle zu finden, in welcher von Gott gesagt wird, dass er *Körper sei, so wäre es unsere unerlässliche Pflicht, dem Texte zu folgen und zu sagen: Gott ist Körper, aber nicht wie die anderen Körper es sind*[1]. In der Zurückweisung dieser Benennung ist demnach für Ibn Ḥazm ausser dem Moment des Anthropomorphismus in vorwiegender Weise das Moment der Abweichung von den *textuell festgesetzten Benennungen Gottes* massgebend[2]. Denn die Eigenschaftsnamen, die im Koran

1) Bd. I Bl. 138a فان قالوا لنا انكم تقولون ان الله عزّ وجلّ حيّ لا كالاحياء وعليم لا كالعلماء وقادر لا كالقادرين وشيء لا كالاشياء فلِمَ منعتم القول بانّه جسم لا كالاجسام قيل لهم وبالله تعالى التوفيق لولا النصّ الوارد بتسميته تعالى بانّه حيّ وقدير وعليم ما سمّيناه بشيء من ذلك لكن الوقوف عند النصّ فرض ولم يأت نصّ بتسميته تعالى جسما ولا قام البرهان بتسميته جسما بل البرهان مانع من تسميته تعالى بذلك ولو أتى نصّ بتسميته تعالى جسما لوجب علينا القول بذلك وكنّا حينئذ نقول انّه [جسم] لا كالاجسام كما قلنا في عليم وقدير وحيّ ولا فرق،

2) Bl. 139a ومن قال ان الله تعالى جسم لا كالاجسام فليس مشبّها لكنّه أَلْحَدَ في اسماء الله عزّ وجلّ اذ سمّاه عزّ وجلّ بما لم يسمّ به نفسه وامّا من قال انّه تعالى كالاجسام فهو مُلْحِد في اسماء الله تعالى ومشبّه مع ذلك،

von Gott ausgesagt werden, sind nicht A t t r i b u t e, deren Vorhandensein im Wesen Gottes etwa durch die speculative Erforschung dieses Wesens erkannt werden könnte, sondern sie sind E i g e n n a m e n, mit denen sich Gott selbst benannt hat. Zu sagen, dass Gott Attribute habe, ist eine Absurdität. Denn die Ausdrücke „Attribut" oder „Attribute" hat weder Gott selbst in seinem geoffenbarten Worte in Bezug auf sein Wesen gebraucht, noch auch finden wir, dass dies der Prophet mit Bezug auf Gott gethan habe, auch hat nie einer der Genossen oder ihrer Nachfolger, oder der Nachfolger der letzteren diese Ausdrücke mit Beziehung auf Gott angewendet. Es ist demnach auch uns nicht erlaubt, diesen Sprachgebrauch anzuwenden oder dem in demselben liegenden Glauben anzuhängen, von dem wir mit vollem Rechte sagen können, dass der Consensus der rechtgläubigen Genossen denselben verworfen hat und dass er demnach eine verwerfliche Neuerung ist. Es sagt Gott: „Dies sind nichts anderes als Namen, die ihr und eure Väter ersonnen habt, Gott aber hat hierzu keine Macht ertheilt; sie folgen lediglich ihrer Meinung und dem, wozu ihre Seelen Lust verspüren (Sure LIII v. 63)". Das Wort Ṣifât haben die Mu'taziliten ersonnen und ihnen folgte eine Partei der Mutakallimûn, welche hierdurch einen Weg betraten, der von dem Pfade der frommen Vorfahren abweicht und welche nicht als Beispiel und Vorbild dienen können. Wer aber die durch Gott gesteckten Grenzen überschreitet, begeht eine Ungerechtigkeit an sich selbst. Es ist nicht ausgeschlossen, dass dieser Ausdruck durch die Gesetzgelehrten der späteren Generation in Umlauf gesetzt worden sei, und zwar durch solche, welche den richtigen Sinn desselben nicht recht überlegten, und so läge denn der Irrthum und das Straucheln eines Wissenden vor. I n d e r R e l i g i o n ist nur dasjenige wahr, was Gott selbst in seinem B u c h e o d e r d e r P r o p h e t in den von ihm herrührenden A u s s p r ü c h e n a u s d r ü c k l i c h f e s t g e s e t z t hat, oder was die U e b e r e i n s t i m m u n g der rechtgläubigen Gemeinde a l s w a h r e r k e n n t. Alles, was dies überschreitet, ist I r r t h u m. Man könnte uns eine von Sa'îd b. Abî Hilâl herrührende Tradition entgegen halten, wonach jemand bei jeder Kniebeugung (während des kanonischen Gebetes) die Verse: Sprich! er ist Allâh, ein Einziger u. s. w. in Verbindung mit einer anderen Sure recitirte, und dem Propheten hierüber die Aufklärung gab, dass in diesen Sprüchen die Beschreibung (صفة) des Allbarmherzigen enthalten sei, worauf dann der Prophet entgegnet haben soll, dass Gott dieselben ebenso bevorzuge, wie der Befragte selbst. Wir würden dem gegenüber antworten, dass diese bei Sa'îd vereinzelte Tradition nicht genügend beglaubigt sei, dass sie vielmehr von mehreren Autoritäten als verdächtig beanstandet wird, daher für die Legitimität des Ausdruckes صفة اللّه keinen genügenden Beweis erbringe[1]). Aber eine solche Argumentation der Gegner wäre auch ihren eigenen Grundsätzen keineswegs entsprechend; denn auch sie anerkennen die auf den Bericht eines Einzelnen gegründete Traditionsmittheilung nicht als unabweisliche Quelle sichern Wissens"[2]).

1) Wir bemerken jedoch, dass Al-Buchârî einem Kapitel seines Traditionswerkes die Aufschrift vorsetzt: باب ما يُذْكَر في الذات والنعوت وأسمى اللّه (Kitâb al-tauḥid nr. 14) und wie Al-Kasṭalâni z. St (X p. ٤٣٩) bemerkt, gebraucht Al-Bejhaḳi in der entsprechenden Kapitelüberschrift sogar den Ausdruck صفات.

2) Ibn Ḥazm ibid. Bl. 139a واما إطلاق لفظ الصفات لله عزّ وجلّ فمحال لا يجوز لانّ اللّه عزّ وجلّ لم ينصّ قطّ في كلامه المنزل على لفظة الصفات ولا لفظة الصفة ولا جاء قطّ عن النبيّ صلّعم بانّ اللّه تعالى صفة او صفات نعم ولا جاء قطّ ذلك عن احد من الصحابة رضى الله عنهم ولا عن احد من خيار التابعين ولا عن احد من خيار تابعي التابعين وما كان هكذا فلا يحلّ لاحد ان ينطق به ولو قلنا ان الاجماع قد تيقّن على ترك هذه اللفظة لَصَدَقْنا فلا يجوز القول بلفظ الصفات ولا اعتقاده بل هي بدعة منكرة قال الله عزّ وجلّ إن هي الّا اسماء سمّيتموها انتم وآباءكم ما انزل اللّه بها من سلطان إن يتّبعون الّا الظنّ وما تهوى الانفس ولقد جاءهم من ربّهم الهدى، قال ابو محمّد وانّما اخترع لفظ الصفات المعتزلة وسلك سبيلهم قوم من اصحاب الكلام سلكوا غير مسلك السلف الصالح ليس فيهم أُسوة ولا قدوة وحسبنا الله ونعم الوكيل ومن يتعدّ حدود الله فقد ظلم نفسه وربّما اطلق هذه اللفظة من متأخّري الائمّة من الفقهاء من لم يحقّق النظر فيها فهي وهلة وزلّة عالم وانّما الحقّ في الدين ما جاء عن الله تعالى نصّا او عن رسول الله صلّعم كذلك او صحّ اجماع الأمّة كلّها عليه وما عدا هذا فضلال، فان اعترضوا بالحديث الذي رويناه من طريق ابن وهب عن عمرو بن الحرث عن سعيد بن ابى هلال عن ابى الرجال

Es steht demnach niemandem zu, auf eigene Faust Gott eine Eigenschaft beizulegen, selbst dann nicht, wenn durch einen logischen Schluss das Vorhandensein dieser Eigenschaft in Gott bewiesen werden könnte. Ibn Ḥazm macht diesen Grundsatz dem Mu'taziliten Abu-l-Hudejl Al-'Allâf gegenüber geltend, der die Identität des göttlichen Wissens mit dem göttlichen Wesen philosophisch bewiesen haben will. „Es ist nicht erlaubt, dass jemand Gott eine Eigenschaft oder einen Namen beilege auf Grund seiner Schlussfolgerung; denn Gott steht im Gegensatze zu seinen Schöpfungen, es darf ihm demnach keine von den Eigenschaften und Namen seiner Schöpfungen auf Grund der Schlussfolgerung beigelegt werden, denn dies wäre einerseits eine Vergleichung des Schöpfers mit der Creatur, andererseits ein Abweichen von dem, was er selbst in Bezug auf seine Namen festgesetzt, also lügenhafte Erfindung. Man darf Gott nur mit solchen Namen nennen, und von ihm nur solche Namen aussagen, mit welchen er sich selbst in seinem Buche oder durch den Mund seines Propheten benannt hat, oder wobei sich der Consensus der rechtgläubigen Gemeinde in sicherer Weise geeinigt hat. Andere Benennungen dürfen selbst dann nicht angewendet werden, wenn der Sinn einer solchen Benennung ein richtiger wäre. So wissen wir z. B. mit Sicherheit, dass Gott der Erbauer des Himmels ist; nichtsdestoweniger wäre es nicht erlaubt, ihm den Namen „Baumeister" beizulegen, oder den Namen „Färber", totzdem wir wissen, dass er es ist, der die Farben der Pflanzen und Thiere hervorgebracht" [1]). Es

---

محمّد بن عبد الرحمن عن أُمّه عمرة عن عائشة فى الرجل الذى كان يقرأ قل هو الله احد فى كلّ ركعة مع سورة أخرى وان رسول الله صلعم امر ان يسأل عن ذلك فقال هى صفة الرحمن فانا احبّها فاخبره عم ان اللّه يحبّه فالجواب وبالله تعالى التوفيق ان هذه اللفظة انفرد بها سعيد بن ابى هلال وليس بالقوىّ قد ذكره بالتخليط يحيى واحمد ايضا فانّ احتجاج خصومنا بهذا لا يسوغ على اصولهم لانّه خبر واحد لا يُوجب عندهم العلمَ،
vgl. noch Bl. 154 a.

1) Bl. 145 b وامّا قول ابى الهذيل ان علم اللّه هو الله فذّه تسمية منه للبارى تعالى باستدلاله ولا يجوز ان يوصف الله تعالى ولا ان يسمّى باستدلال البتّة لانّه بخلاف كلّ ما خلق فلا دليل يوجب تسميته بشىء من الاسماء التى يسمّى بها شىء من خلقه

ist dies übrigens ein Standpunkt, den gerade in Bezug auf die Namen, mit welchen Gott angerufen werden darf, auch nichtẓâhiritische Theologen einnehmen, indem sie das Recht der Analogie auf diesem Gebiete völlig ausschliessen. „Analogien haben nur auf dem Gebiete der praktischen Gesetzübung statt — sagt Imâm al-Ḥaramejn Abu-l-Ma'âlî —; man darf sich aber nicht an dieselben halten bei der Benennung und Beschreibung Gottes". ان الاقيسة الشرعية من مقتضيات العمل ولا يجوز التمسك بها في تسمية الله تعالى وصفته‘[1]

Von dem oben gekennzeichneten Gesichtspunkten ausgehend, verpönt es Ibn Ḥazm auch, von Gott den Namen Al-Ḳadîm zu gebrauchen, ein Name der ihm von den Mutakallimûn mit Vorliebe beigelegt wird; denn erstens kann dieser Name als auf Gott bezüglicher durch keinen Schriftvers belegt werden; zweitens finden wir auf der andern Seite, dass dieser Beiname vom Monde gebraucht wird (Sure XXXVI v. 39), also von einem erschaffenen Gegenstande, mit welchem Gott verglichen würde, wenn wir ihm denselben Namen beilegten. Das Wort Ḳadîm wird in der Sprache von dem Begriff des zeitlichen Prius gebraucht, wenn die eine Sache der andern in Bezug auf den Zeitpunkt ihrer Entstehung um eine bestimmte Zeit vorausgeht. Ein solcher Name kann aber von Gott nicht gebraucht werden; vielmehr hat Gott

ولا ان يوصف بصفة يوصف بها شيء من خلقه فمن وصفه تعالى بصفة يوصف بها شيء من خلقه او سمّاه باسم يسمّى به شيء من خلقه استدلالا على ذلك بما وجد في خلقه فقد شبّهه تعالى بخلقه وألحد في اسمآئه وافترى الكذب ولا يجوز ان يسمّى الله تعالى ولا ان يخبر عنه الّا بما سمّى به نفسه او أخبر به عن نفسه في كتابه او على لسان رسوله صلعم او صحّ به اجماع جميع اهل الاسلام المتيقّن ولا مزيد وحتّى وان كان المعنى صحيحا فلا يجوز ان يطلق عليه تعالى باللفظ وقد علمنا يقينا انّه تعالى بنآء السمآء ولا يجوز ان يسمّى بنّاء وانّه تعالى خلق اصباغ النبات والحيوان ولا يجوز ان يسمّى صبّاغ وهكذا كلّ شيء لم يسمّ به نفسه‘

1) Bei Al-Damîri I p. ٤٤٥ s. v. انكر sind in einem für unsere Materie höchst interessanten Excurs die wichtigsten Meinungsäusserungen der sunnitischen Theologen übersichtlich zusammengestellt.

für sein Verhältniss zur Zeit den Namen Al-auwal festgesetzt, welchen kein Geschöpf mit ihm theilt, und der durch blosse Schlussfolgerungen deducirte Bezeichnungen, wie Ḳadîm eine ist, überflüssig macht. Es ist gleichviel, ob jemand Gott Ḳadîm nennt, um hierdurch seine Ewigkeit zu setzen und sein Entstehen auszuschliessen, oder ob er ihn Körper nennen würde, um durch diese Benennung sein Dasein positiv zu bezeichnen und sein Nichtsein auszuschliessen; denn keine der beiden Benennungen kann durch eine Textstelle belegt werden [1]. Der schriftliche Beleg und höchstens noch die Begründung durch den Consensus sind demnach das alleinige Kriterium für die Berechtigung der mit Beziehung auf Gott gebrauchten Namen und Ausdrücke. Selbstverständlich ist es, dass selbst die Synonyma aller auf diese Weise berechtigten Namen ausgeschlossen sind. Man darf sagen, Gott sei الكريم aber nicht السخى oder الجواد; er nennt sich selbst الظاهر aber wir dürfen ihn nicht البادى oder المُعْلِن nennen [2]. Auch der Umstand kann nicht massgebend sein, dass eine bestimmte Eigenschaft eine rühmliche, Gottes würdige ist; denn sobald sie nicht durch die Schrift bezeugt werden kann, ist ihre Anwendung

1) Ibn Ḥazm l. c. Bl. 151a قال ابو محمّد وممّا أَحْدَثه اهل الكلام من الإحداث فى اسمآء الله تعالى أن سمّوه تعالى القديمَ قال ابو محمّد وهذا لا يجوز البتّة لانّه لم يصحّ به نصّ البتّة ولا يجوز ان نسمّى الله تعالى بما لم يسمّ به نفسه وقد قال تعالى وَالقَمَرَ قَدَّرْنَاهُ مَنَازِلَ حَتَّى عَادَ كَالعُرْجُونِ القَدِيمِ فصحّ انّ القديم من صفات المخلوقين فلا يحلّ ان نسمّى الله عزّ وجلّ بذلك وانّما يعرف القديم فى اللغة من القدمة الزمانيّة اى ان هذا الشىء اقدم من هذا بمدّة محصورة وهذا منفىّ عن الله تعالى وقد اغنى الله عزّ وجلّ عن هذه التسمية بلفظة اوّل فهذا هو الاسم الذى لا يشاركه تعالى فيه غيره وهو معنى انّه لم يزل وقد قلنا بالبرهان ان اللّه تعالى لا يجوز ان يسمّى بالاستدلال ولا فرق بين من قال انّه يسمّى ربّه تعالى جسمًا إثباتا للوجود ونَفْيًا للعدم وبين من سمّاه قديما اثباتا لانّه لم يزل ونفيًا للحدوث لأنّ كِلَى اللفظين لم يأت به نصّ.

2) Bl. 155b. Vgl. dasselbe Bl. 161a.

verboten, während wieder andererseits dasjenige, was für unser Gefühl als unrühmlich erscheint (z. B. Gott mit der List in Zusammenhang zu bringen) von Gott ausgesagt werden darf, sobald die Autorität der Schrift Anlass dazu bietet. Ich gebe hier den Text jener Stelle des Buches des Ibn Ḥazm, in welcher er, so zu sagen, die Consequenzen seiner dogmatischen Anschauung von den Namen Gottes zieht und darf wohl mit Recht von einer weiteren Erklärung dieser Stelle absehen:

Bl. 156a فاذ قد صحّ هذا بيقين فلا يحلّ ان تسمّى اللّه عزّ
وجلّ القديمَ ولا الحنّانَ ولا المنّان ولا الفردَ ولا الدائم ولا الباقى
ولا الخالد ولا العالم ولا الرآئى ولا السامع ولا المُعتلى ولا المتبارك
ولا الطالب ولا الغالب ولا الضارّ ولا النافع ولا المُدْرِك ولا المُبْدِى
ولا المُعيد ولا الناطق ولا المتكلّم ولا القادر ولا الوارث ولا الباعث
ولا القاهر ولا الجليل ولا المُعْطى ولا المُنْعِم ولا المُحْسِن ولا الحَكَم
ولا الحاكم ولا الوهّاب ولا الغافر ولا المُذِلّ ولا الهادى ولا العَدْل
ولا الرضىّ ولا الصادق ولا المتطوّل ولا المتفضّل ولا المنّان[1] ولا
الخير ولا الجيّد[2] ولا الحافظ ولا البديع ولا الاله ولا المُجمِل ولا
المُحْيى ولا المُميت ولا المُنْصِف ولا بشىء لم يُسَمِّ به نفسَه
أصْلًا وان كان غاية المدح عندنا او كان مشتقا من أفعاله تعالى
الّا أن يُخْبَر عنه بكلّ هذا الذى ذكرنا على الإضافة الى ما يذكر
مع الوصف (حينئذ) والإخبار عن فعله فهذا جائز حينئذ فيجوز
ان نقول[3] عالم الخفيّات عالم بكلّ شىء عالم الغيب والشهادة
غالب على امره غالب كلّ من بغى او نحو هذا القادر على ما يشآء
القاهر للملوك وارث الارض ومن عليها المُعْطى لكلّ ما بايدينا
الواهب لنا كلّ ما عندنا المُنْعِم على خلقه المُحْسِن الى اوليائه
الحاكم بالحقّ المُبْدى لخلقه المعيد له المُذِلّ لاعدائه الهادى
لاوليائه العدل فى حُكمه الصادق فى قوله بديع السموات والارض إلاه
الخلق مُحْيى الاحياء والموتى مميت الاحياء المُنْصِف ممّن ظلم

1) ! wohl irrthümlich wiederholt. 2) cod. الخير. 3) cod. يقول.

بانى الدنيا وداحيها ومُسَوّيها ونحو هذا لانّ كلّ هذا اخبار عن فعله تعالى وهذا مباح لنا باجماع وليس لنا أن نسمّيه الّا بنصّ، وكذلك نقول ان للّه تعالى كيدًا ومكرًا وكبْرياء وليس هذا من المدح فيما بيننا بل هذا فيما بيننا ذمّ ولا يحلّ أن نقول[1] ان للّه تعالى عقلاً وشجاعةً وعِفّةً ودهاءً وفهمًا وذكاءً وهذا غاية المدح فيما بيننا فبطل أن يُراعَى فيما يُخْبَر به عن الله تعالى ما هو مدح عندنا او ما هو ذمّ عندنا بل النصّ فقط وبالله تعالى التوفيق، ومن البرهان على هذا انّ رسول الله صلّعم قال انّ للّه تعالى تسعة وتسعين اسما مائة غير واحد مَنْ أحصاها دخل الجنة[2] فلو كانت هذه الاسماء التى منعنا منها جائزا ان تُطْلَق لكانت اسماء للّه تعالى اكثر من مائة ونيّف فهذا باطل لانّ قول رسول الله صلعم مائة غير واحد مانع من ان تكون اكثر من ذلك ولو جاز ذلك لكان قوله عم كذبا وهذا كفر ممّن اجازه وباللّه التوفيق وقال تعالى وعلّم آدم الاسماء كلّها فسماؤه بلا شكّ كما هي داخلة فيما علّمه آدم عم وتخصيص كلامه عم لا يحلّ فذ ذلك كذلك فمن هو الذى اشتقّها من الصفات فان قالوا هو اشتقّها كذبوا على الله تعالى جهارًا إذ اخبروا عنه بما لم يخبر به تعالى عن نفسه وهذا عظيم نعوذ بالله منه،

---

1) cod. يقول. 2) Al-Buchâri, Kitâb al-da'awât nr. 73, Śurûṭ nr. 18, Tauḥid nr. 12. Muslim, Kitâb al-'ilm nr. 6 und dazu Al-Nawawi V p. ٢٨٩. Die Literatur über die „schönen Namen" wurde im Islâm immer reichlich gepflegt. Al-Ṣâḥib ibn 'Abbâd schrieb كتاب مختصر اسماء الله تعالى وصفته Fihrist p. ١٣٥, 7. Vgl. für den Standpunkt der Mutakallimûn den eingehenden Excurs bei Fachr al-dîn Al-Râzi im Mafâtiḥ IV p. ٣٧٣ ff. J. W. Redhouse's Abhandlung „On the most comely Names etc." ist wohl die jüngste Arbeit über diesen Gegenstand (Journal of Royal asiatic Society 1881). Redhouse führt 552 Nummern auf. Es sei auch erwähnt, dass Ibn Ḥazm selbst eine Specialschrift über „die Namen Gottes" verfasste, in welcher er wohl die in den oben mitgetheilten Excerpten entwickelten Ansichten noch weiter ausführt. Al-Ġazzâlî hat diese Schrift gesehen (Al-Makkari I p. ٥١٢). Vgl. auch Al-Mawâḳif p. ١٥٩ ff.

So sind denn also die koranischen Stellen über die „schönen Namen Gottes“ (Sure VII v. 179, XX v. 7) zusammen mit den hierauf bezüglichen Aussprüchen der Tradition, in welchen von 99 Namen Gottes (100 minus 1) geredet wird das Correctivum gegen die Attributenlehre der Dogmatiker, vornehmlich der Aš'ariten, welche dem Begriffe der göttlichen Attribute Eingang in die orthodoxe Dogmatik verschafft haben. Nach der ẓâhiritischen Lehre dürfe man diese 99 Eigenschaftsnamen nicht als „Attribute“ Gottes fassen, denn ein Attribut setzt ein Subject voraus, welches als Träger des Attributes von diesem verschieden ist, eine Vorstellung, die wir von Gott nicht bilden dürfen, es sei denn, dass sie durch einen Schriftbeweis begründet werden könnte, was aber in unserem Falle ausgeschlossen ist. Wovon also die aš'aritischen Dogmatiker sagen, dass damit Attribute Gottes bezeichnet werden, mit anderen Worten, jene Eigenschaftsworte, welche von ihm im Koran und in der Sunna erwähnt sind, sind Namen, Eigennamen Gottes, deren Berechtigung bloss aus der Autorität des geschriebenen Wortes, nicht aber auf speculativem Wege begründet werden kann. Wir dürfen also nicht sagen: Gott wird deswegen der Lebendige genannt, weil das Thun nicht anders gedacht werden kann, als ausgehend von einem Lebendigen. Denn diejenigen, die auf diese Weise motiviren, setzen sich zu ihrer eigenen Lehre, dass „Gottes Leben anders sei als das der übrigen Lebenden“, in gewaltigen Widerspruch; da sie durch diese Benennung implicite zugeben, dass das Leben, in dem Sinne wie dies von den Geschöpfen ausgesagt wird, nicht nothwendig demjenigen eigen sein muss, von dem ein Thun ausgeht. Ebenso steht es auch damit, wenn wir Gott den Wissenden und Mächtigen nennen [1].

1) Ibn Ḥazm Bl. 154a وامّا لفظة الصفة في اللغة العربيّة وفي
جميع اللغات فانّما هي عبارة عن معنى محمول في الموصوف بها
لا معنى للصفة غير هذا البتّة وهذا امر لا يجوز اضافته الى الله
تعالى البتّة إلّا ان يأتي نصّ اخبر الله تعالى به عن نفسه فنوقف
عنده وندري حينئذ انّه اسم عام لا مشتقّ من صفة أصلا وانّه
خبر عنه تعالى لا يُراد به غيره عزّ وجلّ ولا يرجع منه الى سواه البتّة
والعجب كلّ العجب ان يسمّوا الله تعالى حيّا لانّهم لم يجدوا
الفعل يقع الّا من حيّ ثمّ يقولون انّه لا كالاحياء فعدوا الى
دليلهم فافسدوه لانّهم اذا اوجبوا وقوع الفعل من حيّ ليس كالاحياء
الذين لا يقع الفعل الّا منهم وان كان بخلاف ما عهدوه فلا

Recht wunderlich ist ein logisches Argument, welches Ibn Ḥazm mit Vorliebe anwendet, um zu beweisen, dass die Namen Gottes nicht Eigenschaften bezeichnen. „Wir wissen — sagt er —[1]) dass Gott in Wirklichkeit und nicht in metaphorischer Weise „der Barmherzigste der Barmherzigen“ genannt wird; wer dies leugnete, dessen Blut und Vermögen wäre vogelfrei. Nun ist es aber Gott, der die Kinder heimsucht mit Blatterkrankheiten und Krebsschäden und Dämonen[2]) und Diphteritis und schmerzhaften Krankheiten,

ينكر (ولا) وقوع الفعل (العقل cod.) ممّن لا يسمّى حيّا وان كان بخلاف ما عهدوه٠

1) Ibn Ḥazm B. 155a وقد علمنا ان الله تعالى أرحم الراحمين حقّا لا مجازاً من انكر هذا فهو كافر حلالٌ دمه وماله وهو تعالى يبتلى الاطفال بالجدْرِيّ والأَكلة والجنّ والذبْحة والاوجاع حتى يموتوا والجوع حتى يموتوا كذلك ويفجع الاباء بالابناء وكذلك الامّهات والاحبّاء بعضهم ببعض حتى يهلكوا ثكلا ووجدا وكذلك الطير باولادها وليست هذه صفة الرحمة بيننا فصحّ يقينا انّه اسماء سمّى الله تعالى بها نفسه غير مشتقّة من صفة محمولة فيه تعالى وحاشى له من ذلك٠. Auf dieses letztere Moment kommt I. Ḥ. gern zurück, so z. B. Bl. 162a inmitten seiner Beweisführung dafür, dass man Gott nicht سخيّ nennen dürfe: ولا يختلف اثنان من كلّ من فى العالم فى ان امرأً له ماء عذب حاضر ولا يحتاج اليه وطعام عظيم فضل لا حاجة به اليه ورأى رجلا من عرض الناس او عبدا من عبيده يموت جوعًا وعطشًا فلم يسقه ولا اطعمه فانّه فى غاية البخل والشحّ والقسوة والظلم والله تعالى يرى كثيرا من عبده واطفالا من اطفالهم يموتون عطشًا وجوعًا وعنده مخارج السموات وخزائن الارض ولا يرحمهم بنقطة ماء ولا لقمة طعام حتى يموتوا كذلك ولا يوصف لذلك بشحّ ولا ببخل ولا ظلم ولا قسوة بل هو الرحيم الكريم كما سمّى نفسه فبطل قياسهم الفاسد فى الصفات الغائب عندهم على الشاهد٠

2) Bezieht sich wohl auf den muhammedanischen Aberglauben, dass die Dämonen auf Kinderraub ausgehen; in einem Traditionssatze bei Al-Buchârî

von denen sie hinweggerafft werden, und mit Hunger, an dem sie ebenfalls sterben: so bringt er Schrecken über die Väter und Mütter durch die Kinder und über den Freund durch das Leid das er dem andern zuwendet, so dass sie durch den Schmerz über den Verlust der Kinder und Freunde hin werden; so sucht er auch die Vögel heim durch ihre Jungen. Dies passt nicht zum Attribut der Barmherzigkeit, wie wir dieselbe unter uns auffassen. Hieraus folgt denn mit Sicherheit, dass jene Benennungen Eigennamen sind, mit welchen sich Gott selbst benannt hat und nicht von Eigenschaften abgeleitet sind, deren Träger er ist".

Diese Neigung Ibn Ḥazm's die von Gott ausgesagten Appellativa zu Eigennamen zu stempeln, findet auf einem andern Gebiete ihre Parallele in jener Lehre des Ibn Ḥazm, dass Traditionssätzen, in denen von einem رجل صحابى, einem anonymen Gefährten des Propheten gesprochen wird, dieses رجل nicht die Bedeutung „irgend jemand" habe, sondern eine Person Namens Raǵul bezeichne [1]). Solche Schrullen förderte die kleinliche Anwendung der ẓâhiritischen Consequenzen zu Tage. Wie peinlich die in Ibn Ḥazm's Spuren wandelnde Ẓâhirschule in der Durchführung ihres Grundsatzes betreffs der Gott zukommenden Namen vorging, wird auch daraus ersichtlich, dass sie den Versuch machte, Al-dahr unter die Namen Allâh's aufzunehmen, wegen folgender durch Abû Hurejra verbreiteten Tradition: „Es sprach der Prophet: So sprach Allâh: Es beleidigt mich der Menschensohn, wenn er die Ewigkeit (oder das Schicksal) — Al-dahr — schmäht, denn das Schicksal bin ich selbst, in meiner Hand ist der Befehl, ich wende die Nacht und den Tag" [2]). Diese poetische Identification Gottes mit dem Dahr sollen die Ẓâhiriten als Anhaltspunkt dafür benutzt haben, „das Schicksal" unter die schönen Namen Gottes zu rechnen [3]) Ibn

giebt Muhammed folgende Lehre: خمّروا الآنية واوكئوا الأسقية وأجيفوا الابواب وكفّوا صبيانكم فان للجنّ سيّرة خطفة واطفئوا المصابيح عند الرقد فانّ الفويسقة ربّما أخذت الفتيلة وأحرقت اهل البيت'

1) Bei Ibn Ḥaǵar Iṣâba I p. ١١٠٢.

2) Al-Buchâri, Kitâb al-adab nr. 160, Kitâb al-tafsir nr. 249 zu XLV 23: عن ابى هريرة رضه قال قال رسول الله صلعم يؤذينى ابن آدم يسبّ الدهر وانا الدهرُ بيدى الامر اقلّب الليل والنهار.

3) Es werden auch folgende Aussprüche Muhammeds tradirt (in den kanonischen Sammlungen allerdings haben sie keinen Platz gefunden): لا تسبّوا

Ḥazm wird als die Autorität dieser Anschauung bezeichnet [1]); jedoch habe ich bei Ibn Ḥazm nichts derartiges gefunden. Soviel ist jedoch sicher, dass sich die Ẓâhiriten mit den Consequenzen beschäftigten, welche an der Hand der von ihnen befolgten Grundsätze aus dieser Tradition zu ziehen wären. Um denselben aus dem Wege zu gehen, hat der Sohn des Begründers der Ẓâhirschule die LA. وانا الدَّهْرَ in dem Text unserer Tradition vorgeschlagen, um durch dieselbe der Nöthigung jener Identification zu entgehen und den Sinn zu gewinnen: „So lange die ewige Zeit dauert, werde ich u. s. w.“, eine Version, der sich auch andere Traditionsgelehrte, unter ihnen auch Ibn. ʿAbd al-Barr, dem wir später als Ẓâhiriten begegnen werden, anschliessen [2]). Es sei mir jedoch erlaubt, meine eigene Meinung in Betreff des fraglichen Traditionssatzes auszusprechen. Ich glaube, dass er zu jenen Sätzen der muhammedanischen Tradition gehört, welche ihren Ursprung der altarabischen Spruchweisheit verdanken. Sein heidnisches Urbild ist folgendes Sprichwort: من عتب على الدهر طالت معتبته [3]) und auch in einem Trauergedichte des Lebîd auf seinen Bruder Arbad finden wir eine Spur davon [4]). Die muhammedanische Wendung dieses Sprichwortes bietet die Dahr-Tradition. In diese Reihe gehört, um noch ein Beispiel anzuführen, der Traditionssatz: انصُر اخاك ظالمًا

الدنيا فنعمت مطيّة المؤمن عليها يبلغ الجنّة وبها ينجو من النار neben anderen Versionen. Al-Damîri II p. ٣٨٢ لا تسبّوا الريح فانّها من نفس الرحمن جلّ وعلا ibid. Bd. I p. ١٨; der obige Ausspruch über Dahr gehört wohl in diese Familie.

1) Al-Ḳasṭalânî VII p. ٣٧٨ قال ابن كثير غلط ابن حزم ومن نحا نحوه من الظاهريّة فى عدّهم الدهر من الاسماء الحسنى أخذًا من هذا الحديث. 2) Al-Nawawî V p. ٩٩ zu der Parallelstelle bei Muslim Adab nr. 1 وقال ابو بكر ومحمّد بن داود الاصبهانىّ الظاهرىّ انّما هو الدَّهْرَ بالنصب على الظرف اى انا مدّةَ الدهرِ أُقَلِّب ليلَهُ ونهاره وحكى ابن عبد البرّ هذه الرّواية عن بعض اهل العلم وقال النحّاس يجوز النصب اى فان اللّه باقٍ مقيم ابدًا لا يزول،

3) Al-Mejdânî II p. ٢١٦. 4) Kitâb al-aġânî XV, ١٤١, 2 *والدهر ان عتبت ليس بمُعْتَب*

او مظلومًا: „Hilf deinem Bruder ob er nun im Recht oder Unrecht sei“, freilich mit der Wendung, dass man in letzterem Falle die Beihilfe dadurch bethätige, dass man den Bruder vom Wege des Unrechtes zu dem des Rechtes zurückführe [1]). Aber auch die Heiden lehrten bereits jenen Satz, ohne ihm die im Islâm zur Geltung gekommene moralische Wendung zu geben; sie lehrten vielmehr, dass man dem Bruder, selbst wenn er Unrecht übt, in seinen Zwecken fördern und unterstützen müsse [2]). Muhammed, oder der Islâm hat in beiden hier erwähnten Fällen heidnisch arabische Lehren wörtlich übernommen und denselben bloss eine muhammedanische Wendung verliehen [3]).

In der Forderung übrigens, dass von Gott nur solche Eigenschaften ausgesagt werden, die in den schriftlichen Autoritäten des Glaubens ausdrücklich als solche bezeichnet werden, und dass dem Wesen Gottes auf bloss speculativem Wege nichts zugeeignet werden dürfe, geht Ibn Ḥazm so weit, dass er dieselbe auch gegen Nichtmuhammedaner, mit Berufung auf ihre eigenen heiligen Schriften geltend macht. Der Ansicht jener christlichen Dogmatiker, welche den Sohn mit dem Wissen Gottes und den heiligen Geist mit seinem Leben identificiren, stellt er entgegen, dass sie hiefür keinen Beleg aus den Evangelien und ihren sonstigen Religionsbüchern beibringen könnten [4]). Auch philologische Gründe führt er übrigens

1) Al-Buchâri, Kitâb al-maẓâlim nr. 4. Muslim, Kitâb al-birr nr. 16 und vgl. die Commentatoren. 2) Al-Mejdâni II p. ٢٤٣.

3) Dass man schon in früher Zeit die Dahr-tradition von dogmatischem Standpunkte aus anstössig fand, und Versuche machte, dieselbe durch Interpretation mit dem Geiste des Islâm in Einklang zu bringen, zeigt folgender Erklärungsversuch des baṣrischen Theologen ʿAbd al-Raḥmân b. Mahdi (st. 198): واما قوله لا تسبّوا الدهر فان الدهر هو الله فما احسن ما فسّر ذلك عبد الرحمن بن مهدى قال وجه هذا عندك ان القوم قالوا وما يهلكنا الّا الدهر فلمّا قال القوم ذلك قال النبىّ صلعم ذلك الله يعنى ان الذى اهلك القرون هو الله عزّ وجلّ فتوهّم منه المتوهّم انّه انّما وقع الكلام على الدهر Al-Ġâḥiẓ Bl. 60b.

4) Ibn Ḥazm I Blatt 20a وذلك انّ بعضهم قال لمّا وجب ان يكون البارى تعالى حيًّا عالمًا وجب ان يكون ذا حيوة وعلم فحيوته هى التى تسمّى روح القدس وعلمه هو الذى يسمّى ابنًا. قال ابو محمّد وهذا من اغثّ ما يكون من الاحتجاج لانّه قدّمنا ان البارى تعالى لا يوصف بشىء من هذا من طريق الاستدلال

gegen diese Ansicht ins Treffen. — Ausser dem Schriftbeweise lässt er in dogmatischen Dingen im Allgemeinen nur noch das Iǵmâ' (consensus) als Autorität gelten, dort wo die Schrift und die beglaubigte Tradition keinen textuellen Anhaltspunkt bietet. Es wäre verboten von Gott zu sagen, er sei „Erwecker der Todten" und „Tödter der Lebenden" (denn diese Ausdrücke kommen mit dieser Participform im Koran und in der Tradition nicht vor, wo sie nur mit Verb. finit. gefunden werden), wenn die Zulässigkeit dieser Sprachausdrücke und noch einiger anderer nicht im Consensus seine Stütze fände [1]).

Wir haben hier bis zum Ueberdruss sehen können, wie Ibn Ḥazm die gesetzwissenschaftlichen Grundsätze der Ẓâhirschule auf die Dogmatik anwendet und in dieser letztern nur die geschriebenen Religionsquellen und den Consensus als Autoritäten zulässt. So wie sich diese Schule im Fiḳh gegen den Analogiebeweis, Ḳijâs, verwahrt, so will ihn Ibn Ḥazm auch aus der Dogmatik verbannt wissen. Er weist uns weitläufig nach, dass man Gott keine Eigenschaften beilegen dürfe, welche aus der Negation einer andern folgen, die ihm nicht eigen (z. B. dass man ihn einen Helden nenne, weil ihm Feigheit ferne ist u. s. w.); es sei denn, dass eine solche Benennung Gottes durch klare Koran- oder Traditionsstellen belegt werden könnte. Den Lebenden, Wissenden, Mächtigen aber können wir Gott nennen, nicht deshalb, weil er nicht todt, unwissend und kraftlos ist, sondern weil er in Stellen der Schrift so genannt wird; wäre dies nicht, so dürfte niemand Gott mit diesen Namen nennen, denn er würde dann Gott mit der Creatur vergleichen.

Ganz besonders gilt dies von dem Namen حيّ, welcher in einer

لكن من طريق السمع خاصّة وليس يصحّ لهم دليل لا من انجيلهم
ولا من غيره من الكتب ان العلم يسمّى ابنا ولا فى كتبهم ان علم
الله هو ابنه وقد ادّعى بعضهم ان هذا تقتضيه اللغة اللطينيّة من
ان علم العالم يقال فيه انّه ابنه الخ.

1) Blatt 155 b وامّا اثبات الوصف او التسمية له تعالى فلا يجوز
الّا بنصّ وبخبر عنه من افعاله عزّ وجلّ فنقول (l.: فلا نقول) انه تعالى
مُحْيِي الموتى ومُميت الاحياء *الّا لانّه يثبت (cod. unverständlich:
لولا يثبت إجماع فى إباحة (الالا ىىمى, vielleicht könnte gelesen werden
شيء من ذلك ولولا الاجماع على اباحة إطلاق بعض ذلك هعند
ما أجزناه.

Koranstelle auch denjenigen bedeutet, welcher die Wahrheit erfasst und Gottes Wesen in Wahrheit anerkennt. „Noch eines muss bemerkt werden“ setzt er dann fort [1]) „dass nämlich die Aš'ariten von sich sagen, dass sie die Vergleichung Gottes mit der Creatur verpönen, während sie doch selbst vollständig in diese Sünde verfallen. Sie sagen nämlich: Da der Handelnde unter den Menschen nur ein solcher sein kann, der lebendig, wissend und mächtig ist, so folgt, dass auch der Schöpfer, der alle Dinge hervorbringt, diese Eigenschaften besitzen müsse. Dies ist der Wortlaut ihres Analogieschlusses: hoch erhaben ist Gott über die geschaffenen Dinge und die Aehnlichkeit mit denselben! Selbst diejenigen, welche die Berechtigung der Analogie zugestehen, geben ihm nur in solchen Fällen Raum, wo aus der Analogie einer Sache mit einer andern ihr ähnlichen eine Folgerung gezogen werden soll; dass aber eine Sache mit einer anderen verglichen werde, welche ihr nach allen Richtungen hin gegensätzlich gegenübersteht, und durchaus in keinem Punkte ähnlich ist, dies ist nach der Ansicht niemandes gestattet, ganz abgesehen davon, dass die Ķijâsmethode überhaupt durchaus nichtig ist“. Während er aber unaufhörlich gegen Ķijâs und Istidlâl und jede willkürliche Einführung von speculativen Momenten in die theologische Untersuchung eifert, sind es eben, wie wir sehen konnten, logische Argumente mit denen er selbst das Verfahren der gegnerischen Schulen ad absurdum zu führen bestrebt ist. Ja er ist es selbst, der die aristotelischen Werke als „gesunde, nützliche, auf den Monotheismus hinleitende Bücher“ angelegentlichst anempfiehlt, welche sowohl den Gesetzgelehrten als auch den Dogmatikern zur Aufstellung correcter Praemissen und zur Folgerung correcter Schlüsse, zur Formulirung richtiger Definitionen und Vollführung anderer logischer Operationen Anweisungen geben,

---

1) Blatt 153b وايضا فانّهم يدّعون انّهم ينكرون التشبيه ثمّ
يرتكبونه اتمّ ركوب فيقولون لمّا لم يكن الفعل عندنا الّا حيّا عالما
قادرًا وجب ان يكونَ البارى الفاعل للاشياءِ حيّا عالما قادرا وهذا
نصّ قياسهم تعالى اللّه (cod. ذ) على المخلوقات وتشبُّيه تعالى به
ولا يجوز عند القائلين بالقياس ان يقاس الشيء الّا على نظيره
واَمّا أن يقاسَ الشيء على خلافه من كلّ جهة وعلى ما لا يشبهه فى
شيء البتّة فهذا ما لا يجوز اصلا عند احد فكيف والقياس كلّه
باطل لا يجوز'

welche dem Faḳîh muǵtahid in seinem eigenen und in seiner Religionsgenossen Interesse unentbehrlich sind[1]).

Dieselben Gesichtspunkte, welche dem ẓâhiritischen Dogmatiker in der Frage über die göttlichen Attribute, die leitenden Gedanken seiner Glaubenslehre bieten, weisen ihm auch in den übrigen Kapiteln der Dogmatik die Richtung an, in welcher er sowohl im Aufbau seines eigenen positiven Systems als auch in der Polemik gegen die gegnerischen Schulen vorzugehen habe. So z. B. in der Entscheidung der Frage: ob man von Gott aussagen dürfe, dass er Willen besitze und dass er ein Wollender sei. Ibn Ḥazm führt zwar gegen die Ansicht jener Dogmatiker, welche diese Frage bejahend, den Willen ein ewiges Attribut des göttlichen Wesens nennen, das philosophische Argument an, dass in diesem Falle auch das von Gott Gewollte ewig sein müsste, da doch nach dem Ausspruche des Koran, die Willensakte Gottes stets das Dasein des Gewollten begleitet (Sure II v. 111. III v. 42 u. a. m.). Die Hauptsache bleibt aber in seiner Argumentation die Berufung auf die klare Ausdrucksweise der Schrifttexte (naṣṣ). In denselben finden wir stets nur die Formen des Verbi finiti sowohl des Perfectum als auch des Imperfectum von dem Verbum, welches den göttlichen Willensakt ausdrückt. Nie aber finden wir, weder im Koran noch in der Sunna, dass in Verbindung mit Gott das nomen verbi irâda „das Wollen“ oder die Participform murîd „Wollender“ gebraucht würde. Wir dürfen daher von Gott nicht mehr behaupten, als was er selbst von sich aussagt: er will, er hat nicht gewollt, er hat gewollt, er hat nicht gewollt. nicht aber: das Wollen oder der

---

1) Bl. 128 b قال ابو محمّد وهذه الكتب كلّها (يعنى الكتب التى جمعها ارسطاطاليس فى حدود الكلام) كُتُب سالمة مفيدة دالّة على توحيد الله عزّ وجلّ وقدرته عظيمة المنفعة فى انتقاد جميع العلوم وعظم منفعة الكتب التى ذكرنا فى الحدود ففى مسائل الاحكام الشرعيّة فيها يعرف كيف التوصّل الى الاستنباط وكيف تؤخذ الالفاظ على مقتضاها وكيف يعرف الخاصّ من العامّ والمجمَل من المفسّر وبنآء الالفاظ بعضها على بعض وكيف تقديم المقدّمات وإنتاج النتائج وما يصحّ من ذلك صحّة ضروريّة أبدًا وما يصحّ مرّة ويبطل أخرى وما لا يصحّ البتّة وضرب الحدود التى ما شذّ عنها كان خارجًا عن اصله ودليل الخطاب ودليل الاستقرآء وغير ذلك ممّا لا غنىً للفقيه المجتهد لنفسه ولاهل ملّته عنه،

Wille Gottes, er sei ein Wollender ,denn dies Letztere kommt weder in einem Texte des Koran noch in einem Ausspruche des Propheten, noch aber in denen der frommen Vorfahren vor. Diesen verwerflichen Sprachgebrauch haben erst einige Mutakallimûn eingeführt, in Bezug auf deren Seligkeit man mehr Furcht als Hoffnung hegen müsse. Sie haben — so charakteritirt hier Ibn Ḥazm wieder die Aš'ariten [1]) — keinen wahren Schritt gethan im Islâm und nicht in der Gottesfurcht, und in dem Streben nach dem Rechten, und in der Wissenschaft des Koran und der Traditionen des Propheten und dessen, worin die Rechtgläubigen überein-

---

1) Bl. 160b واما الارادة فقد اثبتها قوم من صفات الذات وقالوا
لم تزل الارادة ولم يزل الله تعالى مريدا بها' قال ابو محمّد وهذا
خطأ لبرهانين ضروريّين احدهما ان الله تعالى لم ينصّ على انّه
مريد ولا على ان له ارادة . . . . وايضا فان الارادة من الله
تعالى لو كانت لم تزل لكان المراد لم يزل بنصّ القرآن لانّ الله عز
وجلّ انّما امره اذا اراد شيئا ان يقول له كُن فيكون فاخبر تعالى
انّه اذا اراد الشيء كان وأجمع المسلمون على تصويب قول من قال ما شآء
اللّه كان والمشيئة هي الارادة فصحّ بما ذكرنا صحّةً لا شكّ فيها ان
الواجب ان يقال اراد اللّه كما قال تعالى اذا اراد شيئا ويقول انه
تعالى يريد ما اراد ولا يريد ما لم يُرِدْ كما قال تعالى يريد اللّه بكم
اليُسرَ ولا يريد بكم العُسْرَ قال تعالى أولئك الّذين لَمْ يُرِدِ اللهُ أن
يُطَهِّرَ قُلوبَهم واذا اراد الله بقومٍ سُوءا وقال تعالى فَمَنْ يُرِدِ اللّهُ أن
يَهدِيَه يَشْرَحْ صَدْرَهُ لِلإسْلام ومَنْ يُرِدْ أن يُضِلَّهُ يَجْعَلْ صَدرَهُ ضَيِّقًا
حَرَجًا فنحن نقول كما قال الله تعالى اراد ويريد ولم يرد ولا يريد
ولا نقول ان له ارادة ولا انّه مريد لانّه لم يأت نصّ من اللّه تعالى
بذلك ولا من رسوله صلعم ولا جآء ذلك قط عن احد من السلف
الصالح رضى الله عنهم وانّما اطلق هذا الاطلاق الفحش قوم من
المتكلّمين الخوف عليهم اقوى من رجآء السلامة لهم لا قدم صدقٍ
لهم فى الاسلام ولا فى الورع ولا فى الاجتهاد فى الخير ولا فى العلم
بالقرآن ولا بسنن رسول الله صلعم ولا بما اجمع عليه المسلمون

stimmen, und dessen, worin sie verschiedener Meinung sind, auch nicht in den Definitionen des Kalâm und in der Erforschung der Wesenheit (Quiddität) und Qualität der geschaffenen Dinge; sie folgen vielmehr dem, was sich ihnen als Schein aufdrängt, und stürzen sich tollkühn in die Orte des Verderbens ohne Führung von Gott; wir flehen Gott um Schutz an vor dieser Gefahr. Gott hat im Koran gesagt: „Würden sie es zu dem Propheten und zu den Männern des Befehles unter ihnen zurückführen, so würden es diejenigen wissen, die es von ihnen erforschen (Sure IV v. 85)". In diesem Ausspruche hat Gott klar angedeutet, dass wer die Streitfragen nicht auf Gottes Buch und auf die Rede des Gottesgesandten, so wie auch auf den Consens der Gelehrten unter den Genossen und ihrer Nachfolger und derer die nach ihnen auf ihren Pfaden wandelten, zurückführt, selbst dasjenige nicht weiss, was er auf Grund seiner eigenen Vermuthung und Meinung herausgeklügelt[1]).

—

ولا بما اختلفوا فيه ولا بحدود الكلام وحقائق ماهيّات المخلوقات
وكيفيّاتها فهم يتبعون ما تراءى لهم ويقتحمون المهالك بلا هُدى
من الله عزّ وجلّ نعوذ بالله من ذلك وقد قال تعالى ولو ردّوه الى
الرسول والى أُولى الامر منهم لَعَلِمَهُ الذين يستنبطونه منهم فنصّ
تعالى على ان من لم يرُدّ ما اختُلف فيه الى كتابه والى كلام
رسوله صلعم والى اجماع العلمآء من الصحابة والتابعين رضى الله
عنهم اجمعين ولا من سلك سبيلهم بعدهم فلم يعلم ما استنبطه
بظنّه ورأيه ولسنا ننكر المحجة على القصد الى تبيين الحقّ وتبيُّنه
بل هذا هو العمل الفاضل الحسن وانّما ننكر الإقدام فى الدين بغير
برهان من قرآن او سنّة او اجماع بعد ان اوجبه برهان الحسّ واوّل
بديهة العقل والنتائج الثابتة من مقدّماته الصحيحة من صحّة
التوحيد والنبوّة واذا ثبتنا بما ذكرنا فضرورة العقل توجب الوقوف
عند جميع ما قاله لنا الرسول الذى بعثه الله تعالى الينا وامرنا
بطاعته وان لا يُعْتَرَض بالظنون الكذبة والآراء الفسدة والقياسات
السخيفة والتقليد المُهْلك.

1) Wir gewännen einen besseren Sinn, wenn wir den Text so corrigiren dürfen: فلم يعلم إلّا ما الخ „der weiss nur dasjenige, was er aus seiner eigenen u. s. w. herausgeklügelt".

Wir selbst weisen nicht das Bedürfniss danach zurück, dass die Wahrheit ergründet werde und dass sie klar dastehe; ja wir sagen sogar, dass dies eine vorzügliche, schöne That sei. Wir weisen nur dies zurück, dass man in der Religion ohne Argumente aus Koran, Sunna und Consensus vorgehe, nachdem doch die zwingende Natur eines solchen Argumentes durch den Beweis der Sinne, der Axiomata der Vernunft und durch die Conclusionen, welche aus ihren richtigen Praemissen folgen, als da sind die Wahrheit des Monotheismus und Prophetismus, gefordert wird. Wenn wir nun dasjenige festhalten, was wir erwähnt haben, so folgt aus der Verstandesnothwendigkeit in zwingender Weise, dass wir dabei stehen bleiben, was uns der Prophet gesagt, den uns Gott geschickt und dessen Befolgung er uns anbefohlen hat, und dass ihm nicht trügerische Vermuthungen, falsche Meinungen, fadenscheinige Analogien und verderbliche Nachbeterei (nach Schulmeinungen) entgegengesetzt werden mögen".

In ebenso äusserlicher Weise setzt er sich auch mit den Mu'taziliten auseinander; z. B. in der Frage, ob Gott die sündhaften Handlungen der Menschen erschaffen habe. Bekanntlich verwerfen die Mu'taziliten diesen Glauben der Orthodoxie. „Sie wenden in speculativer Richtung folgendes ein: Wenn Gott den Unglauben und die sündhaften Handlungen erschaffen hätte, so folgte hieraus, dass er demjenigen zürnte, was er selbst gethan, und nicht Wohlgefallen fände daran, was er selbst erschaffen, und missbilligte, was er selbst geübt; sein Zorn und seine Missbilligung richteten sich demnach gegen dasjenige, was er selbst angeordnet und beschlossen hatte. Diese Einwendung — sagt Ibn Ḥazm — ist hinfällige Gaukelei. Wir stellen nicht in Abrede, denn Gott selbst hat es uns gesagt, dass er gegen Unglauben, Ungerechtigkeit und Lüge zürnt und keinen Gefallen daran findet, vielmehr dies alles missbillige und mit seinem Zorne bestrafe. Wir haben uns hierin nur in das göttliche Wort zu fügen. Aber wir wollen dieselbe Frage gegen sie selbst kehren und sagen: Hat Gott nicht Iblîs, Pharao, den Wein und die Ungläubigen selbst erschaffen? Sie können nicht anders als mit ja antworten. Dann aber fragen wir weiter: Hat Gott Wohlgefallen an allen diesen, oder wendet er seinen Zorn gegen sie? Es wird wohl jeder alles dies bejahen müssen. Dann aber sagen wir: Dies ist ja dasselbe, was ihr vorhin zurückgewiesen habt, dass nämlich Gott seiner eigenen Anordnung zürne, seine eigene That missbillige und seine eigene Schöpfung verwerfe und verfluche! Stimmen sie dem nicht bei und wollten sagen, Gott habe nicht die Ungläubigen an sich verworfen, und nicht der Person des Iblîs selbst gezürnt, und nicht den Wein an sich gemissbilligt, so können wir ihnen dies nicht zugestehen; denn Gott hat es im Koran ausdrücklich ausgesprochen, dass er Iblis und die Ungläubigen verflucht habe, und dass sie von Gott verworfen und verflucht seien, und dass ihnen gezürnt werde; dasselbe gilt vom Wein und von den Götzen“ [1]).

Auch auf die Grundlegung der ethischen Begriffe musste die ẓâhiritische Methode der Religionswissenschaft bei Ibn Ḥazm nicht unbedeutenden Einfluss ausüben. Auch hier gilt ihm vor allen Dingen einzig und ausschliesslich der schriftliche Beweis als Grundlage; die Folgerung, ob sie nun aus aprioristischen Sätzen oder aus Erfahrungsthatsachen abgeleitet ist, verwirft er auch auf diesem Gebiete völlig. Eine Handlung ist gut oder schlecht, nicht ihrer Natur und ihrem ethischen oder religiösen Werthe nach, sondern einzig und allein nur dadurch, dass sie durch den göttlichen Willen, der in Koran und Tradition zu Tage getreten, als solche bezeichnet werden. Dieselbe That kann demgemäss einige Zeit eine gute That gewesen, dann durch den souveränen Willen Gottes plötzlich in eine verwerfliche umgewandelt worden sein. Ibn Ḥazm kann hier allerdings seine Beispiele nur aus der muhammedanischen Ritualistik wählen. Das Wenden des Gesichtes beim Gebete gen

---

[1]) Bl. 197b واَمّا اعتراضهم من طريق النظر بان قالوا انّه تعالى
ان كان خلق الكفر والمعاصى فهو إذَنْ يغضب ممّا فعل ويغضب
ممّا خلق ولا يرضى ما صنع ويسخط ما فعل ويكره ما يفعل وانّه
يغضب ويسخط من تدبيره وتقديره فهذا تمويه ضعيف ونحن
لا ننكر ذلك اذ اخبرنا الله عزّ وجلّ بذلك [واذ هو] تعالى قد
اخبرنا انّه يسخط الكفر والظلم والكذب ولا يرضاه وانّه يكره كل
ذلك ويغضب منه فليس الّا التسليم لقول الله عزّ وجلّ ثمّ نعكس
عليهم هذا السؤال نفسه فنقول لهم أَلَيْس الله خلق ابليس وفرعون
والخمر والكفّار فلا بدّ من نَعَمْ فنقول لهم ايرضى جلّ وعزّ عن هؤلآء
كلّهم ام هو ساخط لهم فلا بدّ من انّه ساخط لهم كارِهٌ لهم
غضبان عليهم غير راضٍ عنهم فنقول لهم هذا نفس ما انكرتم من
انه تعالى سخط تدبيره وغضب من فعله وكره ما خلق ولعنه فان
قالوا لم يكره عين الكفر (l. الكفّار) ولا سخط شخص ابليس ولا
كره عين الخمر لم نسلّم لهم ذلك لانّه تعالى قد نصّ على انه لعن
ابليس والكفّار وانّهم مسخوطون ملعونون مكروهون من الله تعالى
مغضوب عليهم وكذلك الخمر والاوثان ‘

Jerusalem war früher eine „schöne Bewegung, und rechter Glaube", dieselbe Bewegung hat aber Gott später als eine verwerfliche, als Zeichen der Ungläubigkeit, bezeichnet. Daraus folgt für Ibn Ḥazm, „dass es in der Welt keine an sich gute und keine an sich verwerfliche Sache gebe; sondern nur was Gott gut nennt, wird hierdurch gut, und was Gott verwerflich nennt, wird hierdurch verwerflich. Nur Gottes Schöpfung ist durchaus gut, Gott selbst nennt sie so; des Menschen durch Gott in ihn erschaffene Handlungen werden aber ausschliesslich durch Gottes unabhängigen Willen qualificirt" [1]).

„So giebt es auch in der Welt keine That, die man an sich Laster nennen könnte; hierzu wird sie nur durch ihr Verhältniss zum Willen Gottes. Die Tödtung des Zejd ist Laster, wenn Gott dieselbe verboten hat, Gerechtigkeit aber, wenn Gott dieselbe anbefiehlt. Allerdings kann man sagen, dass etwas an sich Lüge sei, insofern nämlich jemand eine Aussage macht, die der Thatsache widerspricht. Dieses Moment allein macht ihn aber weder zu einem Sünder noch der Schmähung würdig; hierzu wird er nur insofern, als Gott diese That als eine Sünde und verwerfliche Handlung in positiver Weise bezeichnet" [2]).

1) Ibn Ḥazm Bl. 196 a كما كانت الصلاة الى بيت المقدس حركة حسنة ايمانا ثم سمّاها تعالى قبيحة كفرا وهذه تلك الحركة نفسها فصحّ انه ليس في العالم شيء حسن لعينه ولا شيء قبيح لعينه لكن ما سمّاه الله تعالى حسنًا فهو حسن وفاعله مُحْسن قال تعالى ان احسنتم احسنتم لانفسكم وقال تعالى هل جزآء الإحسان الّا الاحسانّ وما سمّاه الله تعالى قبيحا فهو حركة قبيحة وقد سمّى عزّ وجلّ خلقه لكلّ شيء في العالم حسنا فهو كله من الله تعالى حسن وسمّى ما وقع من ذلك من عباده كما شآء فبعض ذلك قبّحه فهو قبيح وبعض ذلك حسّنه فهو حسن وبعض ذلك قبّحه ثم حسّنه فكان قبيحا ثم حُسن وبعض ذلك حسّنه ثم قبّحه فكان حسنا ثم قُبح كما صارت الصلاة الى الكعبة حسنة بعد ان كانت قبيحة وكذلك جميع افعال الناس التي خلقها الله تعالى فيهم. Vgl. hiermit Al-Îgi, Mawâkif p. ١٣٧ ff.

2) Bl. 200 a انّه ليس في العالم ظلم لعينه ولا بذاته البتّة وانّما الظلم بالاضافة فيكون قتل زيد اذا نهى الله عنه ظلما وقتله اذا

Aber eine vielumstrittene Frage der muhammedanischen Theologie war es, an welcher Ibn Ḥazm zur Verläugnung der exegetischen Gesetze, die er aufstellte, gezwungen ward. Die anthropomorphistischen Ausdrücke, welche wir im Koran und in der Tradition von Gott finden, boten dem ẓâhiritischen Religionsphilosophen ein Problem, an welchem sein ẓâhiritisches Bekenntniss straucheln musste. Schrifttreu sind in diesen Fragen einzig und allein die Anthropomorphisten (المجسّمة), welche sich an den Wortlaut der heil. Schrift haltend, ungescheut bekennen, Gott habe ein Angesicht, Hände, Finger, Füsse u. s. w. So steht es ausdrücklich in den Schriften und daran kann nicht herumgedeutet werden. Ibn Ḥazm verwirft diese Anschauung in scharfen, schmähenden Worten; ebenso scharf verwirft er aber auch die Deutungen der Aš'ariten und Mu'taziliten, welche in jenen Ausdrücken figürliche Ausdrucksweise finden. Um nun nach beiden Richtungen hin seine ẓâhiritische Anschauung zur Geltung zu bringen, muss er seine Zuflucht zum Lexicon nehmen und für jene Worte, welche für den oberflächlichen Sinn körperliche Gliedmassen bezeichnen, Bedeutungen finden, welche mit der spiritualistischen Anschauung von Gott verträglich sind. Oder aber er deutet die anthropomorphistischen Ausdrücke ganz weg, und betrachtet sie, sich auf den Sprachgebrauch berufend, als pleonastische Beigaben. So ist ihm z. B. وجه اللّه, يد اللّه u. a. m. nichts als pleonastischer Ausdruck für اللّه, während wieder für andere Ausdrücke lexicalische Interpretationen gesucht, z. B. für den Fuss, رجل, Gottes die Bedeutung: Versammlung جماعة, für Finger, اصبع, die Bedeutung: Hände نعْمة Gnade u. a. m. oder grammatische Rechtfertigungen gegeben werden. Wir haben schon oben (S. 123) ein Beispiel dafür gesehen, dass Ibn Ḥazm durch die Geltendmachung des اضافة الملك schwierige Textstellen für seine eigene theologische Theorie rettet. Dafür liefert er auch in diesem Kapitel ein Beispiel. Gott erschafft den Adam „in seiner Form“ bedeutet nicht dass der Mensch in Gottes Form erschaffen worden sei, so dass hieraus folgen könnte, dass Gott eine Form habe; sondern Gott erschuf ihn in der Form, die er für ihn wählte. Alle Formen gehören (als Besitzer) Gott

---

امر الله بقتله عَدْلا وامّا الكذب فهو كذب لعينه وبذاته فكلّ من اخبر بخبر بخلاف ما هو فهو كاذب الّا انّه لا يكون بذلك آثما ولا مذموما الا حيث اوجب الله تعالى فيه الاثم والذمّ فقط'

an, er wählte unter den vielen in seinem Besitze befindlichen Formen eine aus, und prägte sie dem Adam auf. Folgendes ist die hierauf bezügliche Hauptstelle in Ibn Ḥazm's religionsphilosophischem Werk, welche uns zugleich sein Verhältniss zu den dogmatischen Schulen klar vorführt:

Bl. 157a: قال ابو محمّد قال اللّه عزّ وجلّ ويبقى وجه ربّك ذو الجلال والالرام فذهبت المجسّمة الى الاحتجاج بهذا فى مذهبهم وقال آخرون وجه الله تعالى انّما يراد به اللّه عزّ وجلّ قال ابو محمّد وهذا هو الحقّ الذى قام البرهان بصحّته لما قدمنا من إبنال القول بالتجسيم وقال ابو الهذيل وجه الله هو اللّه، قال ابو محمّد وهذا لا ينبغى أن يُطلَق لانّه تسمية وتسمية اللّه تعالى لا يجوز الّا بنصّ ولكنّه نقول وجه الله ليس هو غير اللّه تعالى ولا نرجع منه الى شىء سوى الله تعالى برهان ذلك قول الله تعالى حاكيا عمّن رضى قوله انّما نُطْعِمكم لوجه الله فصحّ يقينه انّهم لم يقصدوا غير الله تعالى وبه عزّ وجلّ نتأيّد وقال تعالى يد الله فوق ايديهم وقال تعالى لِمَا خَلَقْتُ بِيَدَىَّ وقال تعالى مِمّا عَمِلَتْ أَيْدِينا أَنْعَامًا وقال تعالى بَلْ يَدَاهُ مَبْسُوطَتَان وقال رسول الله صلعم عن يمين الرحمن وكلتا يديه يمين فذهبت المجسّمة الى ما ذكرنا ممّا قد سلف بطلان قولهم فيه وذهبت المعتزلة الى ان اليد النعمة وهو ايضا لا معنى له لانّه دعوى بلا برهان وقال الاشعرىّ انّ المراد بقول الله تعالى أَيْدِينا انّما معناه اليدان وان ذكر الاعين انّما معناه عينان وهذا باطل مدخل فى قول المجسّمة بل نقول ان هذا اخبار عن الله تعالى لا يرجع من ذكر اليد الى شىء سواه تعالى ولله تعالى كما قال يد ويدان وايدٍ وعين واعين كما قال عزّ وجلّ وَلِتُصْنَعَ عَلَى عَيْنِى وقال تعالى فانّك بأَعْيُنِنا ولا يجوز لأحد أن يصف الله عزّ وجلّ بأنّ له عينين لانّ النصّ لم يأت بذلك ونقول ان المراد بكلّ ما ذكرنا اللهُ عزّ وجلّ لا شىء غيره وقال تعالى حاكيا عن قول قائل قال يا حَسْرَتَى على ما فَرَّطْتُ فى جَنْبِ

الله وهذا معناه فيما يقصد به الى الله عزّ وجلّ وفى جانب عبادته وصحّ عن رسول الله صلعم ان جهنّم لا تمتلىء حتّى يضع الله فيها قدمه وصحّ فى هذا الحديث حتى يضع فيها رجله ومعنى هذا ما قد بيّنه رسول الله صلعم فى حديث آخر صحيح اخبر فيه انّ الله تعالى بعد يوم القيمة يخلق خلقا يدخلهم الجنّة وانّه تعالى يقول للجنّة وللنار ولكلّ واحدة منكما ملؤها فمعنى القدم فى الحديث المذكور انّما هو كما قال تعالى قَدَمَ صِدْقٍ عِنْدَ رَبِّهِمْ يريد سالف صدق فمعناه الأمّة التى تقدّم فى علمه تعالى انه يملأ بها جهنّم ومعنى رجله نحو ذلك لانّ الرِجْل الجماعة فى اللغة اى يضع فيها الجماعة التى قد سبق فى علمه تعالى انه يملأ جهنّم بها وكذلك الحديث الصحيح انّ رسول الله صلعم قال انّ قلب المؤمن بين اصبعين من اصابع الله عز وجل اى بين تدبيرين ونعمتين من تدبير الله عز وجل ونعمه امّا كفاية يُسْره وامّا بلايا جَرَّها (cod. جره) عليه والاصبع فى اللغة النعمة واخبر عم ان الله تعالى يبدو للمؤمن يوم القيمة فى غير الصورة التى عرفوها وهذا ظاهر بيّن وهو انّهم يرون صورة الحال من الهول والمخافة غير التى يظنّون فى الدنيا وبرهان صحّة هذا القول قوله عم فى الحديث المذكور غير التى عرفتموه بها وبالضرورة نعلم انّنا لم نعلم لله عز وجل تعالى فى الدنيا صورة اصلا فصحّ ما ذكرناه يقينًا وكذلك القول فى الحديث الثابت خلق الله آدم على صورته فهذا اضافة ملك يريد الصورة التى يتخيّرها الله عز وجل ليكون ادم عم مصوّرًا عليها وكلّ فاضل فى طبقته فانّه يُنْسَب الى الله تعالى ويضف اليه عزّ وجلّ كما نقول بيت الله عن الكعبة والبيوت كلّها بيوت الله تعالى وكما نقول فى جبرئيل وعيسى عليهما السّلام روح الله والارواح كلّها لله تعالى ملك له (cod. لها) وكالقول فى ناقة صالح عم ناقة الله والنوق كلها لله عز وجل فعلى هذا المعنى قيل على صورة الرحمن والصور كلها لله تعالى فى ملك

له وخلق له، وقد رأيت لابن فورك وغيره من الاشعرية فى الكلام فى هذا الحديث انهم قالوا معنى قوله عم ان الله خلق آدم على صورته انه هو على صفة الرحمن من الحياة والعلم والاقتدار واجتمع صفات الكمال فيه واسجد له ملائكته كما اسجدهم لنفسه وجعل له الامر والنهى على ذريته كما كان لله كل ذلك، قال ابو محمد هذا نص كلام ابى جعفر السمنانى عن شيوخه حرفا حرفا وهذا كفر مجرد لا مرية فيه لانه سوى بين الله تعالى وآدم فى الحياة والعلم والاقتدار وفى ان سجودهم لله تعالى سجود عبادة فان كانوا سجدوا لآدم عبادةً له فهذا شرك مجرد ثم زاد فى ان الامر والنهى لادم على ذريته كما هو لله تعالى وهذا شرك لا خفاء به، وكذلك ما صح عن النبى صلعم عن يوم القيمة ان الله عز وجل يكشف عن ساق فيخرون سُجدا فهذا كما قال الله عز وجل فى القران يَوْمَ يُكْشَفُ عَنْ ساقٍ وَيُدْعَوْنَ الى السُّجُودِ وانما هذا إخبار عن شدة الامر وهول الموقف كما تقول قد شمرت الحرب عن ساقها والعجب ممن ينكر هذه الأخبار الصحاح وانها جاءت بما جاء به القرآن نصّا ولكن من ضاق علمه انكر ما لا علم له به وقد عاب الله هذا فقال بَلْ كَذَّبُوا بما لَمْ يُحِيطُوا بِعِلْمِهِ وَلَمّا يَأْتِهِم تَأْوِيلُهُ،

Auch vor dem Taḳdir schrickt Ibn Ḥazm nicht zurück, wo der äussere Wortsinn die Körperlichkeit Gottes ergäbe; so erklärt er — gestützt auf die Autorität des Aḥmed b. Ḥanbal-Stellen wie z. B. وجاء ربك „dein Gott kam“ mit folgender restitutio: es kam der Befehl Gottes وجاء امر ربك [1]). Wir sehen, dass Ibn Ḥazm in der Erklärung der anthropomorphistischen Stellen des Koran und der Tradition seinem eigenen Systeme untreu wird und an den Ausdrücken der Schrift dieselbe interpretative Willkür begeht, die er sonst den Muʿtaziliten in schonungslosen Ausdrücken zum Vorwurf macht. Angesichts der grossen Anzahl von anthropomorphistischen Stellen, die der Koran aufweist, war es in diesem Punkte dem Ibn Ḥazm nicht möglich, jene in dogmatischer Be-

1) Bl. 159 a.

ziehung unbequemen Stellen der Tradition, bei deren Interpretirung seine ẓâhiritische Worttreue zu Schanden wird, als unecht oder nicht genügend bezeugt zu verwerfen, ein Vorgang, den er sonst, wie wir selbst bisher zu wiederholten Malen sehen konnten, als ultima ratio in der Entkräftung der Argumente der Gegner anzuwenden liebt.

Aber es fehlte dafür auf der Seite der spiritualistischen Dogmatiker nicht an Versuchen, anthropomorphistische Ausdrücke aus dem Text der Traditionssammlungen zu entfernen. Diese Thatsache, die aus dem in den Commentaren beigebrachten textkritischen Apparate hervorleuchtet, ist für die Geschichte der kanonischen Texte des Islâm genug wichtig, dass wir dieselbe hier durch einige Beispiele beleuchten dürfen:

Kitâb al-tafsîr nr. 253 (zu Sure XLVII v. 27) heisst es: خَلَقَ اللّٰهُ الخَلْقَ فلمّا فرغ منه قامت الرحم فأَخَذَتْ بحَقْوِ الرحمن فقال له مَه الخ (var. بحَقْوَى) „Nachdem Gott die Schöpfung vollendet hatte, erhob sich die Verwandtenliebe und erfasste Gottes Lendengürtel. Da sprach Gott zu ihr: „Zurück!“ Sie aber sprach: „Dies ist der Zufluchtsort dessen, der Deinen Schutz sucht vor Treubruch u. s. w.“ Den Spiritualisten mochte „der Lendengürtel Gottes“ anstössig klingen und es geschahen Versuche, die anstössigen Worte aus dem Texte auszumerzen. Bei Al-Ḳasṭalânî (VII p. ٣٨٢), wo der apparatus criticus in nicht genug zu rühmender Fülle mitgetheilt ist, finden wir denn auch Textrecensionen verzeichnet, in denen die anstössigen Worte mit dem Zeichen „deleatur“ (نشط) überstrichen sind. Im Text des Abû Ḏarr fehlen diese Worte gänzlich; Ibn Ḥaǵar bemerkt in seinem Commentar (فتح البارى), dass das Object des Verbum اخذت in vielen Recensionen fehlt (حُذِف للاكثر مفعول اخذت), obwohl der Satz ohne dieses Object keinen rechten Sinn giebt; Abû Zejd las die Worte بحقوى الرحمن nicht, obwohl sie in seinem Texte standen. — Eine ähnliche Stelle ist Tafsîr nr. 264 (zu Sure L v. 29). Hier heisst es von der Hölle, dass sie nicht voll wird, bis dass Gott seinen Fuss auf die Hölle setzt, dann sagt sie: Genug, genug! فأمّا النار فلا تمتلئ حتّى يضع رجله فتقول قط قط قط. Bei Muslim finden wir in der Parallelstelle die Worte: حتّى يضع الله رجله und in einer anderen Version dieses Traditionssatzes, wo Al-Buchârî die Worte حتّى يضع قدمه überliefert, liest

Muslim: حتّى يضع ربّ العزّة قدمه. Al-Kastalânî (ibid. p. ٣٤٥) theilt folgende Bemerkung mit: وانكر ابن فورك لفظ رجله ونقل ابن الجوزى عن تحريف من بعض الرواة وردّ عليهما برواية الصحيحين بيه واولّت بالجماعة. Ich vermuthe, dass schon die Weglassung des Subjektes اللّه und ربّ العزة bei Al-Buchârî dem Bestreben zuzuschreiben ist, den anthropomorphistischen Ausdruck — wenn auch nur äusserlich — in etwas zu mässigen. Ibn Fûrak und Ibn Al-Ǵauzî hielten das Wort رِجْلَهُ für Interpolation oder Verdrehung von Seiten eines Tradenten.

Auch auf dem Gebiete der Interpretation wurden — mit Ausschluss der allegorischen Auslegung — auf grammatischer Basis Versuche gemacht, anstössige Anthropomorphismen durch die Exegese zu mildern. Ein Beispiel hiefür bietet Al-Buchârî, Kitâb al-zakât nr. 8. „Wer den Werth einer Dattel aus rechtmässigem Erwerb als Almosen giebt . . . . . . fürwahr von dem empfängt es Gott mit seiner Rechten, und vermehrt es für den Geber, so wie einer von euch ein Füllen aufzieht, bis dass jenes Almosen zur Höhe eines Berges anwächst" من تصدّق بعدل تمرة من كسب طيّب ولا يقبل اللّه الا الطيّب وانّ اللّه يتقبّلها بيمينه ثمّ يربّيها لصاحبه كما يربّى احدكم فلوّه حتّى تكون مثل الجبل. In einigen Versionen heisst es sogar noch sinnlicher: فتربو فى كفّ الرحمن حتّى تكون اعظم من الجبل. Die Traditionsgelehrten und Theologen haben an den sinnlichen Ausdrücken in diesem Traditionssatz viel herumgedeutet. Man findet bei Al-Damîrî II p. ٢٦٥ s. v. فلو eine interessante Zusammenstellung der betreffenden Ansichten; uns interessirt hier zumeist jene, nach welcher بيمينه nicht die rechte Hand Gottes, sondern die des Beschenkten bedeuten soll: Gott empfängt das Almosen gleichsam durch die Hand des Bedürftigen, dem es gespendet wird; in dem Augenblicke da jener das Almosen empfängt, empfängt es auch Gott. So viel textkritische und exegetische Willkür wurde angewendet, um die Tradition von dem Vorwurfe des Taǵsîm zu befreien, welchen die Muhammedaner gewöhnlich den Juden und ihren heiligen Schriften zur Last zu legen pflegten [1]).

---

1) Grätz, Monatsschrift 1880 p. 309 Anm. Vgl. für die obigen Stellen Al-Îǵi Mawâkif p. ٧٧ff.

Wir wiederholen: Ibn Ḥazm hat den Gedanken der Ẓâhirschule insofern weitergeführt, als er in der **Dogmatik des Islâm** eine auf diesem Gebiete neue **Methode** zur Geltung bringen wollte, die **ẓâhiritische**. Er hat die Fragen der Glaubenslehre nach denselben Gesichtspunkten behandelt und beurtheilt, aus welchen die Schule, der er im Fiḳh angehörte, die Fragen der Gesetzwissenschaft betrachtete und behandelte. Die Dogmatik Ibn Ḥazm's ist ihrer Methode nach eine getreue Consequenz seines Fiḳh. Bis zu seiner Zeit war es nicht versucht worden, eine ẓâhiritische Dogmatik aufzubauen.

Aber auch Ibn Ḥazm ist es nicht gelungen, seine Dogmatik innerhalb der Ẓâhirschule zur Geltung zu bringen. Auch nachher bleibt die Stellung zu den dogmatischen Streitfragen für die Qualification eines Theologen als Angehörigen der Ẓâhirschule völlig indifferent; auch fernerhin bleibt es einzig und allein die Stellung in der **Gesetzwissenschaft** und die Ansicht von den berechtigten und unberechtigten Quellen der **Rechtsdeduction**, was die Zugehörigkeit zur Schule Dâwûd al-Ẓâhirî's bestimmt.

Das Schicksal Ibn Ḥazm's und seiner Schriften ist aus der Geschichte des Mauren in Spanien genügend bekannt. Der Fanatismus, die Unversöhnlichkeit, die verletzende Rücksichtslosigkeit, die gegen alle Gegenmeinung sich kehrende Verketzerungssucht, welche die vorwiegenden Züge des literarischen Bildes unsers Ibn Ḥazm ausmachen, waren nicht geeignet, seinen Bestrebungen Freunde und Anhänger aus den gegnerischen Lagern zu erwerben. Die Nachwelt hat seine schonungslose literarische Manier und sein rücksichtsloses Schmähen der grössten Autoritäten der Vergangenheit und Gegenwart durch das Sprichwort charakterisirt: „**Das Schwert des Ḥaǵǵâǵ und die Zunge des Ibn Ḥazm**“[1]).

---

1) **Ibn Al-Mulaḳḳin** Bl. 22a s. v. Abû Bekr ibn Fûrak erzählt mit Berufung auf Ibn Ḥazm, dass Sultan Maḥmûd b. Sebuktekin diesen Dogmatiker tödten liess wegen seiner Lehre: Muḥammed **war** der Prophet Gottes, **ist** es aber in der Gegenwart nicht mehr. ان نبيّنا صلعم ليس هو رسول الله اليوم لكنّه كان رسول الله. Ein Leser, der den Anachronismus bemerkte, macht hierzu folgende Glosse: لا يصحّ هذا النقل من حيث التاريخ فان ابن فورك مات قبل ان يتملّك هذا السلطان محمود فتنبّه له فان ابن حزم طويل اللسان فى حقّ العلماء بلا مستند حتّى فى الائمّة الاربعة ولذلك ضُرب المثل باجرآءته فقيل سيف الحجّاج ولسان ابن حزم، فبالله المستعان.

Noch abstossender musste sein schroffer Charakter im Leben und in der Wissenschaft auf seine Zeitgenossen wirken. Der vom Osten heimkehrende Abu-l-Walîd al-Bâǵî, während dessen Abwesenheit vom Vaterlande die wichtigsten Schriften Ibn Ḥazm's in Spanien erschienen waren und viel von sich reden machten, fand „sehr viel Anmuthiges in den Reden Ibn Ḥazm's, ausser dem Umstande, dass er mit denselben das herrschende Madhab verliess. Es fand sich denn auch in Andalus niemand, der sich mit seiner Gelehrsamkeit beschäftigte. Die Theologen zogen sich selbst vom polemischen Verkehr mit ihm zurück: nur einige Ungelehrte folgten seiner Ansicht. Er liess sich auf der Insel Majorca nieder, wo er als Oberhaupt einer Schaar von Anhängern lebte, und die Bewohner der Insel folgten seinen Lehren". Al-Bâǵî, der auch seinerseits der wörtlichen Auslegung der Traditionen nicht abhold war [1]), begab sich nun zu Ibn Ḥazm und widerlegte seine Thesen im persönlichen Verkehre [2]). Auch ein Schüler des Bâǵî, der im Jahre 500 gestorbene Abû Bekr Muḥammed b. Ḥajdara verfasste eine Widerlegungsschrift gegen den berühmten Ẓâhiriten [3]).

Also die gewaltige Lehre des Ibn Ḥazm musste, wenn wir der Darstellung Al-Bâǵî's Glauben schenken sollen, aus dem andalusischen Festlande, wo sie selbst als der Widerlegung unwerth erachtet wurde, flüchten und fern vom theologischen Verkehr auf der Insel Majorca ein Scheindasein fristen. Jedoch scheint uns die düstere Schilderung, welche Al-Bâǵî von der gänzlichen Wirkungslosigkeit der theologischen Bestrebungen Ibn Ḥazm's entwirft, übertrieben zu sein. Wir finden einige berühmte Namen unter den Vertretern der Ẓâhirschule zu Ibn Ḥazm's Zeit und wir können voraussetzen, dass es der Einfluss dieses Theologen war, der sie ins ẓâhiritische Lager führte. Da finden wir vorerst den grossen Traditionsgelehrten Ibn ʻAbd al-Barr Abû ʻOmar Jûsuf al-Nimrî aus Cordova (st. 463) Ḳâḍî von Lissabon. Er theilte

---

1) Er folgerte aus dem Wortlaute der berühmten Ḥudejbijatradition (Nöldeke, Gesch. des Korans S. 8), dass der Prophet des Schreibens kundig war. Der fanatische Faḳih Abû Bekr Al-Ṣâ'iǵ belegte ihn deshalb mit dem Beinamen eines Kâfir und selbst das ungelehrte Volk stiftete Aufruhr gegen den übrigens streng orthodoxen Theologen, der durch sein Zugeständniss an die wortgemässe Exegese die Wunderkraft des Propheten, die um so heller strahlt, je weniger Kenntnisse Muḥammed selbst ins Prophetenthum mitbrachte, dadurch abschwächte, dass er ihn aus der Liste der Analphabeten streichen wollte. Bekanntlich macht die orthodoxe Theologie alle Anstrengungen, um durch die gewaltsame Deutung des Wortes فَكَتَبَ in jener Tradition, den Propheten als ummi zu retten. Um so merkwürdiger musste seine Erleuchtung sein, je unwissender er selbst gewesen. Vgl. über die Disputation des Bâǵi ausser Al-Maḳḳari noch Sprenger, Mohammad II p. 398. 2) Al-Maḳḳari I p. ٥٠٥. 3) Ṭabaḳât al-Ḥuffâẓ XV nr. 28 ردّ على ابن حزم.

die Sympathien des ersten Stifters der Ẓâhirschule für den Imâm Al-Šâfi'î [1]). Von seinem Werke Al-tamhîd rühmt Ibn Ḥazm, dass es auf dem Gebiete des auf Grundlage der Tradition auferbauten Fiḳh nicht seinesgleichen, geschweige denn besseres gebe [2]). Unter traditionellem Fiḳh (فقه الحديث) versteht Ibn Ḥazm eben sein ẓâhiritisches System der Gesetzwissenschaft; eines seiner eigenen gesetzwissenschaftlichen Werke führt den Titel الايصال في فقه الحديث [3]). Den Terminus selbst finden wir allerdings bereits in einigen falschen Traditionssätzen [4]). Ibn 'Abd al-Barr verliess später die Ẓâhirijja und wurde Mâlikit; als Ḳâḍî konnte er wohl keiner anderen als der herrschenden Schule angehören.

In diese Gruppe gehört auch ein den Lesern des Geschichtswerkes von Al-Makkarî sehr geläufiger Name: Abû 'Abdallâh b. Muḥammed al-Ḥumejdî (st. 488), der seine theologische Ausbildung den Ibn 'Abd al-Barr und Ibn Ḥazm zu verdanken

1) Ṭabaḳât al-Ḥuffâẓ XIV nr. 12. 2) Al-Maḳḳarî II p. ١١٩ وهو كتاب لا اعلم في فقه الحديث مثله اصلا فكيف احسن منه.

3) Ṭabaḳât al-Ḥuffâẓ XIV nr. 15. 4) An diesen, den Gegensatz zwischen der gewöhnlichen ḳijâsfreundlichen und der ḳijâsfeindlichen, auf pure Tradition gegründeten Jurisprudenz bezeichnenden Terminus, finde ich einen Anklang in einer Tradition, die wie so vieles Apokryphe an die Abschiedswallfahrt Muhammeds (حجّة الوداع) angelehnt wird. Damals soll der Prophet unter anderen folgenden (in den Ṣaḥiḥen nicht vorkommenden) Ausspruch gethan haben: Allâh möge erglänzen lassen einen Mann, der einen Ausspruch von mir hört und denselben in sich aufnimmt; denn gar mancher Träger des Fiḳh ist kein Vertreter des Traditionsfiḳh. نَضَّرَ اللهُ امرأً سمع مقالتي فوعاها فرُبَّ حاملِ فقه ليس بفقيه الحديث (Tahḏîb p. ٣٢, Al-Ḳasṭalâni, Einleitung p. ٤). Auch andere Versionen dieses Satzes wurden überliefert; und aus denselben können wir eben gegen das Alterthum des Ausdruckes فقيه الحديث Verdacht schöpfen, u. A.: نضّر الله امرأً سمع مقالتي فحفظها ووعاها وأدّاها فربّ حامل فقه الى من هو افقه منه oder: فربّ مُبَلَّغ أَوْعى من سامع. Nur diese letzten Worte allein finden wir in authentisch anerkannten Traditionen, sie sind entlehnt dem Kitâb al-'ilm nr. 9 des Buchârî; vgl. auch: فلعلّ بعض من يبلّغه أن يكون أوعى من بعض من سمعه Kitâb al-maġâzi nr. 77, Tauḥîd nr. 24, kürzer Fitan nr. 8.

hatte. Er pflegte andauernd des Letztern Umgang [1], zu dessen bedeutendsten Schülern er gezählt wird [2]. Er studirte die Werke des Ibn Ḥazm unter des Verfassers eigener Anleitung und erkannte auch sein Madhab als das wahre. Oeffentlich mochte er dies aber nicht zeigen; es wäre ihm wohl damals in seiner Carrière hinderlich gewesen.

Solange die Ẓâhirrichtung der Theologen Gunst und Hass anheimgestellt war, konnte es ihr nicht gelingen, über die Studirstube einzelner Theologen hinaus Propaganda zu machen. Es wird wohl nur eine ganz winzige Gemeinde gewesen sein, die zu dieser Zeit noch das Banner Dâwûd al-Ẓâhirî's hoch hielt, und selbst unter diesen Wenigen hat es Manchen gegeben, der neben seiner ẓâhiritischen Privatüberzeugung eine andere officielle Ueberzeugung kundthat, die der herrschenden Majorität. Wir werden bald sehen, dass zu dieser Zeit die Ẓâhirschule ihre Existenz als Corporation, als von den übrigen orthodoxen Madâhib selbstständige Schule eingebüsst hatte, und dass sie in die herrschende mâlikitische Schule aufging. Es ist leicht zu begreifen, dass die Theologen eine Bestrebung, welche die Wunder ihrer casuistischen Spitzfindigkeit überflüssig machen wollte, nicht aufkommen liessen: sie drängten sie vielmehr zurück, ignorirten ihre Vertreter und sorgten für die Verdunklung ihrer Thätigkeit. Dem Zunftinteresse gegenüber war auch der gewaltige Ibn Ḥazm, sobald er unter die Theologen ging, zur Ohnmacht verdammt. In dem auf Ibn Ḥazm folgenden Jahrhundert sollte aber der Ẓâhirschule Genugthuung werden für ihre bisherigen Niederlagen. Wir sprechen von einer theologischen Reform, die nicht von Theologen, sondern von Fürsten geleitet ward und dem ẓâhiritischen System den Triumph gönnte, seine Principien zu einer Art Staatsreligion erhoben zu sehen. Wir glauben zwar nicht, dass die vorangegangene Thätigkeit Ibn Ḥazm's und seiner Schüler auf die Entstehung dieser merkwürdigen Reaction von directem Einflusse war; denn der Historiker derselben erwähnt weder des Ibn Ḥazm noch auch seiner Schriften im Rahmen der Ereignisse, die seinen Tendenzen zum Siege verhalf. Aber andererseits wäre es wieder undenkbar, dass eine so radicale Bewegung, wie die, von welcher wir sprechen wollen, ganz ausser Zusammenhang sei mit ihren historischen Praemissen, mit den Vorgängern, die das gleiche Ziel angestrebt. Es war eben wieder die Dogmatik Ibn Ḥazms, welche die in dogmatischer Beziehung auf aš'aritischer Basis stehende almohadische Bewegung von ihrem ẓâhiritischen Vorläufer scheiden musste.

Zur selbstständigen, ja sogar staatlich bevorzugten Richtung in der Ausübung des Islâm wurde nämlich die Ẓâhirrichtung unter dem dritten Herrscher aus der Dynastie der Almohaden in

1) Al-Maḳḳari I p. ٥٣٤. 2) Ṭabaḳât al-Ḥuffâẓ XV nr. 9.

Spanien und Nordafrika: Abû Jûsuf Ja'ḳûb (am Ende des VI. Jhderts. d. H.), der eine besondere Vorliebe für Tradition und Traditionsgelehrte bethätigte. „Er bekannte sich öffentlich — so erzählt Ibn al-Aṯîr — zur Ẓâhirijja und wandte sich von der mâlikitischen Richtung ab [1]); die Sache der Ẓâhiriten nahm denn auch zu seinen Zeiten einen grossen Aufschwung. Im Maġrib waren sie durch viele Bekenner vertreten, die man mit Beziehung auf Ibn Ḥazm mit dem Namen Ḥazmijja bezeichnete [2]), nur waren diese in die mâlikitische Schule aufgegangen (مغمورين بالمالكيّة). Zu seinen Zeiten aber erschienen sie wieder selbstständig und fanden weite Verbreitung. Am Ende seiner Tage jedoch erlangte die šâfi'itische Richtung das Richteramt in einigen Ländern, und auch der Fürst neigte zu ihnen" [3]). Aus diesem Berichte ersehen wir klar, wie die Ẓâhirschule nach Ibn Ḥazm ihre selbstständige Bedeutung einbüsste und in die herrschende Schule aufging und wie nahe sich noch zu dieser Zeit die Bekenner der Ẓâhirschule zur šâfi'itischen Richtung fühlten. Am weitläufigsten jedoch erzählt uns ein zeitgenössischer Historiker von dem Wesen der Reform des Abû Jûsuf Ja'ḳûb. „Zu seinen Zeiten" so erzählt uns der zeitgenössische Historiker der Almohadendynastie „kam die Wissenschaft der Furû' zu Falle; die Gesetzgelehrten fürchteten sich vor dem Herrscher; dieser liess die Bücher der (herrschenden) Schule (der Mâlikiten) verbrennen, nachdem er aus denselben die Koran- und Traditionsstellen ausziehen liess, welche darin angeführt waren... Ich selbst war Augenzeuge davon, als man in Fâṣ ganze Lasten von diesen Büchern zusammenbrachte und dieselben dem Feuer preisgab. Dieser Herrscher trug den Menschen unter Androhung schwerer Strafen auf, die Beschäftigung mit der Wissenschaft des Ra'j zu unterlassen; hingegen gab er einigen seiner Hofgelehrten den Auftrag, aus den zehn nach Kapiteln geordneten Traditionswerken, nämlich aus den Ṣaḥîḥen des Buchârî und des Muslim, aus dem Werke des Tirmiḏî, aus dem Muwaṭṭa' des Mâlik, sowie aus den Traditionssammlungen der Abû Dâwûd, Al-Nasâ'î, Al-Bazzâr, Ibn Abî Šejba, Al-Dâraḳuṭnî und Al-Bejhaḳî, eine Gesetzsammlung über das Gebet und was mit demselben zusammenhängt, zu redigiren, ähnlich der die rituelle Reinigung betreffenden Traditionssammlung des Ibn Tumart. Sie leisteten denn auch Folge, und veranstalteten die ihnen aufgetragene Sammlung; der Regent selbst dictirte nun dieses Werk seinen Unterthanen, und machte ihnen die Erlernung desselben zur Pflicht. Dieses Sammelwerk verbreitete sich denn auch im ganzen Maġrib, hoch und niedrig lernten es auswendig; wer es auswendig wusste, hatte hiefür kost-

1) Mit denselben Worten auch Abulfedâ IV p. 174. 2) Vgl. oben p. 118. 3) Ibn al-Aṯîr, Kâmil XII p. ٩١.

bare Belohnung vom Herrscher zu erwarten an Kleidungsstücken und sonstigen Werthsachen. Im Ganzen ging das Bestreben dieses Herrschers dahin, die Richtung des Mâlik aus Maġrib mit einem Male auszutilgen, und die Menschen dem Ẓâhir in Koran und Tradition zuzuführen. Dieselbe Tendenz hatten schon sein Vater und sein Ahn im Auge; nur dass diese mit derselben nicht offen hervortraten [1]. Als nämlich Ḥafiẓ Abû Bekr b. al-Ǵadd seine erste Audienz bei dem Vater des Ja'ḳûb nahm, fand er vor ihm das Werk des Jûnus über das kanonische Gesetz. „Sieh' nur Abû Bekr! — so redete er den Gelehrten an — ich betrachte hier diese auseinandergehenden Meinungen, welche man in späteren Zeiten in Allâh's Religion aufbrachte; in einer und derselben Frage findest du vier und fünf und noch mehr Lehrmeinungen; wo steckt nun eigentlich die Wahrheit und an welche der auseinandergehenden Ansichten müsse sich der Nachbeter halten? Abû Bekr begann hierauf die dem Herrscher auftauchenden Schwierigkeiten zu lösen. Er aber unterbrach den Vortrag des Gelehrten mit den Worten: „O Abû Bekr, es giebt nur entweder dies hier — da deutete er auf ein Koranexemplar — oder dies da — auf das Traditionswerk des Abû Dâwûd zu seiner Rechten deutend — oder das Schwert" [2]. In den Zeiten Ja'ḳûb's aber trat all dasjenige in die Oeffentlichkeit, was zu Zeiten seines Vaters und Grossvaters im Verborgenen schwebte" [3]. Al-Damîrî, der dieses für die Geschichte der Ẓâhirschule hochwichtige Ereigniss in kurzen Worten ebenfalls mittheilt [4], setzt hinzu, dass die durch den Almohadenherrscher inaugurirte Richtung eifrige Nachfolger fand an den beiden Ibn Diḥja, nämlich dem Brüderpaare Abu-l-Chaṭṭâb und Abû 'Amr und an Muḥjî al-dîn Ibn 'Arabi.

Der ältere Ibn Diḥja ist in der theologischen Welt des Islâm namentlich durch die Opposition bekannt geworden, die er einem Lieblingsglauben des orthodoxen Volkes entgegensetzte, welches Muhammed trotz seiner eigenen Verwahrung dagegen [5], dem Jesus an Wunderübungen nicht gerne nachstehen lassen wollte. Die naive Orthodoxie des Islâm wurde von ihren Theologen gern in dem Glauben bestärkt, dass Muhammed seine verstorbenen Eltern vom Tode auferweckte, damit sie, die während ihres Lebens Heiden waren, das Prophetenthum des Sohnes laut bekennen, um so des muslimischen Paradieses theilhaftig werden zu können, dessen sie

—

1) 'Abd al-Mu'min begünstigte die mâlikitische Schule. Al-Damiri I p. ۲۲۹. 2) Eine ähnliche Aeusserung überliefert Abu-l-Ḥasan al-Ǵudâmi vom Sulṭân Abu-l-Walid, bei M. J. Müller, Beiträge zur Geschichte der westlichen Araber p. ۱۲۸. 3) Al-Marrâkoŝî, Kitâb al-mu'ǵib ed. Dozy p. ۲۰۱—۲۰۳. 4) Ḥajât al-ḥajwân I p. ۱۵۷. 5) Vgl. mein Culte des Saints chez les Musulmans p. 30.

ohne dies Bekenntniss verlustig wären. Al-Sujûṭî verfasste nicht weniger als sechs Werke zu Gunsten dieses Glaubens und zur Widerlegung der gegnerischen Argumente, welche namentlich auf den äussern Sinn (ظاهر) der Traditionen[1]) gegründet, durch unsern Ibn Diḥja vertreten werden[2]). Dieser andalusische Theologe ist besonders als grosser Traditionssammler berühmt, wird aber gleichzeitig beschuldigt, viel Unbeglaubigtes in Umlauf gesetzt zu haben, vielleicht um dem Zugeständniss des Ḳijâs auszuweichen (s. oben p. 7). Er war, wie es scheint, in der Kritik der Glaubwürdigkeit der Traditionen sehr liberal; Ibn ʿArabî beanstandete z. B. die Richtigkeit eines Traditionssatzes, wogegen Ibn Diḥja bemerkt: „Wie wunderbar ist es doch, dass Ibn ʿArabî diesen Satz in seinem Buche كتاب الغوامض والعواصم zurückweist, während er doch bekannter ist als die Morgenröthe“[3]). Er bereiste viele Länder um sich in der Traditionswissenschaft zu vervollkommnen; auch in der Luġawissenschaft war er als grosse Autorität anerkannt[4]). Nach vielen Reisen nahm er seinen ständigen Aufenthalt in Aegypten, wo er als Erzieher des später unter dem Namen Al-Malik al-Kâmil bekannten Fürsten thätig war, der ihm grosser Ehren theilhaftig werden liess. Auf den Thron gelangt gründete dieser Fürst für seinen Erzieher eine eigene Professur der Traditionswissenschaft an der neuerrichteten Traditionsschule, durch welche der die Wissenschaften hochhaltende Ejjubîdenfürst dem durch Nûr al-dîn Maḥmûd al-Zenġi in Damaskus gelieferten Muster einer Fachschule für Ḥadîṯwissenschaft nachzueifern suchte[5]). Diesem Protector, der auch als mächtiger Fürst nicht aufhörte, seinem ehemaligen Lehrer die grössten Ehren zu erweisen[6]), widmete der dankbare Gelehrte sein Werk تنبيه البصائر في اسماء أمّ الكبائر, eine Synonymik der Benennungen des Weines, in welchem es der Verf. allen Vorgängern zuvorthuend bis zu 190 Namen des ver-

1) Kitâb al-aġâni XVI p. ١٠٩ wird ein Ausspruch Muhammed's mitgetheilt, wonach der tugendhafte Ḥâtim ebenso wie sein eigener Vater und der Vater Abraham's in der Hölle seien. 2) Diese Daten sind jetzt zusammengestellt im Burda-commentar von dem noch lebenden Śejch der Al-Azharmoschee Ḥasan al-ʿIdwi, Al-Nafaḥât al-Śâdilijja I p. ٥٩ ff. (Dieses Werk umfasst 3 Bände, von denen die zwei ersten in Lithographie, der dritte in Typendruck erschienen ist; danach ist die Angabe im Wissensch. Jahresber. der DMG. für 1879 p. 160 Anm. 177 zu corrigiren). 3) Al-Damiri I p. ٣٢٨. 4) Seine Biographie bei Ibn Challikân ed. Wüstenf. IV p. ١١١ nr. 508. Ṭabaḳât al-Ḥuffâẓ XVIII nr. 16; bei beiden wird nicht angegeben, was Al-Makkari I p. ٥٢٥ ausdrücklich bemerkt, dass Ibn Diḥja ظاهريّ المذهب. 5) Al-Makrîzi, Chiṭaṭ II p. ٣٧٥. 6) Al-Makkari II p. ٩٤.

abscheuten Getränkes brachte. Wie dankbar er die Wohlthaten seines fürstlichen Schülers erkannte, zeigen folgende Worte der Dedication an denselben: وشرّفته برسم مولانا سلطان الاسلام غيث الانام عماد [الدين] الله سيف الأمّة ناصر الشريعة محيي السنّة السيّد الاجلّ العالم العامل السلطان الملك الكامل ناصر الدنيا والدين عزّ الملوك والسلاطين شبيه امير المؤمنين ادام الله علي قواعد السيادة في مصعد الزيادة علاه und so fort in den überschwenglichsten Ausdrücken des Ruhmes und der Schmeichelei, die wir ja in gelehrten Dedicationen muhammedanischer Schriftsteller an ihre Protectoren und Fürsten so oft finden; besonders aber das von Dankbarkeit übersprudelnde Lobgedicht, welches diesen ruhmredigen Worten folgt [1]. Als fanatisch orthodoxer Muslim, denn dies zu sein bietet die theologische Methode der Ẓâhiriten mehr Anlass als irgendwelche andere Richtung des orthodoxen Islâm, hat er auch in diesem lexicalischen Werke keine Gelegenheit unbenützt vorübergehen lassen, wo er sich als altgläubigen Muslim documentiren konnte. Besonders wunderlich berühren uns seine polemischen Ausfälle gegen Etymologien von Weinnamen, die von einer günstigen, wohlwollenden Betrachtung dieser „Mutter aller Todsünden" ausgehen [2]; er geht oft so weit, die Berechtigung von überlieferten Namen des Weines geradezu in Abrede zu stellen, wenn diese Namen von dem verabscheuten Getränke etwas Vortheilhaftes aussagen. Der Kürze halber verweise ich bloss auf die Artikel in denen er dieses Bestreben bethätigt; es sind die Artikel: الراحة, الذيّة, الزبيبية, الشبرونيّة, الشاردة, العروس, العِلف, الحلفاء, المحبّبة, المسرّة, المنيّبة, النفس, الناجود. Als Probe des in diesem Buche zu Tage tretenden Geistes will ich mittheilen, was er bei Gelegenheit der Benennung اللّطف sagt, um den Leser mit der allgemeinen Richtung dieses Verfassers bekannt zu machen. Ibn Diḥja behauptet nämlich, dieser Name, welcher Huld bedeutet, sei von den Missethätern, welche Gottes Gebote verachten, einem so verächtlichen Gegenstande, wie es der Wein ist, beigelegt worden. Er geht

1) Hschr. der Leidoner Universitätsbibliothek Cod. Warner nr. 581 Bl. 3 b. 2) Ibn Diḥja schrieb ausserdem ein Buch: وهج الجمر في تحريم الخمر, das er in der Synonymik einigemal citirt.

sogar so weit, aus purem Fanatismus, den Beinamen des Weines الخُسْرُوانى vom Verbum خَسِرَ abzuleiten, nur zu dem Zwecke, um das abscheuliche Getränk um einen Ehrennamen zu verkürzen [1]). Mit seinem dogmatischen Bekenntnisse in engem Zusammenhange steht jedoch eine gelegentliche schmähende Aeusserung über den Mu'taziliten Al-Naẓẓâm in einer Anekdote über die Begegnung des Dogmatikers mit einem Lastträger, auf welche wir der Kürze halber hier nur verweisen können [2]).

Dieser Ibn Diḥja erlag zuletzt dem Neide seiner Feinde, die ihm seinen Ruhm und seine hervorragende Stellung in Aegypten missgönnten und alles Mögliche daran setzten, ihn als Schwindler zu entlarven. Die Bemühungen der Feinde verfingen anfangs nicht an der wohlmeinenden Gesinnung des Fürsten. Einem Gelehrten, Namens Abû Isḥâḳ Ibrâhîm Al-Sanhûrî, der eigens nach Andalusien reiste, um Daten für den Nachweis dessen zu sammeln, dass Ibn Diḥja nie die Vorträge jener Schejche hörte, deren Schüler zu sein er vorgab, gelang es auf Grundlage eines durch alle jene Schejche gefertigten Protokolles, die Lügenhaftigkeit des fürstlichen Günstlings documentarisch nachzuweisen; nichtsdestoweniger wurde dieser Ankläger auf Befehl des Fürsten gefänglich eingezogen und auf einem Esel durch die Stadt geführt, während öffentliche Ausrufer die Ursachen dieser Bestrafung kundthaten [3]), dann wurde er Landes verwiesen. Auch die Anklage Al-Sanhûrî's, dass Ibn Diḥja seine Genealogie ganz fälschlich auf den kinderlos verstorbenen Kelbiten Diḥja und auf Al-Ḥusejn zurückführe [4]), blieb von Seiten

---

1) Tanbîh al-baṣâ'ir l. c. s. v. لطف und خسروانى.

2) ibid. s. v. روح الزقّ: — سمّوها بذلك قديما ولهم فى ذلك اشعار ومن آخر من قال فيه واهل البطالة يستحسنون قوله والله والمسلمون يكرهون اعتقاده وفعاله وهو ابو اسحاق ابراهيم بن سيّار المعروف بالنظّام المتكلّم المعتزلىّ البصرىّ مولى بنى ضبيعة. Vgl. den hierauf citirten Vers und den Anlass desselben bei Houtsma l. c. p. 82 nach Ibn Ḳutejba. 3) أُشْهِرَ على حمار vgl. Abul Maḥâsin II p. ۱۸۳, ult., vgl. ibid. p. ۱۹۰, 15. Al-Mubarrad, Kâmil p. ۳۳۱. Dozy's Supplément etc. I p. 186 a, 795 a. II 69 a. Ibn Baṭûṭa I p. 220. Aus der vulgären Literatur 'Antar (Kairo) IX p. ۱۴۴ vgl. ib. XVIII p. ۹۱ u. a. m. Vgl. noch Quatremère, Mémoires geogr. et historiques de l'Égypte II p. 260. 4) Auf dem Titelblatte des Cod. Warner nr. 581 wird er genannt: السيّد الامام العالم الاوحد ملك الحفّاظ سلطان المحدّثين عالم

Al-Malik al-Kâmil's unberücksichtigt. Ein Dichter, Abu-l-Mahâsin ibn 'Onejn bemerkt aus diesem Anlasse mit vernichtender Satire gegen die schwindelhafte Stammtafel des problematischen Hofgelehrten, dass in Bezug auf seine kelbitische Genealogie soviel als sicher angenommen werden darf, dass wenn er auch nicht von Kelb, doch wohl von kelb (Hund) abstamme, eine Bemerkung, bei deren Gelegenheit daran erinnert werden kann, dass in ähnlicher Weise die Benennung Ibn al-Kelbî thatsächlich von dem nichtarabischen Postmeister (oder Polizeichef) des Chalifen Al-Mutawakkil [1]), mit Rücksicht darauf gebraucht wird, dass sein Vater den Beinamen „Wachthund der Karawanenstation" führte [2]). Später aber hatte der Sultân selber Gelegenheit, sich von den Schwindeleien seines gelehrten Günstlings zu überzeugen; er setzte ihn ab und ernannte zu seinem Nachfolger in der Professur an der Traditionsschule seinen Bruder Abû 'Amr 'Oṯmân (st. 634) [3]). Auch dieser Gelehrte wird unter den Anhängern der Ẓâhirschule genannt; näheres über seine gelehrte Wirksamkeit habe ich jedoch nicht in Erfahrung bringen können.

Wir kommen wieder darauf zurück, worauf hinzuweisen wir bereits oben S. 132 Gelegenheit gefunden, dass für die Zugehörigkeit zur Ẓâhirschule der dogmatische Standpunkt ganz indifferent ist. Unabweisbar drängt sich uns diese Thatsache auf, wenn wir in Betracht ziehen, dass Anhänger der ṣûfischen Richtung so bequem Raum fanden im Rahmen der Ẓâhirschule. Einer der ältesten Anhänger Dâwûd's war der im Jahre 303 verstorbene Ṣûfî Ruwejm b. Aḥmed [4]). Ich vermuthe, dass dies keine zufällige Erscheinung ist; sie ist vielmehr in der eigenthümlichen Anschauung der Ṣûfî's in Betreff des muhammedanischen Religionsgesetzes begründet. Die mystisch-theosophische Schule der muhammedanischen Theologie verwarf die juristischen Spitzfindigkeiten der Kanonisten, in welchen sie die Wissenschaft der Werkheiligkeit erblickt und mit ihrer eigenthümlichen Anschauung von dem Werthe und der Bedeutung des Gesetzes könnte sich eine peinliche Zugehörigkeit zu einer bestimmten, in einer der vier orthodoxen Fiḳhschulen, im Gegen-

المحققين مفتى الفرق اقضى القضاة ذو النسبين الشريفين بين دحية والحسين. Der Titel مفتى الفرق weist darauf hin, dass I. D. keine feste Stellung mit Bezug auf eine bestimmte orthodoxe Rechtsschule einnahm.

1) Die betreffende Stelle ist ein interessanter Beleg zu Kremer, Culturgeschichte I 193 unten. 2) Kitâb al-aġânî IX p. ٢٨ وسمّي ابن الكلبى هذا من العرب انّه كان ابوه يلقب كلب الرّحل فقيل له الكلبى. 3) Al-Maḳḳarî I p. ٥٢٣, ٥٢٥ ff. II p. ٩٤.

4) Abu-l-Maḥâsin II p. ١٩٨.

satz gegen die Schwestermaḏâhib zur Ausprägung gelangenden Auffassung des Gesetzes nicht vereinigen. Da ihnen die gesetzlichen Formen nur kleinliche Mittel sind zur Erreichung tieferer religiöser Ziele, so muss ihnen innerhalb des Islâm selbst die verschiedene Art der Erfüllung dieser Formen, wie sie in den Maḏâhib festgesetzt wird, völlig gleichgültig sein. Darin liegt nun die Verwerfung des Taḳlîd; ein negatives Princip, in Bezug auf welches, allerdings in verschiedenem Sinne, die Ẓâhiriten mit den Mystikern dieselbe Ueberzeugung hegen. Es ist bekannt, wie die mystische Schule von den Unterschieden der vier orthodoxen Schulen denkt, und wie ihr die trockene, rein formelle Auffassung der Fiḳhwissenschaft völlig werthlos erscheint[1]). Und den Unterschied der Maḏâhib in der Auffassung des formalen Theiles der Religion muss sie geradezu als die der ihrigen am meisten entgegengesetzte theologische Richtung ansehen. Im III. Jhd. hören wir von Jaḥja b. Mu'âḏ al-Râzî (st. 258) folgende Anrede an die „Gelehrten der Welt": Euere Schlösser sind ḳaiṣarisch, euere Häuser chosroisch, euere Kleidung ṭâlûtisch, euere Fussbekleidung goliathisch, euere Gefässe pharaonisch, euere Reitthiere ḳârûnisch, euere Tische ǵâhilitisch, euere theologischen Maḏâhib satanisch: wo bleibt nun das Muhammedanische?"[2]) Also geradezu satanisch werden die Maḏâhib al-fiḳh genannt! Diese Verwerfung der Maḏâhibunterschiede ist die allgemeine Anschauung der mystischen Schule, die in allen ihren Schriften zu klarer Ausprägung gelangt. Wir begnügen uns, auf eine der hervorragendsten Autoritäten dieser Schule, auf Al-Ḳušejrî hinzuweisen[3]). Al-Ša'rânî hat sein

1) Noch in neuerer Zeit finden wir bei einem mâlikitischen Theologen mit ausgeprägter ṣûfischer Färbung folgenden Ausspruch: من تفقّه ولم يتصوّف فقد تفسّق ومن تصوّف ولم يتفقّه فقد تزندق ومن تفقّه وتصوّف فقد تحقّق 'Abd al-Bâḳî al-Zarḳânî II p. ١٩٥ (Text). Der diesen Ausspruch gethan ist selber Jurist.

2) Al-Damîrî I p. ٢٥١ يا اصحاب العلم قصوركم قيصريّة وبيوتكم كسرويّة واثوابكم طالوتيّة واخفافكم جالوتيّة واوانيكم فرعونيّة ومراكبكم قارونيّة وموائدكم جاهليّة ومذاهبكم شيطانيّة فاين المحمّديّة.

3) Risâla (Hschr. der Universitätsbibliothek in Budapest Nr. II) Bl. 277a ويقبح بالمريد أن ينتسب الى مذهب من مذاهب مَن ليس من هذه الطريقة وليس انتساب الصوفيّ الى مذهب من مذاهب المختلفين سوى طريقة

ganzes theologisches System auf diese Grundanschauung von den Maḏâhib gebaut [1]); und auch in seiner hochinteressanten Selbstbiographie hat er an vielen Stellen derselben Anschauung unzweideutigen Ausdruck gegeben. Der letztgenannte Theosoph gehört übrigens zu jener Gruppe der ṣûfischen Theologen, welche die vollkommene Ergründung der kanonischen Gesetzwissenschaft als unerlässliche Vorschule des Ṣûfismus bezeichnet, zu dem Zwecke, um bei polemischen Anlässen die Waffen aus der Rüstkammer der Gegner in erfolgreicher Weise holen zu können. Allerdings bemerkt er, dass so geschulte Ṣûfî's zu seiner Zeit bereits so selten wie „rother Schwefel“ geworden waren.[2] Auch daraus, dass Al-Šaʿrâni die gründliche Kenntniss der Gesetzwissenschaft, bloss zu Zwecken der erfolgreichen Parteitaktik fordert, nicht aber wegen des gottgefälligen Wesens dieser Wissenschaft, können wir ersehen, wie tief der Werth der in den Rechtsschulen geübten Wissenschaft in den Augen des rechten Ṣûfî steht, welcher, wie wir bei Al-Kušejrî sehen, die „Wissenschaft der Gotteserreichung“ der Wissenschaft der „dialektischen Beweisführung“ der kanonischen Theologen, sowohl der Traditionarier als auch der spekulativen Schule, als diametralen Gegensatz gegenüberstellt.

الصوفيّة الّا نتيجة جهلهم بمذاهب اهل هذه الطريقة فان هؤلآء حُجَجهم فى مسائلهم اظهر من حجج كلّ احد وقواعد مذاهبهم اقوى من قواعد كلّ مذهب والناس إمّا اصحاب النقل والاثر وامّا ارباب العقل والفكر وشيوخ هذه الطائفة ارتقوا عن هذه الجملة فالذى للناس غيب فلهم ظهور والذى للخلق من المعرف مقصود فلهم من الحقّ سبحانه وتعالى موجود فهم اهل الوصال والناس اهل الاستدلال وهم كما قال القائل

ليلى بوجهك مشرق وظلامه فى الناس سار
فالناس فى سدف الظلام ونحن فى ضوء النهار

1) Vgl. oben S. 38.

2) Laṭâ'if al-minan Bl. 13b وسمعت سيّدى علىّ الخوّاص يقول قد اجمع اشياخ الطريق على انّه لا يجوز لاحد التصدّر لتربية المريدين الّا بعد تبحّره فى الشريعة وآلاتها كما عليه السادة الشاذليّة فكان الشيخ ابو الحسن الشاذلىّ وسيّدى ابو العبّاس المرسى وسيّدى ياقوت العرشى والشيخ تاج

Eine verwandte Anschauung finden wir in Bezug auf Fiḳh auch bei jenem muhammedanischen Theologen ausgeprägt, der im Islâm die schönste Vereinigung zwischen formaler Gesetzwissenschaft und spiritualistischer Vertiefung geschaffen: bei Al-Ġazzâli. So wie im III. Jhd. Jaḥja al-Râzî die Fiḳhgelehrten mit ihren Maḏâhib „weltliche Gelehrte“ (علماء الدنيا) nannte, so zählt auch Al-Ġazzâlî die von ihnen betriebene Wissenschaft unter die weltlichen Disciplinen (علوم الدنيا). Es ist der Mühe werth, die Worte zu lesen, in denen Al-Ġazzâlî an einer der kühnsten Stellen seines denkwürdigen Buches [1]) seiner Ansicht über die Werthschätzung der Fiḳhwissenschaft Ausdruck verleiht, und seine weitläufige Auseinandersetzung mit folgenden Schlussworten krönt: „Wie könnte man sich denn auch vorstellen, dass die Wissenschft von den Gesetzen über Ehescheidung, Eheprocesse, Geschäfte mit anticipirter Bezahlung der Kaufpreise, Miethverhältnisse, Baarzahlung u. a. m. eine Wissenschaft sei, welche für das Jenseits vorbereitet? Wer diese Dinge studirt, um dadurch Allâh näher zu kommen, ist geradezu verrückt“. Das theologische Element im Fiḳh hält er für etwas Accessorisches, ebenso wie etwaige mathematische, medicinische, grammatische u. a. m. Momente dieses Studiums, welche den Begriff desselben durchaus nicht bestimmen können. Diese Qualificirung des Fiḳh [2]) steht allerdings in einem, vielleicht auch beabsichtigten, scharfen Gegensatze zu jener Ansicht, dass das Fiḳh vorwiegend علم الآخرة bezeichnen soll [3]). Auch über die Methode der Gesetzdeduction hat sich Al-Ġazzâlî ausgesprochen: „Die Wurzeln der Gesetzwissenschaft — so sagt er — sind vier: das göttliche Buch, die Sunna des Propheten, der Consensus der Gemeinde und die von den Genossen überlieferten Worte und

---

الدين بن عطاء الله رضى الله تعالى عنهم لا يُدخلون أحدًا فى الطريق الّا بعد تبحّره فى علوم الشريعة بحيث يقطع العلماء فى مجالس المظاهرة بالحجج الواضحة فاذا لم يتبحّر كذلك لا ياخذون العهد عليه ابدا وهذا الامر قد صار اعله فى هذا الزمان اعزّ من الكبريت الاحمر.

1) Iḥjâ I p. ١٧—١٨. Damit zu vergleichen ist auch ein Urtheil über die Beschäftigung mtt Fiḳh in desselben Verfassers Paraenese: „O Kind!“

2) ibid. III p. ١٨, wo er in anderem Zusammenhange auf die Klassificirung der Wissenschaften zurückkommt, erwähnt er das Fiḳh nicht ausdrücklich.

3) Vgl. Sachau, Zur ältesten Gesch. d. muhammed. Rechts p. ١٦.

Thaten (آثار الصحابة) Der Consensus ist eine solche Wurzel, insofern er auf die Sunna hinweist, er ist also eine Wurzel dritter Stufe. In demselben Sinne sind auch die Traditionen der Genossen als Wurzel der Gesetzwissenschaft zu betrachten; die Genossen nämlich waren Zeugen der Offenbarung und erfassten durch ihre Kunde von den das Geoffenbarte begleitenden Umständen Vieles, was Andere nicht mit eigenen Augen sehen konnten. Oft umfasst der sprachliche Ausdruck nicht Alles, was durch die Kenntniss von den eine Thatsache begleitenden Umständen erfasst werden kann. Darum haben auch die Gelehrten anbefohlen, dass man sich nach den Genossen richte und sich an dasjenige halte, was von ihnen überliefert ist". „Zweige" der Gesetzwissenschaft sind jene Dinge, welche aus jenen Wurzeln abgeleitet werden können, und zwar nicht nach Massgabe ihres wörtlichen Ausdruckes, sondern dadurch, dass die Vernunft auf den tieferen Sinn achtet und sich in Folge davon das Verständniss erweitert, so zwar dass aus dem ausgesprochenen Wort etwas unausgesprochen Gebliebenes erschlossen wird. Z. B. aus dem Worte der Tradition: „Der Richter möge kein Urtheil fällen, wenn er sich im Zustande des Zornes befindet", wird gefolgert, dass er auch dann kein Urtheil spreche, wenn er mit Verdauungsbeschwerden behaftet ist, oder wenn er dem Hunger oder krankhaften Schmerzen unterworfen ist" [1]). Dies letztere ist das, was beim rechten Namen Ḳijâs genannt wird, und es ist nicht wenig merkwürdig, dass Al-Ġazzâlî, der nur an dieser einen Stelle seines Iḥjâ von den Quellen der muhammedanischen Gesetzdeduction handelt, einerseits der Nennung der Analogie aus dem Wege geht, und andererseits in der Reihe der primären Quellen (Wurzeln) die „Âṯâr der Genossen" als besondere Nummer behandelt, während sie sonst unter Sunna oder Iǵmâ' subsumirt zu werden pflegen. Es hat den äusseren Anschein, als thäte er dies, um die Vierzahl der Uṣûl al-fiḳh oder Arkân (al-iǵtihâd) beibehalten zu können, zu welchen sonst auch Ḳijâs gezählt zu werden pflegt. Es kann nicht übersehen werden, dass Al-Ġazzâlî an dieser Stelle von dem gewöhnlichen Wege der analogistischen Theologen abweicht. Wenn er auch die Berechtigung der Analogie den Ẓâhiriten gegenüber anerkennt, **gleiches** Recht und gleiche Würde mit den traditionellen Quellen erkennt er ihr nicht zu. Zum vollen Bewusstsein dieses Gegensatzes gelangte er jedoch selbst nicht, oder er besass nicht den Muth, denselben consequent zu bekennen. Es ist vielleicht eines jener, zur Beförderung des Erfolges seines Werkes geübten Zugeständnisse (s. die Einleitung des Iḥjâ) an das System der Fuḳahâ, dass er an einer anderen Stelle die Analogie als ebenbürtiges Element der praktischen Theologie anerkennt. Er thut dies in einer, in sein Iḥjâ eingeschalteten Specialschrift über das

1) Iḥjâ' I p. ١٥.

Erlaubtsein der Instrumentalmusik (مسئلة السماع), in deren Einleitung er sich in folgender Weise hören lässt: „Die Kenntniss der in das Gebiet der Gesetzkunde gehörigen Dinge (الشرعيّات) wird umfasst durch das klare Textwort und durch Analogien, welche aus Textworten gefolgert werden. Unter Ersterem verstehe ich dasjenige, worüber sich der Prophet in Worten oder Thaten geäussert hat; unter Ḳijâs verstehe ich den aus seinen Worten und Thaten zu folgernden tiefern Sinn“ [1]). Al-Ǵazzâlî hat übrigens in seiner vielbewegten Theologenlaufbahn in Betreff des Ḳijâs eine Wandlung durchgemacht. So wird z. B. berichtet, dass er anfänglich jene Form der Analogie, die man Ḳijâs al-ṭard [2]) nennt, (und wofür die oben S. 41 f. behandelte Materie als Beispiel angeführt zu werden pflegt) in Uebereinstimmung mit den chorâsânischen Śâfi'iten [3]) als berechtigte Form des Ḳijâs nicht anerkennen wollte, in einem späteren Werke jedoch die Nothwendigkeit der Anerkennung dieser Form des Ḳijâs nachwies [4]). — Wir können

1) Iḥjâ II p. ٣٤٨. 2) Es würde zu weit führen, im Rahmen dieser Schrift uns auch auf die Erklärung der verschiedenen Formen und Arten des Ḳijâs einzulassen. Das Wichtigste, und darunter auch die Definition des Ḳijâs al-ṭard im Unterschiede von Ḳijâs al-'illa, Ḳijâs al dalâla und Ḳijâs al śubha findet der Leser im Dictionary of technical terms etc. p. ١١٩٦.

3) Die śâfi'itische Schule zerfällt in zwei Abtheilungen: die chorâsânische, die den Abû Hâmid al-Isfarâ'înî, und die 'irâḳische, die den Ḳaffâl al-Marwazî als ihren Imâm anerkennt. Man nennt Gelehrte, die als Autoritäten für beide Zweige der śâfi'itischen Schule anerkannt wurden, z. B. Al-Nawawi (s. Vorrede zu Tahdib), Ǵamâl al-din al-Bulkejnî u. a. m. vgl. Ibn al-Mulaḳḳin Bl. 103 b. 4) Waraḳât Bl. 48 a ولم يذكر قيس الطرد فكأنّه يرى انّه غير مقبول وهذا هو ظاهر قول الخراسانيّين من اصحابنا وقد شدّد الغزالىّ الإنكار (cod. الفكر) فى كتبه المشتمل على قياس الطرد وقال انّه تصرّف فى الشرع بغير دليل ورجع عن هذا القول فى كتابه الذى سمّاه شفآء العليل وقال القول بقياس الطرد لا بدّ منه وقد عمل به الصحابة رضهم ومن بعدهم من اهل العلم فانْ الاجناس الستّة المنصوص عليها فى باب الربا اختلف الصحابة فى علّة الربا فيها والحقّ كلّ بها ما يراه مشتركا فى العلّة وليس ثمّ الّا اوصاف طرديّة مثل الطعام والكيل والجنس والتقدير'

aus der oben angeführten Stelle des Iḥjâ mindestens die Thatsache folgern, dass Al-Ġazzâlî in jener Epoche seiner theologischen Thätigkeit, in welcher er die ihn durchdringende theosophische Neigung mit der Wissenschaft der Fuḳahâ zu vereinigen bestrebt war, das Ḳijâs der Letzteren nicht so leichthin den traditionellen Quellen des Gesetzes gleichstellen mochte.

Es musste aus den vorangehenden Auseindersetzungen klar werden, dass die Grundlehren der Ẓâhirschule auf die Anhänger der Theosophie nicht gewöhnliche Anziehungskraft ausübten. Zu den muhammedanischen Theologen, welche sich unter dem Einflusse der während der Almohadenherrschaft zur staatlichen Geltung gelangten Ẓâhirrichtung im Fiḳh anschlossen, wird auch der berühmte Mystiker Muḥji al-dîn Ibn 'Arabî (st. 638) gezählt. Ibn 'Arabî war „ein Ẓâhirî in Betreff des rituellen Theiles der Religion, ein Bâṭinî in Bezug auf die Glaubenslehre"[1]). Sehr interessant ist bezüglich der ẓâhiritischen Anschauung dieses Mystikers folgende Notiz. In seinem Werke „Futûḥât" spricht er unter anderen auch von der Ankunft des Mahdî, ihre Vorzeichen und die dieselbe begleitenden Ereignisse. Al-Mahdî soll bekanntlich die mit Unrecht erfüllte Welt wieder mit Recht erfüllen und Gericht halten über die ganze Menschheit. Nun stellt sich dies der ẓâhiritische Mystiker in folgender Weise vor. „Er wird nach der durch das Ra'j nicht getrübten Religion urtheilen, und in dem grössten Theile seiner Urtheile den Schulmeinungen der Gelehrten widersprechen"[2]). An einer anderen Stelle dieses Werkes sagt er wieder vom Mahdî: „Die Worte der Tradition: „Der Mahdî folgt meiner Spur, so dass er nicht irrt", beweisen, dass er der muhammedanischen Tradition folgt und nichts Untraditionelles übt ..... und dass ihm die Anwendung der Analogie untersagt ist, wenn klare göttliche Aussprüche vorhanden sind, die er durch den Engel der Inspiration erhält, so wie nach der Ansicht mancher Gottesgelehrten die Anwendung der Analogie überhaupt allen Gottesgläubigen verboten ist"[3]). Also auch Al-Mahdî selbst ist Ẓâhirî. Ibn 'Arabî studirte übrigens — wie Al-Makkarî berichtet — die Werke des Ibn Ḥazm, die er auch in seiner Igâza aufzählt. Er war es auch, der einen Auszug aus dem dreissig Bände fassenden Werke des Ibn Ḥazm كتاب المحلى

1) Al-Makkari I p. ٥٦٧, ibid. p. ٥٦٩ ولكن ظاهريّ المذهب في العبادات باطنيّ النظر في الاعتقادات. 2) citirt bei Al-'Idwi, Commentar zur Burda I p. ١٨٤ يحكم بالدين الخالص عن الرأي ويخالف في غالب احكامه مذاهب العلماء. 3) ibid. p. ١٨٥.

unter dem Titel كتاب المعلى redigirte [1]). Der Codex, den die herzogl. Gothaer Bibliothek von Ibn Ḥazm's Abhandlung über die Nichtigkeit des Ḳijâs und des Ra'j etc. besitzt, wird auf die Ueberlieferung Ibn 'Arabî's zurückgeführt, dem wir also die Erhaltung dieses zusammenfassenden Grundwerkes über die Principien der Ẓâhirschule verdanken. In der Einführung dieses Werkchens erzählt er folgenden Traum: Ich sah mich im Dorfe Śaraf bei Sevilla, dort sah ich eine Fläche, aus welcher eine Anhöhe hervorragte. Auf dieser Anhöhe stand der Prophet, und ihm entgegen kam ein Mann, den ich nicht kannte; die beiden umarmten sich so fest, dass sie in einander aufzugehen und zu einer Person zu werden schienen. Grosser Lichtglanz verbarg sie vor den Augen der Menschen. „Möchte ich doch wissen" dachte ich „wer dieser fremde Mann sei?" Da hörte ich sagen: „Dies ist der Traditionsgelehrte 'Alî ibn Ḥazm". „So gross ist also — dachte ich, nachdem ich erwacht war — der Werth der Tradition". Ich hörte vordem nie den Namen Ibn Ḥazm's. Einer meiner Śejche den ich darüber befragte, theilte mir mit, dass dieser Mann eine Capacität auf dem Gebiete der Traditionswissenschaft sei". So wurde denn der eifrige Verfechter der Ẓâhirschule, den seine Zeitgenossen verketzerten und verpönten, durch den grössten Mystiker einer spätern Zeit, der auch selbst Ẓâhirî gewesen, mit dem Nimbus der Wunderlegende geschmückt [2]). Alle diese Daten beleuchten zur Genüge die Thatsache, dass der grosse Theosoph in der Gesetzkunde den Lehrmeinungen der Ẓâhiriten anhing. Es ist in diesem Zusammenhange nicht befremdend zu erfahren, dass Ibn 'Arabî mit directem Isnâd selbst von Abû Ḥanifa Aussprüche überlieferte, welche diese Lehrmeinung unterstützen und in welchen das Ra'j verpönt wird [3]).

Im selben Jahre wie Ibn 'Arabî starb noch ein anderer, in vielen Beziehungen merkwürdiger Anhänger der Ẓâhirschule in Andalusien, Abu-l-'Abbâs Aḥmed b. Muḥammed al-Omawî Ibn al-Rûmijja aus Sevilla. Er wird bald النباتى [4]), bald العشاب [5]) beigenannt; beides wegen seiner ausgezeichneten Kenntniss in der Botanik, von welcher Al-Maḳḳarî Proben mittheilt. Dieser Botaniker war ein ebenso ausgezeichneter Traditionskenner und in der Theologie folgte er dem Ibn Ḥazm, dessen fanatischer Anhänger er war. Er erhielt dafür auch den Namen الحزمى.

---

1) Bei Al-Śa'rânî I p. ٨٤ werden beide Werke unter den von Al-Śa'rânî durchstudirten Werken genannt. 2) Arab. Hschr. der herzogl. Bibliothek in Gotha Nr. 640 Bl. 1 a. 3) Dictionary of technical terms (s. v. استحسان) I, ٣٩٠, 5 v. u. 4) Ṭabaḳât al-Ḥuffâẓ XVIII nr. 18. 5) Al-Maḳḳari I p. ٨٧١.

Die Zeit zwischen dem VI.—VII. Jhd. scheint nun auch die Blüthezeit der Ẓâhirschule in Andalusien gewesen zu sein. Ueber ihre Stellung in anderen Ländern in diesem Zeitraume [1]) fehlt uns jede Nachricht. Auch in Andalusien schwindet mit den Almohaden die Macht und der Einfluss des ẓâhiritischen Systems. Wir hören weiter nur noch von einzelnen Gelehrten, die der Ẓâhirschule angehörten. Da finden wir den im Jahre 659 gestorbenen berühmten Gelehrten des Maġrib Abû Bekr ibn Sejjid al-nâs aus Sevilla, Prediger in Tûnis, der als Ẓâhirî bezeichnet wird [2]). Wir besitzen von ihm eine Biographie des Propheten, in welcher Ibn Ḥazm häufig angeführt wird. Es werden wohl in jenem Werke Materialien für die Ẓâhirijja zu finden sein, durch welche unsere Darstellung ergänzt werden könnte. Dann wird der im J. 745 verstorbene Aṯîr al-dîn Abû Ḥajjân genannt, der wieder seinerseits andere ẓâhiritische Zeitgenossen aufzählt, denen er begegnete: Abu-l ʻAbbâs Aḥmed Al-Anṣâri aus Sevilla der Ascet und Abu-l-faḍl Muḥammed Al-Fihrî aus Santa Maria [3]). Was Abû Ḥajjân's Traditionstreue und sein ẓâhiritisches Bekenntniss anbelangt, dem er übrigens in späteren Jahren zu Gunsten der šâfiʻitischen Richtung entsagte, so enthält seine bei Al-Makkarî mitgetheilte Biographie mehrere Momente, die mit denselben in engem Zusammenhange stehen und seine theologische Richtung in interessanter Weise beleuchten. So sagt z. B. Abû Ḥajjân in einem Gedichtchen [4]):

„Würde ich nicht drei Dinge lieben, so wünschte ich nicht unter die Lebenden gezählt zu werden“

und unter diesen Dingen:

„Mein Festhalten an dem Ḥadît, während die Menschen die Sunna des Auserwählten vergessen haben und dem Raʼj folgen;

„Wirst du denn verlassen den klaren Text (naṣṣ) der vom Propheten herrührt, und wirst der Führung eines gewöhnlichen Menschen folgen? Fürwahr (wenn du dies thuest) so tauschest du Irreleitung für Rechtleitung ein“.

Wer erkennt hier nicht das ewige Caeterum censeo der Ẓâhiriten? Seine Vorliebe für die Tradition drückt Abu Ḥajjân auch in einem Lobgedicht auf Al-Buchâri aus:

„Ist etwa die Religion — so sagt er in diesem Lobgedicht — etwas an-

1) Der Andalusier Abû ʻÂmir Muhammed b. Saʻdûn Al-ʻAbdari st. 154 war من أعيان الحفظ وفقهاء الظاهرية. Dieser lebte nicht in seiner Heimath, sondern in Baġdâd (Ṭab. Ḥuff. XV nr. 40). Desgleichen lebte der aus Granada stammende Traditionsgelehrte Abû ʻAbdallâh Al-Bajjâsi, dessen Hinneigung zur Ẓâhirijja hervorgehoben wird, in Aegypten (st. in Kairo 703) Al-Makkari I p. ٥٠٠. 2) Ṭab. Ḥuff. XIX nr. 4. 3) Al-Makk. ib. p. ٨٣٧. 4) ibid. p. ٨٤٩.

deres, als was uns die Grossen überliefert, welche die traditionellen Aussprüche überbrachten von dem dessen Inneres voller Anmuth (dem Propheten)?" u. s. w.[1])

Und in seinem Testament warnt er unter anderen vor der Speculation über das Wesen Gottes und seiner Attribute und anderen Dingen, welche das Untersuchungsgebiet der Aš'ariten und Mu'taziliten bilden [2]).

Ibn Ḥaǵar al-'Askalânî, der in seinem Werke über die Biographien berühmter Muhammedaner des VII. Jhdertes. auch diesem hervorragenden Vertreter der muhammedanischen Wissenschaft in jener Zeit einen besondern Artikel widmet, sagt von ihm: er sei Ẓâhirî gewesen sogar in der Grammatik [3]). Man könnte leicht verleitet werden, diese Aesserung dahin zu deuten, dass Abû Ḥajjân in seiner Auffassung und Behandlung der Grammatik sich von der zu seiner Zeit bereits in Schwung gekommenen sprachphilosophischen Behandlungsweise der Grammatik [4]) fern hielt, die unter anderen auch sein Zeitgenosse Ḥusejn b. Muḥammed Al-Ḳurtubî betrieb [5]). Ich halte jedoch folgende Auffassung des angeführten Urtheils für wahrscheinlicher. · So wie die Ẓâhiriten ihr Fiḳh auf die überkommenen Traditionssammlungen gründeten, so arbeitete Abû Ḥajjân auch für die Wiederherstellung der ausschliesslichen Autorität der überkommen Grundwerke der Grammatik: namentlich des Buches von Sîbawejhi und Ibn Mâlik. Es wird uns thatsächlich die Nachricht mitgetheilt, dass Abû Ḥajjân für die Werke des Letztern Propaganda machte, die dunkeln Stellen in denselben erläuterte, dafür aber das grammatische Werk des Ibn Ḥâǵib mit der Aeusserung verwarf: Dies ist Grammatik der Juristen (نحو الفقهاء). Er trug seinen Schülern nie ein anderes grammatisches Werk vor als das Grundwerk Sibawejhî's oder das Tashîl des Ibn Mâlik [6]). Seine Verehrung für erstern ist besonders noch aus folgender Episode seiner Biographie ersichtlich. Abû Ḥajjân hatte grosse Verehrung für Taḳî al-dîn Ibn Tejmijja, der merkwürdigsten Erscheinung im Islâm des VIII. Jhderts [7]). Um die Person und die Lehren dieses Ḥanbaliten dreht sich in

1) Al-Makkarî I p. ٨٥٣ v. 4. 2) ibid. p. ٨٤٨. 3) Hschr. der Kais. Hofbibliothek in Wien, Mixt. nr. 245 Bd. I Bl. 101 b فكان ابو حيّان ظاهريّا حتّى فى النحو. 4) Vgl. meine Nachweise in der ZDMG. Bd. XXXI (1877) p. 545—49. 5) Al-'Askalâni I Bl. 341 b وكان حسن التعلّم جدّا شديد العناية بتنزيل قواعد النحو على قواعد المنطق مُغرًى بالمناقشة فى التعاريف والمؤاخذة والردّ والجواب. 6) Al-Makkari I p. ٨٣٨, ١٩-٢٠. 7) Vgl. einiges aus der Literatur bei Steinschneider, Polemische und apologetische Literatur p. 33—34.

Syrien und Aegypten die gesammte theologische Bewegung seiner Zeit, in der sein Name gewissermassen das Losungswort der theologischen Parteien ward. Keiner bestimmten Lehrmeinung angehörend, war er so zu sagen Muhammedaner „auf eigene Faust“. Sein Zeitgenosse, der Reisende Ibn Baṭûṭa, der uns eine kurze Biographie dieses Gelehrten mittheilt, charakterisirt ihn sehr bündig mit den Worten: „er war ein bedeutender Mann, konnte über die verschiedensten Wissensgebiete sprechen, nur hatte er einen Sparren im Kopfe“ [1]. Neben vielem Baroken, was er lehrte, flösst er uns auch Achtung ein für seine ethische Auffassung der Ehe; er hatte den Muth, das abscheuliche Institut des تحليل nach der dreimaligen Ehescheidung in einer eigenen Schrift zu verdammen [2]. Unter den im Sinne der muhammedanischen Orthodoxie sonderbaren Lehren, die er verkündete, hebe ich besonders einige hervor: Er missbilligte es, den Propheten in der Noth anzurufen [3]) und verbot die Wallfahrt zum Grabe des Propheten [4]). In rücksichtslos unehrerbietiger Weise soll er von den ersten Chalifen geredet haben, wie er überhaupt in seinen öffentlichen Vorträgen grossen und kleinen, alten und modernen Gelehrten [5]) an den Leib rückte. ʿOmar zieh er des Fehlers, von ʿAlî sagte er, dass er in 17 Fragen irrige Entscheidungen traf; ebenso frei und rücksichtslos sprach er sich über die übrigen Chalifen aus. Al-Ġazzâli und die übrigen Asʿariten beschimpfte er — diese Freiheit hätte ihm bald das Leben gekostet — und über Ibn ʿArabî schüttete er wie über die Mystiker überhaupt Schmähungen aus [6]). In dogmatischer Beziehung lehrte er das Taǵsîm, die wörtliche Interpretirung der anthropomorphistischen Stellen des Koran und der Tradition, und hörte nicht auf, dieselbe zu bekennen, selbst nachdem er vor eine Inquisition gestellt, einen protokollarischen Widerruf seiner Lehren unterfertigt hatte [7]). In einer seiner Predigten citirte er aus der

1) Ibn Baṭûṭa, Voyages I p. 215. 2) Hschr. der Leidener Universitätsbibl. Warner nr. 511. Catalogus Bd. IV p. 134. Vgl. die Tradition bei Al-Damiri I p. ٢٠٧ ألا أخبركم بالتيس المستعار هو المحلّل ثم قال لعن الله المحلّل والمحلّل له الخ. 3) Al-ʿAskalâni Bl. 79 a انّه قال لا يُستغاث بالنبي صلعم. 4) Al-Kasṭalâni II p. ٣٦٠ منع من زيارة قبر النبي صلعم وهو من ابشع المسائل المنقولة عنه. 5) wenn ich die Worte قويهم وحديثهم in dem schlechten Codex den ich benütze in قديمهم وحديثهم emendiren darf. 6) Al-ʿAskalâni Bl. 83 a f. 7) ibid. Bl. 84 a ان اليد والقدم والساق

Tradition einen Text, in welchem die Worte vorkommen, dass „Gott von seinem Throne herabgestiegen“. Als er diese Worte las, stieg er einige Stufen der Kanzel herab und sagte: so wie ich hier herabsteige (كنزولى هذا)[1]. Im Fiḳh hielt er sich an keine der orthodoxen Secten, in deren Lehren er grössere Gelehrsamkeit besass, als die gelehrtesten Vertreter jedes einzelnen Madhab; er nahm das Recht des Iǵtihâd für sich voll in Anspruch und deducirte seine Urtheile zumeist aus den Traditionen und Âṯâr[2]); Ẓâhirit war er aber nicht, denn es wird ausdrücklich hervorgehoben, dass er das Ḳijâs anerkannte[3]). Er war unversöhnlicher Feind der aristotelischen Philosophie. In einer gegen die letztere gerichteten Streitschrift (نصيحة اهل الايمان فى الرّد على منطق اليونان), aus welcher Al-Sujûṭî einen Auszug verfertigte, sagt er unter anderen: „Diese Philosophen gehören in Lehre und Leben zu den niederträchtigsten Menschen. Die ungläubigen Juden und Christen sind ihnen vorzuziehen; die gesammte Philosophie steht nicht auf der Stufe der Juden und Christen, nach vollbrachter Fälschung ihrer Religionsschriften, geschweige

---

والوجه صفات حقيقيّة لله تعالى وانه مستوٍ على العرش بذاته فقيل له يلزم من ذلك التحيّز والانقسام فقال انا لا اسلّم ان التحيّز والانقسام من خواصّ الاجسام فلزم بانّه يقول بتحيّز التحيّز فى ذات الله. — Der Widerruf Bl. 79a.

1) Ibn Baṭûṭa I p. 217. 2) Diese Thatsache wird einige Dutzendmale constatirt in der Apologie für Ibn Tejmijja الرّد الوافر على من زعم ان من سمّى ابن تيمية شيخ الاسلام فهو كافر Hschr. der Kön. Bibliothek in Berlin, Wetzstein I nr. 157, welche die Aussprüche berühmter Zeitgenossen über Ibn Tejmijja enthält; z. B. Al-Ḏahabi Bl. 17b لا يفتى بمذهب معيّن بل بما قام الدليل عليه عنده ولقد نصر السنّة المحضة والطريقة السلفيّة واحتجّ لها ببراهين ومقدّمات وامور لم يُسبَق اليها واطلق عبارات احجم عنها الاوّلون والاخرون وهابوا وجسر هو عليها حتى قام عليه خلق من علماء مصر والشام قياما لا مزيد عليه وبدّعوه وناظروه. 3) Al-ʿAsḳalânî Bl. 81b يحتجّ بالقران والحديث والقياس ويبرهن ويناظر الخ.

denn dass sie an ihre Stufe vor dieser Fälschung nicht hinanreicht" [1]). Dieser und anderer Lehrmeinungen wegen musste er sehr oft im Kerker büssen und von Seiten der officiellen Theologen Verfolgung und Beunruhigung über sich ergehen lassen. Sowohl während seines Lebens als auch nach seinem Tode fand er aber auch eine nicht unbeträchtliche Zahl grosser Verehrer unter den Ḥanbaliten und anderen Muhammedanern. Während ihn die eine Partei, wegen seiner Opposition gegen die Religionsphilosophie des Aš'arî und wegen seiner Unabhängigkeit von den orthodoxen Rechtsschulen mit dem Namen eines Ketzers belegt, der den Consensus verlasse (خارج عن اجماع الامة), haben ihn andere der höchsten Ehren würdig gehalten und ihn den grössten Muhammedaner seiner Zeit genannt [2]). Zu seinen Verehrern nun zählte auch unser Abû Ḥajjân, welcher den Ibn Tejmijja in Aegypten kennen lernte. Welch hohe Meinung er von dem vielangefeindeten Manne hatte, beweist ein Lobgedicht auf ihn, das er einst vor einer gelehrten Versammlung improvisirte, die sich um Ibn Tejmijja schaarte [3]):

„Als wir zu Taḳi al-din kamen, da trat uns entgegen ein Mann, der die Menschen auf Allâh's Wege ruft, ein Einziger ohne Fehl;

„Auf seinem Antlitz prägt sich der Charakter derjenigen aus, welche die Genossen des Besten der Geschöpfe waren, ein Licht das den Mond überstrahlt;

„Ein Gelehrter, durch welchen sich seine Zeitgenossen in Fröhlichkeit kleiden können; ein Meer, dessen Fluthen Perlen auswerfen;

„Ibn Tejmijja nimmt in der Beschützung unserer Religion die Stelle des Herrn aus dem Stamme Tejm ein, als sich ihm die Moḍar widersetzten;

„Er brachte die Wahrheit zum Vorschein, als ihre Spuren verwischt zu werden begannen; er löschte das Feuer des Schlechten aus, als dessen Funken zu fliegen begannen;

„Vordem sprachen wir von einem Gelehrten, der da erstehen soll; und siehe da! Du bist der Imam, dessen alle harrten."

Ibn Reǵeb sagt in seinem Kitâb al-ṭabaḳât, dass dies die meisterhafteste poetische Leistung Abû Ḥajjân's sei [4]). Bald aber

1) Hschr. der Leidener Universitätsbibliothek, Warner nr. 474. Bl. 35 b des Sujûti'schen Auszuges. Dort wird auch von Al-Kušejrî folgendes Gedicht gegen die Philosophie (besonders des Ibn Sinâ) angeführt:

قطعت الأخوة من معشر بهم مرض من كتاب الشفا
وكم قلت يا قوم انتم على شفا جُرُف من كتاب الشفا
فلما استهانوا بتنبيهنا رجعنا الى اللّه حتى كفا
فماتوا على دين رسطالسا وعشنا على ملّة المصطفى

2) Al-Maḳrîzi, Chiṭaṭ II p. ٣٥٩. 3) Al-Maḳḳari I p. ٨٢٧.

4) Al-radd al-wâfir Bl. 33 b ان ابا حيّان لم يقل ابياتا خيرا منها ولا افحل.

schlug diese hohe Verehrung in das Gegentheil um. Abû Ḥajjân der ein Gegner des Taǵsîm war, musste sich von Ibn Tejmijja abwenden, der in seinem Buche über den „Gottesthron" (كتاب العرش) Ansichten lehrte, die in Abû Ḥajjân's Augen nicht als rechtgläubige bestehen konnten [1]). Diesen Bruch vollführte Abû Ḥajjân vor dem Jahre 737; denn wir hören, dass als er sich in diesem Jahre in Mekka zur religiösen Pilgerfahrt einfand, ein gewisser Muḥammed b. al-Muḥibb die Gedichte Abû Ḥajjân's aus seinem eigenen Munde kennen lernen wollte, der Dichter die Recitirung des Lobgedichts auf Ibn Tejmijja immer aufschob und dasselbe endlich am Schluss seiner übrigen poetischen Productionen unter grossen Entschuldigungen darüber vorbrachte, dass er dieses Gedichtes an einem solch heiligen Orte erwähne [2]). Bei Al-'Askalânî finden wir sogar den Bericht, dass Abû Ḥajjân dieses Lobgedicht mit den Worten ablehnte: قد كشطتها من ديوانى ولا اذكره بخير „Ich habe dies Gedicht aus meinem Dîwân getilgt, und mag ihn nicht mehr zu Gutem erwähnen". Es wird aber noch ein anderer Grund dafür angeführt, dass Abû Ḥajjân dem früher so hoch verehrten Meister seine Achtung entzog, und dieser Grund ist es eben, den ich für sein Verhältniss zu Sibawejhi's Buch als charakteristisch anführen will. Abû Ḥajjân — so wird uns in der Apologie Ibn Tejmijja's erzählt — besprach mit letzterem eine grammatische Frage. Der Sejch I. T. widersprach dem Abû Ḥajjân und forderte von ihm den Beweis seiner Behauptung. Abû Ḥajjân berief sich auf Sîbawejhi. „Sîbawejhi schwatzt hier; ist denn Sîb. der Prophet der Grammatik den Gott gesendet, damit er dieselbe verkünde, so dass wir ihn als unfehlbar betrachten müssen? Sîbawejhi hat bezüglich des Korans an 80 Stellen geirrt, die weder du noch er versteht" [3]). In diesen oder ähnlichen Ausdrücken soll sich Ibn Tejmijja geäussert haben. „Er war ein unerschrockener, und in Sachen der Wahrheit rücksichtsloser Mensch" [4]). Diese Aeusserung hat nun den Bruch zwischen Abû

---

1) Al-Maḳḳarî I Bl. ٨٦٩, 11. 2) Al-radd al-wâfir Bl. 33 b.

3) يفشر سيبويه أسيبويه نبىّ النحو ارسله اللّه به حتّى يكون معصومًا سيبويه اخطأ فى القرآن فى ثمانين موضع لا تفهمها انت ولا هو. In der entsprechenden Stelle bei Al-'Askalânî heisst es خطأ فى الكتاب فى ثمانين الخ. Dies Kitâb scheint der Abschreiber des Al-radd al-wâfir auf den Koran verstanden zu haben; es bezieht sich aber wohl auf das Kitâb des Sibaw.

4) Al-radd al-wâfir Bl. 34 a vgl. Al-Maḳḳarî p. ٨٥٧ s. v. u. ganz kurz. Al-'Askalânî Bl. 82 b.

Ḥajjân und Ibn Tejm. hervorgerufen; ersterer betrachtete sie als „eine Sünde, die nie verziehen werden kann“ اتّخذه ذنبـا لا يُغفَر. Al-ʿAsḳalâni hätte keine schärfere und treffendere Charakteristik der Stellung Abû Ḥajjân's zur grammatischen Literatur geben können, als indem er sagt, dass A. Ḥ. auch in der Grammatik Ẓâhirî war, d. h. die alten Autoritäten der Grammatik, namentlich Sîbawejhi als unverletzliche Grundlagen betrachtete, ebenso wie es die Ḥadîtsammlungen in der Religionswissenschaft sind.

5.

Mit Abû Ḥajjân sind wir ins VIII. Jhd. der muhammedanischen Zeitrechnung herabgelangt. In Spanien war zu jener Zeit ein den Ẓâhiriten durchaus ungünstiger theologischer Geist zur Herrschaft gelangt. Wie man in den machthabenden Kreisen die wortgetreue, dem Usus entgegengesetzte Befolgung der Tradition behandelte, wird am besten durch folgende Mittheilung charakterisirt. Ein ẓâhiritischer Gelehrter Aḥmed b. Ṣâbir Abû Ǵaʿfar al-Ḳejsî hielt sich nach ẓâhiritischer Weise an einige von ihm als authentisch anerkannte Traditionssätze, indem er entgegen dem orthodoxen Usus, der dies ohne Zweifel aus tieferen theologischen Gründen untersagt [1], beim obligatorischen Gebete die Hand nach oben zu erheben pflegte. Der Sultan, dem dies berichtet wurde, drohte dem ẓâhiritischen Gelehrten, ihm die Hand abhauen zu lassen, wenn er dieselbe beim Gebet zu erheben fortführe. Da sagte Aḥmed: „Ein Klima, in welchem die Sunna des Propheten getödtet wird, so sehr, dass man den, der sie befolgt mit Abhauen der Hände bedroht, ist würdig, dass man aus demselben auswandere“. Er verliess denn auch Andalusien für Aegypten kurz nach dem Jahre 700 [2].

Kurze Zeit nachher, noch immer im VIII. Jhd. [3], kann der grosse Historiker Ibn Chaldûn constatiren, dass die Richtung der Ahl-al-Ẓâhir mit dem Verschwinden ihrer Imâme und in Folge der Missbilligung der öffentlichen Meinung des Islâm (الجمهور) gegenüber dieser theologischen Richtung, zur Zeit ganz aufgehört habe, und dass dieselbe nur mehr in Büchern vorhanden sei, aus

1) Vgl. über diese Frage meine Nachweise in Grätz' Monatsschrift Jahrg. 1880 p. 313. 2) Al-Maḳḳari I p. ٩٠٩ 15-19 Man vgl. zu رفع اليدين noch die Lehre des Aḥmed b. Sajjâr (st. 268) Tahdib p. ١٤٧. 3) Aus dem VIII. Jhd. finden wir noch die Notiz, dass ein gewisser Ibn Hiśâm Aḥmed b. Ismaʿil Al-Ẓâhiri ein Fetwa gegen den Sultan erlassen habe: unter seinen Anhängern wird Abu-l-Faḍl Sulejmân al-Muḳaddasi al-Jâsûfi al-Dimiśḳi genannt, der zugleich zu Ibn Tejmijja's Kreis gehörte (st. 723) Al-radd al-wâfir Bl. 52a.

welchen sie allenfalls, wie ein Denkmal alter Zeit, studirt werden könne. Würde aber jemand durch dieses todte Studium angeregt, sich die Lehrsätze der Ẓâhirschule aneignen wollen, so würde er im Sinne der actuellen Theologie als Ketzer betrachtet werden, der sich der herrschenden Uebereinstimmung entgegenstemmt [1]).

Ich vermuthe, dass Ibn Chaldûn mit diesen harten Worten eine zeitgenössische religiöse Bewegung im Sinne hat, welche durch einen ẓâhiritischen Agitator angeregt, sich die Widerbelebung der erstorbenen Ẓâhirschule zum Ziele setzte. Abu-l-Maḥâsin Tagribardî ist es, dem wir die Kenntniss von dieser sonderbaren Bewegung verdanken und ich will in Bezug auf dieselbe meine Quelle selbst sprechen lassen [2]):

„Aḥmed b. Muḥammed b. Isma'îl b. 'Abd al-Raḥîm b. Jûsuf der hochgelehrte Šejch und Imâm, der Ẓâhirî, beigenannt Šihâb al-dîn Abû Hâšim, bekannt unter dem Titel Al-Burhân, wurde zwischen Kairo und Fosṭâṭ (Miṣr) geboren im Rabî' al-auwal des Jahres 704; er gehörte zu jenen, welche sich gegen Al-Malik al-Ẓâhir Barḳûḳ auflehnten. Sein Vater war Gerichtsgeschworener. Aḥmed wuchs in Kairo auf, und war Genosse des Sa'îd Al-Mashûlî, der ihm Neigung zur Ẓâhirsecte nach der Art des Ibn Ḥazm und anderer einflösste. Er that sich auch in dieser Richtung hervor und disputirte mit Leuten, welche sein Bekenntniss bestritten. Nachher machte er sich auf Reisen, durchstreifte die fernsten Länder und forderte die Menschen auf, in der religiösen Praxis ausschliesslich das Gottesbuch und die Tradition des Propheten als Richtschnur gelten zu lassen. Es leisteten denn auch viele Menschen diesem seinem Aufruf Folge von Chorâsân an bis nach Syrien. Endlich wurde er aber in Ḥimṣ verhaftet und mit ihm eine Menge seiner Gesinnungsgenossen; man führte sie dann allesammt in Ketten gefesselt nach Aegypten. Barḳûḳ lies den Aḥmed vorführen und wies ihn seines Vorgehens wegen in derber Weise zurecht; seine Genossen aber liess er geisseln. Hernach wurde er für längere Zeit verhaftet, bis dass er im Jahre 791 freigelassen wurde. Von dieser Zeit ab aber bis an seinen Tod (Donnerstag den 26. Gumâda I des Jahres 808) — lebte er in Verschollenheit. Der Šejch Taḳî al-dîn Al-Maḳrîzî rühmt ihn in überschwänglicher massloser Weise; war er ja selber Ẓâhirî. Nichtsdestoweniger laufen auch in dem diesem Gelehrten bei Al-Maḳrîzî gewidmeten biographischen Artikel Daten über seine Verschollenheit unter, und dass er so arm war, dass ihm selbst das tägliche Brod fehlte. Fürwahr, Gott ist nicht ungerecht gegen die Menschen. Denn diese Ẓâhiriten charakterisirt der Umstand, dass sie ihre Zungen leichtsinnig laufen lassen gegen die gelehrten Imâme, die Oberhäupter der rechtgläubigen Schulen. — So nun

1) Muḳaddima p. ٣٧٣. 2) Al-manhal al-ṣâfî (Hschr. der Kais. Hofbibliothek in Wien Mixt. nr. 329 Bd. I Bl. 65 b.

wird ihnen in dieser Welt vergolten, und im Jenseits schaltet Gott über sie". Auf diese ẓâhiritische Bewegung in Syrien bezieht sich auch der Historiker Ǵemâl al-dîn Ibn Ḳâḍî Šuhba, der als Zeitgenosse unter den Ereignissen des Jahres 788 einer „Revolte der Ẓâhiriten" (فتنة الظاهرية) erwähnt; dieselbe wurde durch einen aus Ḥimṣ stammenden Ḥanbaliten Namens Châlid angestiftet, der in Aleppo lebte und sich nach Damaskus begab, wo er sich seinem Genossen, dem Anführer der Ẓâhiriten Aḥmed al-Ẓâhirî anschloss [1]). Diese Bewegung, welche einen Aegypter zum Urheber hatte, und sich nach Syrien verpflanzte, scheint auch in Aegypten starke Vertreter gehabt zu haben. Als solcher wird Mûsa b. al-Amîr Šaraf al-dîn al-Zengî, Majordomus des Ajitmiš, erwähnt; er gehörte zu den Häuptern der Ahl-al-Ẓâhir und war ein fanatischer Gegner der orthodoxen Sunniten" (st. 788) [2]). Derselben Richtung gehört im Ausgange des VIII. Jhd. der Philologe Muḥammed b. ʿAlî b. ʿAbd-al-Razzâḳ an, Schüler der mâlikitischen Richtung; von ihm wird erzählt, dass er sich zur Ẓâhirijja hinneigte, dies Bekenntniss aber nicht öffentlich zur Schau trug [3]). Ein anderer ägyptischer Ẓâhirî aus dieser Zeit ist Aḥmed b. Muḥammed b. Manṣûr b. ʿAbdallâh genannt Šihâb al-dîn Al-Ašmûnî der Ḥanafî, der Grammatiker. „Er war — so sagt Abu-l-Maḥâsin — ein vorzüglicher Rechtsgelehrter und hervorragend in der Grammatik, über welche er mehrere Werke verfasste; dabei war er auch noch in anderen Disciplinen heimisch. Al-Maḳrîzî sagt: „Er neigte zur Richtung der Ahl al-Ẓâhir hin, später aber wurde er ihnen untreu und griff sie häufig an; ich selbst war viele Jahre hindurch sein Genosse". Bis hieher Al-Maḳrîzî; ich aber sage: er hat ein seliges Ende gefunden, da er sich der Leitung eines Mannes anvertraute, welcher in Bezug auf das Gottesbuch und die Sunna des Propheten bessere Kenntnisse hatte als dieser Pöbel von Ẓâhiriten (الاوبش الظاهرية), welche auf das Ḥadîṯ Gewicht legen ohne seinen Sinn zu verstehen" [4]). Dieser Gelehrte starb 809.

Derselben Zeit gehört ein allerdings etwas unregelmässiger Ẓâhirî an, Muḥammed Nâṣir al-dîn Al-Ǵindî (st. 797). Einen unregelmässigen Ẓâhiriten nennen wir ihn wegen der Be-

1) Hschr. der Pariser Nationalbibliothek Nr. 687 Bl. 15a.

2) ibid. Bl 21b يقال انه من رؤس اهل الظاهر ويتعصب على اهل السنة.

3) ibid. Bl. 168b وكان يميل الى مذهب الظاهرية ولا يصرح به.

4) Al-manhal al-ṣâfi l. c. Bl. 69a.

merkung unserer Quelle, dass er trotz seiner ẓâhiritischen Neigung ein heftiger Verehrer der ḥanefitischen Sejche war, wegen der Kraft ihrer Beweisführung[1]). Aus allem, was wir bisher gesehen, geht aber hervor, dass es nicht zwei einander mehr abstossende Pole geben kann, als es die Richtung der Ẓâhirijja und die Methode der ḥanefitischen Schule sind. Unter die Ẓâhiriten wird wohl dieser Theologe nur wegen einiger Gewohnheiten und Sonderbarkeiten gerathen sein, die mit seiner eifrigen Traditionstreue zusammenhängen. Er rasirte seinen Schnurrbart [2]) (wohl wegen der wörtlichen Auslegung des Gesetzes, von welchem die Muhammedaner die Sitte, den Schnurrbart am Rande zu stutzen (قصّ الشارب) [3]) ableiten) und hob seine Hände beim Gebet empor [4]).

6.

Wir finden in obigen Auszügen den berühmten Historiker Al-Maḳrîzî als Anhänger der Ẓâhirschule bezeichnet; er scheint der letzte nennenswerthe Vertreter dieses Systems zu sein. Mit dem Nachweis der ẓâhiritischen Anklänge seiner theologischen Anschauungsweise wollen wir diese historische Rundschau beschliessen. „Taḳî al-dîn AlMaḳrîzî (st. 845) war — so erzählt von ihm Abu-l-Maḥâsin Taǵribardi — ein ausgezeichneter, vielseitiger, gründlicher und gewissenhafter Gelehrter, religiös, wohlthuend, die Leute der Sunna liebend, er hatte viel Neigung für die Tradition und richtete sein praktisches Leben mit Vorliebe nach Massgabe derselben ein, so sehr dass man ihm die Ẓâhirrichtung zueignete. Er besass einige ungerechtfertigte Voreingenommenheit gegen die Gelehrten ḥanefitischer Richtung; man merkt dies an seinen

---

1) Al-manhal al-ṣâfî II Bl. 334b قلت ومع ميله لمذهب الظاهرى كان كثير التعصّب للسادة (cod. الاسادة) الحنفيّة لقوّة أدلّتهم.

2) يحفى شاربه. Auch vom Propheten wird dies berichtet, und der Ẓâhirite mag sich dieser Tradition angeschlossen haben, bei Ibn Ḥaǵar Iṣâba IV p. ٩٣٣ رسول الله صلّعم يحفى شاربه. Vom Imâm Mâlik b. Anas wird erzählt Abu-l-Maḥâsin I p. ٤٦٦, 5 v. u. وكان لا يحفى شاربه ويراه مثلة; vgl. Landberg, Proverbes et dictons du peuple arabe p. 256.

3) Diese Sitte wird auf Abraham zurückgeführt Tahdib p. ١٣٩.

4) يرفع يديه فى كلّ حفظ ورفع فى الصلوه. Was unter فى كلّ حفظ zu verstehen sei, kann ich mir nicht erklären; vielleicht: beim auswendigen Recitiren des Korans? Vgl. übrigens oben p. 193.

Schriften" [1]). Ich muss allerdings als merkwürdige Erscheinung constatiren, dass Al-Maḳrîzî dort, wo er von den ritualistischen und dogmatischen Richtungen und Secten handelt, des Madhab des Dâwûd auch mit keiner Silbe erwähnt: vielleicht eben nur, um seinen Standpunkt dieser Religionsrichtung gegenüber nicht unverhohlen kennzeichnen zu müssen. Dass das Urtheil Abu-l-Maḥâsin's über die Stellung Al-Maḳrîzî's zu den verschiedenen Verzweigungen des orthodoxen Islâm nicht unberechtigt ist, dafür können wir einige Beweise anführen, und zwar nach beiden Seiten, nach der ritualistischen und nach der dogmatischen. Es kann uns nicht entgehen, wenn wir Al-Maḳrîzî's knappe Schilderung der Ausbreitung der vier orthodoxen Fiḳhrichtungen in den verschiedenen Ländern des Islâm, beobachten [2]), dass dem Verfasser eine gewisse Abneigung gegen dieselben zu Gunsten des puristischen Traditionalismns leitet. Die dem Maḳrîzî in seiner historischen Darstellungsweise charakterisirende kalte Objectivität lässt seine Sympathien und Antipathien nicht zum Durchbruch gelangen; dem in die Beziehungen der muhammedanischen Gesetzschulen eingeweihten Leser wird sein Standpunkt innerhab derselben nichtsdestoweniger entgegentreten. „Der Rechtgläubige — so sagt Al-Maḳrîzî — müsse an alles dasjenige glauben, was das Gesetz gebracht hat und zwar in jener Weise, wie dies Allâh selbst gewollt hat, ohne tiefsinnige Interpretation nach seinem (des Menschen) eigenen Denken und ohne auf Grund seiner eigenen Meinung darüber zu klügeln (من غير تأويل بفكره ولا تحكم فيه برأيه); denn Gott offenbarte die Gesetze nur deshalb, weil der menschliche Verstand nicht genug selbstständig ist, um die Wahrheiten der Dinge so zu erfassen, wie sie in Gottes Wissen sind" [3]). Es ist hier die Antithese zwischen „Gesetz" d. h. überliefertem Gesetz (مجىء به الشريعة) und Ra'j nicht zu verkennen. Auch von den Richtungen des Mâlik b. Anas und der des Auzâ'î sprechentl, bedient er sich des Ausdruckes: Ra'j des Mâlik und des Auzâ'î [4]). An derselben Stelle schildert Al-Maḳrîzî, wie durch den dominirenden persönlichen Einfluss des Abû Jûsuf einerseits und des Jaḥja b. Jaḥja andererseits, welche in ihren Ländern das Decernat für Richterstellen inne hatten, alle Welt den Madhab's dieses Gelehrten nachging, und schliesst mit folgenden Worten: „Das Richteramt blieb nun eine Zeit lang die Domäne der Genossen Saḥnûns, sie stürtzten über die weltlichen Vortheile her (dieselben einander streitig machend), wie Hengste auf Kameelstuten losstürtzen [5]), bis dass das Richteramt

1) Silv. de Sacy, Chrestomathie arabe II p. 411—13. 415 (1. Auflage).
2) Chiṭaṭ II p. ٣٣١ ff. 3) ibid. p. ٣٦١ (oben) 4) ibid. p. ٣٣٣, 20.
5) Vgl. für صل VI, Ibn Hiŝâm p. ٧١٤, 8.

in der Familie der Banû Hâšim erblich wurde; sie erbten von einander das Richteramt, so wie etwa Grund und Boden in einer Familie vererbt wird" [1]).

Als hörten wir hier das Echo der Worte des Ibn Ḥazm, welcher in seiner Charakteristik der geistlichen Zustände in Andalusien sagt: Zwei Maḏhab verbreiteten sich durch die Macht und Herrschaft: erstens das des Abû Ḥanîfa, denn als Abû Jûsuf zum Ḳâḍî ernannt wurde, da hing die Bestellung der Richter vom äussersten Osten bis zur äussersten Grenze der afrikanischen Provinz von seinem Gutachten ab, er aber liess nur solche Leute ernennen, die sich zu seinem Maḏhab bekannten; dann das Maḏhab des Mâlik bei uns in Andalus, denn Jaḥja b. Jaḥja war einflussreich beim Sultan und nur seine Stimme wurde angehört, wenn es galt Richter zu ernennen. Kein Richter wurde in den Provinzen Andalusiens bestellt, es sei denn auf seinen Rath [2]) und über seine Wahl, er aber schlug nur seine Genossen und nur Männer seines Maḏhab vor; die Menschen aber strömen dem weltlichen Vortheil zu und so gaben sie sich denn dem hin, wovon sie die Erreichung ihrer Ziele hoffen konnten" [3]). Mehr noch aber als der mâlikitischen Richtung war unser Al-Maḳrîzî der ḥanefitischen Schule, der er selbst in seiner Jugend angehörte [4]), abgeneigt; Abu-l-Maḥâsin hat seine Neigungen in dieser Beziehung ganz richtig aufgefasst. Wie uns sein Hauptwerk (Chiṭaṭ) ersehen lässt, hat ihn gegen die zeitgenössischen Anhänger des Abû Ḥanîfa zumeist die Thatsache verbittert, dass es diese Richtung war, welche der Regierung ein Placet dafür gab, alle jene zu frommen Stiftungen gehörenden alten Baulichkeiten Kairo's zu confisciren und zu profaniren, von denen zwei Zeugen aussagten, dass sie die Sicherheit des Nachbars oder des Passanten (الجار ولمارّ) gefährden. Die Folgen dieses Vorgehens gediehen so weit, dass man selbst grosse Moscheen verkaufte, wenn die Gebäude ringsumher in Verfall geriethen. Viele Reste des muhammedanischen Alterthums in Kairo mögen durch dieses pietätlose Vorgehen eines allen historischen Sinnes baren Geschlechts vertilgt worden sein. „So gingen — klagt Al-Maḳrîzî — die Grabkapellen in beiden Ḳarâfen Kairo's zu Grunde, und alles was da war an prächtigen Gebäuden und herrlichen Häusern als

1) Al-Maḳrîzî ibid. l. 25 وصار القضاة فى اصحاب سحنون دولا يتصاولون على الدنيا تصاول الفحول على الشول الى ان تولّى القضاة بها بنو هاشم وكانوا مالكيّة فتوارثوا القضاة كما تتوارث الضياع.

2) Vgl. Dozy, Geschichte der Mauren in Spanien I p. 302.

3) Al-Makkari I p. ٤٦٦.

4) Flügel, Anmerkungen zu Ibn Kuṭlubugâ p. 76.

da sind ....“ (hier zählt der Geschichtsschreiber einige hervorragendere Beispiele auf). Dies musste den Altherthumsforscher Al-Makrîzî mit nicht geringem Schmerz erfüllen, dem er auch in seiner diesbezüglichen merkwürdigen Abhandlung freien Lauf lässt [1]). Es war der Rechtsspruch des im Jahre 435 ernannten hanefitischen Oberkâḍi, Kamâl al-dîn ʿOmar ibn Al-ʿAdîm [2]), der diesen vandalischen Vorgang sanctionirte. Aus diesen persönlichen Gefühlen heraus gewinnen dann auch folgende gelegenheitlichen Worte des Makrîzî an Verständniss: „Das Madhab des Mâlik wurde in Aegypten allgemein verbreiteter als das des Abû Ḥanîfa, wegen der Achtung, der die Genossen des Mâlik in Aegypten begegneten; das Madhab des Abû Ḥanîfa war in Aegypten früher gar nicht gekannt ..... Isma'il b. al-Jasaʿ aus Kûfa wurde nach Ibn Lahîʿa zum Kâḍî ernannt, er gehörte zu unseren besseren Kâḍî's, nur dass er sich zu Abû Ḥanîfa bekannte, dessen Madhab die Aegypter nicht gekannt hatten. Seine Lehre bestand in der Vernichtung der Stiftungsgebäude; dies verdross die Aegypter und sie verwarfen daher sein Madhab; bis zur Ankunft Al-Sâfiʿî's war denn auch die mâlikitische Richtung in Aegypten am verbreitetsten“ [3]).

Was wir von Al-Makrîzî's Stellung zur muhammedanischen Dogmatik wissen, bestärkt uns in der Voraussetzung, dass er auch in diesem Theile der muhammedanischen Theologie dem Bekenntnisse der Ẓâhirschule am nächsten stand. Die Leser des Ibn Ḥazm werden auch aus der kurzen Darlegung seines dogmatischen Standpunktes die Verwandschaft Al-Makrîzi's mit jenem streitbaren Ẓâhiriten herausfühlen. Sein dogmatischer Standpunkt ist übrigens von den philosophischen Schulstreitigkeiten völlig unabhängig, er steht der Schule Al-Aŝʿari's ebenso fern, wie der der Muʿtazila. Nur der Gebrauch des Ausdruckes „Attribute Gottes“ scheidet ihn von Ibn Ḥazm's schroffer Orthodoxie. Von seiner Abhandlung über Al-Aŝaʿrî und seine Lehre empfängt man den Eindruck, als beschriebe er das Leben und die Lehren eines Mannes, zu dessen Schule er selbst nicht gehört. Es wird nicht ohne alle Absicht geschehen sein, wenn an vielen Stellen dieser Abhandlung hervorgehoben wird, dass die Dogmatik Al-Aŝʿarî's durch Thaten der Gewalt und Blutvergiessung sich zur herrschenden Lehre im Islâm erhob.

Was dem Makrîzî von seiner traditionellen Schulung und von seinen ẓâhiritischen Neigungen her auch in diesen Fragen in erster Reihe hochsteht, ist die unbedingte Annahme dessen, was die Traditionen über das Wesen Gottes enthalten. Nun aber steht es unstreitig fest, „dass alle Muhammedaner darin eines Sinnes sind.

1) Al-Makrizi, ibid. II p. ٣٩٦. 2) Ibn Kutlubugâ ed. Flügel p. 97 nr. 140. 3) Chiṭaṭ II p. ٣٣٤, 6.

dass es erlaubt sei, jene Aḥâdîṯ zu überliefern, welche von Attributen Gottes handeln, dass es erlaubt sei, sie zu verbreiten und anderen mitzutheilen. Kein Meinungsunterschied herrscht unter ihnen in dieser Frage. Aber die Bekenner der Wahrheit unter ihnen stimmen auch darin überein, dass diese Traditionen eine Deutung nicht ertragen, nach welcher Gott der Creatur irgendwie ähnlich sei, denn es heisst ja im Koran: „Kein Ding ist ihm ähnlich; und er ist der Hörende und der Sehende“ (Sure XLII v. 9) und: „Sage: Er ist Gott, ein Einziger, Gott der Ewige, er zeugt nicht und wird nicht gezeugt, nicht ist ihm ähnlich irgend einer“ (CXII). Jene Traditionen stehen jedoch mit diesen Koranversen nicht in Widerstreit, denn „die Ueberlieferung derselben hat keinen anderen Zweck als die Verneinung des Ta'ṭîl. Die Feinde des Propheten nannten nämlich Gott mit Namen, durch welche sie seine hohen Attribute leugneten, indem ihn der eine die Natur, der andere den Urgrund (العلّة) nannte u. s. w.“ Nur dieses polemischen Zweckes wegen legt sich Gott im Koran Attribute bei, und werden von ihm in den Traditionen Attribute ausgesagt. Die Aussöhnung der Unvergleichbarkeit Gottes mit den anthropomorphistischen Stellen der heil. Urkunden darf aber nicht durch das beliebte Mittel der Deutung (التأويل) versucht werden, „Es ist uns nicht bekannt, dass je einer von den Genossen oder ihren Nachfolgern und den Nachfolgern der letzteren diese Traditionen durch Ta'wîl gedeutet hätte; der Grund davon, dass sie sich dieser Deutungsart enthielten, ist die Verherrlichung Gottes, den sie erhaben hielten darüber, dass er ein Gegenstand sprichwörtlicher (symbolischer?) Ausdrücke sei. So oft von Gott ein körperliches Attribut ausgesagt wird, wie z. B. dass „seine Hand über ihren Händen ist“ oder „dass seine Hände ausgestreckt sind“, wird jeder beim blossen Recitiren solcher Stellen schon den richtigen Sinn derselben verstehen“. Die metaphorische Auslegung solcher Stellen schliesst die Vergleichung Gottes mit den Geschöpfen in sich. „Diejenigen welche Attribute zuliessen, entfernten die Herrlichkeit Gottes davon, dass sie ihn mit Körpern, ob nun in eigentlichem Sinne oder metaphorisch verglichen; dabei war ihnen bewusst, dass diese Sprache Worte enhalte, welche sowohl auf den Schöpfer als auch auf sein Geschöpf angewendet werden, sie scheuten sich jedoch, diese Worte „Homonyme“ (مشتركة) zu nennen, denn Gott hat keinen Genossen (شريك). Daher kommt es, dass die Altvorderen keine dieser anthropomorphistischen Traditionen deuteten, obwohl wir mit Bestimmtheit wissen, dass dieselben ihrer Ansicht nach entfernt waren von der Bedeutung, welche ihnen von den Unwissenden in voreiliger Weise zugemuthet wird [1].“

---

1) Chiṭaṭ II p. ٣٦١ – [362].

Und zum Schluss fasst er sein dogmatisches Bekenntniss in folgenden Sätzen zusammen: „Die Wahrheit, an welcher nicht gezweifelt werden kann, ist, dass die Religion Gottes etwas Offenbares ist, woran nichts Verborgenes ist, ein Oeffentliches (nach der Bûlâḳer Ausgabe eine Substanz) unter welchem kein Geheimniss steckt [1]): ihr Ganzes ist für jeden verpflichtend ohne irgend welche Concession. Der Prophet hat von dem Gesetze auch nicht ein Wort verheimlicht: auch seine Intimsten, ob Weib oder Blutsverwandte [2]), hat er nichts wissen lassen, was er irgend einem Weissen oder Schwarzen oder dem gewöhnlichen Viehhirten vorenthalten hätte. Er hatte kein Geheimniss, keine mystische Andeutung (رمز), nichts Exoterisches (بطن): zu allem. was er lehrte forderte er die ganze Menschheit auf. Hätte er etwas geheim gehalten, so hätte er die ihm aufgetragene Mission nicht vollführt. Wer dies aber dennoch behauptet. ist ein Kâfir nach der übereinstimmenden Lehre der ganzen Gemeinde. Der Ursprung jeder Ketzerei (البدعة فى الدين) ist die Entfernung von den Worten der Altvorderen und das Abweichen von der Ueberzeugung der ersten muhammedanischen Generation" [3]). Diese letzten Worte sind das Bekenntniss eines Theologen, der zum mindesten tief von den Gefühlen, welche in der Ẓâhirschule vorherrschten beeinflusst ist. Aber daran knüpft sich noch eine Beobachtung, welche auf den schriftstellerischen Charakter des Maḳrîzi ein eigenthümliches Licht wirft. Es folgt daraus nicht nur, dass Al-Maḳrîzî sich mit den Werken des Ibn Ḥazm, dessen Erwähnung

1) ZDMG. Bd. XXVIII p. 303 Anm. 2 ist darauf hingewiesen worden, dass die Unterscheidung zwischen علم الظاهر und علم الباطن bereits in der Tradition zu finden ist. Für diese Ansicht hat man auch Sure XVIII v. 59 (مجمع البحرين) benutzt; die auch bei Al-Bejḍâwi z. St. I p. ٥٦٧, 16 angeführte Erklärung: فإنّ موسى كان بحر علم الظاهر وخضر بحر علم الباطن wird anderwärts auf Ibn Ibn ʿAbbâs zurückgeführt.

2) Vgl. Muslim, Kitâb al-aḍâḥi nr. 8 قلنا لعليّ أخْبِرنا بشيء أسَرَّه إليك رسول الله صلعم فقال ما أسَرَّ إليّ شيئًا كتمه الناس ولكنه سمعته يقول الخ. Andere Version: سئل عليّ أخَصَّكم رسول الله صلعم بشيء فقال ما خصّنا رسول الله بشيء لم يعمّ به الناس كافّة الّا ما كان فى قراب سيفى هذا فاخرج صحيفة مكتوب فيها الخ. Vgl Kitâb al-ḥaǵǵ nr. 82. Dieselbe Tendenz haben die hierhergehörigen Paralleltraditionen bei Al-Buchâri, Kitâb al-ʿilm nr. 40, Ǵihâd nr. 169, Ǵizja nr. 10, Dijât nr. 24. 3) Chiṭaṭ II p. ٣٦٣.

mir bei Al-Maḳrîzî mindestens nicht erinnerlich ist, beschäftigt hatte, sondern auch, dass er es nicht gescheut hat, die Worte des berühmten Ẓâhiriten wörtlich zu entlehnen, oder besser gesagt zu plagiren. Er konnte dies in Rücksicht auf die minimale Verbreitung der Schriften des Ibn Ḥazm, zumal in Aegypten, mit Zuversicht verüben. Das kräftige Resumé mit welchem Al-Maḳrîzî seine oben reproducirte Darstellung beschliesst, habe ich fast wörtlich bei Ibn Ḥazm gefunden, wie folgende Nebeneinanderstellung zeigt:

Al-Makrîzî, Chiṭaṭ Bd. II p. ٣٦٣:

والحقّ الذى لا ريب فيه ان
دين الله تعالى ظاهر لا باطن
فيه وجوهر لا سرّ تحته وهو
كلّه لازم كلَّ أحد لا مسامحة
فيه ولم يكتم رسول الله صلعم
من الشريعه ولا كلمة ولا اطلع
اخصّ الناس به من زوجة او
ولد عمّ على شىء من الشريعة
كتمه عن الأحمر والأسود
ورعاة الغنم ولا كان عنده
صلّعم سرّ ولا رمز ولا باطن
غير ما دعا الناس كلّهم اليه
ولو كتم شيئا لما بلّغ كما
أُمِر ومن قال هذا فهو كافر
باجماع الامة واصل كل بدعة
فى الدين البعد عن كلام
السلف والانحراف عن اعتقاد
الصدر الأوّل . . . .

Ibn Ḥazm, Kitâb al-milal Bd. I fol. 137 a nach einer kurzen Charakteristik der chârigitischen und šî'itischen Secten:

واعلموا انّ دين الله تعالى ظاهر لا
باطن فيه وجهر لا سرّ تحته كلّه
برهان لا مسامحة فيه واتّهموا كلّ من
يدعو[1] أن يُتّبع بلا برهان وكلّ من
ادّعى ان للديانة سرّا وباطنا فهى
دعاوى ومخارف واعلموا انّ رسول الله
صلعم لم يكتم من الشريعة كلمة فما
فوقها ولا اطلع اخصّ الناس به من
زوجة او ابنة او عمّ او ابن عمّ او
صاحب على شىء من الشريعة كتمه
عن الأحمر والأسود ورعاة الغنم ولا كان
عنده عمّ سرّ ولا رمز ولا باطن غير ما
دعا الناس كلّهم اليه ولو كتمهم
شيئا لما بلّغ كما أمر ومن قال هذا
فهو كافر فايّاكم وكلّ قول لم يبنْ
سبيله ولا وضح دليله ولا تعوجّوا عمّا
مضى عليه نبيّكم صلّعم وأصحابه
رضى اللّه عنهم،

1) Cod. يدعوا.

7.

So hätten wir denn unseren Rundblick über die bedeutenderen Vertreter der Principien der Ẓâhirschule vom III.—IX. Jahrhundert mit Al-Maḳrîzi geschlossen. Wir haben unserer Liste nur solche Theologen einverleibt, welche aus den glaubwürdigen Berichten über ihren Lebensgang und ihre Lehren als Ẓâhiriten zu erkennen waren. Die Benennung الظاهري[1] konnte uns nicht unter allen Umständen veranlassen, den betreffenden Gelehrten der Schule Dâwûd b. ʿAli's voreilig beizuzählen[2]; und zwar aus dem Grunde nicht, weil diese Nisba nicht hinter jedem Namen, dem sie angehängt ist, eine theologische Bezeichnung vertritt, sondern sehr oft eine auf den Namen ägyptischer Fürsten, welchen das Prädicat الملك الظاهر zugeeignet wurde, bezügliche Nisba ist. So heisst z. B. in diesem Sinne ein Theologe aus der Zeit dieser Fürsten Gemâl al-dîn Aḥmed b. Muḥammed Al-Ẓâhiri, ein anderer Sihâb al-din Aḥmed Al-Ẓâhiri, der eine war Šâfiʿit der andere Ḥanefit[3]). In demselben Sinne wird auch der Vater eines Ibn al-Ẓâhiri[4]) auszuschliessen sein, und dasselbe gilt von einer grossen Anzahl anderer Träger dieses Beinamens, welcher namentlich in jener Zeit, die in Abu-l-Maḥâsin's biographischem Werke Al-manhal al-ṣâfî umschlossen wird, häufig ist. Auch der Vater des Abu-l-Maḥâsin führte aus demselben Grunde den Beinamen الظاهري, war jedoch weit entfernt davon, ein Anhänger der Ẓâhirschule zu sein. Sein Name Al-Ẓâhirî kam daher, weil der Vater des berühmten Historikers durch Al-Malik al-Ẓâhir Barḳûḳ als Sklave angekauft wurde[5]).

Seit dem X. Jahrhundert scheint das Madhab Ahl al-Ẓâhir unter die Todten gegangen zu sein. Den charakteristischen Elementen seiner theologischen Anschauung können wir aber auch in späterer Zeit und noch unter den modernen muhammedanischen

1) In Wüstenfeld's Jâḳûtausgabe hingegen ist der Druckfehler الطاهري in الظاهري zu verbessern: I p. ٦٣١, 3, ٦٦٣, 14; II p. ٥٨٢, 20 und VI p. 315, 1. 2) Fihrist p. ١٥٣, 3 ff. wird unter den humoristischen Schriftstellern im III. Jhd. ein Abu-l-Ḳâsim ibn al-Šâh الظاهري unter Aufzählung der Titel seiner Werke erwähnt. Es ist mir nicht klar, welche Bewandtniss es bei diesem Schriftsteller mit dem Beinamen Al-Ẓâhiri habe? 3) Vgl. Weijers in Meursinge's Liber de interpretibus Korâni p. 66. 4) Ṭabaḳât al-Ḥuffâẓ XX nr. 8. 5) Aus demselben Grunde muss man sich hüten den Beinamen الداودي vorschnell dahin deuten zu wollen, dass sein Träger der Schule Dâwûd's angehörte.

Theologen begegnen, namentlich unter denjenigen, denen die theologische Wissenschaft nicht praktisches Gewerbe, sondern lediglich theoretisches Studium ist. Wir finden noch immer Personen, aus deren Munde wir Anklänge an die alten Principien der dem Ra'j feindlichen Ahl-al-ḥadîṯ vernehmen können [1]). Einen Ẓâhiriten nennt sich nun aber niemand von diesen. Sie gehören zumeist der winzigen Schaar der Ḥanbaliten an, oder sind, wenn sie auch einer andern der vier Riten einverleibt sind, Traditionsforscher, die sich um die sogenannten Furû' wenig kümmern. Aber die Mehrzahl der heutigen muhammedanischen Theologen hängt dem praktischen Studium der Furû' nach, und Specialisten in der Ḥadîṯwissenschaft nehmen von Tag zu Tag immer mehr ab. Das Ḥadîṯ aber hat die Seele der Ẓâhirschule gebildet.

So stehen denn die vier Quellen der Gesetzdeduction: Kitâb, Sunna, Iǵmâ' und Ḳijâs unbestritten da in der Anerkennung der muhammedanischen Theologenwelt. Ja, wir können sagen, dass man hin und wieder versucht hat, denselben noch andere gleichberechtigte Quellen anzureihen. So finden wir z. B. eine Notiz darüber, dass Ḳâḍî Ḥusejn (st. 462) die Rücksichtnahme auf das „'Urf" — bald Gewohnheitsrecht [2]), bald was man am besten als „Common sens" bezeichnen könnte, — (welches thatsächlich in vielen wichtigen Kapiteln des muhammedanischen Gesetzes als individuelle Eigenthümlichkeit vieler Länder sich erhalten hat, und die Stellung einnahm, die etwa heute die Ḳânûn's in muhammedanischen Staaten einnehmen), als massgebenden Factor der Rechtsentscheidung neben jene vier kanonischen Rechtsquellen stellte [3]).

1) In wiefern jene Gelehrten in älteren Zeiten, von welchen ihre Biographen berichten, dass sie sich keinem positiven Madhab anschlossen, sondern sich ausschliesslich an die Tradition und an die Salaf hielten, zur Ẓâhirschule zu rechnen sind, muss unentschieden bleiben. 2) Als solches heisst es auch 'Âdat und wird von dem kanonischen Recht, Śarî'a unterschieden, als das in einigen Ländern vor der Bekehrung zum Islâm üblich gewesene Recht, welches durch das kanonische Gesetz nicht verdrängt werden konnte. Man muss diesbezüglich die interessante Stelle in Chardin Voyages en Perse ed. L. Langlès (Paris 1811) VI p. 70—75 nachlesen. Ueber die Ausdehnung des 'Âdat bei den Muhammedanern im Dâghestân findet man bei George Kennan, The mountains and mountaineers of the Eastern Caucasus (Journal of the American Geograph. Society 1874) p. 184, Belehrung; auch unter den malayischen Muhammedanern gilt in vielen Kapiteln der Gesetzgebung noch bis zum heutigen Tage das 'Âdat, worüber Van den Berg, Beginseln van het Mohammedaansche Recht p. 126. Dahin gehören auch die Laiengesetze (Ḳânûn) der kabylischen Muhammedaner des Mezâb, welche neben dem durch die Iazzâben (Fuḳahâ) gehandhabten Religionsgesetze bestehen, worüber vor kurzem E. Masqueray berichtet hat im Journal des Debats vom 12. Januar 1883 (Le Mezab, II. Artikel). 3) Al-Ḳasṭalâni IV p. ١٠٣ وقد قال القاضى حسين الرجوع الى العُرف احد القواعد الخمس التى يتبنّى عليها الفقه.

Der Ḳâḍî wird mit dieser Ansicht nur älteren Regungen der muhammedanischen Juristen Ausdruck gegeben haben, welche einerseits das weltliche mit dem religiösen Gesetz in dieser Weise auszugleichen strebten, andererseits der individuellen Eigenthümlichkeit der einzelnen Theile des muhammedanischen Staates ihre Berechtigung innerhalb der universalen Natur des muhammedanischen Gesetzes sichern wollten. Schon im III. Jhd. hören wir, dars das 'Urf vor dem Ḳijâs bevorzugt wurde [1]); innerhalb der Gesetzgebung über Eide, Gelübde, Masse etc. begegnen wir oft der Anschauung, dass hier der Sprachgebrauch und die Gewohnheit massgebend und den Folgerungen die aus dem traditionell Fixirten zu ziehen wären, vorzuziehen sind [2]). Das 'Urf soll das wandelbare, dem Wechsel und der Veränderung unterworfene, dem Zeitgeiste und den Anforderungen des Ortes entsprechende [3]) Element in dem System der muhammedanischen Institutionen repräsentiren. Aus dem X. Jahrhundert d. H. haben wir einen jüdischen Bericht, aus welchem ersichtlich ist, dass zu jener Zeit in Aegypten das 'Urf von Gerichten gehandhabt wurde, die von den das Kirchenrecht handhabenden Organen unabhängig und selbst in der Verhängung von Todesstrafen unbeschränkt waren [4]). Flügel hat in seiner Abhandlung „über die Klassen der ḥanefitischen Rechtsgelehrten"

---

1) Al-Muḳaddasi p. ٢٧٣, 9 لمّا كان التعارف عندنا مقدّمًا على القياس. 2) Vgl. bei Al-Damîri I p. ٤٠٤, II p. ٣٦١ Beweise wie dieser Gesichtspunkt zu Casuistik Anlass bot vgl. Al-Ḳasṭalâni I p. ٤٦٦ (zu Ṣalâṭ nr. 20). S. hauptsächlich noch die wichtigen Stellen bei Al-Muḳaddasi ٣١. التعارف . . . مبنىّ على مسئل الأيمان الخ, ibid. ١١٥ f. بنّا اجرينا علمنا على التعارف الخ. Auch der ḥanbalitische Codex Dalîl al-ṭâlib II p. ١٣٦ lehrt: فالأيمان مبناها العُرف. 3) Vgl. Mawâḳif-commentar p. ٢٣٦, wo der Verf. beweisen will, dass die Prosternation (السجود) in dem 'Urf der Engel dasselbe bedeutet, was der Gruss (السلام) in dem 'Urf der Menschen: لأنّ هذه قضيّة عُرفيّة يجوز اختلافها باختلاف الأزمنة. 4) R. Dâwid b. Abi Zimrâ RGA. nr. 296 (ed. Venedig I fol. 53a) שיש להם שני מיני משפט אחד שרעי (شرعىّ) ואחד ערפי (عرفىّ) והמשפט השרעי הוא מסור לשופט הגדול והוא פוסק הדין והשר מצוה לעשות המשפט והמשפט הערפי שהוא כמו הוראת שעה היא מסור לשר המדינה ויכול להרוג כפי הערפי אפילו שלא מן הדין ובלא ידיעת השופט הגדול וכו'

das ʻUrf mit Unrecht mit dem Ḳijâs identificirt [1]. Ausser dem ʻUrf hat man aber versucht, auch das Istiḥsân, oder wie es in der mâlikitischen Schule benannt wurde, das Istiṣlâḥ (oben S. 12) den vier Rechtsquellen beizuordnen. Es ist im Rahmen dieser Bestrebung bemerkenswerth, dass der Šâfiʻit Al-Sujûṭî, welcher die Methode der theologischen Disciplinen auf die Behandlung der philologischen Wissenschaften übertrug [2], ausser den vier theologischen Erkenntnissquellen auch des Istiṣḥâb der šâfiʻitischen Schule, der er angehörte, unter den Quellen der philologischen Erkenntniss nennt [3]. Fachr al-dîn Al-Râzî protestirt in Bezug auf die theologische Forschung gegen jeden Versuch, zu den vier allgemein anerkannten Rechtsquellen noch andere hinzuzufügen; er thut dies mit Berufung auf Sure IV v. 62 (worin man, wie wir S. 91 gesehen haben, die Aufzählung der vier kanonischen Rechtsquellen finden wollte): „Diejenigen, denen die Beobachtung der göttlichen Gebote als Pflicht auferlegt wurde, haben sich nur an diese vier Rechtsquellen zu halten. Wenn nun unter dem Istiḥsân des Abû Ḥanîfa und dem Istiṣlâḥ des Mâlik eines dieser vier Dinge gemeint ist, so läge nur eine Verwechslung des terminologischen Ausdrucks vor, die gar nichts nützt; sind sie aber von jenen vier Dingen verschieden, so wäre es entschieden nichtig, dieselben zu lehren“ [4].

So wurde denn jeder Versuch, über jene vier Quellen hinauszugehen ebenso ernstlich zurückgewiesen, wie der Versuch der Ẓâhirschule die Gültigkeit einer einzelnen von denselben zu erschüttern, scheitern musste.

---

1) Abhandlungen der philol. histor. Classe der kgl. sächs. Gesellsch. d. WW. III (1861) p. 279.

2) Siehe meine Abhandlung Zur Charakteristik Al-Sujûṭî's etc. (Sitzungsberichte der Akademie der WW. in Wien. Phil. hist. Cl. 1871. Octoberheft p. 14 ff.).

3) Sprenger, Die Schulfächer und die Scholastik der Muslime ZDMG. XXXII p. 7. In dieser Stelle ist (unter nr. 3) المنقول nicht das Uebertragene, sondern das Ueberlieferte.

4) Mafâtiḥ III p. ٣٦١.

Beilagen.

I.—III. Aus Ibn Ḥazm's Ibṭâl al-Ḳijâs etc.

(Vgl. SS. 5—20; 90ff.)

I.[1]

وتلك الاشيآء التى حدثت هى الرأى والقياس والاستحسان والتعليل والتقليد، فكان حدوث الرأى فى القرن الأوّل قرن الصحابة رضى الله عنهم مع ان كلّ من رُوى عنه فى ذلك شىء من الصحابة رضّهم اجمعين فكلّهم متبرّئ منه غير قاطع به وهكذا فضلآء كلّ قرن بعدهم الى زماننا هذا، وحقيقة معنى لفظة الرأى الذى اختلفنا فيه هو الحكم فى الدين بغير نصّ ولكن بما يراه المفتى أحْوط وأعدل فى التحريم او[2] التحليل او الايجاب ومن وقف على هذا الحدّ وعرف ما معنى الرأى اكتفى فى ايجاب المنع منه بغير برهان اذ هو قول بلا برهن،

ثمّ حدث القيس فى القرن الثانى وقال به بعضهم وانكره سائرهم ونفروا منه ومعنى لفظة القياس الذى اختلفنا فيه هو انّهم قالوا يجب ان يُحْكم فيما لا نصّ فيه من الدين بمثل الحكم فيما فيه نصّ او فيما أُجْمِع عليه من احكام الدين ثمّ اختلفوا فقال حُذّاقهم[3] لاتّفاقهما فى عِلّة الحُكم وقال بعضهم لاتّفاقهما فى وجه من الشبه وقلنا نحن هذه قضيّة بطلة[4] فى ثلثة مواضع احدها قولهم فيما

1) Bl. 2b. 2) Bl. 3a. 3) cod. حذّاقيهم. 4) cod. باطل.

لا نصّ فيه وهذا معدوم جملةً[5] اذ ما لا نصّ فيه فليس من دين الله والدين كلّه منصوص عليه وثانيها حيث انّه لو وُجد لما جاز ان يحكم بما فيه نصّ [إذ] هذا دعوى بلا برهان وثالثها قولهم[6] لاتّفاقهما فى علّة الحكم ولا علّة لشىء من أحكام الله اذ دعوى العلّة فى ذلك قول بلا برهان٬

ثمّ حدث الاستحسان فى القرن[7] الثالث كذلك ومعنى لفظة الاستحسان هو ان يفتى بما يراه حسنًا فقط وهذا باطل لانّه اتّباع الهوى وقول بلا برهان والاهوآء[8] تختلف فى الاستحسان٬

ثمّ حدث التقليد والتعليل فى القرن الرابع والتقليد هو ان يفتى فى الدين بفتيا[9] لانّ فلانًا العالم او فلانًا الصاحب افتى بها بلا نصّ فى ذلك وهذا باطل لانّه قول فى الدّين [بلا برها]ن[6] وقد يختلف الصحابة والتابعون والعلمآء فى ذلك فما الذى جعل بعضهم أَولى بالاتباع من بعض؛ وامّا التعليل وهو ان يستخرج المفتى علّةَ الحكم الذى جآء به النصّ وهذا باطل بيقين لانّه إخبار عن الله تعالى أنّه إنّما حكم من أجل تلك العلّة وهذا كذبٌ على الله تعالى وإخبار عن الله بما لم يُخْبِر به فمن عرف حقيقة هذه الوجوه اكتفى فى إبطالها بذ[لك][6] دون تكلّف برهان فكيف والبراهين قائمة على بطلانها من القران و[الحديث][6] ومن المعقول[10] وبالله التوفيق٬ برهان ما ذكرنا من حدوث [القياس][6] انّه قد صحّ عن كثير من الصحابة رضى الله عنهم الفتيا فى بعض المسائل الواردة بالرأى ولم يأت قط عن احد منهم القول بالقياس الّا فى الرسالة المنسوبة الى عمر رضى الله عنه وخبر موضوع عن علىّ عمّ عن عاصم عن علىّ رضى الله عنه قال القياس لمن عرف

5) cod. حمله. 6) verstümmeltes Wort. 7) cod. القول. 8) cod. والاهوى vgl. ZDMG. Bd. XXXV p. 521. 9) cod. بعمما. 10) cod. العقول.

الحلال [والحرام](6 شفقة للعلم بروية شعبة(11 [وهو] ضعيف والحجاج ساقط والا[سناد](6 مجهول واما الرسالة عن عمر فان فيها وقس الامور واعرف الاشباه والامثال ثم اعمد الى اولاها بالحق واحبها الى الله عز وجل فاقض به او كلام هذا معناه بيقين وهذه رسالة لا تصح عن عمر رضي الله عنه لانّه انما جاءت من طريق عبد الملك عن ابيه الوليد وكلاهما متروك الحديث ومن طريق عبد(12 الله ابن ابي سعيد وهو مجهول واحبّ الاشياء الى الله تعالى لا يُعرف الّا بخبر الله عز وجل وهذا مقرون بالشرك قال الله تعالى وأن تُشركوا بالله ما لم ينزّل به سلطانا وأن تقولوا على الله ما لا تعلمون، فان قالوا قد رُويت المقايسة عن عمر بن الخطّاب وعلي بن ابي طالب وزيد بن ثابت رضي الله عنهم في شأن الجدّ وميراثه وروي عن ابن عبّاس ان الله تعالى امرنا لنحكم في ارنب قيمتها رُبع درهم وروي عنه ايضا في تساوي ديات الاسنان لو لم يعتبر ذلك الّا بالاصابع عقلها سواء سواء وعن سعد بن ابي وقّاص في منع(6 بيع البيضاء بالسلت(13 قياسا على بيع الرُّطب بالتمر قيل لهم امّا ما روي في ميراث الجدّ فلا يصحّ البتّة لانّه رواه عيسى الخيّاط عن الشعبيّ منقطعا وعبد الرحمن بن زيد بن اسلم وهو ساقط ثمّ ان ما في تلك الرواية ان احدهم شبّه الجدّ مع الاخوة بجَدْولَيْن من خليج من نهر وشبّه الآخر بغصنَيْن من غصن من شجرة وحاش لله ان يرضى الصحابة رضي الله عنهم بمثل هذا لانّه ليس في تشعّب الجداول والاغصان دليل أصلا على مقسمة الجدّ للاخوة الى الثُلث او الى السُدس او على انفراد الجدّ بالميراث هذا لا يخفى على احد فكيف على أتمّ الناس عقلا وفهما بعد الانبياء

11) cod. دروبه ىعمه. Die Conjectur شعبة stütze ich auf das häufige Vorkommen von شعبة عن الحجاج vgl. Tabak. Ḥuff. V nr. 24. 12) Bl. 3 b. 13) cod. البيصا بالسلت.

عليهم السلام وانّما هى أخبار مكذوبة ادّعاها اصحاب القياس عند مقلّديهم فذاعت عندهم وهى فى اصلها باطل فامّا[14] قياس الحكم على التحكيم فى جزآء الصيد فلا يصحّ البتّة عن ابن عبّاس قال أرسلنى علىّ الى الحروريّة لأُكلّمهم فلمّا قالوا لا حكمَ الّا لله قلت اجل صدقتم لا حكم الّا لله وان الله قد حكّم فى رجل وامرأته وحكّم فى قتل الصيد والحكم فى رجل وامرأته والصيد افضل ام الحكم فى الأمّة يُرجع بها ويحقن دمآءها ويلمّ شعثها وهذا عن مجهول لم يُسَمّ ولم يُدْر من هو فى خلق الله وايضا فانّه لا خلاف بين احد من الأمّة كلّها فى انّه لا يجوز فى شىء من الاحكام كلّها ان يقضى فيها الا حتّى يحكم فيها ذوا عدل كما يفعل فى جزآء الصيد وحكم الزوجين فلو احتجّ محتجّ فى ابطال القياس بهذا لكان حجّته قاطعة وامّا الرواية فى لو لم يُعْتبر ذلك الّا بالاصابع دينها سواء فلا حجّة لهم فى ذلك لانّ القياس عند القائلين به انّما هو ان يُحْكَم للمسلوب عنه[15] بمثل الحكم فى المنصوص عليه او ان يُحكم للمختلَف فيه بمثل الحكم فى المجتمَع عليه لاتّفاقهما فى العلّة وليس فى الاصابع إجماع ولا فى الأسنان إجماع فيقاسَ احدُهما على الآخر والنصّ وارد فى الاسنان كما ورد فى الاصابع قال ابن المسيّب قضى عمر بن الخطّاب فيما اقبل من الفم اعلى الفم واسفله خمس قلائص وفى الاضراس بعير بعير[16] حتّى إذا كان معوية وأُصيبت اضراسه قال انا أعلم بالاضراس من عمر فقضى فيها بخمس خمس قال سعيد فلو اصيب الفم كلّه فى قضآء عمر لنقصت الدية[17] ولو أُصيب فى قضاء معاوية زادت الدية ولو كنت انا جعلتُ فى الاضراس بعيرين بعيرين فتلك الدية كاملة، وعن سعيد بن المسيّب انّ عمر جعل فى الابهام خمس عشرة وفى السبّابة عشرا وفى الوسطى

---

14) Bl. 4 a. 15) nämlich: عن النصّ. 16) wohl بعيرا بعيرا, es sei denn, dass hier oratio recta vorausgesetzt wird. 17) Bl. 4 b.

عشرا وفى البنصر تسع وفى الخنصر ستّ حتى وجد كتاب عند آل
حزم ان الاصابع كلّها سوآء فأخذ به، قال ابو محمّد فى كتاب آل
حزم ايضا ان الاسنان سوآء وقد روى الشعبيّ عن شريح عن عمر
ابن الخطّاب انّ دية الاسنان كلّها سوآء فبطل ان يكون فى الاصابع
اجماع يقس عليه الاسنان ۞ وامّا النصّ عن ابن عبّاس انّ رسول
الله صلّعم قال الاصابع سوآء الاسنان سوآء الثنيّة[18] والضرس سوآء
هذه وهذه سوآء فبطل ان يكون النصّ فى حكم الاصابع دون الاسنان
فقد صحّ ان ابن عبّاس رضه اذ كان عنده النصّ على الاصابع
والاسنان بالتسوية فانّه لم يرد قطّ بقوله ذلك أن يقس الاسنان
على الاصابع لكنّه خاطب بذلك القول مروان وكان يسوّى بين
الاصابع ويريد التفضيل فى الاسنان لتفاضل منافعها فانكر عليه
التفريق بين الامرين والتعليل وهذا ابطال القياس نصّا ولا خلاف
فى انّه لا يحتاج الى قياس فيما فيه نصّ، والاعتبار فى لغة العرب
لا يقع البتّة الّا على التعجّب والتفكّر وما عرفت العرب قطّ هذا
القياس فمن[19] المحال ان يُحدث ابن عبّاس لغة فى الشريعة لا
تعرفها العرب وامّا حديث سعد فلا يصحّ لانّه انّما روى من طريق
زيد ابى عيّاش وهو مجهول ثمّ لو صحّ فانّ جميعهم مبطل لذلك
القيس وكيف يحتجّون بقول سعد رضى الله عنه وهم مخالفون
له وكلّهم يجيز البيضاء بالسّلت وانّما يُحفظ القياس عن قوم من
اهل العصر الثانى،

ثمّ حدث الاستحسان فى القرن الثالث وما علمنا احدا قال به
قبل ابى حنيفة واصحابه وقد وقع لمالك فى النادر[20] فانهم يقولون
القياس فى هذه المسئلة كذا لكنّا نستحسن خلاف ذلك،

18) cod. السمه. 19) Bl. 5a. 20) Nach Dictionary of the technical terms etc. p. ٣٩. ist das Istiḥsân auch im Sinne der ḥanbalitischen Schule ein دليل; jedoch sind, wie man aus dem betreffenden Artikel ersehen kann, die Definitionen dieses Terminus bei verschiedenen Uṣûlgelehrten sehr verschiedenartig und zum Theil einander geradezu ausschliessend.

ثمّ حدث التقليد فى حشوة اصحاب هذين الرجلين فانه اخذت كلّ طائفة ما روى عن صاحبها لا تتعدّاه الى غيره وان اختلفت فتاويه ولا يُعرَف هذا عن احد قبل هاتين الطائفتين، ثمّ حدث التقليد فى اصحاب الشافعىّ وان اختلفت اقواله وتضادّت فتاويه على ان هاولاء الفقهاء رحمهم الله قد نهوهم عن تقليدهم فخالفوا هم وصيّتهم فكلّ طائفة تنصر المتعارض من اقوال صاحبها،

وامّا التعليل فهو ان تخرّجوا لشرائع الله تعالى الواردة فى القرآن والسنّة عِلَلاً كانت تلك الشرائع بزعمهم واجبة من اجلها ثمّ حكموا ان تلك العلل حيثما[21] وُجِدت وَجَب الحكم فى ذلك بما حكم النصّ فى الذى استخرجوا له تلك العلّة، قال ابو محمّد ولم يخل عصر من الاعصار من طائفة مُنكرة لما ظهر من هذه الامور متبرّئة منها على ما نذكره فى آخر الرسالة، ✿

II.[1]

بطلان الرأى قال ابو محمّد امّا اهل الرأى فانّ عُمدتهم عن عبد اللّه بن رافع قال سمعتْ أُمّ سلمة من رسول الله صلعم انّه قال انّما اقضى بينكم برأيى[2] فيما لم ينزل علىّ فيه شىء وقالوا انّ الصحابة رضّهم غير متّهمين على الاسلام لا تظنّون بهم إحداث دين وشرع لم يأذن به الله تعالى وقد صحّ انّهم قالوا بالرأى فلولا ان القول به جائز ما قالوه وذكروا حديث ميمون بن مهران قال كان ابو بكر الصدّيق رضّه اذا ورد عليه خصم نظر فى كتاب اللّه فان وجد فيه ما يقضى به قضى وان لم يجد فى كتاب الله نظر فى سنّة رسول اللّه صلّعم فان وجد فيها ما يقضى به قضى فاذا اعياهُ ذلك سأل الناس هل علمتم انّ رسول الله صلعم قضى فيه بقضاء فو . . . اليه

---

21) cod. حيث ما.

1) Bl. 5 b. 2) cod. براى.

القوم فيقولون قضى فيه بكذى وكذى فان لم يجد سنّة سنّها النبيّ صلعم جمع رؤسآء الناس فستشارهم فاذا اجتمع رأيهم على شيء قضى به قال وكان عمر يفعل ذلك فاذا اعياه ان يجد ذلك في الكتاب والسنّة قال هل كان ابو بكر قضى فيه بقضآء فان كان لابى بكر قضآء قضى به، وعن ابن مسعود قال اكثروا[3] عليه ذات يوم فقال انّه قد يأتى عليك زمان لسنا نقضى ولسنا هنالك (?)[4]... ثمّ انّ اللّه تعالى بلّغنا ما ترون فمن عرض له قضآء بعد اليوم فليَقْضِ بما في كتاب اللّه فان جآءه امر ليس في كتاب اللّه ولا قضى به نبيّه عم فليَقْضِ بما قضى به الصالحون فان جآءه امر ليس في كتاب اللّه ولا قضى به نبيّه عم ولا قضى به الصالحون فليجتهد رأيه ولا يقل انّى ارى وانّى اخاف فانّ الحلال بيّن والحرام بيّن وبين ذلك متشابهات ودَعْ ما يريبك الى ما لا يريبك، وقالوا قد امر اللّه عزّ وجلّ بانفاذ الحكم بشاهدين او اليمين وانّما هذا غلبة الظنّ اذ قد يكون الشهود كذبة او مغفلين ويكون اليمين كاذبة، وذكروا حديث معاذ انّ رسول الله صلعم اذ بعثه الى اليمن سأله بمَ تقضى فقال اقضى بما في كتاب اللّه قال فان لم تجد في كتاب الله قال فبسنّة رسول الله صلعم قال فان لم تجد في سنّة رسول الله صلعم قال اجتهد رأيى ولا آلو فقال الحمد لله الذى وفّق رسول رسول الله لما يرضى رسول الله وذكروا قوله تعالى وشاوِرْهم في الأَمْرِ وقوله تعالى وامرُهم شورى بينهُمْ، قال ابو محمّد هذه عمدتهم ☙ امّا حديث أمّ سلمة فسقط لوجوه اوّلها انّه لا يصحّ لانّ راويه أسامة بن زيد وهو ضعيف اىّ الأسامتين كان أسامة بن زيد الليثىّ او أسامة بن زيد بن أسلم، والثانى ان رأى رسول الله[5] حقّ مقطوع عليه وليس رأى عنده كذلك قال الله تعالى لتَحْكُمَ بين الناس بما أراكَ الله وقال تعالى وما يَنْطِقُ عن الهَوَى إِن هو الّا وَحْىٌ

3) cod. اكدروا. 4) Bl. 6 a 5) Bl. 6 b.

يُوحَى وامره تعالى ان يقول إِنْ أَتَّبِعُ إِلَّا مَا يُوحَى إِلَىَّ فصحّ انّه عم لا يقول شيئا الّا عن وحى وانّه لا يحكم الّا بما أراه الله وامّا قوله تعالى وَشَاوِرْهُمْ فِى الامر فانّا نسأل من احتجّ به أيرى ان الله تعالى امر رسوله صلعم ان يشاورهم فى كيف يتوضّأ للصلاة وفى كم صلاة تفرض على المسلمين وكم ركعة وايّ شهر يُصام ومن كم يؤدّى الزّكاة وفى ايّ الاصناف تكون والى اين يكون الحجّ وما ذا يحرم من المطاعم والمشارب وكم من الزوجات تباح وبكم من الطلاق تحرم المرأة وهكذا سائر الشرائع فمن جوّز ذلك فهو كافر مشرك وايضا فان فيها فاذا عَزَمْتَ فَتَوَكَّلْ عَلَى ٱللّٰهِ فردّ الأمرَ الى النبيّ صلعم [لا] الى المشاورين وايضا قوله تعالى وَٱعْلَمُوا أَنَّ فِيكُمْ رَسُولَ اللّٰهِ لَوْ يُطِيعُكُمْ فِى كَثِيرٍ مِنَ الأَمْرِ لَعَنِتُّمْ فمنع الله تعالى من طاعته عم لرأى اصحابه رضهم فى كثير من الامر وايضا فما فى العالم مسلم يستجيز ان يقول ان الله تعالى أوجب على رسوله عم طاعة رأى اصحابه صلعم وهذا القول كُفْر وانّما قول اهل الاسلام ان طاعة رسول الله صلعم[6] فرض واجب على الصحابة وعلى جميع الانس والجنّ ثمّ عرّفونا أيصحّ شيء من الشرع الّا حتّى يشاور جميعهم ويتأنّى قدوم غائبهم ام يصحّ الشرع بمشاورة البعض دون البعض فان قالوا لا يصحّ الّا بمشاورة جميعهم أتوا مع الضلال بالمُحال لانّهم عشرات الوف فمشاورتهم تكليف الحرج وان قالوا يصحّ بمشاورة البعض قلنا ما حدّ ذلك البعض أتحدّونه بعدد ام تُجْزِئُ[7] مشاورة واحد فصحّ ان قولهم بلا برهان ولو كان فرضا لما صحّ شيء من دين الاسلام بالوحى فقط الّا حتّى يشاور الصحابة رضهم كلّهم او بعضهم وهذا كفر بلا خلاف وايضا فانّه حجّة عليهم لانّ هاؤلاء انّما اخذوا برأى ابى حنيفة ومالك وليس من الآية ايجاب مشاورة هذين الرجلين ثمّ لو جاز [أن] يُمَدّ مَدًى[8] المشاورة الى غير

6) Bl. 7 a. 7) cod. يحرى. 8) cod. حدى; otwa حدّ?

الصحابة لما كان فيها حجّة لانّه ليس فيها ترجيح لرأى ابى حنيفة ومالك رحمهما اللّه على رأى غيرهما فهى حجّة عليهم والمشاورة فى الايمان هى فيما هى فيه فى[9] ترتيب من الغزو والى اىّ جهة واين ينزل الجيش وفى سائر الاشيآء المباحة وقد خرّج النسآءى حديثا يذكر فيه ان النبى صلّعم قال لاصحابه زمن الحديبية أشيروا علىّ وخرّج مسلم ان رسول اللّه صلّعم لما بلغه إقبال ابى سفين قال لاصحابه اشيروا علىّ وحديث المشاورة فى أسارى بدر[10] وامّا حديث معذ فغير[11] صحيح لانه عن الحارث بن عمرو الهذلىّ ابن اخى المغيرة بن شعبة الثقفىّ ولا يدرى احد مَنْ هاؤلآء ولا يُعرف له غير هذا الحديث ذكر ذلك البخارىّ فى تاريخه الاوسط فى الطبقات ثمّ هو ايضا عن رجل من اهل حمص من اصحاب معذ والدين انّما يُؤخذ عن الثقات المعروفين وقد اتّفق الجميع على انّه لا يؤخذ ممّن لا يُدرى حاله ونقْل الحديث شهادة من اكبر الشهادات لانّه شهادة على اللّه عزّ وجلّ وعلى رسوله صلّعم فلا يحلّ ان يتساهل فى ذلك وقال قوم انّه منقول نقل التواتر وهذا كذب لانّ نقل التواتر أن يكون نقْله فى كلّ عصر متواترا من مبدئه الى مبلغه وهذا حديث لم يُعرَف قديم ولا ذكره احد من الصحابة ولا من التابعين غير ابى عون حتّى تعلّق به المتأخرون ففشوه الى أتبعهم ومقلّديهم[12] وما احتجّ به احد من المتقدّمين لانّ مخرجه ضعيف ورواه مع ذلك عن ابى عون شعبةُ وابو اسحاق سليمان بن فيروز الشيبانىّ قط لم يروه غيرهم وكلاهما ثقة حافظ واختلف فيه ورويناه من طريق شعبة عن ابى عون عن ناس من اصحاب معاذ من اهل حمص وذكر الحديث قال وامّا رواية ابى اسحاق الشيبانىّ فحدّثنا بيب احمد بن محمّد الطلمنكى قال

9) cod. الى. 10) viell zu ergänzen: [مشهور]. 11) Bl 7 b.) 12) verstümmelt, die Reste deuten auf obiges Wort.

حدثنا[13] . . . . نحو ابو عون قال لما بعث رسول الله صلعم معاذا الى اليمن قال له يا معاذ بم تقضى قال اقضى بما فى كتاب الله قال فان جاءك امر ليس فى كتاب الله قال اقضى بما قضى به نبيه عم قال فان جاءك امر ليس فى كتاب الله ولم يقض به نبيه ولم يقض به الصالحون قال أُوفى بحق جهدى فقال عم الحمد لله الذى جعل رسول رسول الله يقضى بما رضى به رسول الله فلم يذكر هاهنا اجتهد رأيى ومن المحال ان يقول رسول الله لمعاذ ان لم تجد فى كتاب الله ولا فى سنّة نبيه وهو عم قد سئل عن الحُمُر فقال ما أُنزل علىّ فيها شىء الّا هذه الآية العامة[14] فَمَنْ يَعْمَلْ مِثْقَالَ ذَرَّةٍ خَيْرًا يَرَهُ وَمَنْ يَعْمَلْ مِثْقَالَ ذَرَّةٍ شَرًّا يَرَهُ فلم يحكم فيها رسول الله صلعم بحكم البتّة بغير الوحى فكيف يجيز ذلك لغيره فقد اتانا من ربّه بقوله الصدق ما فَرَّطْنَا فى الكتاب مِنْ شىء وبقوله لِتُبَيِّنَ لِلنَّاسِ ما نُزِّلَ إِلَيْهِم فلا سبيل الى وجود شريعة لله تعالى فرّطها فى الكتاب ولم يبيّنها رسول الله صلعم فصحّ ان هذا لا يجوز ان يقوله عم ثمّ لو صحّ فلا يخلو ان يكون مبيحا لمعاذ وحده[15] او له ولغيره فان كان له وحده فجميع [اصحاب][12] الرأى على خطأ لانّهم لا يتّبعون رأى معاذ ولا فى مسئلة واحدة وانّما يتّبع الحنفيّون رأى ابى حنيفة ويتّبع المالكيّون رأى مالك فقط خالف ذلك رأى معاذ او وافقه وان كان له ولغيره فليس [ابو] حنيفة ولا مالك أَوْلى بالرأى من غيرهما،
وامّا الذى روى عن ابى بكر وعمر رضهما فانه لا [حجّة][12] لهم فيه لوجهين احدهما انّه لا يصحّ لانّه راويه ميمون بن مهران [وهو ما صحب][16] ابا بكر ولا عمر لانّ مولده سنة اربعين بعد موت ابى بكر . . . .[17] بسبع وعشرين سنة وبعد موت عمر بسبع عشرة

13) Bl. 8 a hierauf folgt ein isnād, das ich der Kürze halber weggelassen. 14) cod. العادة. 15) Bl. 8 b. 16) oder nach einigen Resten des verstümmelten Textes: ثم يصاحب. 17) verst. رضى الله عنه?

سنة او نحوه والذى انّه لا يحلّ ان يُظنّ انّ ابا بكر وعمر رضهما يجمعان القوم من الصحابة رضهم ليشرعوا شريعة لم يشرعها الله عزّ وجلّ وذلك لا يخلو من احد اربعة اوجه كلّها كُفْر مِمَّن أجازه وهو إمّا شيء مات رسول الله صلعم وقد نصّ على تحريمه فجمعاهم ليحلّوه او نصّ على ايجابه فجمعاهم ليسقطوه او شيء نصّ على تحليله او سكت عن تحريمه فجمعاهم ليحرّموه او شيء نصّ على سقوط وجوبه او سكت عن ايجابه فجمعاهم ليُوجبوه وفى هذه الوجوه يدخل كلّ تحريم فى دمٍ او اباحته[18] وكلّ تحريم فى نسوة او [ابحتهنّ] وكلّ تحريم فرج او اباحته وكلّ تحريم مال[19] او اباحته وكلّ ايجاب[20] لحدّ او اسقاطه وكلّ ايجاب عبادة او اسقاطها وقال تعالى شَرَعُوا لهم من الدين ما لم يأْذَنْ به الله وقال صلعم انّ دِماءكم واموالكم واعراضكم وأبشاركم عليكم حرام فان لم يكن جمْعُ ابى بكر وعمر رضهما الصحابة رضهم على شيء من هذه الوجوه فقد بطل ان يجمعاهم لرأى يكون به فى الدين فبطل بلا شكّ، وايضا فانّه لا يُوبَه[21] عليهم فى ترك ما قد صحّ من حكم ابى بكر وعمر اذا خالف رأى ابى حنيفة ومالك كقصاص ابى بكر وعمر رضهما من ضربة السوط ومن اللطمة وكمُساقاتهما اهل خيبر الى غير اجل مسمّى وكسجودهما فى اذا السماء انشقت ولم يرد المنكرون هذا فى كثير جدّا وهذا الخبر حجّة عليهم لو صحّ فكيف وهو لا يصحّ، وامّا حديث ابن مسعود فصحيح ثبت وقوله فليجتهدوا به انّه هو بلا شكّ فى طلب السنّة المأثورة برهان ذلك قوله متّصلًا ولا تقل انّى أرى وانّى اخاف وقوله فى آخر الحديث دَعْ ما يريبك الى ما لا يريبك وان لا تقضى الّا فى[22] الحلال البيّن او

---

18) cod. ابحة. 19) cod. حل. 20) Das Wort ايجاب folgt auf Bl. 18 a der Hschr. Der Zusammenhang ist sowohl aus dem Sinne unzweifelhaft, als auch aus der Gleichheit der Schriftzüge und des Papiers; zwischen Bl. 8 b und 18 a bemerken wir frischere Tinte, neueres Papier und jüngere Schriftzüge. 21) cod. دوبه. 22) cod. بالحلال.

فى الحرام البيّن، واما ما ذكروه من الامر بالحكم بالشهود واليمين ولعلّ الشهود كاذبون او مغفلون واليمين كاذبة وان هذا انّما هو على غلبة الظنّ بل ما يحكم من ذلك الّا بيقين الحقّ الذى[23] امرنا الله به لا يمترى فى ذلك مسلم ولم يكلّفنا الله تعالى مراعاة الشهود فى الكذب والصدق ولا معرفة كذب اليمين او صدقها فلو كان هذا فغالب الظنّ واعوذ بالله من ذلك لكنّا اذا اختصم الينا مسلم فاضل برّ تقىّ عدل ونصرانىّ مثلّث مشهور بالكذب على الله وعلى الناس خليع ماجن فادّعى المسلم عليه دَيْنا قلّ او كثر فانكر النصرانىّ او ادّعى النصرانىّ وانكر المسلم لَوَجب ان يُعطَى المسلم البرّ بدعواه لانّه فى اغلب الظنّ الذى يُنطِح اليقينَ هو الصادق والنصرانىّ هو الكاذب لكن لا خلاف فى انّنا لا نفعل ذلك بل نحكم بيقين امر الله تعالى بالبيّنة العدلة عندنا او بيمين المدّعى عليه ونطرح الظنّ جملةً وبالله التوفيق،

قال ابو محمّد وذكروا قوله عزّ وجلّ لَعَلِمَهُ[24] الّذين يَسْتَنْبِطونه مِنْهُم وهذه حجّة عليهم لانّ اوّلها ولو ردّوه الى الرّسول والى أُولى الأَمْرِ مِنْهُم ولَوْ فى لغة العرب التى نزل بها القرآن حرف يدلّ على امتناع الشىء لامتناع غيره فصحّ ان الآية حُجّة فى إبطال الاستنباط بالرأى فصحّ انّهم لو ردّوه الى الرسول والى اولى الامر منهم وهو السنّة والاجماع [لعلموه] فصحّ أنّهم لم يعلموه فبطل الاستنباط بلا شكّ ولم يبق الّا الردّ الى القرآن والسنّة ☆

III.

الآثار فى القياس، حدثنا احمد بن قاسم . . . .[1] عن عوف بن مالك الاشجعىّ قال قال رسول الله صلّعم تفترق أمّتى على

23) Bl. 18 b. 24) cod. لعلمها.

1) hier ein langes Isnâd.

بِضْعٍ وسبعين فرقة اعظمها فتنةً على أمّتى قوم يقيسون الامور برأيهم فيحلّلون الحرام ويحرّمون الحلال،
وامّا الصحابة رضهم عن مجاهد قال نهى عمر بن الخطّاب عن المكايلة قال مجاهد في المقايسة، وقال ابن مسعود ليس عام الّا والذى بعده اشرّ منه لا اقول عام أُمطر من عام ولا عام أجْدَب من عام ولا أمير خيرٌ من امير ولكن ذهاب خياركم وعلماءكم ثمّ يحدث قوم يقيسون الامور برأيهم فيهدم[2] الاسلام وينثلم[3]، وقال ابن مسعود إيّاكم وأرأيتَ أرأيتَ فانّما هلك من كان قبلكم بأرأيت أرأيتَ ولا تقيسوا شيئًا بشىء فتزلّ[4] قدم بعد ثبوتها واذا سُئل احدكم عمّا لا يعلم فليقل لا اعلم فانّه ثُلث العلم، عن الاصمعىّ انّه ذُكر له ان الخليل كان يقول القياس باطل قال الاصمعىّ هذا اخذه عن إياس بن معاوية هو القاضى فان قيل كان الخليل يقيس فى النحو قُلنا قد صحّ عنه انّه لم يقطع به وانّما جعله ظنًّا، فان قيل كان إياس يقيس فى قضائه قلنا باطل انّما كان يستدلّ بدلائل ظاهرة لا تحتمل الّا ما يقضى به من تأمّلها وهذا اسناد صحيح عن الخليل، فان قيل انّ ثعلبا رُوى عنه انّه قال العبرة بالقياس[5] قلنا

2) Al-Saʿrâni I p. ٦٣ فيهدم. 3) Die hier ausgesprochene „Entartungstheorie" finden wir auch in besser beglaubigten Traditionsaussprüchen ausgeprägt; die Hauptstelle ist wohl Al-Buchâri Kitâb al-fitan nr. 6 اتينا انس بن مالك فشكونا اليه ما نلقى من الحجّاج فقال اصبروا فانّه لا يأتى عليكم زمان الّا الذى بعده شرّ منه حتّى تلقوا ربّكم، Dies scheint auch die Weltanschauung der vormuhammedanischen Araber gewesen zu sein. Durejd b. al-Ṣimma sagt in einer Ansprache: يا هؤلاء انّ اوّلكم كان خيرًا اوّل وولد حتّى سلف خير من الخلف Aġâni XVI p. ١٤٣, 2. 4) Bl. 14 a. 5) cod. العبرة القيس ohne ب. Wenn die LA. des Codex aufrecht erhalten werden sollte, so läge hier eine Beziehung auf Sure LIX v. 2 فاعتبروا vor, bekanntlich eine Beweisstelle der Anhänger der Analogie, s. oben S. 90.

هذا لا يصحّ عن ثعلب ولو صحّ كان رأيا منه لانّ القياس الذى اختلفنا[6] فيه فى الدين لم تعرفه العرب قط انّما هو لفظ حدث فى اهل الشرع على معنى شرعيّ[7]، عن محمّد بن اسمعيل البخارىّ مؤلّف الصحيح قال قال لى صدقة عن اسمعيل بن موسى عن ابن عقبة عن الضحّاك عن جابر بن زيد قال لقينى ابن عمر فقال يا جابر انّك من فقهاء البصرة فتُفتى فلا تفتْ الّا بكتاب ناطق او سنّة قاضية، وعن ابن عمر انّه قال العلم ثلاث كتاب الله الناطق وسنّة قاضية ولا أدرى[8]،

قال ابو محمّد رحمه الله التعليل الذى لا يبنى اصحاب القياس قياسهم الّا عليه لا يمكن ان يوجد شىء منه فى القرآن ولا[9] فى سنّة رسول الله صلّعم وهذا الخبر يكذب روايةَ لحارث بن عمرو المجهول عن معاذ اجتهد رأيى ولا آلو[10] فان يقول معاذ ويبتدع كلامًا ليس من كتاب الله عزّ وجلّ ولا من سنّة رسول الله صلّعم فايّاكم وايّاه فانّه بدعة وضلالة لانّ ما لا يوجد فى القرآن ولا فى السنّة بدعة وضلالة، قال علىّ رحمه اللّه فهاؤلآء من الصحابة رضّهم مُبطِلون للقياس ولا مخالف لهم من الصحابة ولا يوجد اثر صحيح عن احد منهم والحمد للّه، وعن كلود(?) بن ابى هند قال سمعت محمد بن سيرين يقول القياس شوْم واوّل من قاس ابليس وانّما عُبِدت الشمس والقمر بالقياس، وعن مسلمة بن علىّ ان شريح القاضى قال السنّة سبقت قياسَكم، وعن الشعبىّ عن مسروق قال لا اقيس شيئا بشىء فلت له لِمَ قال اخاف ان تزلّ رجلى، وعن الشعبىّ قال قال مسروق انّى اخاف أَن اقيس فتزلّ قدمى بعد ثبوتها، وعن عيسى بن ابى عيسى انّه سمع الشعبىّ يقول إيّاكم

6) cod. اختلفا. 7) cod. شرع. 8) Vgl. sehr interessante Aeusserungen von Rechtsgelehrten und Philologen hierüber bei Al-Sujûṭî, Muzhir II p. ١٦٣. 9) Bl. 14 b. 10) cod. الوا.

والمقيسة فوالّذى نفسى بيده ان أخذتم بالمقيسة لَتُحِلُّنَّ الحرام ولَتُحَرِّمُنَّ الحلال ولكن ما بلغكم عن اصحاب رسول الله صلّعم فاحفظوه، وعن الجبرة بن مقسم عن الشعبىّ قال السنّة لم توضع بالمقاييس، قال ابو محمّد علىّ لم[11] يُرْوَ ما ذُكر من مقايسة عمر ابن الخطّاب وعمر وزيد فى الجدّ الّا من طريق عيسى بن ابى عيسى عن الشعبىّ وأخرى مثلها وهذا قول الشعبىّ فى إبطال القياس فينبغى على اصلهم ان يقولوا انّه لم يترك[12] ما روى عن هاؤلآء الصحابة الّا بما هو اقوى منه فكثير ما يقولون مثل هذا اذا وافق تقليدهم، وعن محمّد بن مسلم قال قال لى الشعبىّ انّما هلكتم حين تركتم الآثار واخذتم بالمقاييس لقد بغض لى هذا المحشر[13] فلهو ابغض الىّ من كنسة اهل هاؤلآء الصعفقة قال ابو محمّد سألتُ حمام بن احمد عن معنى الصعفقة فقال لى كلام معناه انّهم الذين يتّخذون تجارة غير محمودة يتقحّمون فى المضيق بلا رؤية، وعن عطآء بن السائب قال قال لى الربيع بن خثيم إيّاكم ان يقول الرجل لشىء انّ الله حرّمه[14] او نهى عنه فيقول الله عزّ وجلّ كذبت لم احرّمه ولم انه عنه او يقول ان الله احلّ هذا او امر به فيقول الله كذبت لم احلّله ولم آمر به، قال ابو محمّد هذه صفة ما حُرّم او أُحِلّ بالقياس بغير نصّ من قرآن او سنّة، وعن عطآء بن ابى رباح فى قول الله عزّ وجلّ فان تنازعتم فى شىء فردّوه الى الله والرّسول ان كنتم تؤمنون بالله واليوم الآخر قال الى كتاب الله تعالى والى سنّة رسوله صلّعم، وعن ميمون بن مهران فى[15] قوله تعالى فردّوه الى الله ورسوله قال الى كتاب الله والى الرسول ما دام حيًّا فاذا قُبض فالى سنّته، وعن ابن شبرمة ان جعفر بن محمّد بن علىّ بن الحسين قال لأبى حنيفة اتّق الله

11) Bl. 15 a. 12) cod. addit: الا. 13) zweifelhaft; cod. المحسد. 14) cod. حرم. 15) Bl. 15 b.

ولا تقيس فانّا نقف غدًا نحن ومن خلقنا بين يدى اللّه تعالى فنقول قال الله تعالى وقال رسول الله صلّعم وتقول انت واصحابك سمعنا ورأينا فيفعل الله بنا وبكم ما يشاء، وعن سفيان الثورىّ عن هارون بن ابراهيم البدرىّ قال سمعت *عبد اللّه بن عبد الله بن عمر(16 قال قال النّبى لم يَدَعْ اللهُ شيئًا أَن يبيّنه [إلّا] ان يكون بَيَّنَهُ فما قال الله عز وجل فهو كما قال وما قال رسوله عم فهو كما قال وما لم يقل الله تعالى ورسوله عم فبعفو الله ورحمته فلا تبحثوا عنه(17، وعن وكيع بن الجراح انّه قال ليحيى بن صالح الوحاظىّ احذر الرأى فانّى سمعت ابا حنيفة يقول البول فى المسجد احسن من بعض قياسهم، وعن حمّاد بن ابى حنيفة قال النّبى من لم يَدَعْ القياس فى مجلس القضاء لم يفقه.

IV.

Aus den Waraḳât fî uṣûl al-fiḳh des Imâm al-Ḥaramejn mit dem Commentare von Ibn al-Firkâḥ.

(Vgl. SS. 71—73).

a) Bl. 12a: وصيغة اِفْعَلْ عند الإطلاق والتجرُّد عن القرينة تُحْمَلُ عليه(1 إلّا ما دلّ الدليل على انّ المراد منه الندب او الاباحة فيُحْمَل عليه، يعنى صيغة الامر بلغة العرب اِفْعَلْ واذا كانت مجرّدة عن القرائن حُمِلت على الامر وقوله إلّا ما دلّ الدليل على انّ المراد منه الندب او الاباحة فيُحمل عليه الاستثناء من غير الجنس فان ما دلّ الدليل على صرفه من الامر ليس مجرّدا ويمكن ان يكون استثناء متّصلا ويكون المعنى ان الصيغة المجرّدة للامر الّا ان يعلم بدليل مُتصِل(2 خروجها عنه وقد تكون الصيغة مجرّدة عن القرائن

16) cod. عبد الله بن عبد بن عمر. 17) cod. عنها.

1) scil. على الأمر. 2) cod. منفصل.

الحالية والعقلية الصرفة الصيغة عن الامر ويُعْلَم بدليل منفصل ومثال الصيغة المجرّدة التى خرجت عن الامر بدليل مُنْفَصل[3] قوله تعالى وأَشْهِدُوا اذا تبايعتم هذه صيغة امر بالشهادة مجرّدة[4] عن مُعارِض حملها الفقهاء على الندب بما رأوه صارفا له عن الامر وهو قولهم انّ النبىّ صلعم باع ولم يُشْهِد واشترى ولم يُشْهِد فحملوا الصيغة على الندب، وقوله تعالى واذا حَلَلْتُم فَاصْطَادُوا عند من يرى الامر الوارد بعد الحظر للإباحة[5] ممّا صُرِف عن الوجوب بقرينة فليس صيغة الامر فيه مجرّدة وامّا من لا يرى الامر الوارد بعد الحظر للاباحة فانّه عنده من باب قوله تعالى وأَشْهِدُوا اذا تبايعتم صيغة مجرّدة عُرِفَت بدليل.منفصل خروجها عن الامر الى الاباحة والدليل المنفصل هو اتّفاق اهل العلم على عدم وجوب الاصطياد، وكذلك قوله تعالى فاذا قُضِيَت[6] الصلاة فَانْتَشِرُوا فى الأرض فان الانتشار كان حرامًا قبل انقضآء الصلاة فالامر بالانتشار بعد انقضائها امرٌ بعد الحظر ففيه ما تقدّم بعد قوله تعالى واذا حللتم فاصطادوا،

b) Bl. 17a ويَرِدُ صيغة الامر والمراد به الإباحة والتهديد او التسوية او التكوين والقصد، بيان ورود صيغة الامر بمعنى غير الايجاب وفائدة الفقه فى معرفة ذلك تنزيل ما لم يحمل من الأوامر على الايجاب على وجه [من] الوجوه المغايرة للايجاب ويذكر[1] الضمير فى تذكيره الى الامر ويجوز تأنيثه ردًّا الى الصيغة وكان ينبغى ان يذكر ورود الامر للندب فانه من المحالّ المشهورة ولكنّه اكتفى بما تقدّم من الاشارة اليه من بين الواجب والمندوب، ومن ورود صيغة الامر للاباحة قوله تعالى كلوا ممّا فى الارض حلالا طيّبًا

3) cod. متّصل. 4) cod. مجرّد. 5) cod. لاباحة. 6) cod. قضيتم.

1) ist wohl in ويرجع zu corrigiren.

وقوله تعالى وإذا حَلَلْتم فاصطادوا وقوله تعالى فاذا قُضِيَت الصلاة فانتشِروا فى الارض، ومن ورود صيغة الامر للتهديد قوله تعالى اعْمَلوا ما شِئتم والتَسْوية قوله ارعُدْ وابْرُقْ يا زيد[2] وقوله تعالى فاصْبِروا أَوْ لا تَصْبِروا وامّا ورود صيغة الامر بمعنى التكوين ففى قوله تعالى كونوا قِرَدَةً وقوله تعالى قُلْنَا يا نارُ كونى بَرْدًا وسَلَامًا، ✿

V.

Aus dem Kitâb al-ansâb des Abû Sa'd 'Abd al-Karîm Al-Sam'ânî. Hschr. des Asiat. Museums in St. Petersburg [1]).

(Vgl. SS. 27—30; 111. 113.)

1. Artikel: الداودىّ [2]).

هذه النسبة الى مذهب داود والى اسم داود فامّا المذهب جماعة انتحلوا مذهب ابى سليمان داود بن علىّ الاصبهانىّ امام اهل الظاهر وفقيههم وفيهم كثرة منهم ابو القسم عبيد الله بن علىّ بن الحسن بن محمّد بن عمرو بن حزم بن مالك بن كاهل بن زياد ابن نهيك بن هشيم بن سعد بن مالك بن النخع الكوفىّ النخعى القاضى الداودىّ كان فقيه الداوديّة فى عصره بخراسان وسمع الحديث الكثير بالعراق ومصر سمع ببغداد ابا عبد الله الحسين ابن اسمعيل المحاملى وبالكوفة ابا العبّاس احمد بن محمّد بن عقدة الحافظ وبمصر ابا جعفر احمد بن محمّد بن سلام الطحاوى وبدمشق ابا بكر احمد بن سليمان بن زياد الدمشقىّ انتخب عليه الحاكم ابو عبد الله الحافظ الفوائد وكتبها الناس روى عنه ابو عبد الله الغنجار وابو العبّاس المستغفرى الحافظان وتوفّى

---

2) vgl. Ibn Hišâm p. ٩٧٤, 14 يُرْعِدُ ويُبْرِقُ ليس فيه شىء.

1) S. Notices sommaires des Manuscrits arabes etc. par le Baron V. Rosen, St. Petersb. 1881, p. 146. 2) Bl. 162 b.

ببخارا وكان قد سكنها الى ان توفّى فى جمادى الأولى سنة ٣٧٦ . . . .(3 ومن الداودية الذين هم على مذهب داود بن

علىّ ابو بكر محمّد بن موسى بن المثنّى الفقيه الداودىّ النهروانىّ من اهل النهروان سكن بغداد كان فقيها نبيلا على مذهب داود ابن علىّ سمع ابا القسم عبد الله محمّد البغوىّ وابا سعيد الحسن ابن علىّ العدوىّ وابا بكر عبد الله بن ابى داود روى عنه ابو بكر احمد بن محمّد البَرْقانىّ ' ابن بنته ابو الحسن بن عمر بن روح النهروانىّ قال ابو بكر الخطيب سألتُ ابا بكر البرقانىّ عنه أ كان ثقة فقال ما كان حسنه تدلّ الّا على ثقته او كما قال ثم قال علّقتُ عنه شيئًا يسيرا وكانت ولادته فى شوّال سنة ثلثمائة ومات فى سنة ٣٨٤ '

2. Artikel: الظاهرىّ [1]).

. . . هذه النسبة الى اصحاب الظاهر وهم جماعة ينتحلون مذهب داود بن علىّ الاصبهانىّ صاحب الظاهر فانّهم يجرون بالنصوص

على ظاهرها وفيهم كثرة منهم ابو الحسين محمّد بن الحسين البصرىّ الظاهرىّ كان على مذهب داود حدّث عن محمّد بن الحسن بن الصباح الداودىّ روى عنه ابو نصر بن ابى عبد الله الشيرازىّ ' وامّا داود فهو ابو سليمان داود بن علىّ بن خلف الفقيه الظاهرىّ اصبهانىّ الاصل سكن بغداد وكان من اهل قاشان بلدة عند اصبهان سمع [من] سليمان بن حرب وعمرو بن مرزوق والقعنبىّ ومحمّد بن كثير العبدىّ ومسدّد بن مسرهد رحل الى نيسابور وسمع من اسحق بن راهويه المسنَد والتفسير ثمّ قدم بغداد وصنّف كتبه بها وهو امام اصحاب الظاهر وكان ورعًا ناسكا

3) Hier folgen verschiedene داودىّ, deren Nisbe nicht auf die Dâwûd'sche Fikh-richtung, sondern auf irgend einen Ahn Namens Dâwûd zurückgeht.

1) Bl. 280 a.

زاهدًا وفى كتبه أحاديث كثيرة الّا ان الرواية عنه عزيزة جدًّا روى عنه محمّد بن داود وزكريّا بن يحيى الساجىّ ويوسف بن يعقوب ابن مهران الداودىّ والعبّاس بن احمد المذكّر[2] وذكره ابو العباس ثعلب فقال كان عقله اكثر من علمه وقال ابو عبد الله المحاملى رأيت داود بن علىّ يصلّى فما رأيت مصلّيًا يشبهه فى حسن تواضعه وقد حُكى لاحمد بن حنبل عنه قول فى القرآن بَدَّعَهُ فيه وامتنع من الاجتماع معه بسببه واستأذن له ابنه[3] صالح بن احمد ان يُدخَل عليه فامتنع وقال كتب الىّ محمّد بن يحيى الذهلىّ من نيسابور انّه زعم ان القرآن محدَث فلا يقربنى قال أبتِ[4] انّهُ[5] ينتفى من هذا وينكره فقال احمد بن حنبل محمّد بن يحيى أصدق منه لا تأذن له فى المصير الىّ، قال ابو بكر احمد بن كامل ابن خلف فى شهر رمضان يعنى سنة سبعين ومائتين مات داود بن علىّ بن خلف الاصبهانىّ وهو اوّل من اظهر انتحال الظاهر ونفى القياس فى الأحكام قولا واضطرّ اليه فعلًا فسمّاه دليلا وحكى ابنه محمّد بن داود قال رأيت ابى فى المنام فقلت له ما فعل الله بك قال غفر لى وسامحنى قلت غفر لك فممَّ سامحك قال يا بُنَىّ الامر عظيم والويل كلّ الويل لمن لم يسامَح ولد سنة احدى ومائتين ومات ببغداد سنة سبعين ومائتين وكان ابوه علىّ بن خلف يتولّى كتابة عبد اللّه بن خالد الكوفىّ قاضى اصبهان أيّام المأمون، وابنه ابو بكر محمّد بن داود بن علىّ بن خلف الاصبهانىّ القاشانىّ صاحب كتاب الزهرة كان عالمًا اديبًا وشاعرًا ظريفًا وله فى الزهرة احاديث عن عبّاس بن محمّد الدورىّ وطبقته ولمّا جلس فى حلقة[6]

2) cod. المذكر; kann nicht المذكور sein, da in diesem Stücke von diesem ʿAbbâs noch nicht die Rede war. 3) cod. ابن. 4) cod. ابة, vielleicht أَبَهْ. 5) Blatt 280 b. 6) cod. خلقة.

ابيه بعد وفاته يُفتي استصغروه عن ذلك فدسّوا اليه رجلا وقالوا له سَلْهُ عن حدّ السُكر ما هو فأتاه الرجل فسأله متى يكون الانسان سكرانَ فقال محمّد بن داود اذا عزب عنه الهموم وباح بسرّه[7] المكتوم فاستحسن ذلك منه وعلم موضعه من العلم[8] ومن مليح شعره[9] . . . .

وله أخبار ومناظرات مع ابى العبّاس بن سريج الشافعىّ بحضرة القاضى ابى عمر يوسف مُثبَتة مسطورة لحسنها ومن جملة اشعاره[9] . . . .

مات ابو بكر بن داود الاصبهانىّ الظاهرىّ والقاضى يوسف بن يعقوب فى يوم واحد وهو يوم الاثنين لسبع خلون من شهر رمضان سنة ٢٩٧ وقيل مات محمّد بن داود لسبع خلون من شهر شوّال من السنة٠

وابو الحسن عبد الله بن احمد بن محمّد ابن[10] المُغَلِّس الفقيه الظاهرىّ له مصنّفات على مذهب داود بن علىّ حدّث عن جدّه محمّد ابن المغلّس وعلىّ بن داود القنطرىّ وابى قلابة الرقاشىّ وجعفر بن محمّد بن شاكر الصائغ واسمعيل بن اسحق القاضى وعبد الله بن احمد بن حنبل والحسن بن علىّ المعمرىّ وغيرهم روى عنه ابو الفضل محمّد بن عبد الله الشيبانىّ وكان ثقة فاضلا فقيها[11] اخذ العلوم عن ابى بكر محمّد بن داود وعن[12] ابن المغلّس انتشر علم داود فى الاسلام وتوفّى سنة ٣٢٤ اصابته سكتة٠

7) cod. بسرة. 8) vgl. Abu-l-Maḥâsin II p. ١٧٩. 9) hier folgt die Mittheilung je eines Gedichtes. 10) fehlt im cod., vgl. Fihrist p. ٢١٨, 4. 11) cod. فيها. 12) cod. عن.

Anmerkung 1).

(Zu Seite 10 und Seite 14, Anm. 4.)

Ra'j und Ḳijâs in der Poesie.

Wir können uns von der lebhaften Art der theologischen Disputation über Ra'j und traditionelle Theologie durch nichts besser überzeugen, als wenn wir in Betracht ziehen, dass zu jener Zeit, da diese Disputationen im Kreise der Theologen geführt wurden, im II. Jahrhundert, sogar die Dichterin 'Ulajja bint al-Mahdi (st. 210), Schwester des Chalifen Hârûn al-Raśid, auf diese theologischen Tagesfragen in einem Liebesgedicht Bezug nimmt:

„Die Angelegenheit der Liebe ist keine leichte Angelegenheit,
„Kein Kundiger kann dir Bescheid über sie geben;
„Die Liebe wird nicht angeordnet durch Ra'j und Analogie und Speculation [1]).

Denselben Gedanken spricht dieselbe Dichterin mit anderen Worten in einem Gedichtchen, dessen Grundgedanke: „dass die Liebe auf Ungerechtigkeit gegründet ist“ (بُنى الحُبّ على الجور) so aus:

„Keinen Beifall findet in Sachen der Liebe ein Liebender, der Argumente schön anordnen kann“ [2]).

Die verschiedene Anwendung des Ausdruckes Ra'j im gewöhnlichen Sprachgebrauch einerseits, und im theologischen andererseits, wird uns durch die Betrachtung folgender zwei Gedichtchen anschaulich, von denen ich nicht glaube, dass sie von einander unabhängig seien, obwohl ich mich bei der Unbestimmtheit ihrer Beglaubigung, in Betreff des relativen Alters derselben nicht entscheiden kann.

1) Aġâni IX p. ٩٥ stehen nur diese beiden Verszeilen. Ich habe das Gedicht vollständiger gefunden bei Al-Ḥuṣri III p. ١٩

ليس خَطْب الهوى بخطب يسير   ليس ينبيك عنه مثل خبير
ليس أمر الهوى يُدَبَّرُ بالرّأ   ى ولا بالقياس والتفكير
انّما الامرُ فى الهوى خطرات   مُحْدَثات الامور بعد الامور

2) Aġânî ibid. p. ٨٩

ليس يُستَحسَن فى حُكْمِ الهوى   عاشق يُحْسِن تأليف الحجج

In ähnlicher Weise wird auf قياس und استدلال in Sachen der Liebe angespielt durch den Dichter 'Alî b. Hiśâm Aġ. XV p. ١٢٦, 6

وفى دون ذا ما يستدلّ به الفتى   على الغدر ممن احبّه ويقيس

Bei Al-Ša'râni Bd. I p. ٦٣ lesen wir: 'Al-Ša'bi und 'Abd al-Raḥmân b. Mahdi verwiesen jeden, von dem sie sahen, dass er sich zum Ra'j bekenne, und recitirten folgendes Gedicht:

دين النبىّ محمّد مختار   نعم المطيّة للفتى الآثار
لا ترغبنّ عن الحديث واهله   فالرأى ليل والحديث نهار

„Die Religion des Propheten Muhammed ist auserwählt; welch gutes Reitthier für den Mann sind doch die Ueberlieferungen!

„Wende dich nicht ab von der Tradition und ihren Vertretern: denn das Ra'j ist Nacht und die Tradition ist Tag".

Im Ibṭâl (Bl. 13 b) werden dieselben Verse im Namen von Aḥmed b. Ḥanbal citirt (nur in v. 1 steht statt مُخْتَار — اختار = erwähle ich) mit der Hinzufügung eines v. 3:

ولربّما جهل الفتى اثر الهُدى   والشمس بازغة لها انوارُ

„Gar oft verkennt der Mann die Spur der Rechtleitung, während doch die Sonne glänzend ist und Lichtstrahlen verbreitet".

Nun finde ich aber in einem von Ibn 'Abdi rabbihi Namens eines anonymen Dichters angeführten Verse (Kitâb al-'iḳd al-farîd I p. ٢٥) denselben Gedanken, dass das رأى der Nacht gleiche mit einer ganz andern Wendung:

قال الشاعر

الرأى كالليل مسودّ جوانبه   والليل لا ينجلى الّا باصباح
فضمّ مصابيح آراء الرجال الى   مصباح رأيك تزدد ضوء مصباح

„Die Meinung (oder der Rath) ist wie die Nacht, finsterschwarz sind ihre Ränder, die Nacht aber wird nicht erhellt, es sei denn durch die Morgenröthe;

„So füge denn die Leuchten der Meinungen andrer Leute zu deiner eignen hinzu: so wird dir der Glanz der Leuchten vermehrt werden".

d. h. deine Meinung allein ist Dunkelheit, willst du Klarheit, so verlasse dich nicht auf diese allein, sondern hole die Meinung andrer Menschen ein. Es ist hier unverkennbar, dass von diesen beiden Versen der eine von dem andern abhängig ist und dass entweder das theologische الرأى ليل von dem profanen Dichter auf die gewöhnliche und ältere Bedeutung des Wortes رأى gewendet wurde, oder aber umgekehrt.

Anmerkung 2).

(Zu Seite 37.)

'Ilm al-ichtilâfât.

Von der Wissenschaft über die Unterscheidungslehren der Rechtsschulen und ihrer Imâme ist wohl zu unterscheiden die Kenntniss von den „Meinungsverschiedenheiten der Genossen des Propheten", insofern eine solche in der Traditionsliteratur zum Ausdruck gelangt. Man kann nämlich auf den ersten Blick in welches Kapitel der Traditionsliteratur immer die Beobachtung machen, dass in Bezug auf eine und dieselbe Frage des kanonischen Gesetzes verschiedene Traditionen im Namen verschiedener Genossen einander widersprechende Entscheidungen bieten. Da es vom Standpunkte der Ẓâhirschule ausgehend vorwiegend auf die Lehren der Tradition in den obwaltenden Rechtsfällen ankommt, so muss diese Schule natürlich sehr viel Gewicht auf die Kritik solcher widerstreitenden Traditionsdaten legen, um durch eine methodische Anwendung derselben der willkürlichen Hinneigung zu der einen oder der andern der widersprechenden Versionen zu entgehen. Um diese Kritik mit Erfolg ausüben und praktisch bethätigen zu können, muss sie auf die pragmatische Kenntniss der divergirenden Angaben der Tradition (اختلافات) gegründet sein. Auf diese Wissenschaft legt demnach Ibn Ḥazm, der Muḥammed b. Naṣr aus Marw (st. 294) als vollkommensten Meister dieser Wissenschaft rühmt[1]), grosses Gewicht und führt zur Empfehlung derselben mehrere Aussprüche von alten Autoritäten an: „Wer das Ichtilâf nicht kennt, wird keinen Erfolg haben" sagt die eine, „wird von uns nicht zu den Gelehrten gezählt" sagt die andere. Nach Mâlik soll Jemand, der die Wissensch aftder Ichtilâfât nicht inne hat, zum Rechtsprechen gar nicht zugelassen werden; und zwar soll sich dieser Ausspruch des berühmten Gelehrten von Medina nicht auf die Unterscheidungslehren und Differenzpunkte der praktischen Rechtsschulen beziehen, deren Pflege — wie wir gesehen haben — gleichfalls in einer reichen Literatur zur Entfaltung gelangte, sondern auf die Kenntniss von den differirenden Angaben der Traditionsautoritäten und von den abrogirten und abrogirenden Stellen des Koran und der Tradition in Fällen, wo die eine der widersprechenden Angaben ausdrücklich zu Gunsten einer andern ausser Geltung gesetzt ward. Da — so meint Ibn Ḥazm — die Imâme Abû Ḥanîfa und Al-Šâfi'i hierin derselben Meinung waren, der Mâlik Ausdruck giebt, so folgt hieraus, dass sich die Richter und Mufti's dieser Schulen in offenem Widerspruch mit den Stiftern der Schulen, denen sie bedingungslos anhängen, befinden.

Ibṭâl Bl. 19a: وقال سعيد بن ابى عروبة من لم يسمع الاختلاف فلا نعدّه عالمًا؛ وعن عبّاس بن محمّد الدورىّ قال سمعت قبيصة ابن عقبة يقول لا يُفلح من لا يعرف الاختلاف، وعن ابى القسم سئل مالك لمن يجوز الفتيا قال لا يجوز الفتيا الّا لمن علم ما اختلف الناس فيه، قيل له آختلاف اهل الرأى قال اختلاف اصحاب رسول الله صلعم وعلم الناسخ والمنسوخ من القرآن وحديث النبىّ صلعم وبذلك يفتى، قال ابو محمّد وهذا قول ابى حنيفة والشافعىّ بلا خلاف فلينظر حكّامهم ومُفتوهم اليوم أهذه صفتهم أم لا فان كانوا ليسوا بذلك فقد خلفوا ما ادّعوا تقليده وحصلوا على لا شىء فنعوذ بالله من الخذلان ☆

1) Tahḏîb p. ١٣٠, Tabaḳât al-ḥuffâẓ X nr. 19 vgl. Abu-l-Maḥâsin II p. ١٧٠.

Inhalt.

VII.

VIII.

Druck von G. Kreysing in Leipzig.